高等学校宝石及材料工艺学系列教材

珠宝首饰营销学

ZHUBAO SHOUSHI YINGXIAOXUE

（第三版）

王 昶　申柯娅　编著

中国地质大学出版社

ZHONGGUO DIZHI DAXUE CHUBANSHE

图书在版编目(CIP)数据

珠宝首饰营销学/王昶,申柯娅编著.—3 版. 武汉:中国地质大学出版社,2014.10(2019.5 重印)
ISBN 978-7-5625-3550-8

Ⅰ.①珠…
Ⅱ.①王…②申…
Ⅲ.①宝石-市场营销学②首饰-市场营销学
Ⅳ.①F768.7

中国版本图书馆 CIP 数据核字(2014)第 264345 号

珠宝首饰营销学	王　昶　申柯娅　编著
责任编辑:段连秀　　　策划编辑:段连秀	责任校对:张咏梅

出版发行:中国地质大学出版社(武汉市洪山区鲁磨路388号)	邮政编码:430074
电　　话:(027)67883511　　　传真:67883580	E-mail:cbb@cug.edu.cn
经　　销:全国新华书店	http://www.cugp.cug.edu.cn

开本:787 毫米×960 毫米 1/16	字数:420 千字　印张:21.5
版次:2002年9月第1版　2008年5月第2版　2014年10月第3版	印次:2019年5月第19次印刷
印刷:荆州市鸿盛印务有限公司	印数:43 001—45 000 册
ISBN 978-7-5625-3550-8	定价:45.00 元

如有印装质量问题请与印刷厂联系调换

编者的话

2001年11月趁在武汉召开新世纪首次宝石学术年会和中国地质大学（武汉）珠宝学院院庆10周年之机，国内20多所设有宝石系或珠宝首饰专业的全日制高校、高等职业学院和成人高校的代表召开了宝石高等教育的研讨会，共商国内宝石学和珠宝首饰专业的发展大计。与会代表一致呼吁近期内抓紧编写、出版一批符合教学要求、20～40学时必修或选修课需要的教材以满足教学急需，并在此基础上逐步完成系列教材的编写。中国地质大学出版社在会上表示要为这套教材的编辑、出版提供全力的支持。会议商定先期出版的教材有《珠宝首饰营销》、《首饰设计基础》、《珠宝首饰系统评估导论》、《首饰制造工艺学》等。一年来在各有关院校老师的大力支持和配合协作下，编写、编辑和出版工作进展顺利，首批教材将陆续面市。我们希望这些教材能得到各院校宝石或珠宝首饰专业师生的喜爱，并希望能将使用过程中发现的问题或改进意见反馈给我们，以便再版时补充、修改，使这批教材日益完善、成熟。也希望尽快确定下一批大家共同希望的新的教材书目。

我们感谢各校宝石或珠宝首饰专业领导和老师们对出版这套教材的支持，感谢中国地质大学（武汉）珠宝学院所提供的支持和帮助，感谢一贯关心我国宝石学教育的中国地质大学（武汉）原常务副校长陈钟惠教授在倡议、组织编写本套教材以及审阅书稿中所做出的贡献。

丛书编写委员会
2002年10月

前　言

（第一版）

宝石学是一门较为古老的科学，它最初源于矿物学、岩石学、工艺美术学等学科，随着时代的发展，现已发展成为一门多学科相互交叉、渗透的新兴综合性学科。其研究对象包括天然宝石、合成宝石和人造宝石，涉及探矿、采矿、宝石鉴定、宝石材料合成、优化处理、工艺设计、加工制作和营销贸易等诸多领域。随着改革开放的不断深入，我国国民经济的持续高速增长和人民生活水平的逐步提高，刺激了消费者购买珠宝首饰的需求和欲望。我国的珠宝首饰产业也在改革的大潮中，由小到大不断发展，具有发展面广、速度快、起点高的特点，取得了很大的成绩。从业人员、市场规模、销售金额等诸多方面，都发生了深刻的变化，珠宝首饰成为我国国民经济中不可忽视的重要商品之一，珠宝首饰产业也正逐步成为支持我国国民经济稳步发展的又一支柱产业，成为支持我国国民经济发展的又一新的增长点，对拉动内需，推动国民经济的增长，推动珠宝首饰产业经济的发展，更好地满足人民群众日益增长的物质文化需要，对国家开拓税源，出口创汇，具有重大的现实意义。

但是，随着我国经济改革的不断深入和社会主义市场经济体制的不断发展和完善，珠宝首饰市场也已从卖方市场变为买方市场，市场竞争日趋激烈，如何在激烈的市场竞争中占一席之地，不断地寻求新的发展，是每一个珠宝首饰企业都必须面对的现实问题。此外，加入WTO后，我国的珠宝首饰产业既面临着进一步发展的良好机遇，也面临着更新的挑战，珠宝首饰市场的竞争将会更趋激烈。面对目前的珠宝首饰产业经济状况，我国的珠宝首饰企业，只有在抓好产品生产与产品质量的同时，进一步做好市场营销工作，不断改革、创新，争创自己的珠宝首饰品牌和名牌，参与国际、国内市场竞争，并在激烈的市场竞争中求生存、求发展，为此我们编写了《珠宝首饰营销》一书，以供珠宝首饰业界的同仁、珠宝首饰行业的未来者及关心珠宝首饰行业发展的读者参考。

《珠宝首饰营销》一书共分十章，由番禺职业技术学院工商管理系珠宝专业教员王昶、申柯娅分工完成。其中王昶执笔绪论、第一章至第四章、第七章、第八章、第十章，申柯娅执笔第五章、第六章、第九章。全书稿完成后由王昶统稿、付梓。

由于珠宝首饰营销是一个全新的研究领域，具有明显的文、理交叉和渗透的特点，它既是宝石学研究的重要领域，也是专门化了的市场营销学。因此，笔者对其的研究和认识仅是初步的，还有许多问题值得进一步探索和研究，书中存在遗漏和错误在所难免，竭诚欢迎专家和读者批评指正，以便不断地修改、补充和完善。

我们在此特别需要指出的是，这本书能得以及时问世，得到了许多从事珠宝首饰专业教育的师长、朋友的大力支持和帮助，特别是中国地质大学（武汉）原常务副校长、博士生导师陈钟惠教授给予了我们热情的鼓励和支持，书稿完成后，又进行了详细的审读，提出了许多有益的建议，并给笔者提供了许多资料，使本书增色不少，在此表示我们由衷的感谢。中国地质大学（武汉）珠宝学院院长袁心强教授、中山大学宝玉石研究鉴定中心主任丘志力副教授详细地审读了本书的写作提纲，并提出了许多真知灼见和有益的建议，使本书的体例与结构更趋合理与完整。番禺职业技术学院工商管理系主任李大云老师也给予了热情的支持，同时我们也得到了中国地质大学出版社赵来时博士的大力支持和帮助，在此一并向他们表示衷心的感谢！

编　者

2002 年 5 月 10 日

前　言

（第二版）

中国的珠宝首饰产业虽起步较晚，但具有发展面广、速度快、起点高等特点。自 20 世纪 90 年代以来，其产值每年均以 10% 的速度增长，现已突破千亿元，从业人员日益增多，产业集聚效应初显，建立了一批具有特色的珠宝玉石首饰产业基地，国际化发展趋势日益明显。我国的珠宝首饰产业正从重数量扩张、粗放式经营向注重质量、创建品牌的集约化方向转变；从轻视设计、轻视制作工艺向注重设计、创新工艺的方向转变，开始进入品牌营销的新阶段。进入 21 世纪，随着我国加入 WTO 和经济全球化的发展，珠宝首饰产业正面临着新的机遇和挑战。

综观我国珠宝首饰产业的现状：行业集中度低，进入壁垒逐渐降低；高档珠宝首饰的市场占有率很低，而中档珠宝首饰的市场竞争激烈；产品差异化的程度低，缺乏知名度高的品牌；尚未形成完整强大的市场营销网络；企业的核心竞争力整体较弱。未来的珠宝首饰产业，在抓好产品生产和产品质量的同时，必须进一步加强市场营销工作，不断改革、创新，高度重视品牌精品的建设和营销网络的构建，争创自己的品牌和名牌，参与国际和国内市场的竞争。随着科学技术的不断发展和提高，新产品、新工艺、新技术的开发和应用必将成为珠宝首饰企业竞争的主要手段。

在新的经营环境和激烈的市场竞争中，珠宝首饰行业越来越需要既具有珠宝首饰专业知识，又掌握市场营销理论和方法的复合型人才。为了适应珠宝首饰行业和市场发展对珠宝首饰营销人才的需求，我们编写了《珠宝首饰营销学》一书，以供珠宝首饰业界的从业人员、珠宝首饰专业的学生及关心珠宝首饰行业发展的读者参考。

本书是在2002年版《珠宝首饰营销》的基础上经修改、扩充编撰而成的，增加了珠宝首饰营销市场环境分析、珠宝首饰市场细分、珠宝首饰企业市场营销战略、特许经营与珠宝首饰营销等章节内容，补充了珠宝首饰的营销观念、营销组合、营销过程、产业集群、产业链等内容，删减了原书中部分过时的资料，使得全书章节更完整，结构更合理，内容更新颖。全书共分14章，由番禺职业技术学院珠宝学院教师王昶、申柯娅分工完成。其中王昶执笔第一章至第八章、第十章至第十二章和第十四章，申柯娅执笔第九章和第十三章。书稿完成后由王昶统稿、付梓。

珠宝首饰营销，相对于传统的宝石学来说，是一个全新的研究领域，但是我们欣喜地发现，随着我国珠宝首饰产业的持续快速发展，许多宝石学家和从事珠宝的专业人员纷纷加入到这一研究领域中来，尤其是一批研究生的培养和健康成长，进一步加强了珠宝首饰营销研究和实务操作领域的力量。许多高等院校珠宝专业的研究生，在导师的带领下，将研究方向拓展到珠宝首饰营销领域。因此，自2002年以来，这方面的研究取得了长足的进步，研究成果不断涌现，在此背景下，我们认为出版《珠宝首饰营销学》的时机已基本成熟。鉴于笔者对珠宝首饰营销的研究和认识仍是初步的，书中存在的遗漏和错误也在所难免，竭诚欢迎专家和读者批评指正，以便不断修改、补充和完善。

在此特别需要指出的是，本书能得以及时出版，得到了许多从事珠宝首饰专业教育的师长和业界朋友的大力支持和帮助。就在本书即将完稿之时，惊闻我们的老前辈——原中国地质大学（武汉）常务副校长、博士生导师、中国现代珠宝专业教育的开拓者陈钟惠教授不幸逝世的消息，深感震惊和悲痛。记得2002年当我们怀着忐忑不安的心情接受编写《珠宝首饰营销》一书的任务时,是陈教授给了我们很多的关心、鼓励和支持;书稿完成后又是陈教授亲自逐字、逐句、逐段地予以审读,提出了许多有益的建议,并给我们发来了热情洋溢的电子邮件,其时其景我们仍历历在目,仿佛就在昨天,至今我们仍保存着这封充满了长者对后生关爱和提携的邮件。陈教授的音容笑貌,我们记忆犹深,在本书即将付梓之际,请允许我们以短短数语,来表达我们对陈教授的缅怀之情。

  我们还要感谢原香港金银首饰工商总会会长、中国珠宝玉石首饰行业协会名誉副会长、中国工艺美术学会金属艺术专业委员会副会长、番禺云光首饰有限公司董事长、番禺职业技术学院珠宝学院理事会副理事长、名誉教授黄云光先生,给了我们许多有益的帮助。香港谢瑞麟珠宝集团创办人、番禺职业技术学院珠宝学院理事会副理事长、名誉教授谢瑞麟先生,给予我们多次亲切指导,使我们受益匪浅,也为本书的编撰增色不少。番禺珠宝厂商会永远荣誉会长、中国珠宝玉石首饰行业协会副会长、香港新生珠宝有限公司董事总经理、番禺职业技术学院珠宝学院理事会副理事长、名誉教授李建生先生,将其宝贵的经验毫无保留地传授给我们,使我们获益良多。在此谨向上述三位业界知名人士,表示我们诚挚的谢意。在此还要向给予我们支持和帮助的番禺职业技术学院院长张连绪教授、番禺职业技术学院珠宝学院副院长袁军平高工,以及番禺职业技术学院珠宝学院的全体教师表示由衷的感谢。向给予本书出版以支持和帮助的中国地质大学出版社梁志社长和段连秀编辑表示衷心的感谢!

编 者

2007 年 12 月 16 日

前　言

（第三版）

　　进入 21 世纪以来，我国珠宝首饰产业的发展速度强劲，虽然 2008 年末，全球金融危机爆发，对世界经济的发展影响很大，欧美等发达国家由于受金融危机的影响，珠宝首饰市场趋于疲软。但我国的珠宝首饰市场发展态势依然迅猛。据有关统计资料显示，2013 年，我国珠宝首饰零售总额达 4700 亿元人民币，需求总量居世界第一位。

　　随着我国经济的持续不断发展，人们生活水平的不断改善，对珠宝首饰文化的认同和普及程度的不断提高，加之消费人口众多，我国珠宝首饰消费市场中刚性需求部分，仍将保持较高的增长势头，市场潜力巨大。综观国际珠宝首饰市场，"风景"这边独好。《珠宝首饰营销学》（第二版）自 2008 年 5 月再版以来，承蒙广大读者的厚爱，多次重印，累计发行 2 万余册。本次再版是在 2008 年《珠宝首饰营销学》（第二版）的基础上，经修订而成的。在修订过程中，根据珠宝首饰业的最新发展，适当地删减了原书中部分过时的资料，同时增补了一些新的内容。使得全书结构更趋合理，章节更趋完整，内容更趋新颖。全书共分 14 章，修订工作由广州番禺职业技术学院珠宝学院教师王昶、申柯娅分工完成。其中王昶负责第一章至第八章、第十章至第十二章和第十四章，申柯娅负责第九章和第十三章。书稿修订完成后，由王昶统稿、付梓。

　　在此特别需要指出的是，在修订过程中，我们始终得到了许多从事珠宝首饰专业教育的师长和业界朋友的大力支持和帮助。在此，我们由衷地感谢原香港金银首饰工商总会会长、中国珠宝玉石首饰行业协会名誉副会长、中国工艺美术学会金属艺术专业委员会副会长、广州番禺云光首饰有限公司董事长、广州番禺职业技术学院珠宝学院理事会副理事长、名誉教授黄云光先生，给了我们许多有益的指导和帮助；香港谢瑞麟珠宝集团创办人、广州番禺职业技术学院珠宝学院理事会副理事长、名誉教授谢瑞麟先生，给予笔者多次面对面的指教，将其宝贵经验毫无保留地传授给我们，使我们受益匪浅；广州番禺珠宝厂商会永远荣誉会长、中国珠宝玉石首饰行业协会副会长、香港新生珠宝有限公司董事总经理、广州番禺职业技术学院珠宝学院理事会副理事长、名誉教授李建生先生，及时地向我们传递一些业界信息，尤其是海外参展信息和见闻，使我们获益良多。此外，还要向一直给予我们支持和帮助的广州番禺职业技术学院院长张连绪教授，广州番禺职业技术学院珠宝学院副院长袁军平教授级高工，以及广州番禺职业技术学院珠宝学院的全体教师表示衷心的感谢。向给予本书出版以支持和帮助的中国地质大学出版社毕克成社长和段连秀编辑表示衷心的感谢！

编 者

2014 年 7 月 30 日

目　录

第一章　珠宝首饰营销概述 ……………………………………………… (1)
　　第一节　市场与市场营销 ……………………………………………… (1)
　　第二节　市场营销的观念 ……………………………………………… (8)
　　第三节　珠宝首饰营销观念 …………………………………………… (10)
　　第四节　珠宝首饰营销组合 …………………………………………… (15)
　　第五节　珠宝首饰营销过程 …………………………………………… (16)
　　第六节　珠宝首饰市场营销的研究对象和内容 ……………………… (17)

第二章　珠宝首饰产业与消费市场 …………………………………… (20)
　　第一节　珠宝首饰的商品属性 ………………………………………… (20)
　　第二节　中国珠宝首饰消费市场分析 ………………………………… (24)
　　第三节　珠宝首饰产业集群 …………………………………………… (29)
　　第四节　珠宝首饰产业链 ……………………………………………… (36)

第三章　珠宝首饰营销市场环境分析 ………………………………… (42)
　　第一节　人口环境 ……………………………………………………… (42)
　　第二节　经济环境 ……………………………………………………… (45)
　　第三节　科学技术 ……………………………………………………… (48)
　　第四节　自然环境 ……………………………………………………… (55)
　　第五节　社会与文化 …………………………………………………… (55)
　　第六节　政治与法律环境 ……………………………………………… (56)

第四章　珠宝首饰市场调查 …………………………………………… (58)
　　第一节　珠宝首饰市场调查概述 ……………………………………… (58)
　　第二节　珠宝首饰市场调查的步骤和方法 …………………………… (62)

第五章　珠宝首饰消费者心理及行为 …………………………………（67）

 第一节　消费者的心理需要 ……………………………………………（67）
 第二节　消费者的购买动机 ……………………………………………（72）
 第三节　消费者的购买行为 ……………………………………………（76）
 第四节　消费者的购买过程分析 ………………………………………（79）
 第五节　珠宝首饰消费心理特征分析 …………………………………（81）

第六章　珠宝首饰市场细分 ………………………………………………（96）

 第一节　市场细分的原理 ………………………………………………（96）
 第二节　市场细分的依据 ………………………………………………（98）
 第三节　珠宝首饰营销的目标市场选择 ………………………………（102）
 第四节　珠宝首饰营销的目标市场定位 ………………………………（105）

第七章　珠宝首饰企业市场营销战略 ……………………………………（109）

 第一节　珠宝首饰业市场竞争的特点 …………………………………（109）
 第二节　珠宝首饰企业竞争战略选择 …………………………………（114）
 第三节　珠宝首饰企业形象战略 ………………………………………（120）

第八章　珠宝首饰产品与品牌策略 ………………………………………（125）

 第一节　产品的概念与珠宝首饰产品 …………………………………（125）
 第二节　珠宝首饰产品与珠宝首饰设计 ………………………………（131）
 第三节　珠宝首饰品牌 …………………………………………………（137）
 第四节　珠宝首饰产品与珠宝首饰包装 ………………………………（158）

第九章　珠宝首饰价格策略 ………………………………………………（161）

 第一节　珠宝首饰的价格特点 …………………………………………（161）
 第二节　珠宝玉石的质量评估与价格 …………………………………（163）
 第三节　影响珠宝首饰价格的因素 ……………………………………（194）
 第四节　珠宝首饰产品的定价策略 ……………………………………（201）
 第五节　关于珠宝首饰产品的提价与降价 ……………………………（206）

第十章　珠宝首饰销售策略 ………………………………………………（210）

 第一节　销售渠道的作用与基本模式 …………………………………（210）

第二节　销售渠道的选择与管理……………………………………(214)
　　第三节　珠宝首饰展销会在珠宝首饰销售中的作用…………………(217)
　　第四节　珠宝首饰销售策略……………………………………………(225)
　　第五节　电子商务与珠宝首饰营销……………………………………(228)

第十一章　珠宝首饰促销策略……………………………………………(235)
　　第一节　珠宝首饰的人员推销策略……………………………………(235)
　　第二节　珠宝首饰广告促销策略………………………………………(242)
　　第三节　珠宝首饰营业推广策略………………………………………(250)
　　第四节　珠宝首饰促销的公共关系策略………………………………(252)

第十二章　特许经营与珠宝首饰营销……………………………………(256)
　　第一节　连锁经营与特许经营的概念…………………………………(256)
　　第二节　特许经营与珠宝首饰营销……………………………………(260)
　　第三节　中国珠宝首饰营销的特许经营………………………………(264)

第十三章　珠宝首饰店铺营销……………………………………………(269)
　　第一节　珠宝首饰店铺环境与营销……………………………………(269)
　　第二节　珠宝首饰店铺的橱窗设计……………………………………(274)
　　第三节　珠宝首饰店铺购买气氛营造…………………………………(284)
　　第四节　珠宝首饰店铺营销人员技能与心理品质要求………………(287)
　　第五节　珠宝首饰店铺营业员与消费者的心理沟通…………………(292)
　　第六节　珠宝首饰店铺营销策略………………………………………(299)

第十四章　拍卖与珠宝首饰营销…………………………………………(306)
　　第一节　拍卖概述………………………………………………………(306)
　　第二节　国际珠宝首饰拍卖概况………………………………………(312)
　　第三节　拍卖在珠宝首饰营销中的意义与作用………………………(320)
　　第四节　中国珠宝首饰拍卖市场分析…………………………………(321)

参考文献……………………………………………………………………(325)

第一章 珠宝首饰营销概述

经济全球化、WTO(世界贸易组织)、OEM(原始设备制造商)、ODM(原始设计制造商)、OBM(原始品牌制造商)、OSM(原始策略制造商)、产业集群、品牌、知名品牌、国际品牌、设计师与企业、企业竞争力、销售渠道、营销网络、电子商务(B2B,B2C,C2C)、价格战等已成为中国珠宝首饰企业广泛关注的话题,在这一切的背后最重要的课题之一,就是如何提升企业的市场营销能力。本章从市场与市场营销的基本概念出发,结合珠宝首饰市场的特点,说明珠宝首饰营销的概念、营销组合以及营销过程,进而探讨珠宝首饰营销的研究对象和研究内容。

第一节 市场与市场营销

一、市场的含义

1. 市场的含义

市场是指一定区域范围内对各种商品或者一种商品的供给和有支付能力的需求关系,是买卖双方接触和活动的场所。哪里有商品生产,哪里就有市场。严格地说,市场可以进一步划分为狭义的市场和广义的市场。所谓狭义的市场,是指商品交换的场所;广义的市场,是指一切商品交换关系的总和。市场的功能就是使任何商品的交换成为可能,交换的目的是为了满足社会不同人群的不同需要。

市场有三个必不可少的要素:即地域、商品和从事商品买卖活动的人。市场的地域,小则可以是一个具体的地点,在那里可以进行商品的买卖,如集贸市场和百货商场;大则可以同时涉及不同的地区,甚至全国或全世界。总之,只要在这一地域内能够为买者和卖者的互相接触创造必要的条件,就可称为市场。

随着现代科学技术的进步,各种现代化通信技术的使用,市场正在获得越来越充分的发展。同时,作为市场要素之一的商品,也有狭义和广义之分。狭义的商品只包括以物质形式为内容的用以交换的劳动产品。而广义的商品既可以是有形的,也可以是无形的;既可以是物质的,也可以是精神的;既可以是已经形成的,也可以是尚未形成的;等等。也就是说,广义商品包括一切劳动产品、货币、劳务、技术和信息等。随着社会经济的发展和科学技术的进步,广义商品所包含的内容也会越来越广。

构成市场的第三个要素就是买卖双方。作为卖方,其目的就是为了尽快地把商品脱手,实现商品的价值;作为买方,其目的就是为了把货币转化为他们所需要的商品。因此在市场上,买卖双方都想把自己的意志,即自身的经济利益,通过商品交换反映出来。

综上所述,在市场中起主导作用的是买卖双方,从他们之间的关系看,必然形成三个方面的竞争:①从卖方看,每一个卖者都想在自己的商品销售中获得较多的盈利,因而在他们之间必然要展开争夺有利的销售市场的竞争;②从买方看,每一个买者都想买到他所需要的称心如意的商品,因而他们之间必然要展开争夺有利的购买场所的竞争;③从买卖双方看,卖方总希望卖得快些、贵些;而买方则总希望买得快些、便宜些,因而双方也要展开买和卖的竞争。

上述竞争的结果,最终会出现以下两种情况:一种是供过于求,卖方之间竞争加剧,而买方之间竞争缓和,出现了对买者有利的"买方市场";另一种是供不应求,买方之间竞争加剧,而卖方之间竞争缓和,出现了对卖者有利的"卖方市场"。然而,这两者之间又互为因果,促使其向对方转化。其中,买卖双方是市场调节的主体,三个方面的竞争是市场调节的动力,两个市场的交叉出现是市场调节经常呈现的格局。

这里特别需要指出的是,作为卖方,他向市场所提供一定量的商品,这个量的界限,是由商品的使用价值决定的,也就是说,这些商品必须具备能够满足消费者某些需要的使用价值;作为买方,他所能购买一定量的商品,这个量的界限,是由他的有购买能力的需求决定的。而购买者对市场的需要主要表现为三个层次:一是心理需求;二是潜在需求;三是购买能力的需求。心理需求表现为心理上的需求欲望,但不一定能变为现实。潜在需求是指心理需求中的一部分已上升为具体的需求计划,并为实现这种计划而积极创造条件。有购买能力的需求才是现实的需求,它能直接把市场上的商品转化为自己所有,并用以满足自己的需要。在这三种需求中,对市场起决定作用的是最后一种需求。

2. 显在市场和潜在市场

从长远的、整体的观点来观察,一个市场可分为显在市场和潜在市场两部分。显在市场是指目前明显存在的市场,即现有的市场。潜在市场是指可以开发的市场,即未来的新市场或目前需要开发的市场。

同样,也可以把需求和供给分为显在和潜在两部分。显在需求是指消费者已经表现出来的需求,如已经预订的、正在购买的或已计划购买的,都是显在的,即当前的需求。潜在需求之所以潜在,是受其客观条件的限制,一是收入有限,尚未形成购买力;二是存在消费次序,当前尚未轮到这种商品的需求;三是有购买力,但不了解商品的功能和优劣,或根本不知道有这种商品;四是对目前的商品性能(如质量、价格、色彩、款式、包装等)不满意,等待称心如意的商品上市后再行购买。找到了潜在原因,生产企业就可以"对症下药",寻找开发市场的办法。显在需求加上潜在需求,构成了社会最大需求量。

显在供给是指企业的现有产量或商店现有的货源,即当前的供给。潜在供给是指企业通过挖潜所能增加的货源,即未来的供给或未来开发的供给。显在供给加上潜在供给等于社会最大供给量。这样,就可得到市场供和需的四种情况。

(1)显在需求与显在供给相平衡,供需平衡、市场稳定,但是这种供需平衡是相对的、暂时的,不平衡是经常的、绝对的,平衡一旦破坏就会发生以下(2)、(3)两种情况。

(2)显在供给大于显在需求,发生商品供大于求现象,商品滞销、积压。在价值规律的作用下,商品降价,刺激购买力,使潜在需求部分转化为显在需求。在这种情况下,企业之间竞争激烈。

(3)显在需求大于显在供给,发生商品供不应求现象,商品紧缺。在价值规律作用下,商品提价,刺激商店开发潜在货源和企业扩大再生产。这种情况有利于企业的发展。

(4)当所有的潜在需求都被开发出来,市场达到饱和,这时的需求量称为最大需求量;当所有的潜在供给都被开发出来,就是最大供给量;在这种极端情况下,又达到最大的相对供需平衡,这仅是一种理想情况,实际上并不存在。

影响潜在需求向显在需求转化主要有三个方面的因素:一是市场因素,包括人口的增加、收入的增长、购买力的提高、购买习惯的变化、购买心理的演变、竞争的变化等;二是企业自身的因素,包括产品的质量、价格、包装、服务等;三是经营商店的规模、购物气氛、营业员的素质和能力等。

3. 市场的功能

市场作为社会分工和商品生产的产物,作为实现商品价值的场所,是商品生产顺利进行的必要条件,是商品生产发展的推动力量。市场在商品经济中具有下列主要功能。

(1)市场具有经济结合的功能,即实现着不同的商品生产者之间的经济联系和经济结合。生产的社会分工必须以分工后又能紧密结合在一起为条件,分工使生产者相互分开,市场则使生产者相互结合。不同的商品生产者(个人或企业)通过市场实现着自己商品的价值、取得他人商品的使用价值而相互结合在一起。正是由于这种结合,商品经济条件下的社会经济才能得以正常运转。因此,生产的社会分工愈细,市场在经济生活中的地位就愈重要;商品经济愈是向前发展,市场也就愈益成为社会经济生活的枢纽。

(2)市场具有制导商品生产面向消费需求的功能。生产是为了满足消费的需要,因而就生产的物质内容和数量界限来说,消费的需要决定着生产。这在商品经济中,首先反映为市场需求结构制约着产品的生产结构。一切产品都必须符合反映在市场上的消费需要,才能作为商品销售出去,而实现自身的价值。否则,生产中所耗费的劳动就会因为产品卖不出去而成为无效劳动,造成人力、物力、财力的浪费,再生产过程就会难以为继。因此,市场总是迫使商品生产者在生产活动开始之前,就必须考虑自己将要生产的产品是否适销对路。由于市场制导着商品生产面向消费需求,市场就成为商品经济条件下国民经济的一面镜子,成为商品生产能否适应社会消费需求的检测器和指示器,成为商品供求比例关系的调节器。

(3)市场具有劳动比较的功能,即比较着同种产品的商品生产经营者各自消耗在产品中的劳动量。由于每个商品生产经营者,在生产技术、劳动熟练程度、生产资料的规模和效能、经营管理水平等方面有所差异,因此生产、经营同一种商品所耗费的劳动时间就会不同,因而商品的个别价值也就不同。但是,同一种商品一旦进入市场就只能有一种价值,也就是说,不同的个别价值会在市场上通过市场竞争平均化为一个社会价值——即市场价值。商品就是根据这个社会价值进行交换的。如果商品的个别价值能够低于市场价值,这部分商品的生产者就可以获得额外收益,并能提高其产品的市场占有率;反之,就会有一部分价值不能实现,生产者的收益水平就会因此而低于社会平均水平,甚至发生亏损。可见,只有通过市场,才能比较个别生产经营者的劳动耗费。市场所起的这种劳动比较的作用,督促商品生产经营者必须采用新技术、新材料、新工艺、新方法,并着力加强企业管理,以提高劳动生产率,降低生产成本,取得少投入、多产出的良好经济效益。这样,市场也就成为发展社会生产力,提高社会经济效益的推进力量。

二、市场营销的概念

市场营销一词源自英文单词 Marketing,是目前使用频率较高的词汇。何谓市场营销,世界著名的营销学家美国的菲利普·科特勒(Philip Kotler)对营销的定义是:"个人和集体通过创造,提供出售,并同别人交换产品和价值,以获得其所需所欲之物的一种社会和管理过程。"当然,其他的营销理论研究者、专家也从不同角度对营销进行了定义。概括起来就是,营销是在一系列动态环境因素影响下,为方便和加速商品与服务的交换而采用的一切个人与组织活动,是一种在确定消费者需求的基础上组织和指导企业或组织的活动,以便使消费者的购买力转变为对商品或服务的有效需求的管理功能。这一概念有以下几个方面的内涵。

(1)营销的主体既包含赢利性的企业,也包含非赢利性的组织与个人。如果个人出售家用杂物或提供个人服务,那也是一种营销活动。政府或国家之间相互寻求有利的贸易机会,彼此间也进行着大量的营销活动。当然,营销学主要是研究企业或组织的营销活动。

(2)企业或组织为了实现自己的经营目标,就要通过营销调研、营销计划、营销策略执行和控制等一系列营销管理活动来完成企业或组织的任务。在营销计划中,营销者必须进行目标市场定位。在营销策略决策中,企业或组织也必须进行市场开发、产品设计、价格制定、分销渠道的选择、信息沟通和销售促进等各项决策。

(3)营销的对象不仅是市场需要的产品、劳务或服务,而且还包括思想、观念的营销等。

(4)由于营销活动受买卖双方微观因素以及政治、法律、社会、经济和技术等宏观因素的影响,因此,营销是一个动态的过程。

(5)营销是企业或组织的一种管理功能。

(6)营销为企业或组织的所有活动提供一个框架。

(7)营销是把满足消费者的需求放在经营活动的首位,是一切活动的出发点。

三、消费品市场

消费品市场又可称为生活用品市场,是指为了满足个人或家庭生活的需要,而购买商品和劳务的场所。消费决定生产,生产为了消费。消费又可进一步分为生产的消费和生活的消费,但生产的消费,即工业市场生产的目的,也是为了生活的消费。生活的消费才是最终的消费,因此消费品市场又称为最终消费者市场。

1. 消费品市场的特点

(1)无限性。消费品市场需求变化较快,随着社会生产的发展,科学技术的不断进步及普及,经济收入和生活水平的不断提高,人们的消费观念、消费心理和消费习惯会不断改变,随之市场需求也会发生改变。市场需求的变化会经历两个过程:首先是量变过程,即对商品的欲求,先从改进包装、改进外观造型、增加某些新的功能、改变规格、款式和风格开始;其次,量变积累到一定程度,就会引起消费需求上的根本变革,产生对新产品的强烈欲求。市场需求的量变和质变,均具有无限发展的性质,而且这种无限发展的趋势同时又具有由低级向高级不断进步的特点。市场需求由低级向高级的不断发展,被经济学家们概括为"需求上升规律",即市场需求会不断由物质需求向精神需求转化,由简单需求向复杂需求转化。

(2) 多样性。在人们争取和不断得到自由发展的现代社会中,突出个体的差异性是人们的普遍心理要求。消费者群体中,因年龄、性别、民族、地域、文化、职业、信仰、价值观的不同,而产生各不相同的消费需求,即便是对同一需求的满足,也会要求从多方面、利用多种特色产品来实现,这就使得消费品的市场需求呈现多样化的特点,使得消费需求呈现较大的差异性。

(3) 个性化。多样化的消费需求,必然演化出个性化的市场需求特点。消费者在购买和使用消费品时,突出个性化有两点具体要求:一是要求商品的使用功能体现在满足消费者个性发展方面的要求(个人的情趣、爱好、习惯、自我成就感等);二是要求商品的外观、风格、特色能够体现个性心理特性(气质、风度、性格、社会地位、身份等)。

(4) 时代性与流行性。这是消费品市场需求变化的又一显著特点。时代不同,人们的观念不同,价值观、审美观亦有所不同,消费水平与档次也会相应地产生重大变化。跟上时代的变化是人们的普遍要求,这一点也会充分地体现在对商品的追求上。时代性往往会产生消费方面的革命性变化。消费需求的时代性变化,经历的时间往往比较长。但随着交通的便利,科学技术的进步和信息时代的到来,这种消费需求时代性的变化周期在逐步缩短。时代性带来了时尚产品的流行和迅速转换。所谓消费流行,就是某一种消费方式或消费品,被社会上某些消费者接受以后,很快就得到传播,以致形成一种需求浪潮,并被多数消费者所接受。随着经济的发展和群众收入水平的提高,随着科学技术的进步和新产品的不断涌现,消费流行将会不断出现。这一点在服装方面反映最为显著和敏感,因此就产生了时装的流行和变幻莫测。时代性也带来了流行色、流行款式、流行风格、流行消费方式等方面的变革。

(5) 可诱导性和伸缩性。消费品市场需求是一个变量,是一个有较大弹性的因素。消费需求发源于消费者的生理和心理的满足欲望,但它又受社会环境诸多因素的影响和制约,在货币支付能力具备的条件下,如何满足消费者自身的多方面需求,消费者的货币投向如何安排,既取决于消费者的消费与支出计划,又取决于社会环境因素的影响和制约。消费品的购买一般都是非专家性的,这是因为消费者对许多消费品,特别是对耐用消费品缺乏专门的知识。因此,在购买时受广告宣传和其他各种促销手段的影响比较大。

(6) 消费品市场的层次性。消费品市场是分层的,不同收入的消费者,对消费品有不同的需求。因此,需要有高、中、低不同档次的消费品。对珠宝首饰消费市场来说,有些消费者需要高档贵重的珠宝首饰,而有些则需要时尚且相对廉价的珠宝首饰等。

(7)消费品市场的习俗性。所谓消费习俗,就是消费者在长期生活中所形成的一种风俗习惯。它包括信仰性风俗习惯、节日性风俗习惯、饮食性风俗习惯、服饰性风俗习惯和首饰性风俗习惯等。

2. 消费品的分类

为了满足不同年龄、收入阶层、教育程度、不同地区和民族的消费者的需求,消费品的种类很多。人们通常按商品的性质、价值、用途以及耐用程度,将消费品分为日用品、选购品和特殊品三类。这三类商品各有特点,在消费周期、为购买所作努力、购买时的计划性、对商品的关心程度、价格、资金周转率、利润、购物环境等内容上均各有特点(见表1-1)。

从表1-1中可以看出,选购品和特殊品(高档消费品)需要量与收入水平密切相关,按典型的生命周期规律成长,特别需要促销和售前、售中、售后服务。

表 1 - 1 消费品的分类及特点

分 类	日用品	选购品	特殊品
商品实例	牙膏、肥皂、日用杂货等	电视机、电冰箱、家具等	珠宝首饰、照相机、高级时装等
消费周期	消费周期短,产销稳定	按生命周期逐步普及	成长速度慢
为购买所作的努力	最少	要考虑	认真考虑
购买时的计划性	习惯性购买	计划购买	认真计划
对商品的关心程度	不很关心	关心质量和品牌	关心能否代用
价 格	普通价(差价小)	高价(商品差价)	很贵(特殊差价)
资金周转率	高	中	低
利 润	小	大	特大
购物环境	有地方特色、方便	有好的服务态度	装饰讲究、好的服务态度
商店种类	百货公司、超级市场、小商店、便利店	百货公司、专营商店	百货公司、专卖店

第二节　市场营销的观念

市场营销活动源远流长，但作为企业管理的一个重要组成部分，市场营销学的产生仅有几十年的历史。工业革命和现代科技的迅猛发展营造出了一个庞大的产品卖方市场，造就了一批市场营销的专家，从而形成了市场经济条件下的市场营销学。而纵观营销观念的变革大致经历了以下五个阶段。

一、生产观念

生产观念是一种最古老的经营观念，认为消费者喜爱那些可以随处得到且价格低廉的产品。在此观念的指导下，企业的中心任务是组织所有资源、集中一切力量增加产量，降低成本，提高销售效率，而很少考虑或者没有必要考虑是否存在不同的具体需求。很明显这种经营观念是在卖方市场条件下产生的，它的存在以产品供不应求、不愁销路为前提，以大批量、少品种、低成本为生产的追求目标。"能生产什么，就卖什么，能生产多少，就卖多少"的经营方针，是这一观念的最典型的表现。

生产观念的假设前提是：消费者可以接受任何买得起和买得到的商品，因而企业的主要任务就是努力提高生产效率，降低生产成本，扩大生产。随着社会生产力的发展和市场供求条件的变化，生产观念必将被其他观念所代替。

二、产品观念

产品观念也是一种古老的经营观念，认为消费者最喜欢高质量、多功能和具有某些特色的产品。因此，只要提高产品质量，做到物美价廉，就一定会产生良好的市场反应，无需开展推销活动。这种观念本质上还是生产什么销售什么，但它比生产观念多了一层竞争的色彩，并且考虑了消费者或用户对产品质量、性能、特色和价格方面的愿望。在产品供给不太紧缺或稍有宽裕的情况下，这种观念常常成为一些企业的经营指导思想。

产品观念与生产观念有所不同，前者注意产品的品质与性能，后者注重产品的产量与成本。但这两种观念也有相类似之处，既不用心观察市场需求的变化，又不注重推销，都是片面扩大生产的作用，其结果必然陷入困境。因为在产品观念的指导下，企业往往陶醉于自己生产的价格合理的精美的产品，其实质仍然是以生产为中心。这种观念忽视了市场的变化，一旦消费者需求发生了改变，企业在提高产品品质方面所做的努力也会付之东流。随着社会生产力的发展，卖方市场向买方市场的过渡,产品观念必然会被推销观念所代替。

三、推销观念(销售观念)

推销观念认为消费者通常表现出一种购买惰性或者抗衡心理,需要推销者劝说他们购买。也就是说,只要企业努力推销什么产品,消费者或用户就会更多地购买什么产品。在此观念指导下,企业十分注重运用推销术和广告术,向现实买主和潜在买主推销产品,以期压倒竞争者,提高市场占有率,取得较为丰厚的利润。由于这种强调推销的经营观念是从既有产品出发的,因而本质上依然是生产什么就销售什么。在产品供给稍有宽裕并向买方市场转化的过程中,许多企业往往奉行推销观念。

从生产观念、产品观念转向推销观念是市场营销指导思想的一个进步,但是其整个经营方针仍然没有摆脱"以产定销"这个框架。因为推销观念只着眼于现有的推销,只考虑如何把产品销售出去,至于销售出去的产品,消费者是否满意,以及如何满足消费者的需求,则没有予以足够的重视。因此,推销观念只在20世纪30~50年代的西方国家中盛行,它与当时的市场态势,即由卖方市场向买方市场转变相适应。

四、营销观念

营销观念认为实现组织诸目标的关键在于正确确定目标市场的需要和欲望,并且比竞争对手更有效、更有利地传送目标市场所期望满足的东西。在这种观念指导下,企业十分重视市场调研,在消费需求的动态变化中不断发现那些尚未得到满足的市场需求(包括潜在的或潜意识的需求),并集中企业一切资源和力量,千方百计地去适应和满足这种需求,以能在消费者的满意之中不断扩大市场销售,长久地获取较为丰厚的利润。

营销观念是在"买方市场"的市场形势下产生的。此时企业认识到解决企业经营问题的关键,就是满足消费者的需要,它比生产产品更为重要。在现代营销中凡奉行这种观念的企业,其经营管理面貌就会焕然一新,就能不断地开拓市场,取得较好的经济效益。

五、社会营销观念

社会营销观念认为组织的任务是确定诸目标市场的需要、欲望和利益,并以保护或者提高消费者和社会福利的方式,比竞争者更有效、更有利地向目标市场提供所期待的满足。这种经营思想是对营销观念的重要补充和完善。它强调企业提供的产品,不仅要满足消费者的需要与欲望,而且要符合消费者和社会发展的长远利益,企业要关心与增进社会福利,要将企业利润、消费需要、社会利益三个方面统一起来。

第三节 珠宝首饰营销观念

一、珠宝首饰与珠宝首饰产业

1. 珠宝首饰的含义

自古以来,珠宝首饰就在人类社会生活中扮演着重要的角色,与人类的饮食起居、思想感情乃至国家的政治经济密不可分,并且它的表现形式和表达内容都在不断地发生着新的变化。那么什么是珠宝首饰呢?对它的理解或许会因时空的变迁、地域文化的差异而有不同的理解,但是,人们普遍能接受的说法是,珠宝首饰是一种贵重的且受人喜欢的人身装饰品,而这种装饰品所代表的意义与价值,则会因人、因时、因地、因事而有所不同。珠宝首饰是一种有形的存在,具有三个方面的功能:即装饰的功能、实用的功能和传达信息的功能,而装饰人体则是珠宝首饰最基本的功能。

用于装饰人体的珠宝首饰类型有许多种,从头到脚有头饰、发饰、耳饰、颈饰、手饰、腰饰和足饰等。就其使用材质及表现形式来看,可以划分为以下三种类型。

(1)贵重珠宝首饰。使用的材质以贵金属(铂金、黄金、钯金)与贵重宝石(钻石、红宝石、蓝宝石、祖母绿、翡翠等)为主,制作工艺方面力求精致细腻,镶工与表面处理工艺考究。材料及人工价格均较昂贵,售价相对较高。

(2)流行珠宝首饰。流行珠宝首饰以配合服装时尚为主,强调流行性、时尚性。使用的材料突破了传统的贵重材质的限制,凡是可以发挥首饰设计师设计的材质均可使用(如普通的砾石、玻璃、塑料、铜、铝、铅锡合金、钨钢、不锈钢、人造宝石、树脂等)。制作工艺相对粗糙,镶工部分大都以黏合剂固定。材料及人工价格均较低廉,售价相对较低。

(3)艺术珠宝首饰。使用的材质不限,珠宝首饰成为一种艺术创作的载体,传达和表现着创作者的意念与情感。金属材料与宝石材料仅是这种艺术创作的素材,经由创作者的设计、制作而成为独特的艺术品。

根据珠宝首饰的具体款式类型又可以划分为:戒指、耳环、项链、手镯、挂件、别针、袖钮、发夹、领夹、脚镯、帽花等。

2. 珠宝首饰产业

珠宝首饰产业是一个从事美丽的产业,发现珠宝首饰的美丽,创造珠宝首饰的美丽,传播珠宝首饰的美丽,应是珠宝首饰产业的主旋律,也应是珠宝首饰企业的历史使命。同时,珠宝首饰产业也是一个文化产业,这里包含着自然科学、社会科学、人文科学。它蕴含着我国悠久的传统文化,也能承载我国弥新的先进文化。

珠宝首饰产业是以珠宝首饰市场为对象,为珠宝首饰消费者提供珠宝首饰产品和服务的综合性产业。从广义上说,它包括探矿(寻找天然宝石、玉石资源和贵金属资源)、采矿与冶炼(开采宝石、玉石资源和贵金属资源及冶炼)、科学研究(包括宝石和玉石的鉴定、宝石的优化技术和处理技术、饰用贵金属材料的研究等)、人工宝石业(包括合成宝石、人造宝石、再造宝石和拼合宝石等)、珠宝首饰加工业(切磨宝石、珠宝首饰款式设计和珠宝首饰制作)、珠宝首饰贸易营销(包括宝石和玉石的原石贸易、宝石半成品贸易和珠宝首饰成品贸易)等诸多方面。

二、珠宝首饰营销观念

1. 珠宝首饰营销与珠宝首饰设计

市场营销观念及其基本原理适合于珠宝首饰营销过程。但珠宝首饰产品和珠宝首饰市场本身所具有的某些特点,同样也影响着珠宝首饰营销活动。珠宝首饰是以个人作为消费单位的,与电视机、电冰箱、洗衣机不同,这些产品通常是以家庭作为消费单位的。因此,可以说珠宝首饰与消费者个人联系的紧密程度是许多产品所不具备的。

珠宝首饰营销与珠宝首饰设计也有着密不可分的联系。珠宝首饰是一种艺术品,它虽体积小巧,却具有深厚的文化内涵。珠宝首饰的这种艺术性是根植于民族文化土壤之中的,是通过珠宝首饰的设计来体现的。因此,珠宝首饰设计便是决定首饰艺术价值最重要的因素,珠宝首饰既是工艺品,又是大众消费商品,珠宝首饰的商品属性不可忽视。珠宝首饰设计的前提必须迎合消费者的心理,引导或满足消费者的购买欲望。珠宝首饰设计师光有设计技能是不够的,他还必须了解珠宝首饰市场,了解珠宝首饰消费者的需求,了解珠宝首饰市场的发展趋势。总之,珠宝首饰设计师既要懂设计,又要了解生产工艺,掌握市场发展趋势。

首饰设计的好坏,唯有靠市场来检验,市场是检验设计师的重要标准,成功的珠宝首饰品牌、成功的珠宝首饰设计师必然是被市场所认可的。市场需求旺盛,消费者购买踊跃,就是对设计师最大的赞许和最高的肯定。切合消费者心理需求的设计,是珠宝首饰成功营销的基础。

珠宝首饰营销观念认为，珠宝首饰营销与珠宝首饰设计之间存在着高度的依存性。它对珠宝首饰设计、消费者、市场营销活动、产品及利润都有着高度的关切。市场营销人员与首饰设计师通过建立有效的沟通、交流机制，使首饰设计人员了解到市场营销可以促进设计这项创造性的劳动，使市场营销人员能够认识到设计可以引导和回应消费者的消费需求，这样就能更好地协调设计与营销的关系，共同为选定的目标市场提供令消费者满意的珠宝首饰产品。

2. 珠宝首饰营销的基本原则

(1) 诚实守信原则。诚实守信是企业经营道德的最重要的品德标准，是其他标准的基础。在我国传统经商实践中，它被奉为至上的律条。诚实守信原则在市场营销中的具体体现就是"货真价实，童叟无欺"，"诚招天下客，信揽四方财"。在市场营销中，把握诚信原则是企业获得成功的关键。诚实守信是我国传统的古训，当今仍应是企业市场营销活动中把握道德界限的重要基础规则。它的具体内容应当包括：产品质量上的诚实，不假冒；广告中要诚实相告；价格上明码实价，童叟无欺；交易中履行合同责任，信守承诺，以及市场调查数据真实等许多方面。

(2) 义利兼顾原则。义利兼顾的思想既是西方伦理学在道德评价中主张道义与功利相结合思想的体现，同时与我国传统的义利并重的思想也是一致的。义利兼顾的思想是处理好利己和利他的关系的基本原则。我国历史上传统儒家思想的一个重要内容就是义利观。儒家主张，在义利观中，要积极地追求义，要将义放在第一位，对那些有利自己的东西，首先要自问是否合乎义，出于义。根据义来决定取舍，必要时要怀义去利。在今天的企业行为中，针对企业的营利性特点，要提倡的原则是"义"与"利"的兼顾。所谓义利兼顾，就是指企业在追求利润的同时，要考虑是否符合消费者的利益，是否符合社会整体和长远的利益。这并不是反对企业通过营销活动获得利润，恰恰相反，追求利润是企业营销的根本动力和重要特征。利润本身无所谓善恶，判断企业营销行为是否道德，显然不取决于它是否去追求利润以及追求多少利润，而是取决于它是以什么方式去追求利润以及会带来什么后果。利是目标，义是要遵守达到这一目标的合理规则。二者应该同时加以重视，达到兼顾的目标。

(3) 互惠互利原则。互惠互利是针对企业营销活动的性质提出的交易中的基本信条。商品生产是在社会分工的条件下产生的，企业市场营销活动的核心是要发生交易行为，要与买者(消费者)发生关系。而且这种关系时刻伴随着企业的经营实践活动。在交易中，交易物品只有对别人有利才能实现卖方利益。另一方面，买者希望从市场获得自己所需要的商品。推而广之，市场上的各类交易主体都是带着各自的需求参与市场活动的。在这里，交易中只有遵循互惠互利的原则,才能使市场活动周而复始地延续下去。因而,企业既要为他人提供各种满足,又要依赖他人,从中得到自身的利益;只有互惠互利,社会经济才能正常运行。因而,在企业相关利益者关系的把握上,必须遵循互惠互利的原则,就是要实现互利互惠的交换过程,考虑对方的利益,而不是一味地追求个人利益。孔子的名言"己所不欲,勿施于人"之所以能流传至今,成为一句警世格言,也正是由于它道出了互惠互利原则的真谛。互惠互利的原则是企业营销活动得以持久发展的基础信条,因为它并不是单纯的道义说教。

(4)理性和谐原则。在市场营销中,理性就是运用知识手段,科学分析市场环境,准确预测未来市场发展变化状况,不好大喜功和单纯追求市场占有率而损失利润。和谐就是提倡企业的市场营销活动,应保持在适度竞争的水平上,过度的竞争导致资源浪费、两败俱伤的结局。在市场营销中的和谐就是要正确处理企业与市场各相关利益者的关系,以和睦相处为基本原则,创造出天时、地利、人和的氛围。中国人一直讲究和气生财,由于在营销活动中创造了祥和的气氛,减少了摩擦和冲突,自然也就降低了交易的费用,这对各方都是有利的。

3. 消费者满意营销

通过选择适当的目标市场和差异化的市场定位,提供优质的产品和服务来满足消费者需求,从而获得利润和推动企业的发展是现代市场营销的本质特征。其中最重要的是满足消费者需求,消费者需求是多方面、多层次和动态变化的,需要企业投入精力去认真分析和把握的。

菲利普·科特勒曾指出,以满足消费者需求为中心的营销观念基于四个支柱,即目标市场、消费者需要、整合营销和营利能力。

一个公司无论如何强大也不可能满足市场上所有消费者的各种需要,尤其是对以多样化、个性化和时尚流行为特征的珠宝首饰市场更是如此。正确的做法是仔细辨别不同消费者的不同需要,从中找出适合企业目标的市场。

选择目标市场只是企业开展以消费者为导向的市场营销活动的第一步。此外,还需要企业从消费者的观点出发来确定消费者的需要。

满足消费者的需要,要求企业从产品设计开发、生产、定价、渠道选择、促销手段和售后服务等各个环节都始终考虑消费者的利益,具备整合营销的能力。强调市场营销活动的整体性,一方面要求企业的各职能部门和供应、生产、储存各个环节以及产品、价格、分销渠道、促销各因素之间要协调配合;另一方面要求综合运用各种营销手段,使营销的总体效果大于各个局部因素所产生的效果之和。

企业运转的目的是创造利润。但营销观念强调的是,企业应通过比竞争者更好满足消费者需要来获得利润。因此,要求企业善于发现和把握营销机会,并建立具有长远竞争力的赢利模式。

4. 珠宝首饰营销中的道德

诚信是各行各业从事营销工作的人员所必须遵循的准则,除了可以利用法律手段规范企业的经营行为外,营销中的道德问题对企业也是一个新的挑战。目前,在珠宝首饰业中仍然存在着许多有悖于社会公德、损害消费者和社会公众利益的现象。如假冒伪劣产品、不正当价格竞争、夸大其词的广告宣传、商标侵权、过度的资源开发等。其中,珠宝首饰价格以及由此引起的不正当竞争经常引起消费者的质疑。注册一个与知名品牌名称或LOGO非常接近的商标也是一种令知名品牌企业管理者苦恼的事情,由于这种行为不受法律的制裁,所以拥有名牌的企业的策略之一是将所有相近的名称都进行注册,这无形中大大增加了企业的成本。由于首饰设计没有而且也很难制定出可操作的知识产权保护法,模仿知名品牌或设计师的设计,甚至不加改动的仿制,在珠宝首饰业中也是一种比较多见的现象。

在更大范围内引发的道德问题主要是资源的过度开发和对生态平衡的破坏,如宝石、贵金属资源的无序、无节制的开采,造成资源的浪费和生态环境的破坏。

珠宝首饰作为一种特殊的商品,特别在营销环节上,商家与消费者之间存在着明显的信息不对称情况。一般消费者对珠宝首饰的制造、质量和成本等情况都非常陌生。这就要求从业人员必须遵循职业道德,约束自己的行为。因此,加强珠宝首饰营销的职业道德建设,建立良好的社会道德体系,对规范珠宝首饰市场经济秩序、繁荣珠宝首饰市场、推进我国珠宝首饰业与国际接轨等都是极为重要的。普通消费者与珠宝首饰从业者主要在营销环节发生关系,在营销过程中从业人员应具备以下职业道德。

第一,要热爱珠宝首饰,立志当美的传播者,确立职业的责任感与荣誉感,摒弃轻视商业和服务性工作的陈旧观念,认识到所从事的工作正在美化人们的生活,为社会增添光彩。

第二,要严守商业信用,诚信无欺,价格公平透明,实事求是地介绍出售的珠宝首饰(名称、大小、质量、款式、产地、售后服务等),禁止牟取暴利,不出售来历不明的珠宝首饰。

第三,要提供优质服务,文明经商,对消费者一视同仁,出售商品货真价实。不以次充好,不以假充真,不玩文字游戏,不编造各种理由虚假打折,不误导消费者,不欺骗或欺诈消费者,态度和蔼,待客热情,服务周到,以人为本。

第四,要严格执行有关规定,不偷税漏税,不私买私卖。不以营业权谋私利,愿意接受群众监督,欢迎群众批评指正,讲求行业自律,坚决同珠宝首饰市场领域中的不正之风作斗争。

第五,要不断地努力学习专业知识(珠宝首饰原料的成因、产地、品种、鉴定、加工、款式、人工合成、优化处理、珠宝文化、评估等),积累丰富的专业经验,做一个珠宝首饰业的"通才"(具有学者的头脑、艺术家的心灵、专家的技术、劳动者的手脚)。同时要懂得有关政策和法律知识,懂得一些经济学、市场营销学的业务知识,让更多的顾客成为消费者,让消费者成为朋友。

第四节 珠宝首饰营销组合

珠宝首饰企业的运作受外部环境的影响和制约,因此企业需要制定相应的策略,主动应对环境的影响和变化。而营销策略则是企业在市场上获得竞争优势的重要手段,它是由一系列相互关联的企业可以设计和控制的因素组成,这些因素的组合通常称为营销组合。营销组合的概念最早是由美国哈佛大学的尼尔·博登(N. H. Borden)教授在1964年提出的,它是指企业针对选定的目标市场,综合运用各种可能的市场营销策略和手段,以实现企业经营目标的活动总称。

目前在市场营销理论中被广泛接受的营销组合是由美国销售学家杰罗姆·麦卡锡(E. J. Maccarthy)在1975年提出的,他将众多的营销策略和手段概括归纳为产品(Product)、价格(Price)、销售渠道(Place)和促销(Promotion),即"4P"营销组合。市场营销观念认为:产品、价格、销售渠道、促销都是不断变动的变数,在市场营销实践中可以进行多种组合。

企业在确定目标市场之后,一项主要的工作就是规划营销组合,以期与选定的目标市场需求相匹配。规划营销组合时,企业会面临以下挑战。

(1)产品:企业需要确定下列具体问题:向市场提供哪种或哪些产品;产品和品牌如何定位;现有产品如何管理;是否需要放弃过时或失败的产品等。企业应根据具体情况制定相应的策略。

(2)价格:产品定价决定是重要的营销决策之一。价格调整、新产品和产品线定价、销售条件与折扣等也需要企业制定相关的策略。

(3)销售渠道:企业需要决定产品通过什么渠道销售,这是企业面临的最重要的营销决策。企业还需要制定管理和协调渠道成员的营销策略,以保证产品能顺畅地到达终端消费者手中。

(4)促销:企业在营销活动中,需制定广告、人员推销、销售促进等一系列的营销策略,以建立消费者对产品的认知、偏好,并最终形成购买行为。

此外,认识"4P"营销组合的关联性也是十分重要的。企业在市场上的竞争优势在很大程度上取决于营销策略组合的优势,而不是单个策略的运用。在营销活动中,某一因素的变动将会影响其他因素的变动和调整。

随着以"消费者为中心"时代的到来,传统的"4P"营销组合模式已无法完全顺应时代的潮流和要求。1990年,美国营销学家劳特伯恩(R. Lauterborn)提出营销组合的要素应从"4P"转向"4C":从卖方的产品(Product)转向买方的需要和欲望(Customer's Needs and Wants);从卖方的定价(Price)转向买方的成本(Cost and Value to Satisfy Customer's Needs and Wants);从卖方的渠道或网点(Place)转向买方的便利(Convenience to Buy);从卖方的促销(Promotion)转向买卖双方间的沟通(Communication with Customer)。

劳特伯恩提出的"4C"营销的创新意义在于:它把交易的控制权"完全让渡"给了买方。"4P"营销是用产品、定价、渠道和促销手段控制买方,尽量将买方纳入营销者的控制范围,而"4C"营销是主动接受买方的"控制",让买方根据交易的意愿、成本、便利程度和信息沟通情况来进行交易决策,以此激励买方完成交易。从"4P"到"4C"的转变是一场新的营销革命,营销的真谛就是以消费者为导向。强调企业的营销策略应从满足消费者需求和欲望出发,站在消费者的角度来思考和规划营销组合策略。

第五节　珠宝首饰营销过程

珠宝首饰企业的规模千差万别,从几个人组成的家庭式作坊到数千人的上市公司,它们之间的营销活动和对营销过程的管理是有本质区别的。小企业参与决策的人员少,程序简单。反之,大企业参与决策的人员多,程序相对复杂。因此,没有一成不变的营销模式适用于所有的珠宝首饰企业。但总的来说,珠宝首饰企业的营销过程包含了以下几方面的内容。

(1)珠宝首饰营销的环境分析。外部环境的不确定性和变化对企业的营销活动会产生重大的影响。外部环境的变化既可给企业带来营销机会,也可能给企业带来损害。因此,企业营销活动的首要任务是发现并利用有利的机会,避免不利因素的影响和可能造成的损失。

(2)珠宝首饰市场细分和目标市场选择。通过市场细分来寻找、发现适合企业营销目标的市场是现代营销过程的重要步骤。珠宝首饰涉及到不同的产品种类,面对着不同类型的市场。由于消费者年龄、性别、所处地理位置、收入水平和心理需求等的差异,表现出对珠宝首饰需求的差别是非常大的。因此,任何一家企业都不可能完全满足所有消费者群的不同需要。企业通过市场细分,找出那些具有共同需求特征的细分市场,再根据自身的任务和目标、资源和特长、竞争状况等决定进入哪个或哪些细分市场,即选择目标市场。

(3)珠宝首饰营销策略选择。主要研究珠宝首饰的款式设计和营销策略、珠宝首饰产品和品牌策略,分析影响珠宝首饰产品定价的因素、定价方法和价格策略,分析珠宝首饰产品的销售渠道及促销策略等。

(4)珠宝首饰营销规划的制定和执行。营销过程最终要求将营销组合的各个方面整合起来,以实现企业的目标,这是营销过程中最重要的一项工作,要求企业必须制定切实可行的营销规划,组织、协调、执行营销活动,并及时评估和控制营销活动的绩效。

第六节 珠宝首饰市场营销的研究对象和内容

一、珠宝首饰市场营销的研究对象

珠宝首饰市场营销的研究对象,主要是研究珠宝首饰企业在市场的营销活动及内在规律性。换句话说,就是研究珠宝首饰生产企业和销售企业如何适应和刺激珠宝首饰市场需求,通过企业的整体营销活动向消费者提供满意的珠宝首饰产品,从而提高企业的市场占有率和经济效益。

从市场营销的角度来看,珠宝首饰市场营销研究对象的范围,不仅是指把珠宝首饰产品,通过市场这一中介,转移到消费者手中的全过程,而且还包括珠宝首饰企业生产前的原材料准备(如宝石品种的选购、宝石质量的评估等)和珠宝首饰产品的款式设计,以及消费者购买后的相关服务(如首饰的清洗、维修、以旧换新等)。这一切的立足点都在于以满足市场和消费者需求为经营中心,从根本上保证珠宝首饰企业获取相应的经济利益。满足消费者的需求,并获取企业的经济利益也是市场营销活动的立足点和归宿。因此,珠宝首饰企业应树立现代市场营销观念,在实践中不断地丰富和发展珠宝首饰市场营销的理论内涵。

二、珠宝首饰市场营销的研究内容

从珠宝首饰市场营销的研究对象出发,珠宝首饰市场营销的研究内容可以分为以下几个部分。

(1)珠宝首饰市场营销的基本理论研究:主要包括珠宝首饰企业市场营销观念的树立,影响珠宝首饰市场环境的因素,珠宝首饰市场调查的步骤与方法,以及研究珠宝首饰消费者的心理需求等内容。

(2)珠宝首饰市场经营战略与营销策略研究：主要包括珠宝首饰市场经营战略，珠宝首饰市场细分的主要依据，珠宝首饰营销的市场定位和珠宝首饰企业形象，以及为珠宝首饰商品进入市场和发展市场而实施的产品策略、价格策略、销售策略和促销策略等。

(3)珠宝首饰市场营销的主要业态研究：主要包括珠宝首饰批发业、零售业、特许经营和珠宝首饰拍卖业的基本特点以及未来的发展趋势。

上述三个部分的内容是相互渗透的，归纳起来就是珠宝首饰企业在市场营销活动中应树立现代市场营销的观念，运用现代市场营销的基本理论和科学的研究方法，客观分析珠宝首饰市场环境的变化，制定最佳的营销方案，采用最佳的营销策略，在珠宝首饰市场中实现本企业的经营目标。

三、研究珠宝首饰市场营销的意义与方法

珠宝首饰市场营销，是市场营销理论在珠宝首饰市场中的具体应用，是专门化的市场营销学。而市场营销学是研究和分析商品经济条件下全部企业营销活动所必须遵循的客观规律，所普遍适用的市场营销原理与方法。在研究珠宝首饰市场营销的基本问题时，必须以市场营销学的基本理论为基础。但是由于珠宝首饰商品又不同于其他一般的商品，有其自身的特性，单纯运用市场营销学的一般理论，尚不能完全科学地指导珠宝首饰的市场营销活动。因此，有必要对市场营销学的理论进一步具体化和专门化，以便更好地指导珠宝首饰市场的营销活动。随着我国经济的不断发展，经济结构的不断调整，国民收入的不断提高，珠宝首饰产业的不断转型升级，珠宝首饰市场也将得到进一步的发展，珠宝首饰产业可能成为支持我国国民经济稳步发展的又一支柱产业，成为我国国民经济新的增长点，对启动内需，推动国民经济的增长，推动珠宝首饰产业经济的发展，更好地满足人民日益增长的物质文化需要，为国家开拓税源，出口创汇，具有重大的现实意义。尤其是加入WTO后，我国的珠宝首饰业面临着新的机遇和挑战，珠宝首饰市场营销活动，必将更加受到珠宝首饰企业的重视，在企业的经营管理中发挥更大的作用。

珠宝首饰市场营销具有明显的多学科结合的特点，研究的内容广泛，且具有相互渗透的特点，它不仅涉及经济学、消费心理学、行为科学、管理学、市场营销学等方面的理论，而且还涉及宝石学、美学、文化学、首饰制作工艺、珠宝首饰设计等广泛的领域。因此，珠宝首饰市场营销的理论研究，要大量吸收其他各学科的研究成果，运用各种科学的研究方法，才能更科学、更准确地认识珠宝首饰市场的变化规律，以及影响珠宝首饰市场营销的内在因素。研究珠宝首饰市场营销问题，必须做到理论联系实际，珠宝首饰市场营销的理论与方法，具有很强的

应用性,因此在准确理解有关理论、策略和方法的同时,又要结合企业的实际灵活运用。对于珠宝首饰企业来说,要不断提高自身在市场中的应变能力,以适应不断变化的珠宝首饰市场,并通过实际的市场营销活动,创造企业特有的营销途径,进一步丰富和发展珠宝首饰市场营销的基本理论,使它能沿着专门化的珠宝首饰市场营销学的方向前进。

小　结

本章介绍了市场及市场营销的基本概念。市场是指一定区域范围内对各种商品或者一种商品的供给和有支付能力的需求的关系,是买卖双方接触和活动的场所。市场营销是在一系列动态环境因素影响下,为方便和加速商品与服务的交换而采用的一切个人与组织活动,是一种在确定消费者需求的基础上组织和指导企业或组织的活动,以便使消费者的购买力转变为对商品或服务的有效需求的管理功能。消费品市场则是指为了满足个人或家庭生活的需要而购买商品和劳务的场所。

一般来说,市场营销观念包括生产观念、产品观念、推销观念、营销观念和社会营销观念,而且越来越多的企业受环境变化的影响,开始采用社会营销观念。在竞争日益激烈的市场上,以社会营销观念为主导的企业,将获得更大的利润和更长久的竞争优势。

在珠宝首饰营销活动中,首先必须明确珠宝首饰与珠宝首饰产业的含义。在珠宝首饰营销观念中,着重介绍了珠宝首饰营销与珠宝首饰设计的关系、珠宝首饰营销的基本原则、消费者满意营销和珠宝首饰营销中的道德问题。

营销组合是指企业针对选定的目标市场,综合运用各种可能的市场营销策略和手段,以实现企业经营目标的活动总称。目前在市场营销理论中被广泛接受的营销组合为产品(Product)、价格(Price)、销售渠道(Place)和促销(Promotion),即"4P"营销组合。随着"以消费者为中心"时代的到来,正在逐步兴起以消费者(Customer)、成本(Cost)、便利(Convenience)和沟通(Communication)为核心的"4C"营销组合。

珠宝首饰营销过程包含四个方面的内容:珠宝首饰营销的环境分析、珠宝首饰市场细分和目标市场选择、珠宝首饰营销策略选择、珠宝首饰营销规划的制定和执行。

珠宝首饰市场营销的研究对象,主要是研究珠宝首饰企业在市场的营销活动及内在规律性,其研究内容主要包括理论研究、战略及策略研究和相关业态研究。而相关的研究方法,则需采用多学科研究的方法进行。

第二章 珠宝首饰产业与消费市场

改革开放以来,我国的珠宝首饰产业得到了快速的发展,从单纯的数量增长到追求质量与效益的提高,从而进入品牌营销的发展阶段。新的产业和市场环境的形成,为珠宝首饰生产和企业的经营活动带来了发展的机会,也提出了新的挑战。因此,了解珠宝首饰产业及其消费市场,对珠宝首饰企业选择正确的发展战略,制定切实可行的市场营销策略,具有重要的现实意义。本章主要介绍珠宝首饰的商品属性、珠宝首饰消费市场的特征、珠宝首饰产业集群及珠宝首饰产业链等内容。

第一节 珠宝首饰的商品属性

天然形成的珠宝玉石和贵金属都是极为稀有的矿产资源,它们均产于地壳的特定区域,被人们从地下开采出来,并加工成各种珠宝首饰产品,有的具有极高的艺术价值、历史价值、科学价值和经济价值。其中极少数珍品被国家特许作为国家级艺术品而永久珍藏,而绝大多数则作为商品,进入珠宝首饰市场,供广大消费者选购。因此,珠宝首饰产品与其他消费品一样,是为交换而生产出来的产品,是社会分工的结果,具有明显的商品属性。

一、影响珠宝首饰价值的主要因素

部分天然珠宝玉石,由于其外形独特、色泽艳丽、质地优良,不需经任何加工,即可作为艺术品,供人观赏。而各种款式的镶嵌首饰、贵金属首饰,以及各种造型的玉器制品等,则是通过人类的智慧,对其进行艺术加工而成,使其成为独具特色的商品或艺术品。因此,珠宝玉石、各类首饰和玉器制品,自古以来就以其独特的艺术美而受到人们的喜爱和追求,而各种珠宝首饰的价值,则取决于以下几个因素。

1. 审美因素

美丽是构成珠宝首饰的主要因素之一,珠宝首饰如果不美,就不能称其为珠宝首饰。佩戴使用珠宝首饰的主要目的之一,就是满足人们对美的追求。因此,遵循审美原则是珠宝首饰设计的基本原则。珠宝首饰的设计,应以目标市场消费者群体的审美观念为出发点,而不能以设计师或企业管理者的偏好来进行臆测。对于珠宝玉石来说,美丽是最为重要的因素之一,如果不美就不能称之为宝石,如工业用钻石,由于内部不洁净、颜色太深、切磨后没有"火彩"或"火彩"不好,而不能用作宝石。自古以来,人们就一直把产自自然界的珠宝玉石,当作一种特殊的美物。在文人墨客的笔下,常把宝石比作"少女的眼泪,天上的星星,圣贤者智慧的结晶"。珠宝首饰具有内在的审美价值,主要表现在珠宝玉石和贵金属的色彩美(颜色艳丽)、晶莹美(透明度好、光泽强、水头足)、特殊光学效应美(某些宝石具有变彩、变色、星光效应、猫眼效应、砂金石效应等特征),以及作为珠宝首饰、玉器制品的工艺美(各种珠宝首饰的款式、玉器制品的造型,所表现和展示的艺术美),等等。

2. 耐久因素

耐久性也是构成珠宝首饰的一个必不可少的因素,用作镶嵌首饰的珠宝玉石,一般都具有较大的硬度(如钻石、红宝石、蓝宝石、祖母绿、碧玺、橄榄石等)、较强的韧度(如翡翠、和田玉等)和稳定性(即宝石抵抗由于光、热、化学反应作用而褪色和变化的能力)。用于珠宝首饰制作的贵金属材料,同样也具有化学性质稳定的特点。因此,珠宝首饰一般具有耐磨、物理和化学性质稳定的特性。也就是说,在人们佩戴珠宝首饰和鉴赏玉器制品过程中,只要给予适当的爱护,珠宝首饰和玉器制品的美是永恒的,不会随着时间的推移,而腐蚀和磨损。

3. 稀有因素

用于制作珠宝首饰和玉器制品的珠宝玉石材料,都是非常稀有的。稀有性也是构成珠宝玉石的三大要素之一,对于珠宝玉石来说,稀有性在决定其价值过程中起着极为重要的作用,产量越少,需求越大,价值也就越来越高。反之,有些珠宝玉石,在自然界分布较广,需求量也不小,但价值不高。如颜色非常美丽的紫晶,它的宝石学特性也很好,但因其产量较大,故价格相对较便宜。而高质量的祖母绿、红宝石、蓝宝石、猫眼石,由于自然界分布极为稀少,而导致供求之间的差距较大,因而价格昂贵。稀少可以导致宝石的价值升高,但也不能走向极端,如果某种宝石太稀少了,以致人们逐渐忘记了这种宝石的存在,也就会慢慢地失去对这种宝石的需求。

4. 供求因素

供求关系也是影响珠宝首饰价值的重要因素之一,人们对珠宝首饰的需求,首先就在于它的美丽、耐久和稀有,然后是消费者对它的认识,欣赏和重视程度。对某种珠宝玉石的需求量越大,则这种珠宝玉石的价格也会随之上涨。如独具特色的坦桑石,具有很好的宝石学特性,但过去由于一直未受到人们的重视,直到近年来,在国际宝石市场上,其价格开始节节攀升,究其原因就是愈来愈多的人,逐渐地喜欢上了这种宝石,并且懂得鉴赏它,从而导致需求量增大,加之坦桑石本身产量有限,因此,这种宝石的价格节节攀升,也就不足为奇了。此外,需求还与广告宣传有关,如 20 世纪 60 年代,美国的林德公司,大力宣传推销公司生产的人工合成星光红宝石和星光蓝宝石,导致消费者对带星光效应的红宝石、蓝宝石的需求大幅增加,当然价格也随之上升。再者,名人所佩戴的饰物,对公众具有一定的示范作用,如已故英国的戴安娜王妃的结婚戒指是用蓝宝石镶嵌而成的,她特别喜好蓝宝石和珍珠,从而引发了 20 世纪 80 年代的国际珠宝市场对这两种宝石制作成的首饰的需求量大增,这一事例充分说明了"名人效应"对珠宝首饰市场供求关系的影响。

5. 传统心理因素

传统心理因素也是影响珠宝首饰和玉器制品价值的重要因素之一。珠宝首饰在其使用的漫长历史中,已为广大公众所熟悉,人们知道如何用珠宝首饰装饰自己,如何把珠宝玉石用作祭祀之物,如何把珠宝玉石用作物质交换的媒介等。所有这些活动,以及伴随的大量广告宣传、皇家贵族和社会名流的广泛使用,教堂把珠宝玉石用作祭物的象征,在人们的心目中留下了深深的烙印。此后,一些精美的珠宝玉石,又被许多自然历史博物馆收藏,以致在公众心目中留下了珠宝玉石是昂贵物品的印记。

消费者的需求是随着人们对珠宝玉石的逐步了解而增加的,了解的人越多,需求也就会越大。在强烈需求的情况下,人们本能地希望得到源自自然界精美的珠宝玉石,也就会产生了强烈的需求动机。虽然随着科学技术的进步,现在已能合成或仿制各种珠宝玉石,从外观装饰的角度来看,完全可以不必再花费精力,去寻找稀少的天然珠宝玉石。但是,传统的心理促使情况恰恰相反,人们仍不惜一切代价,千方百计地去寻找天然珠宝玉石。天然的珠宝玉石在商界、家庭、教堂和其他社会组织中,已牢固地建立起了传统的、信条似的基础。因此,合成宝石和仿制宝石,将永远无法代替天然的珠宝玉石,不管它有多么美、多么相像,在物理化学性质方面多么一致,人们之所以接受它,仅仅是将它作为一种代用品,其价值仅仅是生产成本加上加工费而已。传统心理将永远左右着人们对珠宝玉石的需求。

6. 其他因素

由于珠宝玉石资源稀少,仅产于地壳的某一特定区域,且产量很少。因此,珠宝玉石产地的政治和经济因素,对珠宝玉石的供应会构成一定的影响,并影响到某种珠宝玉石的价格。此外,开采珠宝玉石的成本高低,也是影响珠宝玉石价格的重要因素,从而影响到珠宝首饰的价格。再者,由于高档、精美的珠宝首饰的体积一般较小,便于携带,况且价值较高,便于转移,在保值方面大大地优越于其他商品。这一特点可以影响大批皇家贵族及商界富翁投资于高档、优质的珠宝首饰,这也会影响到珠宝首饰的价值。

二、珠宝首饰市场的主要特征

国家或地区经济实力的增强,人民的物质和文化生活水平的提高,是促进珠宝首饰市场的形成和繁荣的基本前提。人民生活水平愈高,对珠宝首饰的需求也就愈大,其购买力也愈强。

天然的珠宝玉石,是经过漫长的地质作用才得以形成的,而取自地球的珠宝玉石却是在短期内,被人们加工成商品,投入珠宝首饰市场,最终到达消费者的手中。珠宝玉石从开采、切磨并加工成珠宝首饰,并最终到达消费者的手中,一般需要1~3年的时间。当然有的可能只需要几个月,有些则需要花费更长的时间,甚至十几年后仍处在销售状态。对于珠宝首饰的加工制造来说,这是一个相当复杂的过程,需要经过许多人的手。从宝石产地开采所得到的宝石原石,最先销售给宝石切磨商,宝石切磨商将根据原石的形态、质量等因素进行综合研究,设计出宝石的琢型,尽可能最大限度地揭示出宝石的美丽,并且使原石的重量损失最小。然后,切磨好的宝石成品经过宝石经销商,进入珠宝首饰制造商手中,他们考虑了首饰的设计和成本后,把宝石成品与贵金属镶嵌在一起,加工制造成珠宝首饰。最终,进入到珠宝首饰消费市场,供消费者选购。

珠宝首饰不会随时间的推移而发生变化和变质,可以被消费者用了再用,一件珠宝首饰可以使用无数次。例如,一件价值1万元的珠宝首饰,消费者使用了100次,那么每使用一次的花费是100元,在几十年后,这件价值1万元的珠宝首饰仍能保持着它的价值。而通货膨胀可能使这件珠宝首饰的价格增加了几倍,从这个意义上来说,购买高档的珠宝首饰,真可谓是"一半是享受,一半是投资",它可以尽情地供人享用,并可慢慢地等着升值。对于珠宝首饰市场来说,珠宝玉石的原料价和成品价、批发价和零售价等,彼此之间有时的差别会很大,而价格的变化,则受上述诸因素的影响。再者,天然的珠宝玉石是一种不可再生性资源,其产量是有限的,对它的掠夺性开采和占有,将会导致珠宝首饰市场的瞬息万变。

对于珠宝首饰企业来说,由于供求关系的变化,也会出现"买方市场"和"卖方市场"。珠宝首饰买方市场的特点是,珠宝首饰的售价,甚至货源在一定时期主要由买方控制,而卖方获利极少,有时只能按成本出售。而卖方市场的形成,对珠宝首饰企业来说是最为有利的。因此,珠宝首饰企业应从珠宝玉石资源、质量、价格、销售等方面,有计划、有目的地对珠宝首饰市场进行控制,以促使卖方市场的形成,确保珠宝首饰生产者长期而稳定地获得最高利润。例如,著名的戴比尔斯(De Beers)公司对世界钻石市场的控制就是如此,正如该公司的创始人厄内斯特·奥本海默(Ernest Oppenheimer)爵士在1927年5月所说:"对钻石工业安全的威胁,不在于发现新的钻石矿床,而在于对它的无理性开采"。

综上所述,珠宝首饰市场的特征可用一句话概括为:既稳定繁荣,又变幻莫测。

第二节 中国珠宝首饰消费市场分析

我国的珠宝首饰业有着悠久的历史和光辉灿烂的文化。据考古发现,我国古代先民在商代就已开始用黄金制作首饰。如在北京平谷县刘家河商代中期墓葬中,曾出土金臂钏两件、金耳环一件;在山西石楼商代遗址中也出土过金耳环。千百年来,我国首饰以其富有民族特色的造型设计和精湛的制作工艺,在世界上享有盛誉。

但我国的珠宝首饰消费市场,建国后由于众所周知的原因,长期发展缓慢。自20世纪80年代以来,得益于改革开放的政策,珠宝首饰产业得以迅速发展。我国已成为世界上最大的铂金消费国,年销售铂金量达140~150万盎司(1盎司=28.349 5g);我国还是世界上第四大黄金消费国,年黄金首饰需求稳定在200t左右;同时我国还是世界上最大的玉石和翡翠消费市场。可以说,我国的珠宝首饰消费,已经在国际珠宝首饰市场上占有重要地位,市场的走向将直接影响国际珠宝首饰市场的动向和价格。

回顾我国珠宝首饰业的发展,大体经历了停滞、恢复、发展三个阶段:20世纪80年代以前我国珠宝首饰业始终处于停滞状态,之后经过近十年的恢复期,从1990年至2000年中国珠宝首饰业开始进入快速发展阶段。一方面珠宝首饰生产能力迅速增长,到90年代末,全国金饰生产企业已有600家,珠宝首饰生产企业4000余家,从业人员达200多万人。另一方面,珠宝首饰市场需求迅速扩大,销售额逐年攀升。综观我国的珠宝首饰消费市场具有以下特点:

1. 消费市场潜力巨大

改革开放以来,我国国民经济持续高速增长,人民生活水平不断提高,从而刺激了消费者购买珠宝首饰产品的需求。虽然我国是一个发展中国家,但我国消费人口众多,随着我国经济的不断发展,综合国力的不断提高,国民收入的不断增加,其消费市场潜力巨大。据有关统计资料表明,购买珠宝首饰的消费者,正在从大城市,向中、小城市和广大乡镇扩展。

从珠宝首饰消费品的结构来看,我国的珠宝首饰消费市场,已从改革开放初期单一的足金市场,向着K金、铂金、镶嵌首饰和钻饰市场等多元化方向发展。据中国珠宝玉石首饰行业协会统计资料表明,20世纪80年代初,全国的黄金饰品定点生产企业仅10家,中国人民银行对黄金原料的年供应量为0.7吨,而到90年代末期,全国的黄金饰品定点生产企业增至600多家,生产用黄金近250吨。90年代以后,中国的珠宝首饰市场打破了足金饰品一统天下的局面,K金饰品、铂金饰品、宝石镶嵌饰品、仿真饰品、钻石饰品等相继发展,珠宝首饰市场的旺盛,也进一步带动了生产和加工企业的发展。商品结构的变化,为消费者提供了更大的选择余地,尤其是铂金饰品和钻石饰品的销售量逐年递增,发展迅速。

中国珠宝首饰消费市场的潜力到底有多大?可以说这是一个尚待开发的"朝阳市场"。据世界黄金协会统计,进入20世纪90年代后,我国大陆每年消耗的黄金均在200吨以上,直接导致了世界黄金协会北亚区总部从香港迁到了北京。再看钻石饰品,自从20世纪80年代中期进入我国后,在De Beers公司的不断推广之下,钻石饰品已被我国的消费者普遍接受,已成为亚洲最大的钻石市场之一,且发展势头强劲。进入新世纪以来,我国的珠宝首饰销售额,也是以较高的增长速度,逐年攀升。

国内巨大的消费市场,为推动珠宝首饰业的快速发展提供了良好的基础。许多国外著名的珠宝首饰品牌,通过各种途径纷纷进入中国市场。

2. 产业经济颇具规模

改革开放30多年来,我国的珠宝首饰产业从小到大不断发展,具有发展面广、速度快、起点高的特点,取得了很大的成绩。从业人员、市场规模、销售金额等诸多方面,都发生了根本性的变化。

随着我国经济改革的不断深入,社会主义市场经济的不断发展和完善,珠宝首饰市场已从初时的卖方市场,渐变为买方市场,市场竞争日趋激烈,这是不以人们的意志为转移的。面对激烈的市场竞争,珠宝首饰从业人员不断开拓进取,主要表现在以下几个方面:

(1) 我国已成为世界人造宝石的切磨加工中心,以广西梧州为代表的中国人造宝石切磨加工中心的形成,使世界人造宝石的加工、生产重点转移到我国。

(2) 我国的钻石切磨加工能力和水平,也已达到国际水准,年加工钻石300万克拉(1克拉=0.2g),从业人员约5万人,钻石切磨的"中国工"享誉世界,发展潜力巨大,我国完全可能成为世界钻石加工的又一中心。

(3) 我国的玉石雕刻独具特色,是一个充满浓郁民族文化特色的产业,有40

多万从业人员。就翡翠来说,翡翠产自缅甸,但市场却在我国,从数量上来看,约80%的翡翠原料在我国内地加工销售,从质量上来看,我国已成为世界上最主要的高档翡翠消费市场。

(4)改革开放30多年来,我国的珠宝首饰产业得到了很大的发展,利用当地的资源、传统工艺的优势以及区位优势,陆续形成了一批珠宝玉石资源开发、珠宝首饰加工、珠宝首饰贸易中心或产业基地。形成了江苏省苏州市相城区、广东省四会市、广州市番禺区、内蒙古自治区赤峰市、辽宁省阜新市、深圳市罗湖区、浙江省诸暨市、广州市花都区、江苏省东海县、云南省瑞丽市、山东省潍坊市昌乐县、福建省福州市晋安区、河南省南阳市镇平县、浙江省青田县、云南省腾冲县、辽宁省岫岩满族自治县,共计16个"中国珠宝玉石首饰特色产业基地",有利于促进产业集群化发展趋势,推动我国珠宝首饰产业健康快速地发展。

改革开放30多年来,珠宝首饰产业的发展,为今后更大的发展做好了人员、技术等方面的准备,随着我国经济的不断发展,经济结构的不断调整,国民收入的不断提高,珠宝首饰产业完全可能成为支持我国国民经济稳步发展的又一重要产业,成为我国国民经济新的增长点,对启动内需,推动国民经济的增长,推动珠宝首饰产业经济的发展,更好地满足人民日益增长的物质文化需要,为国家开拓税源,出口创汇,具有重大的现实意义。

3. 市场秩序有待规范

我国珠宝首饰市场迅速崛起的同时,导致了行业膨胀速度过快,社会上一度出现了经营珠宝首饰的热潮,一方面对珠宝首饰产业的发展,是一个大的促进和普及;另一方面,则导致企业同质化现象严重,千店一面,没有区别,没有特点。品牌与品牌之间,企业与企业之间没有太大的差异,缺乏特点和特色。珠宝首饰加工制造水平有待进一步提高,在选料、加工制造、设计等方面,相关技术人员需要在制造工艺方面不断地积累经验。不断地提高民族文化修养,努力提高珠宝首饰设计水平,融入更多传统文化元素,生产出具有民族特色的产品、艺术品、高档珠宝首饰消费品。此外,市场秩序还有待进一步规范,低层次的价格竞争时有出现。乱打折、个别以次充好,以假充真,扰乱市场,损害消费者的利益的现象还时有发生,极大地损害了珠宝首饰行业形象,行业自律任重道远。

为了进一步规范珠宝首饰市场,国家已经相继制定了一系列标准和规定,如《珠宝玉石名称》《珠宝玉石鉴定》《钻石分级》《珍珠分级》《翡翠分级》及《金银饰品标识管理规定》《首饰贵金属纯度的规定及命名方法》,等等。此外,各省市也制定了多项办法、标准等。这些标准和规定为规范市场和参与国际竞争奠定了良好的基础。我们相信在政府、行业协会、企业的共同努力下,公平、公正、诚实、守信的市场环境必将进一步得到完善。

4. 市场管理稳步加强

如何营造新的市场格局，引导我国的珠宝首饰消费市场健康有序地发展，是一个迫切需要解决的问题，从市场发展的角度来看，必须从狠抓产品质量、加强市场监管、争创名牌这几个方面着手。

产品的质量是企业的生命，对于珠宝首饰生产企业来说，要严格把住质量关，从宝石原料、半成品到成品，都要层层严把质量关。珠宝首饰产品的质量包括宝石原料的真假、宝石质量的优劣、款式设计和加工工艺技术水平的高低等。为保证产品质量，企业要建立严格的产品检验制度，不符合质量标准的产品不能出厂进入市场。

市场监督管理部门，则要加大打击假冒伪劣珠宝首饰产品的执法力度，切实维护消费者的合法权益。对以假充真、以次充好，牟取暴利者，应予以重罚，直至吊销营业执照，对行骗者则应依法制裁，借以维护珠宝首饰行业的整体信誉。此外，按照国家有关规定，使珠宝首饰的经营纳入法制化管理的轨道，使珠宝首饰市场经营活动健康有序地发展。

创立自主的珠宝首饰品牌和名牌，也是我国珠宝首饰行业必须引起高度重视的一个问题。由于长期以来我国珠宝首饰行业，不甚重视品牌的培育，一些老字号的品牌已在市场竞争中自行消亡。加入 WTO 后，我国的珠宝首饰产业既面临着新的发展机遇，更是面临着新的挑战，国产珠宝首饰只有树立起品牌意识，争创自主的珠宝首饰品牌和名牌，才能与国外的珠宝首饰品牌相抗衡，才能在激烈的市场竞争中立于不败之地。为此，政府有关部门先后出台了不少有利的政策措施。按照我国加入世贸组织的承诺，积极调整相关政策，总平均关税水平逐年下降。2000 年 10 月，上海钻石交易所正式成立；2002 年 10 月上海黄金交易所正式运行；2003 年 8 月铂金正式挂牌在上海黄金交易所进行交易，标志着我国珠宝首饰原料和制品从流通体制上，步入了市场经济的轨道。2003 年 5 月中国人民银行停止执行包括黄金制品生产、加工、批发、零售业务在内的 26 项行政审批项目，标志着黄金、白银等贵金属及其制品，从管理体制上实现了市场的全面开放。在税收调整方面，针对进口钻石、钻石消费税及进口黄金、铂金等都有相应的一系列税收政策的调整，这些既是对世贸组织和上海 APEC 会议承诺的兑现，更是我国珠宝首饰企业参与国际竞争，提高竞争实力的重要保障。在满足国内市场需求的同时，通过品牌这一纽带，把我国的珠宝首饰产品进一步推向国际市场，参与国际竞争。

5.珠宝首饰加工业发展迅速

改革开放以来,我国的珠宝首饰加工业得到了快速的发展,尤其以珠江三角洲地区的深圳和番禺为最。

深圳经济特区的成立,为深圳珠宝首饰业的发展创造了较为宽松的环境和良好的经营条件,并且抓住了香港珠宝首饰业向内地转移的机遇,在我国率先引进和发展了现代珠宝首饰产业。使其从无到有,从小到大,成为深圳特区国民经济的重要组成部分。珠宝首饰的生产加工从规模、技术、资金、工艺、产品等各方面均领先国内同行,深圳生产的黄金饰品在全国市场上占有率高于50%,铂金、K金镶嵌珠宝首饰在全国市场占有率则超过了60%,成为全国珠宝首饰业中门类最为齐全、规模最大的重要加工基地和贸易集散地,在中国珠宝首饰业中处于"龙头"地位,在行业中具有举足轻重的影响。深圳充分发挥毗邻香港的区位优势,改革开放以来,受国内广阔的市场及充裕的劳动力和廉价成本的吸引,香港的珠宝首饰加工业开始向内地转移,深圳则成为最大的受益者。目前,深圳的珠宝首饰产业已成为全国珠宝首饰主要的加工制造和批发中心;主要的出口基地;主要的行业国际信息中心和物料采购中心。

番禺位于珠江三角洲腹地,隶属于广州市管辖,地理位置优越,是中国16个珠宝玉石首饰特色产业基地之一。番禺的珠宝首饰加工业始于1986年,也是得益于香港珠宝首饰业向内地转移这一历史背景下发展起来的。涵盖了珠宝设备制造、钻石打磨、铂金首饰、足金首饰、镶嵌首饰、银饰品制造、贵重工艺品制造和珠宝钟表制造领域等。经过20多年的发展,番禺区形成了市桥大罗塘、小平、市桥珠宝工业区、沙湾珠宝产业园区等几个集中片区,以及现隶属于广州南沙区的大岗镇、东涌镇及榄核镇的珠宝首饰加工区。400余家各种类型的珠宝首饰加工企业分布其中,从业人员超过7万人。番禺的珠宝首饰加工业以来料加工的形式为主,面向国际市场,加工技艺精湛,款式新颖,是亚太地区最具规模、最集中的珠宝首饰加工基地,珠宝首饰出口额占香港出口总量的60%以上,被誉为"中国珠宝城"。近年来,在地方政府的积极引导下,番禺的珠宝首饰产业正在逐步转型升级,积极开拓国内市场。番禺的珠宝首饰加工业,已经从传统的手工业转变为规模化的现代化工业,在工艺、设计、质量、管理等方面积累了丰富的经验,生产的珠宝首饰产品,具有较高的工艺技术水平,尤其在珠宝镶嵌首饰加工方面具有明显的优势,是我国又一重要的珠宝首饰加工基地,番禺是珠宝首饰业界的"奇迹",珠宝首饰是番禺的城市"名片"。

第三节 珠宝首饰产业集群

一、产业集群的形成机理

1. 产业集群的概念

产业集群是指在特定区域中,具有竞争与合作关系,且在地理上集中,有交互关联性的企业、专业化供应商、服务供应商、金融机构、相关产业的厂商及其他相关机构等组成的群体。不同产业集群的纵深程度和复杂性相异,代表着介于市场和等级制之间的一种新的空间经济组织形式。

2. 产业集群的形成机理

由生产要素、需求条件、相关与支持产业、企业战略结构与竞争程度四个关键要素,以及机会、政府两个变数共同组成的竞争优势体系,是形成产业集群的主要原因。组成竞争优势体系的基本目的,就是推动一个国家的产业竞争优势趋向集群式分布,在一个互动的过程中,一个有竞争力的产业会带动另一个产业的竞争力。在面对挑剔型客户对产品和服务的需求时,产业会把压力转移到上游供应商处,对上游企业提出了更高需求。当本国市场拥有一流的下游产业时,它不但对本国的上游供应商形成帮助,也会带动上游产业向海外发展。上游产业的竞争优势,同样有助于本国下游产业发展国际竞争力,上游产业使用的新技术,提供的新原料,都可以提高下游的创造性,上游产业也可能通过多元化发展进入下游产业的竞争。当一个产业具有国际竞争力时,通过扩散效应还会创造出新的相关产业。一旦形成产业集群,集群内部的产业之间就会形成互助关系,这种效应是向上下左右各个方向扩散的,自然形成产业集群内的关联。在产业集群出现后,一个地方的经济资源为寻求最大生产效益,会自动远离单打独斗的产业,而向产业集群集中,产业集群内产业的竞争力越高,资源流向这个产业集群的速度也会越快。在内部各方面因素的相互作用下,产业集群会进入一个自我强化的良性发展过程,会吸引更多的产业和企业加入其中,因而产业集群的规模和影响将会不断扩大,从而推动国家和区域经济的发展。

二、产业集群的作用与表现

1. 减少成本支出

地理上集中的企业,可以共同使用公共设施,减少分散布局所需的额外投资,还可以节省相互间物质和信息的移动费用。同行业的企业通过合作等方式共同进行采购、销售等价值活动,不但能降低原材料价格,也能减少运输、库存、营销等费用。相同的地缘和文化背景,有利于企业间建立起以相互信任、合作为基础的社会网络,降低了供应商定价过高或违约的风险,使双方容易达成交易履行合约,还节省了企业搜索市场信息的时间和费用,节约了交易成本和信息成本。集群的区域性能够吸引人才在地理上的集中,形成充足的专业化且有经验的劳动力储备,企业可以降低培训和搜寻成本。

2. 提高生产效率

在产业集群内,大量专业化的企业集中在一起,这些专业化企业的生产因为是集中于有限的产品和过程,形成了在各个产业环节上的高效率,当这些专业化的企业,按照分工进行相互协作和补充,而形成产业或产业集群时,就实现了产业集群的整体高效率,这不但解决了纵向一体化的大企业在迅速变化的环境中缺乏效率、反应不灵活的问题,还绕过大企业实现了产业的规模经济,在区域上形成较高的市场集中度。

3. 提高产品差异化程度

企业在空间上的集中,使得市场对企业的产品和服务形成特定的地域性认识,进而形成区位品牌,依靠产业区位的知名度提高产品的差异化程度。在产业集群内,各环节联系紧密,上游企业可以便捷、全面地了解下游客户对产品的新需求,企业的灵活性保证了一旦市场有新需求,就会生产出新的产品,企业对市场需求的敏感,促成了产品的精致化和多样化,多样化的产品也提高了产品的差异化程度。产业集群具有规模化和多样化的产品,在集群形成区位品牌后,不仅可以通过一般的批发、零售渠道销售,还可以采用设立专卖店的形式向外拓展。

4. 促进新企业的形成

产业集群中企业的集中会吸引客户的集中,这为新企业的形成提供了机会,在集群中工作的个人会很容易地发现产品或服务的缺口,从而围绕这些产品或服务来建立企业。大量供应商的存在、丰富的劳动力储备,以及集群内公开或半公开的技术秘密等,保证组成新企业所需的资产、技能、投入品、员工等在产业集群内容易地得到,这为新企业的出现提供了可能。当地的金融机构和投资者对产业集群的情况非常了解,对资本的风险报酬要求也会较低,新企业很容易获得资金的支持。而且由于巨大的供给市场和需求市场的同时存在,如果企业发生倒闭,退出壁垒也不高,一个企业的分解不过是为另一个企业的组成做好了准备。产业集群促进了新企业的出现,而新企业的不断出现,又会强化产业集群。

5. 推动创新

产业集群是一个由完善、发达的供应商，经验丰富、挑剔的客户群，垂直、水平联系的众多企业和各个支撑机构之间共同作用，形成知识和技术创新及扩散的区域创新系统。持久的创新能力，是产业集群持续发展的推动力。与各方面企业和相关机构的紧密联系，可以帮助企业及早了解并掌握技术、原材料、生产设备供应、服务和市场需求的变化。企业之间激烈的竞争，也要求企业在创新上加快步伐。大学、研究所及企业都是创新的力量，企业可以通过行业协会或直接与集群内其他企业、大学、研究所进行交流与合作，组成产、学、研协作网络，联合攻关，解决创新上的实际困难，加快了科技成果从实验室向市场的转化。

三、珠宝首饰产业集群

我国的珠宝首饰产业经过30多年的发展，已经形成了一些珠宝首饰特色产业基地，在珠宝首饰特色产业基地内，产业集群化优势开始显现。这种优势的产生是因为许多相关企业在地域上处于同一地区，在原材料和半成品、配件、设备制造与维修、技术服务与创新、人才培养等方面相互配合，从而降低了交易成本，提高了整体效率。特色产业基地的形成是我国珠宝首饰产业的基本特征之一。2006年中国珠宝玉石首饰行业协会，会同国土资源部、国家发改委、科技部等有关部门，评选出了首批16个中国珠宝玉石首饰特色产业基地，这些基地具备了珠宝首饰产业集群的基本特征。

1. 深圳市罗湖区

深圳市罗湖区黄金珠宝产业集聚基地，集中了深圳珠宝首饰业七成的生产企业及交易量，形成了完整的产业链条，并呈现出集研发设计、生产制造、展示交易、旅游文化于一体的发展趋势，已成为国内外珠宝首饰商人的采购、加工、交易的首选之地。其黄金珠宝首饰交易额占国内市场份额的70%，从业人员约12万人。在深圳乃至全国珠宝首饰业中都处于主导地位。深圳市罗湖区的水贝，目前已是深圳黄金珠宝首饰产业集聚基地的核心区，将在现有规模基础上，着力打造"和谐""创新"与"高端"三大特色，积极构建生态产业链，实行清洁生产，废物循环利用，实现产业与社会、自然环境的和谐发展。坚持自主创新，革新工艺技术，不断推出新品种、新款式，构建创新型黄金珠宝首饰产业，抢占产业至高点，发展展示展销，创建名牌企业，推动产业整体向高端发展。

2. 广州市番禺区

珠宝首饰产业是番禺的三大特色支柱产业之一。番禺珠宝首饰加工制造业的发展，带动和辐射了相关产业的共同发展，整个产业的价值链和生产体系正在形成。番禺已经成为香港珠宝首饰厂商,在内地最主要的生产制造基地,加工量占香港珠宝首饰出口总值的60%。番禺珠宝首饰产业基地正从一个单一的简单加工型地区,成长和升级为珠宝首饰原材料资源供应、加工制造工艺先进、生产规模宏大、人才资源丰富、产业文化深厚的中国珠宝首饰产业集聚基地之一。其产品种类齐全,工艺精湛,多元化发展,内外互动,内外销并举,使得番禺的珠宝首饰在国际上具有广泛的认可度,被业界誉为"中国的维琴察"。番禺将进一步完善珠宝首饰的产业布局,加速企业技术与管理理念的转型升级,推动区域品牌的建立,完善有效的政府服务体系,加强软、硬件设施建设,为番禺珠宝首饰产业的发展创造更好的产业环境与发展空间。

3. 广州市花都区

广州市花都区以其得天独厚的交通和区位优势、独特开放的产业集群经营模式,在珠宝首饰产业竞争中,大有后来者居上之势,引起了国际珠宝首饰业界的关注。来自粤、港、台、美国、泰国、韩国、土耳其、波兰等多个国家和地区的珠宝首饰企业,在花都投资兴业。已成为继深圳和广州番禺外的又一个重要的、有影响力的珠宝首饰生产加工基地。花都珠宝首饰业的发展,开创了内地、香港、澳门、台湾两岸四地和欧美等多个国家珠宝首饰业在一个地域共同发展的新局面。来自海内外的行业协会、商会多次莅临花都,考察珠宝投资环境,探讨花都珠宝首饰产业的发展之路和合作思路。

4. 广东四会

广东省四会市是"中国玉器之乡",截至2006年底,已发展玉器商铺1000多家、玉器加工厂400多家,从业人员8万多人,年加工玉璞7000多吨,年产值15亿元,成为四会经济发展的一大特色产业。四会已成为国内重要的翡翠玉器加工基地和广东省四大翡翠玉器加工基地之一,也是国内知名的玉器加工销售集散地和翡翠玉器批发市场。2004年投资兴建的四会国际玉器城,是国内集玉石交易、玉器加工、产品展销为一体的大型玉器交易城之一。四会的原料大都来自缅甸,所生产的翡翠玉器品种齐全,有摆件、玩件、饰件等,款式多样,品质上乘,在国内外享有较高的知名度,产品远销港澳台及东欧、东南亚等地区。

5. 辽宁阜新

辽宁阜新是中国玛瑙的主要产地之一,阜新玛瑙具有产量大、品种多、颜色全、纹理美、质地优、料形奇等六大特点,并伴有浓厚的文化底蕴。阜新玛瑙资源储量占全国总量的50%,经过多年的培育和发展,已初步形成了较为完整的玛瑙产业化链条,基础设施相对完善,拥有相对独立的原料采购和销售网络。目前全市玛瑙产品年销售额已达2.5亿元,占全国玛瑙产品销售总额一半以上,成为全国最大的玛瑙交易中心和玛瑙产品集散地。为实现全力打造"中国玛瑙之都"的目标,阜新将建立占地 2000 亩的产业园区,以玛瑙加工业为主导,培训教学、科研文化、旅游观光、现代服务为附属的综合产业园区。实施玛瑙品牌战略,建设玛瑙产业集群,扩大玛瑙产业经济总量,提高对全市经济的贡献率;逐步发展成为全国玛瑙集散中心、加工中心、文化中心、信息中心,把玛瑙产业做大、做强、做优、做特。

6. 辽宁岫岩

辽宁省岫岩满族自治县是我国最大的岫岩玉产地,有中国美玉出岫岩之称。储量丰富,保有储量 308.77 万吨。岫岩玉是中华瑰宝,华夏奇珍,玉中精品。主要分为两大类:一类为蛇纹石质岫玉,是目前世界上储量最大、玉质最好的蛇纹石质玉;另一类是透闪石质老玉,该种玉石与新疆和田玉同质,是目前世界上储量最大的透闪石质玉矿。由于地质构造的原因,岫岩玉以其块体巨大著称,成为岫岩玉独有的优势和特色。1995 年以来,岫岩县就投资兴建了"中国玉都"和玉雕精品工艺园,建筑面积 1.2 万平方米,集玉器加工、销售、展示、观赏于一体。目前从事玉石开采、玉器加工和玉器销售的人员达 10 万人,现有玉器加工企业 3115 家、商业零售企业 5050 家,年创产值 25 亿元,年实现利税 5 亿元。玉器产品远销 100 多个国家和地区。

7. 山东昌乐

山东省昌乐县是我国蓝宝石的重要产地,是中国目前探明的蓝宝石矿床最为丰富的地区,有中国"蓝宝石之乡"之称。昌乐蓝宝石的主要特点是颜色深、颗粒大、晶体完整,特异宝石多,艳色宝石多,以此区别于缅甸、斯里兰卡蓝宝石,颇受国内外消费者的青睐。据统计,全县珠宝行业从业人员达 4 万余人,从事珠宝饰品加工、销售的企业有 300 多家,年宝石加工能力 600 万克拉、饰品 1000 万枚、贵金属 3000 万克以上,年交易额达 40 亿元,形成了全国最大的珠宝首饰专业批发市场——中国宝石城。

8. 江苏东海

江苏东海素有"中国水晶之都"的美称,约 1/2 地下蕴藏水晶及其伴生矿石英,总储量达 3 亿吨,其中水晶储量约 14.6 万吨。储量和开采量均居全国之首。位于城内的中国水晶工艺城已成为全世界水晶和水晶制品的集散地,水晶城内各种各样的水晶制品丰富多彩,每年成交 18 亿元人民币以上,进出口总额 1 亿多美元。东海共有 20 万人从事水晶加工销售,各乡镇村都可以听到八角磨盘的磨声。水晶文化带动了全县水晶石收藏经营及水晶文化研讨,进而扩展为一种具有浓郁地方特色的社会现象。

9. 苏州相城

江苏苏州相城区渭塘镇,素有"中国淡水珍珠之乡"的美称,不仅拥有上千户养蚌育珠的专业户,还有2000多户珍珠经营户,淡水珍珠业成了这里的特色支柱产业。渭塘中国珍珠宝石城,占地面积45 000平方米,建筑面积37 000多平方米,有16 000多平方米的双层交易大厅,18 000多平方米的珍珠展览交易中心和3000多平方米的休闲、生活、商旅配套设施,每年成交珍珠800多吨。珍珠宝石城集珍珠交易、加工、商住、购物功能于一体,并与景色旖旎的珍珠湖融为一体,可全方位拓展珍珠养殖、生产、交易和观赏旅游等产业,成为该区经济发展的新平台。

10. 福州晋安

福州市晋安区位于台湾海峡西岸,是著名的寿山石的"故乡",寿山石是福州晋安具有优势的特色矿产资源。以当代高科技为手段,充分挖掘寿山石资源潜力,变资源优势为商品优势,不仅可以提高寿山石及其工艺旅游产品的自身社会地位及经济地位,也将会大大带动旅游业乃至推动其他加工业和商业的繁荣与发展。晋安区政府对寿山石资源坚持规划保护与合理开发并举的方针,使得寿山石的开采、加工、交易不仅发展迅速,而且有法可依,规范有序。作为一种文化的载体,寿山石还对其所在地区的文化旅游产业的发展起到积极的推动作用。

11. 云南瑞丽

云南省瑞丽市毗邻盛产翡翠的缅甸帕敢地区,1998年3月,缅甸政府正式开通其唯一的翡翠陆路出口通道——与瑞丽姐告一街之隔的木姐市,允许翡翠毛料以边贸方式进入瑞丽。2000年8月,国务院批准瑞丽姐告边境贸易区实行全国唯一的"境内关外"特殊监管模式后,瑞丽翡翠玉石集散地的功能迅速扩大,翡翠玉石交易活动日趋活跃。海关的统计数据表明,在缅甸年产的2万吨翡翠毛料中,约有6000吨流入我国。其中,通过瑞丽这条"翡翠之路"进入的,就占到了4000吨。在这样的大背景下,瑞丽一跃成为全国四大珠宝集散地之一和全国最大、最早的翡翠交易市场,赢得了"玉出云南,玉从瑞丽"的美誉。近年来,瑞丽抓住"中国——东盟自由贸易区"建立的契机,在"国家级风景名胜区""全国优秀旅游城市"和"国家级口岸"三大殊荣之外,极力打造第四张城市名片"东方珠宝城",并对珠宝产业的发展,实施了多种优惠政策。目前,瑞丽已经形成了姐告玉城毛料批发交易市场、华丰珠宝加工工业园区、瑞丽珠宝一条街、姐告中缅街和新东方珠宝城等五大珠宝市场。全市共有大小珠宝加工企业800多家、珠宝店铺1000多家,从业人员占瑞丽总人口的1/10,珠宝已成为瑞丽的城市"名片"。

12. 云南腾冲

云南腾冲自古就是西南边陲的重要通商口岸,古代的"南方丝绸之路"经腾冲进入缅甸,由于腾冲得天独厚的地理位置,邻近缅甸的玉石产地,在相当长的历史时期,腾冲几乎成为缅甸翡翠进入中国的唯一通道,玉石交易量几乎占世界的90%。腾冲翡翠交易的兴旺,带来了翡翠加工业的繁荣,玉文化渗透到了人们生活的诸多方面,其深厚的玉文化底蕴,不断吸引着世人的目光。改革开放以来,腾冲的翡翠产业进一步发展壮大,基本形成了集翡翠加工、销售、理论研究、文化旅游、人才培养于一体的翡翠商贸园区,翡翠贸易已成为腾冲最具特色的支柱产业之一。

13. 浙江青田

浙江青田县以出产青田石而闻名,是我国著名的"石雕之乡",青田石雕以其石质温润如玉、工艺精湛、历史悠久而闻名于世。青田石是一种优质叶蜡石,它温润如玉,却有比玉更丰富的色彩,更奇特的花纹。自然界几乎把所有的颜色都印染在青田石里面,使它呈现出绚丽的色彩。自然界还用细腻的笔触,在青田石中描绘出奇妙的花纹,使青田石的品类多达100余种,其中有世称"印石三宝"之一、价逾黄金的灯光冻;有色如芳兰、适于雕刻的兰花青田;有质地细腻、行刀脆爽、能尽得笔意韵味的封门青;有黄色艳丽、质地纯净的黄金耀;有包裹棕色外壳、内含青黄冻石的龙蛋奇石。青田石不仅色彩美、花纹奇、质地佳而成为难得的工艺雕刻材料,更以其特有的脆爽而备受文人的青睐,成为历代篆刻家首选的石材。自然界以火山爆发、熔岩奔流的伟力与上亿年日光月照、雨露滋润的毅力,孕育了这罕见的天然瑰宝,人类又用聪明才智赋予青田石以艺术生命。

14. 浙江诸暨

浙江诸暨被誉为世界珍珠之都,拥有世界最大的珍珠市场,是世界上最大的淡水珍珠原珠集散地,是我国淡水珍珠养殖产量最高的养殖地区,也是我国珍珠加工技术最先进的地区之一。市场辐射世界50多个国家和地区,年成交珍珠650吨。珍珠产业是中国的传统产业和民族产业,也是浙江省特色产业和最具成长性的优势产业之一。诸暨依托丰富的原材料、先进的加工技术、强大的市场辐射力,已成为世界珍珠产业最重要的集散地之一。

15. 内蒙赤峰

内蒙古赤峰市巴林右旗因出产巴林石而闻名。巴林石色彩斑斓、温润柔和、质地细腻、适于雕刻,倍受世人垂青和珍爱,同时也是雕刻家、篆刻家、藏石家首选的上乘石料,被称为"草原瑰宝"。巴林石艺术品历来为中外收藏家、名家和金石书画界人士所厚爱,远销日本、法国、德国、美国、比利时、韩国、台湾、香港及东南亚等30多个国家和地区,堪称稀世珍品。巴林石作为赤峰的地方特色资源,地方政府正在不断完善和延伸巴林石产业链,推动地方经济的发展,依托巴林石的资源优势,把赤峰建设成充满生机和活力的珠宝产业集聚地。

16.河南镇平

河南省南阳市镇平县的玉器产业规模宏大,原料广泛。全县玉器业从业人员约15万人,各类加工企业10 000多家,各类经销门店5000余家,年产值15亿元。目前,镇平县玉器行业已形成了原料选购、设计开发、生产加工、人才培训、质量检测、培育名牌、包装推介、市场销售为一体的完整产业链。拥有镇平玉雕大世界专业市场、镇平石佛寺玉雕专业市场和中国玉文化博物馆。当地政府凭借搭建的良好平台,以期正确规划、引导、监督壮大玉雕特色产业经济,并以此实现玉雕特色经济由长期积累达到质的飞跃。

首批16个中国珠宝首饰特色产业基地,各具优势,各有特点。但是产业基地要坚持集群化发展,就必须同时具备五个条件:①拥有一些综合竞争力较强的龙头企业;②具有众多与龙头企业配套的依附性企业;③形成规模较大、环境良好的市场;④建立有力的管理体系(包括政府及社会管制机构);⑤健全的产业发展支撑体系(包括物流体系、研发体系、技术鉴定体系、人才以及能为消费者提供服务的非营利性组织)。

第四节 珠宝首饰产业链

尽管目前珠宝首饰业对国民经济的贡献度相对较低,但从发展趋势来看,珠宝首饰业一定会有非常大的发展前景。简单测算一下就能够知道这一市场容量有多大:据统计资料显示,2013年9月,我国居民储蓄连续3个月突破43万亿元,人均储蓄超过3万元,为全球储蓄金额最多的国家。其中,只要有5%～10%的储蓄用于珠宝首饰消费或投资,就能产生一个十分庞大的消费市场。有专家预测,未来10年内,我国将成为世界上最具竞争力的珠宝首饰生产和加工中心之一,并将成为世界上最大的珠宝首饰消费市场。业内人士预计,珠宝首饰将成为中国老百姓继住房、汽车后的第三大消费品。

但是,由于珠宝首饰业的特殊性,这类消费品的市场结构、企业行为和市场绩效等几个方面仍然存在一些缺陷,如果不能在持续发展壮大的过程中,有效地加以改进,将会对整个产业的可持续发展和产业整体竞争力的提升造成不利的影响。

一、珠宝首饰产业链的构成

产业链是指一个产业从原材料供应到产品生产以及通过各种销售方式使产品满足消费者需要的全过程。产业链的分析,可以使一个地区或一个企业了解自己在产业链中的地位和作用。黄金珠宝首饰产业链可以表示为图 2-1 所示。

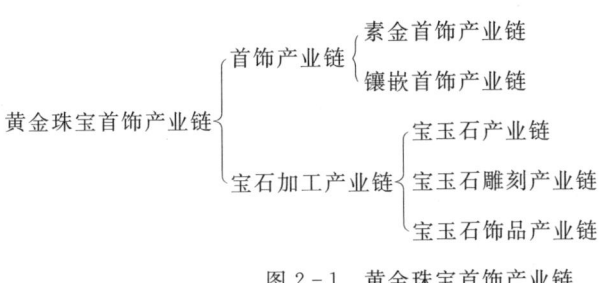

图 2-1 黄金珠宝首饰产业链

1. 素金首饰产业链

(1)黄金首饰。从产业链的角度分析,我国的金矿主要集中在山东、河南、陕西等省,我国年消费黄金首饰约 200 吨,是世界上第四大黄金消费国。黄金首饰生产企业,都是把黄金原料直接加工制造成黄金首饰。

黄金首饰产业链分析,除了黄金原料以外,在生产纯金链类首饰时,所用的织链机设备主要依赖于进口,而且集中在意大利和日本。其他生产所用的工具、包装材料、辅料等,国内有供应商可以配套。而且黄金首饰的生产可以在国内各主要加工企业完成。黄金首饰的批发、零售部分,绝大多数由企业自己或委托代理商完成。

(2)铂金首饰。铂金的原料主要来自国外,南非和俄罗斯是世界上最主要的铂金出产国。上海黄金交易所从 2003 年 8 月 13 日开始铂金交易,我国年销售铂金约 140 万~150 万盎司(折合 43.54~46.65 吨)。已成为世界第一大铂金消费国,约占世界市场的 52%。

铂金首饰产业链分析,铂金首饰与黄金首饰有相似之处,但铂金原料来自国外,主要的生产设备大部分也都依赖于进口,如铂金铸造机、点焊机以及织链机等;其他的生产工具、辅料、包装材料等,国内有供应商可以配套。

2. 镶嵌首饰产业链

镶嵌饰品的黄金、铂金原料来源与素金首饰相同。镶嵌所需的宝石绝大部分来自国外,但各种宝石的情况又有不同。下面以钻石和翡翠为例。

(1)钻石。我国虽然也产有钻石,但产出钻石的绝对数量并不大。国际上的钻石资源由德比尔斯公司所垄断,德比尔斯的下属机构钻石贸易公司(DTC)是一个专门从事钻石市场营销的机构。DTC 对全球大部分钻石进行分类、评价,并向看货商提供钻石毛坯。

我国已经有了一支近 3 万人的钻石加工与切磨队伍,钻石的加工切磨技术已被国际上所接受,誉称为"中国工"。由于税收政策等诸多原因,在国内加工切磨后的钻石,无法在国内销售。只能是通过来料加工后再出口,与中国的珠宝首饰行业没有直接的联系。随着经济的不断发展,我国已成为世界上重要的钻石消费国之一,2002 年 6 月上海钻石交易所成立,并进入实质性的运作,有效地缓解了上述矛盾。

钻石的产业链分析,目前国内用于镶嵌首饰所需的钻石全部依赖进口。如何延长我国的钻石首饰产业链,需要有政策环境的改善,还需要在钻石加工和首饰加工业之间建立起联系,加强合作,寻求共赢。

(2)翡翠。翡翠原料主要源自缅甸。翡翠的加工业,主要集中在广东,高档的在揭阳,中低档的在四会和佛山的平洲。用翡翠加工制作的饰品和摆件,是翡翠市场上的主要产品,而用翡翠镶嵌的首饰,仅占翡翠市场份额的 10% 左右。我国是世界上最大的玉石和翡翠的消费市场。

镶嵌首饰在生产过程中的分工,与素金首饰生产略有不同。镶嵌首饰在生产过程中,逐步向分工和专业化生产方向发展。如一些生产企业,把首饰铸造(俗称倒模)工序分离出来,成立专业的首饰铸造(倒模)企业,这些企业根据镶嵌首饰企业的要求和提供的设计款式,加工成镶嵌饰品的毛坯。这种专业化的分工,有利于提高行业整体的生产效率和产品质量。

二、分析珠宝首饰产业链的意义

1. 从经济全球化角度分析

在经济发展日趋全球化的当下,珠宝首饰业的市场竞争也更趋于国际化。对于珠宝首饰业来说,任何一家珠宝首饰企业,都必须明确自身在珠宝首饰产业中的定位,分析企业通过什么途径,可以融入到全球珠宝首饰产业的价值链中,并使自己的价值得到实现。只有充分认识自己,知己知彼,珠宝首饰企业的产业竞争能力才能不断地提高,否则就会在激烈的市场竞争中处于劣势,甚至被淘汰。

随着经济的不断发展,我国已成为世界黄金消费的第四大国和铂金消费的第一大国,已是不争的事实。从消费的角度来说,我国已经融入了全球珠宝首饰产业的价值链中,并且取得了非常重要的地位。但是,从行业的发展角度来说,我国的珠宝首饰产业尚未完全融入全球的珠宝首饰价值链中。因为,目前国内生产的珠宝首饰产品,除了部分来料加工企业的产品出口,以及部分企业接受国外订单和接受委托加工外,几乎没有自主品牌的珠宝首饰产品出口,可以说我国的珠宝首饰产品还没有直接进入国际市场的竞争。不同企业生产的珠宝首饰产品,仅在国内市场上相互竞争,还没有真正接受国际市场的考验,还需要不断努力,争取真正融入到全球的价值链中。

加入WTO后,如果我国的珠宝首饰产品,不能真正融入世界珠宝首饰的产业链,就会丧失产业的竞争力。随着关税的不断降低,一旦国际上具有强势品牌的珠宝首饰产品进入我国,如何与强势的珠宝首饰品牌竞争,是继续占领低端市场,放弃高端市场,还是打造自主的优势品牌,这是值得我们深思的问题。

2. 从产业集聚的角度分析

产业集聚或产业集群是20世纪60年代以后,世界工业经济发展中一种非常重要的现象。我国的珠宝首饰产业是在20世纪90年代以后,随着产业的不断发展,逐步形成了产业的集聚。产业集聚需要产业上下游的集合,如专业的机器设备、配件、辅料、主要原材料供应商的集中。产业主要产品生产的集中,以及销售渠道的集中等。产业集聚有赖于地区的创新体系的建立和企业创新能力的提高,在企业与地区创新的互动中,进一步提高行业集聚的水平和效益。但就大多数珠宝首饰企业目前的产权结构和管理模式来看,还不能适应企业创新能力的提高,没有形成企业之间技术、管理的交流,从而影响行业总体创新能力的提高和总体水平的提升。

三、从珠宝首饰产业链分析中得到的启示

1. 珠宝首饰的产业集中度过低

虽然较低的产业集中度意味着很大的发展空间,但是较低的产业集中度意味着企业间竞争的剧烈性,以及整个产业缺乏资源的有效配置。最大企业的市场份额偏低,说明我国珠宝首饰企业还远没有实现有效规模经营,企业的抗风险能力尤其是对抗国外实力雄厚同行的能力非常有限。因此,如何培育珠宝首饰业的"龙头企业",是促进珠宝首饰产业大发展的重要环节。

2. 珠宝首饰产品的差异化程度太低,品牌价值无法凸显

从这个角度讲,正是珠宝首饰产品的差异化程度低,才给了众多的中小企业甚至是家庭作坊得以生存的机会。珠宝首饰属于一种特殊的消费品,它的特点是实体价值几乎没有什么差异(都是珠宝贵重物品),几乎没有使用折旧,甚至还有增值的功能。因此,对大多数消费者来说,品牌的替代性极强;相反,成色等实

体因素可能更为消费者所看重。现有的珠宝首饰在造型设计方面基本以模仿外来样式为主,除了各公司自己的专卖店、专卖柜台的醒目标志外,各珠宝首饰品牌自身的特色很难被消费者识别,所以品牌的附加值不能为利润增长作更大贡献。对有实力的珠宝首饰企业而言,当务之急是如何通过造型设计创新和各种营销手段来打造自主的特色品牌,而这一品牌特色不仅要易于形成独特性、差异化并易于识别,还要体现本企业的产品品位和某种特有的审美理念。

3. 缺乏优势的自主品牌

由于缺乏优势的自主品牌,高档的珠宝首饰市场,几乎全部为国外的强势品牌所占领。从产品定位和市场定位的角度讲,购买力相对有限的中低档市场固然不能抛弃,但是要把利润最丰厚的高档市场全部留给国外公司,这无论如何也是令人难以接受的和极不应该的。目前,国内的珠宝首饰企业集中在中高档和中低档市场展开竞争,公司的成长性受到限制,品牌形象的提升也受到一定的约束,因此,国内知名的珠宝首饰企业应该集中力量进行高档产品的设计和品牌营销,争取早日占领购买力最雄厚的高端珠宝首饰市场,形成覆盖完整的珠宝首饰产业市场体系。

4. 企业竞争手段单一,技术开发和市场开发投入资源太少

从长远的角度来看,企业应该把竞争重点,放在技术创新和市场创新这两个基本点上。技术创新要求企业抛弃一味模仿的做法,加大研发投入,提升人员素质和培养专门人才,同时引进国外先进生产技术和设计理念,结合我国实际情况进行产品开发。市场创新要求企业组织力量进行市场调研,把握消费者偏好和流行趋势的变化,着重对珠宝首饰功能的多角度挖掘,如赋予其纪念性、装饰性、保值性、保健性、宗教性、身份代表性等不同的功能去迎合消费者个性需求,以及增加珠宝的文化因素,如星座、童话、历史人物等。在销售经营上,要配备训练有素的服务接待人员、专业的珠宝导购、专业的人员讲解、专业的保修人员等,要有一定量的媒体广告宣传;在销售渠道上,要采取多种销售方式如网络定购等,提高销售的效率和服务的速度;在经营管理上,要实现信息化管理,以消费者为中心完善售前、售中和售后各种服务。

5. 买卖之间存在着明显的商品信息不对称现象

由于珠宝首饰业在鉴定和估价等方面的专业性很强,消费者在交易中获取的商品信息量不对称等,有些不法商家经常利用不对称信息欺诈消费者。此外,某些稍具市场力量的生产厂家容易结成价格联盟,损害消费者利益。因此,有关管理部门应加强相关政策法规的执行力度,完善技术监督机制,规范珠宝首饰市场,建立正常的价格竞争秩序,维护消费者和合法经营企业的利益,并进一步减

少税负,促成大企业的迅速成长,提升整个产业的竞争力,以提高对国民经济增长的贡献度和应对来自国外珠宝首饰企业的市场竞争力。

小　结

　　珠宝首饰产业是一个劳动力密集型产业,随着我国改革开放的不断深入,国民经济的持续发展,珠宝首饰产业可能成为继住房、汽车消费后的又一热门消费品,在解决就业、出口创汇和满足人们日益增长的物质和文化生活需求方面,将产生日益重要的作用。

　　影响珠宝首饰的价值因素,主要包括审美因素、耐久因素、稀有因素、供求因素和传统心理因素等。由于珠宝首饰产品的特殊性,珠宝首饰市场的特征变幻莫测。我国的珠宝首饰消费市场潜力巨大,其产业经济已初具规模,市场秩序渐趋规范,行业管理水平稳步提高,首饰加工业发展迅速。珠宝首饰产业经过30多年的发展,已经形成了以区域集中为特征的珠宝玉石首饰产业集群,依托资源优势或市场优势,已形成了16个珠宝玉石首饰特色产业基地,这是我国珠宝首饰产业的重要特征之一。

　　从市场营销角度来看,珠宝首饰产业链由一系列与首饰设计、生产和销售密切相关的行业所组成,目的是为了向市场提供能满足消费者需求的各种珠宝首饰产品。产业链的分析可以使一家珠宝首饰企业,明确自己在产业链中的地位和作用,并从珠宝首饰产业链分析中得到一些启示。

第三章 珠宝首饰营销市场环境分析

市场营销活动中的诸多力量并不是固定不变的,而是经常处于变动之中。市场营销环境因素的不断变化,都会影响到企业的市场营销活动,不断变化的市场环境既可以给企业带来有利的市场机会,也可以给企业带来一定的危机。这种环境的变化是客观存在的,企业不能从根本上左右环境的变化,但企业可以积极主动地观察、分析、预测和研究环境变化的趋势和运动特点,从中发现并把握有利于企业发展的市场机会,避开不利于企业发展的威胁。珠宝首饰营销环境是企业所不能控制的,一般分为宏观环境和微观环境。宏观环境包括人口环境、经济环境、科技和自然环境以及社会文化环境等;微观环境包括企业内部环境、消费者、中间商、竞争者和社会公众等。本章主要介绍珠宝首饰营销环境对企业营销活动的影响,着重分析影响珠宝首饰营销的宏观环境因素。

第一节 人口环境

珠宝首饰是个性化的消费品,其营销受到人口因素的强烈影响。一方面,年龄、性别、受教育程度、职业背景、民族等不同的消费者,对珠宝首饰有着不同的需求和偏好;另一方面,一定数量的人口,才能形成有吸引力的市场规模,这也是许多国际著名珠宝首饰品牌看好我国市场的原因所在。珠宝首饰市场是由具有购买需求、购买欲望和购买能力的消费者所构成的。因此,人口的数量、分布、构成、教育程度、家庭规模以及在不同地区间的流动等人口因素,就形成了珠宝首饰企业市场营销活动的人口环境。人口环境及其变动对市场需求有着整体性、长远性的深刻影响,制约着珠宝首饰企业市场营销机会的形成和目标市场的选择。

一、人口数量

人口数量即总人口的多少,是影响基本生活资料需求、基础教育需求的一个决定性因素。一个地区或一个国家的总人口数,基本反映了该地区、该国家的消费市场大小。对于生活必需品来说,一般与总人口数成正比,对于珠宝首饰这类高档耐用消费品来说,则与购买力有着极为密切的联系,而不能简单地以总人口的数量来加以简单地分析和判断。但是,人口数量仍可作为一个重要的参考指数。

从我国的具体情况来看,人口多,增速快,是我国人口环境的两个重要特点。据第六次全国人口普查数据显示,截至 2010 年 11 月 1 日,我国的人口总数为 13.397 248 52亿,其中居住在城镇的居民为6.6557亿,占总人口的49.68%,是世界上人口最多的国家,也是世界上最大的消费市场,市场发展的潜力极大,珠宝首饰消费市场也不例外。虽然,我国是一个发展中国家,但经济发展较快,尤其是改革开放以来,人民的生活水平和购买力逐步提高,珠宝首饰消费市场日趋活跃,如果有 5%的人先富起来,其购买力就相当于一个法国市场,有 10%的人先富起来,其购买力就相当于一个日本市场,国外一些珠宝首饰商人发出了这样的惊叹:一个人口众多的潜在消费市场正待开发,其市场容量和发展潜力巨大。

值得注意的是,人口的增长并不意味着市场现实购买力的提高,相反会引起一系列不利于企业市场营销的社会问题,如能源和自然资源的供需矛盾,基本生活需求压力过大,交通运输过于紧张,环境污染日益严重等,这些都将阻碍经济的增长,从而加大企业生产成本,降低人均所得。

二、人口的地理分布

珠宝首饰市场消费需求与人口的地理分布密切相关。一方面,人口密度的不同,人口流动量的多少,影响着不同地区市场需求量的大小;另一方面,人们的消费需求、购买习惯和购买行为,随地区的差异也会有所不同。改革开放以来,我国的人口地理分布呈现出以下三个方面的特点:①人口迁移、人口流动(农村流向城市、内地流向沿海、不发达地区流向相对发达地区)呈现不断扩大的趋势;②城市人口的增长速度和城镇化进程明显加快;③由于乡镇企业的不断发展,农村居民中的职工人数迅速增加。这些因素的变化,对不断开拓珠宝首饰市场均具有较大的影响。对于珠宝首饰消费来说,一般都是先在城市普及,然后逐渐向农村发展;先从发达地区,再向欠发达地区扩散。

三、人口构成

人口的构成包括人口的自然构成和人口的社会构成,前者如性别结构、年龄结构;后者如民族构成、职业构成、受教育程度等。以性别、年龄、民族、职业、受教育程度相区别的不同消费者,由于在收入、经历、消费爱好、生活方式、价值观念、风俗习惯、社会活动等方面存在着较明显的差异,必然会产生不同的消费需求和消费方式,形成各具特色的消费者群体。例如不同民族的珠宝首饰消费者,对珠宝首饰的消费爱好就会有所不同,西方人爱好单晶质宝石(如钻石、红宝石、蓝宝石、祖母绿等),而华人则偏爱多晶质的玉石(如翡翠、和田玉等);阿拉伯民族和藏族同胞则喜欢绿松石制品;而我国少数民族中的苗族和彝族同胞则独爱白银饰品,等等。

四、家庭因素

家庭是社会的细胞,也是一种社会基本消费单位。对于某些耐用消费品来说,它的市场需求量与家庭总数成正比,如电视机、电冰箱、洗衣机、家用空调器等,常用"家庭普及率"来衡量其普及的程度,并把这一指标作为衡量一个国家生活水平高低的标志之一。

此外,家庭生命周期也是一个不容忽视的因素。每个人在其人生的不同阶段,都会自觉不自觉地改变着对消费的态度,自觉不自觉地改变着对获取满足需求的某些商品的欲望,家庭的生命周期可以帮助我们了解这一变化。家庭生命周期理论把人的一生分为七个阶段:

(1)单身阶段:包括成年或成年未婚。
(2)新婚阶段:年轻夫妇,尚没有小孩。
(3)刚有子女阶段:最小孩子不到6岁。
(4)抚育子女阶段:最小孩子超过6岁,开始上学。
(5)子女工作阶段:夫妇已近中年,子女尚未结婚。
(6)空巢阶段:夫妇年老,子女不在身边。
(7)寡居阶段:老年一人独居。

根据这一分类,可以看出人们在不同的生命周期阶段,会有着不同的消费需求和消费兴趣。单身阶段以身体成长和智力成长为主,对文化用品的需求较大,未成家前,有钱愿意储蓄,以准备婚事之用。新婚阶段则是购买的旺盛期等。

在不同的家庭生命周期阶段,家庭的收入变化状况也是不同的。单身阶段开始没有收入,靠家庭抚养,工作后的收入除去衣食后,多余的一般用于储蓄或消费;新婚阶段支出费用高,收入逐年增多,但赶不上新建家庭需要的增长,一直到子女工作前,家庭的收支基本处于平衡状态,不会有太多的储蓄;子女工作后,全家的收入增多,收入大于支出的部分用于储蓄,家庭经济相对较宽裕。从上述分析我们可以得出这样的结论,即家庭收入是逐年上升的直线,而需求是中间高两头低的曲线,两线相交,形成一个消费高峰期,而这个消费高峰期,通常也是珠宝首饰消费的主要时期。

第二节　经济环境

经济环境是指企业与外部环境的经济联系,主要包括一个国家或地区的社会购买力、消费者的收入、消费者支出、物价水平、消费信贷及居民储蓄等因素。经济环境对珠宝首饰营销的影响在很大程度上比人口环境更为重要,珠宝首饰的市场需求,会受经济发展水平、消费者收入和支出模式等因素的影响。

一、社会购买力

所谓社会购买力是指一定时期由社会各方面用于购买产品(或劳务)的货币支付能力,是构成市场的重要因素之一。市场规模(包括现实商品需求与潜在商品需求的规模)的大小,主要取决于社会购买力的大小。因此,珠宝首饰企业的市场营销活动,必然会受到社会购买力发展变化的影响和制约,也就是说,社会购买力的变化会给珠宝首饰企业市场营销带来机会或受到威胁。

社会购买力是一系列经济因素的函数。总的来说,社会购买力的大小取决于国民经济发展水平,以及由此决定的国民平均收入水平。经济发展快,人均收入水平高,社会购买力就大,企业的市场营销机会就会随之增加;反之,经济衰退,市场规模缩小,则会给企业的市场营销机会带来威胁,迫使企业缩小经营规模。

改革开放以来,我国的珠宝首饰产业发展的速度是非常快的,具有发展面广、速度快、起点高的特点,取得了很大的成绩。从业人员、市场规模、销售金额等诸多方面,都发生了很大的变化。珠宝首饰加工企业、零售企业、从业人数成倍增加。全国的珠宝首饰销售额逐年增加。我国珠宝首饰市场的铂金、黄金、钻石等首饰,年消费总量居世界前列。我国在人造宝石切磨、加工和首饰镶嵌方面已经成为世界瞩目的重要生产基地。我国有3万人从事钻石切磨工作,年加工量超过400万克拉;有10万人从事人造宝石切磨,加工量占世界总产量的70%以上;现有5000多个企业从事首饰镶嵌加工贸易。我国是世界上珍珠产销量最大的国家,占世界珍珠总产量的95%以上。我国也是世界上玉石和翡翠加工及成品消费最大的国家,其中翡翠原料全部依赖进口,加工成饰品或雕件、工艺品后,在国内市场销售,约占翡翠原料总产量的90%以上。

我国的珠宝玉石首饰产业在各级政府的扶持下,利用区位地域优势、传统文化优势、人力资源优势、政策倾斜优势等,陆续培育形成一批珠宝玉石首饰特色产业基地。如广州番禺、深圳珠宝加工贸易基地;浙江诸暨、广西北海珍珠养殖基地；江苏东海水晶加工贸易基地；河南镇平、辽宁岫岩、广东四会玉石加工贸易基地；广西梧州人造宝石加工贸易基地等。2006年由国土资源部、国家发改委、科技部以及中国珠宝玉石首饰行业协会联合召开了中国珠宝玉石首饰特色产业基地市长论坛，并授予16个产业集聚地为首批"中国珠宝玉石首饰特色产业基地"称号。珠宝首饰产品已成为我国国民经济中不可忽视的重要商品之一。我国经济的快速发展，给珠宝首饰企业的市场营销创造了大量的机会。

社会购买力的实现与市场供求状况密切相关。市场商品供求状况包含着总量的比例和结构的比例，两者对企业均发生着明显的影响。通常情况下，企业的营销活动中较直接感受到的是市场商品供求结构比例的影响。也就是说，对于生产或经营某类产品的企业来说，该产品在市场中的供求平衡程度，会给企业带来显而易见的影响。当企业的产品在市场上处于供不应求的状况时，企业生产量的扩大和销售量的增加就相对容易得多；而在市场上处于供过于求状况时，企业所承受的外部压力则大得多。

社会购买力的实现还与是否存在通货膨胀密切相关。通货膨胀意味着纸币贬值，物价上涨，货币的购买能力下降。这就会恶化企业的营销环境：一方面，它会引发恐慌心理，导致市场上出现以保值为目的的抢购风潮，从而给企业输入大量混乱、虚假的需求信息，增加了企业未来发展的风险度；另一方面，由于各种生产要素涨价，不仅会提高产品的成本，而且会对企业的资金周转、投资组合、营销组合等形成冲击，增加了营销活动的难度。当然，从更广泛的意义上讲，持续的货币贬值、物价上涨会引起价格体系、市场机制和经济秩序的错乱，破坏整个国民经济的正常运行，从而在整体的经济环境上给企业运行带来严重困难。因此，对企业来说，企业开展营销活动必须监测通货膨胀及其对企业营销活动的影响。

社会购买力在量上则与储蓄的增减变动密切相关。居民储蓄来源于消费者的货币收入，最终还会用于消费。但一定时期内储蓄的增加，会减少近期的消费品购买力；反之，则会增加近期的消费品购买力。居民储蓄的增减变动，会引起市场需求规模和结构的变动，对企业的营销活动也就会产生或近或远的影响。

二、消费者收入与支出

消费者收入，是指消费者个人从各种来源所得到的货币收入，通常包括个人的工资、奖金、其他劳动收入、退休金、红利、馈赠、出租收入等。消费者收入主要形成消费品购买力，这是社会购买力的重要组成部分。而且由于生产资料需求是由消费品需求引发、派生出来的，因而对生产和经营生产资料的企业的营销活动也会产生重大影响。消费者收入的多少，直接影响着购买力的大小，从而决定了市场容量、消费者支出规模和消费结构。

消费者收入并不全部用于购买商品。对企业营销来说，有必要将消费者个人收入区别为个人可支配收入和可任意支配收入。

个人可支配收入，是指个人收入减去直接负担的各项税款（如所得税等）和非税性负担之后的余额。作了这种扣除，消费者收入才成为消费者个人可以支配的收入，或者用于消费支出，或者用于储蓄。

可任意支配收入，是指个人可支配收入减去维持生活所必需的支出（如食品、衣服、住房、水电气费）和其他固定支出（如分期付款、学费）所剩下的那部分个人收入。这部分收入是消费者可以任意投向的收入，因而是影响消费需求构成最活跃的因素。这部分收入越多，人们的消费水平就越高，企业营销的机会也就越多。

由于消费者收入往往要受到产品价格变化的影响，因而对消费者收入还要区别为货币收入和实际收入。在消费者的货币收入不变时，如果物价下跌，则表明实际收入上升；反之，则表明实际收入下降。还有一种情况是货币收入虽然增加，但通货膨胀率超过货币收入增长率，实际收入也会减少。分析实际收入变动的意义在于，这种变动直接影响着消费者的支出行为和购买意向。

由于经济发展阶段时有变化，而且在同一时期的不同地区、不同阶层，消费者收入是有差异的，因而除应进行上述分析外，还要研究不同时期、不同地区、不同阶层消费者收入水平的变化。例如，近年来北京、上海、广州、深圳等一线城市，及东南沿海开放地区的收入水平普遍较高，购买力也相对较强。显然，这种研究对于企业选择目标市场，有针对性地开展营销活动具有重要意义。研究消费者的收入特点有利于企业选择目标市场，有针对性地开展市场营销活动。

三、恩格尔规律

恩斯特·恩格尔（Ernst Engel）是德国的统计学家和经济学家。1858年他对德国萨克森地区的工业生产人口的家庭调查的结果作了深入考察后发现，当家庭收入减少时，用于饮食的费用支出，在家庭收入中所占的比例就增大；反之，当家庭收入增加时，用于饮食的费用支出所占的比例就下降，用于衣着、住宅、取暖、照明等支出所占的比例变化不大，而用于满足文化、通讯、交通工具、教育、娱乐和储蓄等需要的支出所占的比例越来越大。由此得出以下规律：即在其他条件相同的情况下，收入中用于食品部分的数量，可以作为该类居民福利水平高低的标志。后来的一些研究也证实了恩格尔规律的正确性。经济学家们常用恩格尔系数来分析消费者支出模式和消费结构。恩格尔系数是：家庭用于食品消费的支出额，占家庭消费支出总额的百分比。用公式表示为：

$$恩格尔系数(\%) = \frac{家庭食品消费支出额}{家庭消费支出总额} \times 100\%$$

恩格尔系数反映了人们收入增加时,支出变化趋势的一般规律,揭示了居民收入和食品支出之间的相关关系,用食品支出占消费总支出的比例来说明经济发展、收入增加对生活消费的影响程度。在收入水平较低时,食品在消费支出中必然占有重要地位。随着收入的增加,在食品需求基本满足的情况下,消费的重心才会开始向穿、用等其他方面转移。因此,一个国家或家庭生活越贫困,恩格尔系数就越大;反之,生活越富裕,恩格尔系数就越小。恩格尔系数已成为衡量家庭、阶层乃至国家富裕程度的主要参数。根据联合国粮农组织提出的标准,恩格尔系数在59%以上为贫困,50%～59%为温饱,40%～50%为小康,30%～40%为富裕,低于30%为最富裕。

恩格尔规律对珠宝首饰营销人员也有着重要的指导意义。当消费者的收入发生变化时,消费者对各类产品的支出会有规律性的变化。一般来说,当收入增加时,消费者会支出更多比例的钱用于购买耐用消费品、奢侈品和服务产品(如购买珠宝首饰、旅游、娱乐等)。对食品而言,当收入增加时,不会购买更多的食品,但可能会购买更高品质的食品。根据恩格尔规律,我们可以得出以下结论:当消费者收入增加,购买力增强后,对商品的要求由数量转向品质,由低级向高级发展。

第三节 科学技术

科学技术环境主要包括科技发展水平、新发现、新发明的获得,新材料、新技术、新工艺的应用、新产品的问世等。科学技术是推动社会生产力发展的巨大杠杆,深刻地影响着人类的社会历史进程和社会经济生活的各个方面,也影响着企业的市场营销活动。

科学技术的发展给企业创造着新的机会,这个机会就是企业寻求或利用新的技术成果,不断满足消费者的新的需求。珠宝首饰产业是一个传统的行业,一直被列入手工工艺的范围,大量依靠密集型的劳动来组织生产。但是,随着科学技术的进步,相关行业的先进技术、工艺、设备不断地被引入首饰生产中,使首饰生产加工逐渐向以工业产品的现代化生产方式转变,首饰生产加工技术得到了极大的发展,许多企业以新技术、新工艺为导向,最大限度地利用高科技的设备和手段,来提高首饰产品的质量和效益,以摆脱依靠增加人力资源投入,来提高生产效益的单一做法。科学技术的发展也直接影响着珠宝首饰业的发展,新的勘探和采矿技术,给珠宝首饰业的发展提供了必要的基础;机械、电子计算机制造业的技术进步给珠宝首饰业注入了强大的活力,使珠宝首饰设计、加工制作和科学管理等方面,出现了许多革命性的变化,主要体现在珠宝首饰设计、生产的周期缩短,生产效率大幅度提高,产品质量和档次明显提高,首饰款式和规格日趋增多。

一、首饰熔模铸造技术

首饰熔模铸造也称为精密铸造、失蜡铸造,它的历史非常悠久。首饰熔模铸造工艺是由失蜡铸造发展而来的,期间经历了两个主要的发展阶段,一是1935年由加拿大人 Jungersen 发明了弹性硫化橡胶模型;二是在20世纪中期(1940—1950年),将牙科行业中长期使用的铸造方法成功地用于首饰生产。从那时起,熔模铸造首饰方法应用逐渐普及,成为现代首饰生产加工工艺的主要方法,目前大约有将近70%的黄金、铂金、银首饰通过熔模铸造方法制作。世界上一些先进国家和地区,如意大利、德国、美国、日本、香港等,对首饰熔模铸造技术进行了深入全面的研究,在铸造设备、生产工艺、原辅材料等方面都取得了显著的进步。

1. 熔模铸造设备

首饰熔模铸造涉及的设备较多,主要有注蜡设备、开粉设备和铸造机几个方面。

(1)注蜡设备。注蜡设备主要包括真空注蜡机和气压注蜡机,两种注蜡机均采用气泵加压,使蜡液充填橡胶模腔。蜡模制作是熔模铸造工艺中的重要工序,它的质量对首饰产品有着重要的影响,早期普遍使用的是简易气压式注蜡机,蜡模的质量相对难以保证,特别精细的蜡模难以成型。20世纪80年代后出现了真空注蜡机,注蜡前对橡胶模抽真空,由于蜡模是在真空状态下进行注蜡,使充填性能得到优化,因此可以注出比较细薄的蜡模,提高了蜡液充型能力。90年代以后开发了自动化程度更高的真空注蜡机,例如日本 Yasui 公司生产的数码式真空注蜡系统,它采用二次注蜡系统使蜡模的收缩降低到最低程度,一次射出加压、二次射出加压、二次射出加压开始时间、夹模压力、保持时间、压迫压力等注蜡参数可以任意组合设定储存,达到最适合的注蜡设定参数组合。橡胶模放入夹模机械手内,输入程序号,按下开始按钮即可,然后夹模、前进、自动对准注蜡口、抽真空、一次注蜡、二次注蜡、蜡模凝固保持、夹模开放等动作全自动完成。温度控制准,注蜡效果完美。

另外,以往注蜡用的模具都是橡胶模,一般蜡模都必须有一定的厚度,近几年开始在部分结构上采用金属模,用它制作出来的蜡模非常薄,近乎透明,而且蜡模的重量、尺寸的稳定性很好,对结构简单的批量件很有意义。

(2) 开粉设备。普遍使用的简易搅粉机容易使浆料卷入气体,整个开粉过程要经过搅粉、抽真空、灌浆、再抽真空几道工序,相对比较繁琐。而 90 年代后出现了真空自动搅粉机,它集搅拌器和真空密封装置于一身,可以实现从搅拌铸粉开始,直到灌浆成型的整个过程,都处于真空状态下进行,有效地减少了气泡的出现,使产品的光洁度更好。真空搅粉机一般配备了定量加水、设定搅拌时间、设定搅拌速度等功能,提高了开粉的自动化程度,操作简单省时。

(3) 焙烧炉。首饰行业用的石膏焙烧炉大都采用电阻炉,一般采用三面加热,炉内温度分布不够均匀,焙烧时也不易调整炉内气氛。围绕使炉内温度分布均匀、消除蜡的残留物、自动化控制等目标,近年来不断出现了一些先进的焙烧炉,例如意大利的 Schultheiss 公司研制了一种新炉型,它在加热元件和石膏型间加设耐热钢罩,炉顶装风扇,强制空气流过加热元件,并从炉底返回炉膛内,从而强制了炉内空气流动,另外改进了炉壳的绝热性能。而德国研制了一种更为先进的焙烧炉,它采用炉床回转方式,使石膏型能均匀受热,石膏内壁光洁、精细,特别适合于先进的蜡镶铸造工艺要求,目前许多国家都在生产这种焙烧炉。这种炉箱四面加热,内有双层耐火砖隔板,热度均匀稳定,绝缘设备好,经过两次充分燃烧后,排出的是无公害气体,对环境不会产生影响。

(4) 铸造机。由于首饰件都是比较精细的产品,浇注过程中很快发生凝固而丧失流动性,因此常规的重力浇注难于保证成型,必须引入一定的外力,促使金属液迅速充填型腔,获得形状完整、轮廓清晰的铸件。因此,铸造机是首饰熔模铸造中非常重要的设备,是保证产品质量的一个重要条件。根据所采用的外力形式,常用的首饰铸造机主要有离心铸造机和静压铸造机两类。

① 离心铸造机。利用高速旋转产生的离心力将金属液引入型腔,充填速度较快,对于细小复杂工件的成型比较有利,适合金、银等合金的铸造,对铂金来说,由于处于液态的时间非常短,用离心铸造也是比较适合的。目前一些小型加工厂还在使用一种简单的机械传动式离心机,它没有附带感应加热装置,利用氧气-乙炔来熔化金属,或者利用熔金机熔炼金属,然后将金属液倒入坩埚中进行离心浇注,冶金质量没有保证。现代离心铸造机在这方面有了很大的改进,集感应加热和离心浇注于一体,并适合铸造金、银、铜等合金。

与静力铸造相比,离心铸造具有浇注时金属液紊流严重、容易出现气孔,金属液对型腔壁冲刷剧烈,易导致铸型开裂或剥落,离心铸造的最大金属量相对较少等缺点。针对这些问题,现代离心铸造机在驱动技术和编程方面进行了改进,其发展目标是改进编程能力和过程自动化。例如,把铸型中心轴和转臂的角度设计成可变的,它作为转速的一个函数,能够从 90°变化到 0°。这样,就综合考虑了离心力和切向惯性力在驱使金属液流出坩埚和流入铸型的作用,这种装置有助于改善金属流的均衡,防止金属液优先沿着逆旋转方向的浇道壁流入。在铸型底部加设抽气装置,方便型腔内的气体顺利排出,能较好地改善充型能力,同时配备测温装置,可以极大地减少人为判断误差。

②静力铸造机。利用真空吸铸、真空加压等方式,促使金属液充填型腔,与离心铸造相比,静力铸造机的充型过程相对平缓,金属液对型腔壁的冲刷作用较小,由于抽真空的作用,型腔内气体反压力较小,一次铸造的最大金属量也较多。因此静力铸造机在首饰制造业界得到了越来越广泛的应用。静力铸造机的种类有很多种,其中最简单的静力铸造机当属吸索机,这种机器的主要构件是真空系统,不带加热熔炼装置,因此需要与火枪或熔金炉配合使用,操作简单,效率较高。但由于是在大气下浇注,金属液存在二次氧化吸气的问题,整个浇注过程,依赖于操作者的经验和操作控制的熟练程度,包括浇注温度、浇注速度、压头高度、液面熔渣的处理等,因此人为影响质量的因素较多。

现代静力铸造机则由感应加热、真空系统、控制系统等组成,在结构上一般采用直立式,上部为感应熔炼室,下部为真空铸造室。采用底注式浇注方式,坩埚底部有孔,熔炼时用耐火柱塞杆塞住,浇注时提起塞杆,金属液就浇入型腔。一般在柱塞杆内安设了测温热电偶,它可以比较准确地反映金属液的温度。有的则将热电偶安放在坩埚壁测量温度,但测量的温度不能直接反映金属液的温度,只能作为参考。自动真空铸造机一般在真空状态下或惰性气氛中熔炼和铸造金属,因此有效地减少了金属氧化吸气的可能。现代静力铸造机广泛采用电脑编程控制,自动化程度较高,铸造产品质量比较稳定,孔洞缺陷减少,成为众多厂家比较推崇的设备,广泛用于黄金、K金、银等贵金属真空铸造。最新一代的静力熔铸机,自动化程度更高,引入了人工智能系统,可以取代操作工,操作工只需加入金属料,系统控制整个冶金过程。有些机型还带有粒化装置,可以制备颗粒状中间合金。

2.熔模铸造材料

(1)铸粉。铸粉是首饰熔模铸造的基本辅助材料,对首饰铸造质量有很大的影响。为保证铸粉质量的稳定性,现广泛采用高科技设备对铸粉原材料、生产过程和终产品进行在线监控和分析,建立了相关的数据库,对产品的一致性进行控制。为满足不同的首饰合金和制作工艺要求,近年来开发了一系列的铸粉,形成了普通铸粉、金镶铸粉、蜡镶铸粉、铂金铸粉等多种类别。

(2)补口。从20世纪80年代以来,各种K金饰品,尤其是镶嵌宝石的首饰广受市场欢迎,首饰合金材料在近十多年来取得了许多研究成果,形成了彩色系列 K 金材料。

首饰合金的研究更加注重铸造性能、回用性能、孔洞倾向等综合性能。在 K 金首饰材料中使用最多的是 Au-Ag-Cu 系、Au-Ag-Cu-Zn、Au-Cu-Ni 系合金或 Au-Cu-Ni-Zn 系、Au-Ag-Pd 系等合金,另外加入少量硅、硼等元素。一般又把等效银合金俗称为"补口",并把"补口"制成中间合金使用。首饰行业中通常以颜色来区分合金材料,目前,应用最多的有 K 黄、K 白、K 红三类。首饰品对颜色及颜色的稳定性要求很高,为了用简单明确的方法确定合金的颜色,许多国家制定了 K 金饰品的颜色标准,为统一定量描述合金的颜色,根据色度学原理进行颜色测量。用 CIELab 系统来描述物体的颜色,用明度(L)、彩度(C)和色调(H)三个参数来表示合金的颜色。针对 Ni 白金过敏性问题,欧盟制定了明确的法令,严格限制首饰品的镍溶出量,出现了无镍或少镍的 K 白金补口;针对 K 白金普遍采用镀铑增加白度的问题,出现了无需电镀的 K 白金补口;针对不同的生产工艺方法,开发了铸造用补口和锻压用补口。针对银合金容易变色的问题,开发了抗变色性能好的银补口材料等。

(3)焊料。在大多数情况下,首饰生产加工离不开焊接,经常要用到焊料。各国对焊料含金量均制定了相应的标准和规定,在保持含金量一致的前提下,主要靠调整银铜锌等元素的比例,来控制焊料的液、固相线温度,并改善焊料颜色、加工性和焊接性。具有毒性的元素,如镉已越来越少用于焊料之中。

二、首饰生产加工工艺技术

1. 首饰原版制作工艺技术的新进展

快速原型制造技术,是 20 世纪 90 年代发展起来的一项高新技术,它可以大大缩短新产品的研发周期,确保新产品的上市时间和新产品开发的成功率,从而可以有效地提高产品在市场上的竞争力,以及首饰企业对市场需求的快速反应能力。这种技术的出现引起了首饰行业极大的重视和关注,并很快在行业中得到应用并迅速推广。快速原型技术到现在已经有十几种不同的成型系统,目前应用于首饰行业的主要有激光固化成型(SLA)、融积成型(FDM)、数控精雕(CNC)等方法。

(1)激光固化成型(SLA)。该成型方法以光敏树脂为原料,激光按产品分层数据使树脂固化,该法具有速度快、原材料利用率高,并能成型形状复杂、精细的首饰品等优点。缺点是光洁度较差,尺寸精度不够好,耗材(树脂)昂贵等。运用此法的典型成型机有日本的 Meiko,其成型一件典型的戒指约 6 小时,近年来德国的 Envision 成型机也是采用这个原理,但其成型速度有了很大的提高,一般一个戒指只需 4 小时就可完成。

(2)融积成型(FDM)。该成型方法采用蜡为原料,由喷嘴将半融熔状态的蜡料挤压出来,在高度方向逐渐堆砌出成型零件的三维实体。模型精确度较高,表面光洁度较好,但是成型时间较长,喷嘴容易出现堵塞等问题。

(3)数控精雕。CNC雕刻技术是传统雕刻技术和数控技术结合的产物,它秉承了传统雕刻精细轻巧、灵活自如的操作特点,同时利用了数控加工中的自动化技术,并将二者有机地结合在一起,成为一种先进的雕刻技术。利用精雕可以快速制作出尺寸精确、结构精细的原型,可以采用金属、硬蜡、塑料、树脂等多种材料,适用范围广,在首饰行业的应用逐渐增加。

2. 首饰镶嵌技术的新进展

(1)蜡镶铸造技术。传统的镶嵌方式是先制作出金属底托,然后在金属底托上进行镶石。这种方式具有几个明显的弱点,如镶嵌的效率较低、对镶石工人的操作技能要求较高、金属的损耗较大、生产成本高等。蜡镶铸造技术与传统的金镶技术相比,具有很多的优势,现已被广泛地用于首饰的制作中。所谓蜡镶,则是相对金镶而言的,它是在铸造前将宝石预先镶嵌在蜡模型中,经过制备石膏型、脱蜡、焙烧后,宝石固定在型腔的石膏壁上,当金属液浇入型腔后,金属液包裹宝石,冷却收缩后,将宝石牢牢固定在金属镶口上。它具有降低人工成本、减少贵金属的损耗、降低工具的使用成本、节省工时、降低劳动强度、提高生产效率、可以实现首饰产品设计创新等优点。但是,它最大的不足之处是,有些带裂纹的宝石或颜色经过高温后不稳定的宝石,则不能用于蜡镶铸造。

(2)微镶工艺。微镶工艺是近年来出现的一种新的镶嵌工艺,它的原理和操作方法和传统的金镶工艺,并无本质区别。微镶工艺需借助体视显微镜辅助,整个镶嵌过程是在显微镜下完成的。因此,微镶工艺主要用于镶嵌比较小的钻石和宝石,与通常的钉镶工艺相比,微镶工艺所起的钉要小得多,钻石间的镶嵌很紧密,在最大程度上隐藏了金属,整个镶石面看上去全是由钻石铺平的,整体视觉效果很好。而且微镶工艺的边铲得直、且光滑,钉也比较细,清晰且圆。采用微镶工艺镶嵌的首饰,细小的钻石和宝石得到了充分的利用,并且可以镶嵌出比常规钉镶工艺更精美的首饰。

3. 首饰表面处理技术的新进展

珠宝首饰产品对表面质量要求很高,传统的手工打磨抛光技术工作效率低,人工成本高,贵金属损耗大,越来越难于满足现代首饰企业生产的要求。与手工操作相比,使用机器打磨抛光有许多优点,可以提高生产效率,使首饰表面获得较高的光亮度,并且质量稳定;降低了贵金属的损耗;而且对一些特殊结构的首饰品,只有借助现代机械抛光技术,才能使某些部位得到有效的处理。

传统首饰生产加工中使用的抛光机,主要是震动机和单桶转筒,处理时间较长,抛光效果不佳。近年来,随着首饰生产加工行业的不断发展,从其他行业中引进相关技术,机械抛光技术得到了快速发展,许多先进的机械抛光设备,越来越多地应用于首饰生产加工行业,以替代传统的手工执模抛光。其中包括广泛使用的磁力抛光机,采用钢针作为抛光介质,抛光效率高,对蜡镶首饰可以有效清理石底部位。带有缝隙系统的转盘抛光机,可以达到手工抛光的光滑研磨和高亮度抛光的效果。1992年,引入首饰生产加工行业的拖拽抛光技术,与以往的方法有很大的区别,抛光过程中工件运动,而抛光介质本身不运动。每个工件都有自己的支撑位,工件之间的表面不会接触,因而不会损伤表面。与传统抛光方法相比,形成了更大的相互运动和更强的处理力度,显著减少了处理时间,对处理重的工件有很大的优势。

4. 首饰电铸工艺技术的新进展

电铸是首饰生产加工行业在20世纪90年代引进的一项新的工艺技术,它的原理与电镀有相似之处,也是利用电泳作用,使金属离子逐渐游离沉积到模型表面,模型随后除去,形成具有体积大、重量轻的空心薄壁首饰产品。它的工艺过程包括雕模、复模、注蜡模、执蜡模、涂油、电铸、执省、除蜡、打磨等工序。

电铸生产的产品厚度一般只有零点几毫米,这样的壁厚如采用熔模铸造是很难生产出来的。另外,电铸工艺可以生产体积较大的工件,且细节部位的轮廓清晰,这是冲压工艺难以做到的。因此,电铸工艺有效地弥补了熔模铸造和冲压工艺的不足,特别适合制作一些空心薄壁的摆件、挂件等饰品。

早期电铸工艺主要采用足金或足银材料,成本较高,工件的强度较低,经过近10年的发展,电铸工艺取得了不少进展,出现了许多新的工艺。例如,在蜡模上预先镶嵌好宝石,电铸过程中金属将宝石包覆,最后形成镶嵌电铸饰品;针对足金、足银材料,硬度低、强度差、易变形的特点,开发了K金电铸工艺;为降低成本,在底层电铸铜,表面电镀金,形成仿金电铸产品;针对蜡模制作费时及增加成本,出现了直接利用胶模进行电铸的工艺等,有效地促进了电铸工艺的发展。

综上所述,近年来由于首饰生产加工行业大量引入了相关行业的技术成果,促进了首饰生产加工技术的进步和生产水平的提高;依托快速成型技术的发展,以及首饰熔模铸造设备和铸造材料技术的进步,首饰熔模铸造技术日趋完善,生产效率得到了全面的提升;微镶工艺的发明和运用,使得首饰的设计创意有了更大的表现空间,也可以更充分有效地利用宝石资源;首饰冲压工艺的广泛运用,将极大地提高首饰生产的效率,对降低首饰的生产成本起到很大的作用。

总之,对于珠宝首饰企业来说,应密切关注本行业和相关行业的技术环境的发展变化,分析其对企业营销所产生的具体影响,以利于及时调整本企业的营销方案，并以技术进步为契机，不断开发出新的产品，使企业长久地保持兴旺发达。

第四节 自然环境

这里的自然环境主要是指自然物质环境。自然环境是在不断发展变化的，它既可能给企业造成市场营销的机会，也可能成为企业市场营销活动的障碍。从宏观角度上来说，自然资源日益短缺，能源成本越来越高，环境污染日益严重，政府对自然资源管理的干预不断加强，都会直接或间接地给企业带来威胁或机会。而珠宝首饰企业对资源的依赖性极强，包括宝石、玉石资源和贵金属材料资源，是在地球漫长的演化过程中，逐步富集而形成的，均是不可再生性资源，且分布和产量有限。任何资源量的波动都会给珠宝首饰企业和市场需求状况，带来一定的影响和变化。

第五节 社会与文化

文化一般是指人类在社会发展过程中所创造的物质财富和精神财富的总和。而对于企业营销活动的文化环境，则是指在一个社会、一个群体的不同成员中一再重复的情感模式、思维模式和行为模式，包括人们的审美观念、价值观念、宗教信仰、态度、道德规范和风俗习惯、生活方式、闲暇时间等。其中每一个因素对企业的营销活动，都会产生一定的影响。如我国自1995年5月开始实行5天工作制，1999年又开始实施春节、"十一"长假制，合计起来，我国一年有114天是法定休假日。随着人们闲暇时间的增多，将有利于增加企业的营销机会。

文化是影响人们消费需求欲望和消费行为的基本因素之一，任何人都是在一定的社会文化环境中生活的，不同社会文化环境中的人们，认识事物的方式、行为准则和价值观念等都会有所不同。如人们的审美观念，由于不同国家或地区，文化的差异，审美观念会有所不同，在一个国家或地区被认为是美的东西，在另一个国家或地区可能正好相反。因此，营销人员应密切注意人们审美观念和习惯的差异，设计并生产出符合目标市场审美偏好的产品，这样将极大地有利于企业的市场营销。随着人们生活水平的提高，婚庆、节假日、纪念日已成为珠宝首饰市场的一大卖点，表达情感已成为购买珠宝首饰的主要消费动机之一，装饰、美化功能被认为是首饰的主要功能，社会文化品位的需求明显上升，追求品牌、时尚和个性，正在成为人们的主要消费心理。

因此,企业在进行市场营销活动过程中,必须全面了解、认真分析所处的社会文化环境,以利于准确把握消费者的需要、欲望和购买行为,制定切实可行的营销方案。

第六节　政治与法律环境

在任何社会制度下,企业的营销活动都必定要受到政治与法律环境的规范、强制和约束。这种政治与法律环境,是由那些强制和影响社会上各种组织和个人行为的法律、政府机构、公众团体所组成的。企业时时刻刻都能感受到这些方面的影响,也就是说,企业总是在一定的政治与法律环境下运行的。

政治与法律环境包括四个方面的内容,第一,是政治体制、经济管理体制、政府与企业的关系。第二,是与企业营销活动密切相关的经济立法。经济立法旨在建立并维护经济秩序(或市场秩序)、保障所有权、保护竞争、保护消费者利益或保护社会的长远利益。每一项新的法令、法规的颁布,或者原有法令、法规的修改都会影响企业的营销活动。与珠宝首饰企业相关的法律、法规很多,如《专利法》《反不正当竞争法》《商标法》《劳动法》《拍卖法》《保护消费者权益法》《环境保护法》《矿产资源法》《产品质量法》《税收征收管理法》《价格管理条例》《金银管理条例》等。第三,是政府的方针政策,它是会随着社会政治经济形势的变化而不断发生变化的,直接或间接地影响企业的营销活动。第四,是公众团体,主要是指为了维护某一部分社会成员的利益而组织起来的,旨在影响立法、政策和舆论的各种社会团体。这些社会公众团体的活动,也会对企业的营销活动产生一定的压力和影响。

小　结

珠宝首饰营销环境是企业所不能控制的,但又对企业的营销活动产生很大的影响。一般可分为宏观环境和微观环境。宏观环境包括人口环境、经济环境、科技和自然环境、社会与文化环境以及政治与法律环境等;微观环境包括企业的内部环境、消费者、中间商、竞争者和社会公众等。企业营销的外部环境因素既可为企业带来营销机会,也可能对企业的经营活动构成威胁。

珠宝首饰营销受人口环境的影响非常明显,其中包括人口数量、人口的地理分布、人口的构成及家庭因素的影响。珠宝首饰的市场需求,还明显受经济发展水平、消费者收入和支出模式等因素的影响。科学技术的发展,使得珠宝首饰的制作工艺发生了很大的变化，首饰生产机械的广泛应用，使得珠宝首饰的生产向着个性化、规模化、集约化、时尚化的方向发展，给珠宝首饰业带来了很多新的市场机会。珠宝首饰产业和市场需求，还受自然环境因素的强烈影响，不可再生的宝石、玉石和贵金属资源，对珠宝首饰企业的生产和营销都会产生很大的影响。此外，社会与文化、政治与法律等因素也是企业在制定营销策略时需要考虑的外部环境因素。

第四章　珠宝首饰市场调查

通过市场调查，掌握和运用珠宝首饰市场信息，是珠宝首饰企业营销决策的前提和基础。随着社会主义市场经济的发展和不断完善，重视珠宝首饰市场调查，不仅是珠宝首饰企业营销活动的需要，而且也是珠宝首饰企业管理现代化程度的主要标志。本章将结合珠宝首饰市场的特点，着重介绍市场营销调查的基本概念、调查的步骤和方法以及调查资料的整理与分析。

第一节　珠宝首饰市场调查概述

一、珠宝首饰市场调查的含义

市场调查是现代市场营销观念的重要组成部分，是适应现代化经济发展需要的产物。虽然早在1910年美国就有了市场调查，但它的普及和发展，则是在第二次世界大战以后。据美国管理协会调查报道，美国93％以上的企业亲自从事市场调查，或委托市场调查研究机构进行。20世纪50年代后，世界许多国家的企业纷纷仿效美国，建立市场调查机构，开展市场调查活动，并因此获得了巨大的经济效益。我国自改革开放以来，尤其是十四届三中全会以来，随着经济体制改革的不断深化，社会主义市场经济体制的建立和不断完善，市场调查已经开始为人们所重视，不少企业相继建立市场调查机构，并开始进行市场调查活动。

珠宝首饰市场调查是珠宝首饰企业运用科学的方法，有目的、有计划、系统地收集珠宝首饰市场营销方面的各种情报资料，通过对过去与现在营销状况及动态性影响因素的分析研究，从而为珠宝首饰企业预测其未来发展，作出正确的决策，提供可靠的依据。

从上述珠宝首饰市场调查的含义中，我们应该侧重把握以下几点：

(1) 珠宝首饰市场调查的基础是收集资料。只有做到有目的、有计划、有步骤、系统地收集资料，并予以客观地分析研究，才能及时为决策主体提供客观准确的信息，从而保证预测和决策的客观性和精确性。

(2) 珠宝首饰市场调查是就其广义而言。它不仅包括对消费者需求及竞争者情况的市场调查,还包括对市场营销活动四大环节即产品、价格、销售渠道和促销方法的调查,以取得完整的市场营销资料。

(3)珠宝首饰市场调查的方法必须是科学的。这些方法必须依据不同的客观情况,有计划、有目的、有针对性地实施,以做到有效率并能够解决实际问题。

二、珠宝首饰市场调查的作用

市场调查是现代市场经济发展的必然要求。随着现代生产社会化和专业化程度的不断提高,商品交换范围不断扩大,生产、消费对市场的依赖性越来越大,而市场变化也越来越快。只有通过市场调查,企业才能顺应市场发展规律,使企业经营活动立于不败之地。珠宝首饰市场调查既是珠宝首饰企业整体活动的起点,又贯穿于企业整体营销活动的始终。我国的珠宝首饰市场,发展时间并不是很长,却也是千变万化。实践已充分证明,珠宝首饰市场调查对珠宝首饰企业做出正确的决策有着极为重要的作用。

市场调查对企业发展具有重要作用,具体表现在以下方面:

1. 市场调查有助于珠宝首饰企业确定正确的发展方向

市场调查可以了解到市场的现状与变动趋势,市场需要什么样的珠宝首饰产品,不需要什么样的产品,各类产品资源供应状况如何,国内市场与国际市场衔接状况,竞争对手活动意向,从而确定企业的经营活动方向,在错综复杂的市场现象中探求到企业生存和发展的立足点。

2. 市场调查有助于珠宝首饰企业适时地更新产品

珠宝首饰产品如同其他各类产品一样,有着其特定的市场生命周期。通过市场调查可以随时掌握企业的产品,处于市场生命周期的哪一阶段,从而及时做出正确的产品策略,适时淘汰旧产品,及时开发新产品,抢占新市场。

3. 市场调查有助于珠宝首饰企业制定科学的销售和生产计划

通过市场调查,企业可以比较准确地掌握市场供求状况,据此制定出销售计划;并依据销售计划准确地拟定年度、季度和月度生产计划,确定了销售计划和生产计划后,还可以根据产品原材料的供应条件和备办时间,制定出科学合理的企业采购计划,如果市场调查资料准确,还可以起到控制原材料、在制品库存水平的作用,从而大大节省企业的流动资金。

4. 市场调查有助于珠宝首饰企业实施正确的价格策略

珠宝首饰产品价格虽然有其特殊性,但它并不完全取决于生产成本,在某种程度上,它还依赖于市场供求状况和竞争策略等多种市场因素。市场调查可以帮助企业依据消费者的需求及心理承受能力,抓住机遇,确定可行的市场价格,有针对性地开展各种促销活动,促进珠宝首饰产品的销售。

5. 市场调查有助于珠宝首饰企业改善经营管理

目前一些珠宝首饰企业经营不善,甚至严重亏损,虽然有很多的原因,但其中症结之一在于不懂市场,不了解市场,不重视市场调查,在瞬息万变的市场和竞争复杂的新形势下,或束手无策,或盲目经营。只有重视市场调查,舍得在市场调查上下功夫,就能依据市场的需求,改善企业经营管理水平,促进企业经营效益的提高。

三、珠宝首饰市场调查的基本原则

要做好市场调查工作,不能只有良好的意愿,还必须有正确的指导思想,必须遵循市场调查的基本原则。

1. 实事求是的原则

人的认识过程就是一个主观与客观、主体与客体相统一的过程。在这个过程中,随时都会发生主观偏离客观、主体脱离客体的可能性。因此,在进行珠宝首饰市场调查时,必须充分地尊重客观事实,始终从市场的实际出发,从事实出发,实事求是,切忌主观武断。必须以科学的态度,务实的工作作风来进行这项工作,如果用主观的臆想代替客观事实,这样的市场调查只能是以假乱真,毫无实际意义。所以,在市场调查中,实事求是是第一位的指导原则,整个过程都必须坚持科学的态度、求实的精神,如实地反映市场的真实情况。

2. 有的放矢原则

市场调查是整理分析有关珠宝首饰市场营销方面的各种情报资料,掌握珠宝首饰产品从卖方到达消费者手中的各种情况和趋势,为珠宝首饰企业决策主体进行经营决策服务,或者是为了企业排除某种营销障碍提供信息依据。因此,市场调查必须紧紧抓住这个中心任务,有目的、有计划、有针对性地进行。不能漫无边际,无的放矢。不得要领,抓不住中心,不仅会白白浪费大量人力、财力、物力,而且会贻误商机,造成不应有的损失。

3. 系统性原则

珠宝首饰市场是一个不断运动变化的系统,其中包括有许多影响因素。系统内部诸因素不仅相互联系和相互影响,而且自身也处于不断发展变化之中。同时,诸要素还与外部环境保持着有机的联系。所谓市场调查的系统性原则,就是要以系统的观念和方法,全面地分析和研究影响市场变化的各因素之间的内在联系,以及环境对市场系统的影响,从而达到对市场的本质及其发展变化的规律性认识。

4. 谦虚性原则

珠宝首饰市场调查中要获取各类有价值的情报,就要不耻下问,与各方人员打交道,要取得调查对象的信任、理解和支持,才能做好这项工作。

5. 效益性原则

珠宝首饰市场调查必须考虑经济效益,必须采用科学的调查方法和调查手段,充分利用第二手资料及多方面的力量,以达到事半功倍的效果。

四、珠宝首饰市场调查的内容

珠宝首饰市场调查的内容非常广泛,所有对珠宝首饰经营管理有影响的信息,都应广泛收集和研究。珠宝首饰市场调查的内容主要包括经营环境调查、市场需求调查、产品调查、竞争状况调查、销售渠道调查及促销活动调查等。

1. 经营环境调查

经营环境调查主要是指对政治、经济、文化、自然等因素的调查。如国家的相关产业政策,有关珠宝首饰产业生产和销售的法规、政策;目标市场的人口特征、人口素质、宗教信仰、价值观念和风俗习惯等。

2. 市场需求调查

市场需求调查主要包括需求量调查、消费结构调查和消费行为调查。市场需求调查是市场调查内容的核心。市场需求量的大小直接取决于消费者的收入水平和人口数量,因此,要注意调查、收集目标市场人口数量、人口构成、家庭规模和结构、消费者收入水平、收入增长情况和货币投向等信息。此外,还要注意调查、收集目标市场消费者的消费心理、个人偏好、购买习惯等影响消费者购买行为的信息,经过综合、归纳、对比、分析,以了解目标市场对珠宝首饰产品的需求情况。

3. 产品调查

产品是企业为消费者提供服务的对象,企业必须始终如一地向市场提供满足消费者需求的产品,才能生存和发展。珠宝首饰产品的调查主要包括产品的品牌、产品的价格、产品的款式和类型等内容。主要是要了解消费者对珠宝首饰产品的款式、质量、品牌、包装、服务等方面的要求与偏好;珠宝首饰产品的品牌形象与品牌知名度;消费者对不同档次珠宝首饰产品价格的理解程度、接受程度;珠宝首饰产品价格对需求的影响程度等。

4. 竞争状况调查

珠宝首饰市场已进入买方市场时代,市场竞争日趋激烈,市场上竞争者的各种行为,都会影响到企业的市场营销策略的制定。因此,珠宝首饰市场调查,必须要时刻注意市场上竞争对手的各种动向,及时提供相关的信息,以便企业及时调整营销策略。其调查内容主要包括竞争对手的数量、竞争者的实力、竞争者产品的市场占有率、竞争者产品的款式类型和特点以及竞争者的营销活动特点。

5. 销售渠道调查

销售渠道的正确选择对于企业的市场营销活动极为重要,它可以保障企业产品有效及时地传送到消费者的手中。因此,有关中间商的销售额、潜在销售量、经营能力、市场信誉度等也是市场调查的重要内容之一。

6. 促销活动调查

各种促销活动的效果、影响范围、消费者的参与度和知晓度等,也是市场调查的主要内容。

第二节 珠宝首饰市场调查的步骤和方法

珠宝首饰市场调查无论采用哪一种形式,进行哪一方面内容的调查,都是一次有组织、有计划的行动,都应该经过一定的步骤,才能达到预定的目标。珠宝首饰市场调查一般要经过调查准备、正式调查、结果处理三个阶段。

一、珠宝首饰市场调查准备阶段

珠宝首饰市场调查准备阶段,包括以下四个方面的步骤:

1. 确定调查目标

市场调查,首先必须确定调查研究的问题及其范围,这是市场调查的起点。珠宝首饰市场调查目标应根据珠宝首饰企业实际出发,或是解决企业当前急需解决的问题,或是为企业重大经营决策提供背景资料。

2. 初步情况分析

目标明确后,暂时还不宜开展大范围的正式调查。调查人员应根据珠宝首饰企业内部及外部有关情报资料,进行初步分析。企业内部资料,如财务状况、产品、价格、销售渠道、促销策略等市场营销手段;企业外部资料,如政府的宏观经济政策、消费者的需求状况、相关珠宝首饰企业的经营策略等。在分析现有情报基础上,拟定出一些假设,进行假定推断及提出可能解决的办法,从而使正式调查范围缩小。

3. 制定调查计划

调查计划是一种行动纲领,要对下面问题有较详细安排:①调查的方式;②调查的进度;③收集哪些信息和统计资料;④调查经费的预算;⑤确定调查人员及相关的培训计划。

4. 非正式调查(试探性调查)

指调查人员根据初步情况分析,在小范围内做一些试探性的调查,如访问专家、中间商、消费者,认真听取他们的意见。在非正式调查中发现新的假设,淘汰旧的假设,继续探求解决问题的真正答案。

二、珠宝首饰市场调查阶段

珠宝首饰市场调查阶段,包括以下五个方面的步骤:

1. 确定市场资料来源

市场资料来源可分为两大类,即原始资料(直接资料)与次级资料(间接资料)。原始资料是调查人员通过对现场实地调查所收集的资料。它是通过向人们提问、观察、交谈等方式,直接了解被调查者行为、动机、心理变化过程,进而获得与市场营销有关的情况资料。次级资料是指由他人收集并经过整理的资料,如政府有关部门提供的各类统计资料、行业协会提供的有关资料、消费者协会和有关新闻媒体提供的资料、一些专业和非专业研究机构提供的相关资料。一般来说,使用次级资料省时、省力、省钱,因而市场调查多从收集次级资料开始。如次级资料能解决全部问题,则不必收集原始资料;若次级资料不能解决全部问题,则必须收集原始资料。

2. 确定收集资料的方法

收集原始资料应明确是采用何种具体方法进行调查,如访谈法、观察法、实验法或三种方法交替使用。一般来说,观察法适用于探索性调查,访谈法适用于描述性调查,实验法适用于因果性调查。次级资料收集也应该明确采用何种方法,如交换、购买、索取或委托相关机构收集等。

3. 调查表及问卷的设计

在收集原始资料时,一般需要被调查者填写或回答各种调查表格或问卷。调查表及问卷是整个调查工作的核心,其设计的好坏将直接影响调查结果。调查表和问卷的设计要既具有科学性又具有艺术性。

4. 抽样调查

市场调查中比较普遍采用抽样调查,即从被调查总体中选择部分样本进行调查,并用样本特性推断总体特性。在实地调查前,调查人员应设计决定抽查的对象、方法和样本的大小,一旦明确下来,参加实地调查人员必须严格按照抽样设计的要求进行工作,以保证调查质量。

5.现场实地调查

即通过各种方式到调查现场获取第一手资料。现场调查工作的好坏,直接影响到调查结果的正确性。为此,必须重视现场调查人员的选拔和培训工作,确保调查人员能按规定进度和方法获得所需资料。

三、珠宝首饰市场调查结果处理阶段

珠宝首饰市场调查结果处理阶段,包括以下两个步骤:

1.资料整理分析

这一步骤就是将调查收集到的原始资料进行整理统计和分析。包括以下几个环节:①编辑整理:把零碎的、杂乱的、分散的资料加以筛选,去粗取精,去伪存真,以保证资料的系统性、完整性和可靠性;②分类编号:把编辑整理后所得的资料进行分类,以便查找和使用;③统计分析:将分类的资料进行统计计算,编制各种图表,建立数据库;④比较分析:对各项资料中的数据和事实进行比较分析,并得出相关的结论。

2.编写调查报告

市场调查的结果,一般应写出相关的调查报告,以供珠宝首饰企业决策者参考。调查报告应做到:①写报告的态度客观,内容真实准确,不能曲意迎合,断章取义;②报告内容简明扼要、具体并重点突出;③文字精练,用语中肯,通俗易懂;④结论与建议可归纳为要点,后附表格和附件,便于阅读和使用。一份完整的调查报告包括:调查工作的组织、调查人员组成、调查时间、调查分析、结论与建议、图表及数据索引和参考文献目录等。

四、珠宝首饰市场调查的方法

珠宝首饰市场调查方法,是指市场调查人员在实地调查过程中,收集各种原始信息资料所采用的具体方法。珠宝首饰市场调查采用的基本方法,通常为问卷调查法、访谈法和观察法。

1.问卷调查法

这种调查方法是以问卷的形式,向调查对象提出要调查的问题,并辅以调查人员的提问,通过该调查问卷,记录调查对象的回答结果。问卷调查法,因其适应面较广、调查的速度较快、记录调查结果十分方便、统计和分析调查结果比较

容易、对于调查员的要求不如其他调查方法那样严格等方面的优点,而在实际工作中广泛使用。问卷调查法还非常适合于大规模的调查研究,加上电子计算机技术在问卷调查法中的运用,可以使问卷调查法处理规模十分庞大的调查数据。

(1)问卷调查法的分类。问卷调查法可以细分为现场问卷调查法、入户问卷调查法、邮寄问卷调查法三种类型。其主要区别是每一种问卷的使用场所不同。

①现场问卷调查法:是指在购物现场、展销现场或在集体谈话法一类的调查场所,要求调查对象当时就回答问卷中提出的问题,并记录回答的结果。

②入户问卷调查法:是指调查人员直接进入被调查者住户中,对他们本人或他们的家庭成员进行直接的提问调查。

③邮寄问卷调查法:是指调查人员把设计好的调查问卷有选择性地邮发给调查对象,请调查对象准确如实回答调查问卷中的提问,并清楚地填写回答的结果,再将填写好的调查问卷邮寄回调查机构,由调查机构再统计和分析调查结果。

(2)调查问卷中回答提问的形式。要求调查对象回答提问的形式有多种,一般可以分为:自由回答式、选择回答式、评分式、自由排列式等形式。

自由回答式要求消费者按照自己的看法自由地、毫无顾虑地回答调查人员的提问,一般要求使用书面语言,但在某些特殊的调查研究场合也可使用口头语言。自由回答法可以取得较多的调查信息,这是与其他回答方式相比最大的一个好处,但这种回答的方式在处理调查结果的时候,存在着一定的难度。因调查对象回答问题的方式各不相同,不好采用统一的标准来统计结果。

选择回答式是由调查人员预先设定好几个可以选择回答的项目,由消费者选择其中最符合他本人的意见和想法的一个或几个答案,划上记号,就算回答完成了。这种方式的好处是回答问题的速度快,统计调查结果十分方便,缺点就是预先设定的答案不一定有很强的代表性,消费者可能还有其他的答案,因为问卷设计中没有包括进来,而损失了这些调查的信息。

评分式是以数量等级的形式来调查消费者的一些消费心理和消费行为,在统计调查结果时比较方便,得到的结果也比较精确。

自由排列式是要求调查对象按照自己的看法对提问中所列出的一些项目进行排列,排列的顺序可以从大到小、从小到大、从最满意到最不满意或反之,只要在提问中向调查对象作了清楚的说明就行。自由排列法可以比较方便地研究消费者对不同商品之间的心理和行为差异,有利于比较不同商品之间的优缺点,也用于研究同一商品中不同特性对于消费者的重要性,从中找出商品在市场更加准确的定位。

2. 访谈法

访谈法是最常用、最基本的一种调查方法,由调查人员通过询问被调查者来了解所需要的信息。它包括个人谈话、集体谈话、电话调查、专家谈话四种谈话形式。

(1)个人谈话。个人谈话法是由调查人员以谈话的方式与单个调查对象接触,了解他的消费心理和消费行为。交谈可以是自由式的,也可以是事先设计好的具体问题。

(2)专家谈话。这种方法是有代表性地搜集一些消费经验丰富的专家型消费者的意见和想法,厂商可以利用这些意见和想法作为生产、经营管理决策时的参考依据。

(3)集体谈话。这种方法是将有代表性的一些消费者组织起来,以谈话的方式让他们表达自己对于商品或对于商品广告等方面的意见和看法。集体谈话需由经验丰富的人主持,会谈应在轻松的气氛中进行,每个成员自由发言,使主持人充分了解消费者真实的想法和建议。

(4)电话调查。由调查人员根据事先确定抽样的要求,用电话向调查对象询问,收集相关调查资料。

3. 观察法

观察法是调查者亲临现场观察,通常是在被访者毫无察觉的情况下进行的,通过观察被调查者的活动来获得第一手资料。这种方法的优点是调查人员与被调查者不发生接触,被调查者的活动不受影响,因而取得的资料更加真实、可靠,调查简便易行。不足之处是只能观察市场的外部活动,而不能了解内在的因素变化,同时需要反复观察才能得出结果,花费时间较长。

小 结

市场营销调查是珠宝首饰企业制定营销决策的基础性工作之一。本章着重介绍了市场营销调查的基本概念、市场调查的作用与原则,市场调查的内容主要包括经营环境调查、需求调查、产品调查、竞争状况调查、销售渠道调查及促销活动调查等。珠宝首饰市场调查一般要经过调查准备、正式调查、结果处理三个阶段。常用的市场调查研究方法包括问卷调查法、访谈法和观察法等。

第五章 珠宝首饰消费者心理及行为

珠宝首饰作为一种个性化的耐用消费品,已越来越成为人们表现自我、提升生活品质、满足心理需求的商品,成为人们心理体验、社会地位的象征。珠宝首饰消费的主要目的是为了满足人们心理的、社会的需求,因此,消费者的购买行为,比购买日常消费品要复杂得多。当消费者在购买珠宝首饰方面有了越来越多的权利时,企业意识到了理解消费者行为的重要性,但要想真正认识消费者仍然是珠宝首饰营销中的一个重要的课题。所以有人说,未来营销的成功,取决于谁能更深刻地把握消费者的需求和变化,并具备满足这种需求和变化的能力,谁就将是市场的强者。就珠宝首饰企业而言,在推出新的品牌,进入新的细分市场或设计新的珠宝首饰款式时,必须要明确以下几个方面的问题:谁是企业的目标消费者?他们购买珠宝首饰的目的是什么?哪些因素会影响消费者的购买选择?消费者通常在何时、何处购买?消费者的购买决策是如何作出的?只有掌握了这些涉及消费者心理活动和消费者行为变化规律的问题,才有可能设计出消费者易于接受的珠宝首饰产品。而将新的产品推向市场之前,企业还需根据对消费需求的理解与把握,制定相应的营销策略。本章从认识消费者的心理需要出发,进而讨论消费者的购买动机、购买行为和购买过程,最后分析珠宝首饰消费者的心理特征。

第一节 消费者的心理需要

在市场经济条件下,消费者是市场活动的主体,消费者的购买行为构成市场活动的重要方面,一切购买行为都是由消费者的具体需求欲望所引起的,都是以复杂多样的心理活动为基础的。消费者在购买过程中的一系列心理活动,是消费者的自身需要对客观事物的综合反映,是主观与客观的统一。

一、需要的种类与特点

1. 需要的种类

需要是在一定生活条件下,有机体对延续和发展生命所必需客观事物的需求和欲望的反应。这是一切有机体所必需遵循的规律,人们为了生存和发展,必须从周围环境之中获得生存和发展的条件。这些条件就构成了人们的需要,它们包括食物、空气、水等基本的生理需求,也包括生产工具、物质生活用品、精神生活用品等各种物质需求。

需要是人的自然的和社会的客观需求在头脑中的反映,是客观存在的。满足消费者自然性的需要,这是有机体所共有的;而社会性的需要则是消费者所特有的。社会性的需要表现为:不同的社会发展阶段有不同的需要,不同的个体会因他从属于不同的社会群体,有着不同的需要。

人类的需要不是一成不变的,随着社会生产的发展与社会文明的进步,人们的需要是从低向高发展的,不仅需要的内容越来越丰富,而且需要的层次也越来越高。人类对物质与文化的需要虽然多种多样,但基本上可以归纳为生理需要与心理需要两大类。

生理需要是人类为了维持与延续生命而产生的基本生活需要。人类的生理需要不仅受自然条件的影响,而且受社会条件的影响。随着社会生产与社会生活水平的逐步提高,人的生理需要的对象越来越丰富,谋取需要的手段越来越科学,满足需要的程度也越来越充分。

心理需要是在人类社会发展过程中形成的,它是人们为了提高物质和文化生活水平的社会性的高级需求。它受到生产力发展水平与社会环境的制约,也受人的个性心理特征的影响。当人们的生理需要基本得到满足以后,其心理需要就更加突出、更加迫切。由于消费者的性别、年龄、文化素质的不同,以及消费者的个性心理特征的差异,他们对于各种消费品将会产生不同的心理需求,而这些不同的心理需求又直接影响着消费者的购买动机和购买行为。

2.需要的特点

一般来说,需要有以下三个方面的特点:

(1)任何需要总是具有自己的对象。即需要总是对于某种东西的需要,对于某种物质性物品的需要。

(2)一般需要都有周而复始的周期性。即需要的不断重复出现是需要形成和发展的最主要的条件。

(3)需要是随着历史的发展而发展,是随着满足这种需要对象的范围、方式的改变而发展。在早期的人类社会,人们需要比较简单,大都是为了追求生理和安全的需要而活动。随着生产力的发展,人民物质文化水平的提高,需要也变得越来越复杂,除了满足物质需要外,还会产生各种各样的精神需要。

二、马斯洛的需要层次理论

1. 马斯洛需要层次理论的主要内容

人的需要多种多样,千变万化,但需要的产生离不开一定的社会物质基础,随着社会生产和生活条件的变化,人的需要也不断地产生和发展。一种需要满足了,又会产生新的需要,这种需要的无限性正是社会发展动力的源泉。人类的需要在不断提高与发展中呈现出一定的层次性。美国著名的心理学家亚伯拉罕·马斯洛(Abraham Maslow),1943年在《人类激励理论》一书中提出的需要层次论,把人们的需要分成五个层次,并按照需要的轻重缓急,由低向高排列,形成一个"需要金字塔"。最基本的需要是维持生存的生理需要,它处在"需要金字塔"的最底层,向上依次为人们对安全的需要、社会交往的需要、尊重的需要和自我实现的需要(图5-1)。

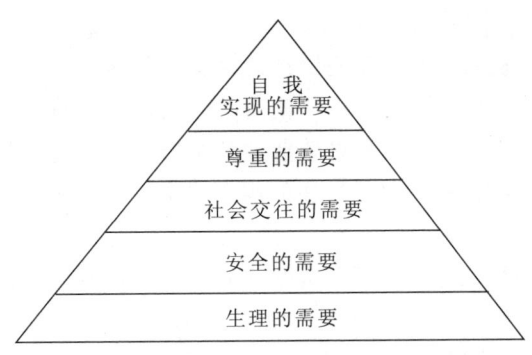

图5-1 马斯洛的需要的层次

(1)生理的需要。指为维持生命所必需的各种需要,包括衣、食、住、行及阳光、空气、水等人的生理过程的基本需要。当人们的生理需要没有得到满足时,生理需要是驱使人们进行各种行为的强大动力。只有当人们的生理需要得到满足以后,更高层次的需要才能产生。

(2)安全的需要。指人们社会生活中要求得到各方面的安全,生活环境具有一定的稳定性,有一定的法律秩序,所处的环境中没有混乱、恐吓、焦虑等不安全因素。

(3)社会交往的需要。在人们的生理需要和安全需要得到一定程度的满足后,人们会很自然地产生社会交往的需要。给他人以帮助并得到来自社会的关心与温暖,是人们正常生活不可缺少的组成部分。在这种需要的驱使下,人们会主动地交往朋友,寻找喜欢自己的人和自己所爱的人。

(4) 尊重的需要。在人们的生理需要与其他心理需要得到满足之后,要求受到尊重并获得荣誉、地位、威望的高级需要。需要他人承认自己的实力、成就,得到个人的荣誉和威信。

(5) 自我实现的需要。这种需要是最高级的需要层次,即实现自我价值和发挥自我潜在能力的需要,在这种需要的驱使下,人们会尽最大的力量发挥自我的潜能,实现自我的目标,将自己的价值付诸行动。

2. 马斯洛的需要层次与相应的消费品市场

对于每一个消费者来说,都会产生各种不同层次的需要,为了满足消费者的这些需要,必然要以具体的商品来满足消费者,并形成相应的消费品市场。

(1) 为了满足生理的需要,所消费的商品包括食品、饮料、服装等。由于生理需要是人们最基本的一类需要,所消费的商品不仅数量大,而且这种需要具有永久性的特点。

(2) 为了满足安全的需要,所消费的商品包括保健防护用品、劳保用品、药品、保安用品,以及购买人身与家庭财产的保险服务等。

(3) 为了满足社会交往的需要,所消费的商品包括礼品、公共场所的娱乐品、旅游工艺品、珠宝首饰品,以及各种营业性社交场所等。随着人们生活水平的不断提高,生活节奏越来越快,人际交往的需要也会变得越来越强烈,这一类商品市场的发展也会越来越大。

(4) 为了满足尊重的需要,所消费的商品包括各类名牌商品、名贵商品、稀有商品、名牌服装、名贵的珠宝首饰等。所有这些商品一般具有以下特点:一是知名度很高,购买了这一类商品的消费者,由于商品的知名度而提高了消费者本人的知名度;二是消费这类商品的人数较少;三是商品的性质独特。也就是说,购买这类商品的消费者的目的,是为了显示其所处的社会地位。

马斯洛的需要层次理论,对企业的产品设计和制定有效的市场营销策略,有一定的指导意义。企业应设法找出潜在消费者已经满足的需求和期待满足的需求是什么,以便据此制定适应消费者目标和生活的市场营销计划。

三、心理需要的特征

心理需要是相对于生理需要而言的,具有以下明显的特征。

1. 伸缩性

心理需要的伸缩性较强,表现在消费者对心理需要的数量多少、层次高低和程度强弱上,都具有一定的弹性。例如,有的消费者以最高级的心理需要为目标,有的则安于一般心理需要的满足。对于珠宝首饰消费者来说,有的为了满足显示能力、成就的心理需要而购买；有的则仅为满足求美的心理需要而购买。又如，有的消费者要求多项心理需要的满足，有的则追求某项心理需要的满足，对珠宝首饰消费者来说，可以表现为不仅满足显示能力、成就的心理需要购买，还可为满足求美、求新的心理需要而购买；而有的只为满足其中一项心理需要而购买。

消费者心理需要的伸缩性，受到内外因素的影响。内因主要受消费者本人的生理需求、个性特点和支付能力的影响；外因主要受社会环境和商品广告宣传的影响。通常，生活必需品的需要伸缩性较小，非生活必需品的伸缩性较大。

2. 复杂性

消费者的任何需要，总是指向和要求获得某种具体的商品或服务，由此就形成了消费者需要的多样性和复杂性。由于人们的生活习惯、文化素质、个性特点、收入水平、兴趣爱好等的差异，因此他们的心理需要也会有所不同。

3. 可变性

消费者心理需要的产生和发展，与客观环境的刺激有着密切的关系。随着生产的发展、科学技术的进步、生活与工作环境的变迁、商品信息的诱发等，都可以导致消费者心理需要的变化。或由此项需要向另一项需要转移，或由微弱的需要变为强烈的需要，或由潜在的需要变为现实的需要。因此，消费者的心理需要是可以通过外部客观环境的变化而变化的，而且变化是多样的。

4. 发展性

消费者的心理需要是没有止境的，不会长期地静止在一个水平上，随着经济的不断发展，社会财富的不断丰富，人们科学文化水平的不断提高，消费者的心理需要总是从低向高推进，在获得了某种需要的基础上，又会发展、派生出新的需要。

5. 可诱导性

消费者的心理需要不仅具有上述特征，而且是可以诱导和调节的。例如，对某种商品或服务，由于加强了广告宣传和售后服务，就能影响和改变人们的心理需要，从而使需要发生变化与转移，或使潜在的需要转化为现实的需要，未来的需要转化为现在的需要，或反之。

第二节　消费者的购买动机

一、消费者的购买动机

1. 动机的含义

动机是引起和维持个体活动,并使之朝向一定的目标和方向进行的内在心理动力,是引起行为发生和结果产生的原因。动机是在需要的基础上产生的,是激励人们活动的内在动力。

购买动机就是为了满足一定的需要,引起人们购买行为的愿望或意念,是直接驱使消费者进行购买活动的一种内在动力。购买动机不仅反映了消费者的需要,而且形成了为获得满足而实施购买行为的决心和意志。

动机产生于需要,甚至可以说动机的本质就是需要,但是动机又不同于需要。每种生物都会有许多需要,但是需要并不一定能够产生具体的行为。只有当需要达到一定的强度,而且客观环境存在有可能满足需要的目标和条件时,需要才开始转化为行为的动机。需要是促使人产生行为的基础和源泉,而动机则是推动人们行动的直接原因。

2. 动机的产生

需要是动机产生的基础。但是只有需要而没有满足需要的目标和诱因,也不能形成动机。人的需要是无止境的,但许多需要仅仅存在于一时,并不能产生相应的满足需要的行动。只有当客观环境出现了满足需要的对象,在经过努力可以实现的情况下,需要才能进一步转化为动机,推动着人们进行有目的的行动。人的动机源于需要,但也受到外界因素的制约。动机是内在和外部条件相互影响的结果,用公式可以表示为:

$$动机=需要+目标+实现目标的可能性$$

动机的形成还受到环境压力的影响。环境压力包括群体压力、社会舆论和竞争。环境压力主要影响动机的强弱,如果压力不足,行为人可能就缺乏足够的心理动力;如果压力过大,动机就会过于强烈,从而产生紧张和焦虑。

3. 动机的功能

动机可以强化人们的需要,从而使人们产生满足需要的愿望、信念。需要越强烈,行为的动力就越强劲。动机的功能主要包括以下几种。

(1)始动功能。人的行为是由一定的动机引起的,动机能够唤起或引起人们的某种行为。

(2)指向或选择功能。动机是有目标的,所以动机具有维持行为趋向一定目标的指向功能。动机促使人朝着一定的目标去行动,使行为沿着一定的方向发展。每个人同时有多种动机,在这些动机中,有的目标一致,有的可能相互冲突。如果不能同时满足,它们之间将会发生竞争。竞争的结果是某种最强烈的动机促使其行为限定在一定范围内,朝着特定方向选择性地决定目标。

(3)维持功能。任何动机的实现和需要的满足都需要一定的时间过程。在这个过程中,动机会贯穿于某一具体行为的始终,激励人们限定自己的行为方向,避免不符合预定目标的行动,直到满足需要,实现动机。

(4)调整和反馈功能。动机能够帮助人们保持和巩固行为,动机作用于行为的产生、进行,直至终止的全过程之中。行为目标对动机产生很大影响。良好的结果会强化行为动机;反之,不良的行为结果促使动机减弱,从而降低行为的内在驱动力。动机能够激励人们调整行为,克服自身的弱点,解决在行动过程中出现的问题。

4.消费者的购买动机

购买动机就是为了满足一定需要而引起人们购买行为的愿望和意念,是推动消费者进行购买活动的内在动力。

消费者的每一次选择和购买行为,都是受着动机系统支配的。消费者选择某种商品或者某些服务项目的时候都是基于多种需要、多种动机的。而最终选择的那种商品和服务,一般应能够满足其主要动机。由于影响消费者购买的因素,除了那些消费者自身需要的内在因素外,还有众多的外在刺激因素,所以消费者的购买动机复杂多样,而且因时、因地产生变化,如何把握消费者的购买动机,向消费者提供符合需要的商品和服务方式,是所有经营者必须面对的问题。任何商品都必须拥有它的自身独特的功能和用途,满足消费者的需要,才可能打动消费者,从而引起其购买的欲望和兴趣,才能产生具体的购买行为。

二、消费者的购买动机类型

消费者的购买动机类型,大致可以分为以下几种。

1.求实的购买动机

以注重商品的实用价值为特征,讲究商品的内在质量与性能,希望购买经久耐用、有实际效用的商品。产生这种购买动机的条件有以下三种:一是消费者选购商品把其实用性放在首位;二是消费者的经济能力有限;三是商品的价值主要表现在实用性,消费者没有必要去追求商品的其他特性。

2. 求廉的购买动机

以追求商品的低价格为特征,同样品牌的商品、同一类型的商品,或在商品功能外观质量相似的情况下,消费者会尽量选择价格最低的那种商品。

3. 求美的购买动机

以注重商品的欣赏价值与审美价值为主要特征。求美的购买动机主要表现为以下两种形式:一是商品本身存在客观的美的价值,如商品的精美包装、工艺品、珠宝首饰品、观赏石等;二是商品能为消费者创造出美和美感来,美化了自我形象,美化了个人的生活环境等,如高级时装、化妆品、珠宝首饰品、家庭装饰品等。首饰具有独特的装饰功能,虽然体积小,却可蕴涵无穷的文化艺术魅力。一件制作精良、富有创意的珠宝首饰,可以使珠宝的价值成倍增长。即使宝石并不名贵,饰品却往往让人爱不释手。

4. 求名的购买动机

以追求名牌优质商品或特殊商品为特征。通过购买这种商品来表现自我、炫耀自我的目的。购买名牌商品、名贵商品、稀有商品、价格惊人的商品,是求名购买动机的具体表现形式。对于珠宝首饰消费来说,知名的品牌都代表了一种经营理念或是人生态度。消费者与其说是在购买珠宝首饰,不如说在购买相应的生活品味与格调。国外有很多成功的例子,蒂芙尼(Tiffany)代表了完美与自然,卡地亚(Cartier)代表了精湛与尊贵。

5. 自我表现的购买动机

以追求商品的时髦、奇特与新颖为特征,兼具有以显示地位、身份和财富为目的的购买动机。这类消费者特别关心商品是否时髦、奇特与新颖,而对商品的实用性与耐久性及其价格的高低并不介意。持这种购买动机的消费者,一般是经济条件比较好的年轻人。他们往往是高级时装、新颖款式珠宝首饰、新式家具的主要购买者。特别是具有一定社会地位的各界名流喜欢拥有、佩戴珍稀昂贵的珠宝首饰,以此突出自己的富有与高贵。每年好莱坞的奥斯卡颁奖典礼,便是最典型的例子。典礼上群星荟萃,各路明星身上昂贵的珠宝首饰精彩纷呈,随之登台斗妍。在其他一些重要的社会场合,人们也爱佩戴与自己身份相符的饰品。不难预见,随着人们生活水平的提高,人们对珠宝的档次要求也越来越高,高档宝石的需求量将会越来越大。

6. 储备性购买动机

以储备商品的价值或储备商品的使用价值为目的。如某些消费者购买珠宝首饰、金银制品、名贵工艺品、名贵保值的收藏品,进行保值储备,由于这类商品价值较稳定,一般不会贬值,况且随着时间的推移,还会出现增值现象。

7. 纪念性购买动机

消费者出于纪念的心理,购买某种商品是为了记下当时的气氛、情景,留下难忘的记忆。如旅游纪念品,就与这种购买动机密切相关。此外,许多珠宝首饰的消费者,在购买珠宝首饰时,也会出于这种购买动机,如订婚戒指、结婚戒指等。

8. 馈赠性购买动机

购买商品的目的是为了馈赠他人。在这种购买动机的支配下,购买者所购买的商品在挑选和购买的标准上是不同的。一般对商品的实用价值、质量、外观、象征意义等方面视为同等重要。在经济发达国家,珠宝首饰品也是常被用作馈赠的商品。

9. 从众性购买动机

以仿效与趋同心理为特征。当消费者周围的人都购买了某一种商品时,消费者感觉到也需要购买这种同样的商品,以达到某种程度的心理平衡。如日常生活中常见的流行现象、攀比式消费,就是这种购买动机的具体表现。

10. 习俗性购买动机

这是受社会文化或亚文化影响而形成的一种购买动机,诸如地理、气候、民族、宗教、信仰、历史与文化传统、价值观念等因素,会使一个地区或一个民族或一个相关群体,具有相同的心理习惯,在购买动机形成时,这些习俗与习惯会或明或暗地发挥着作用。

三、影响购买动机的因素

影响消费者购买动机的因素有许多,主要因素有以下几种:

(1)商品本身的因素。包括色彩、款式、品牌、价格、质量、质地、制作工艺等。

(2)消费者个人的因素。包括年龄、性别、文化、民族、职业、地区性等。

(3)经济因素。包括消费者的个人收入、家庭收入、家庭负担、生活方式等。

(4)媒介的因素。包括口碑、陈列、展示、广告等。

(5)经营因素。包括地点、品种、信誉、购物环境、服务、商品的特色等。

第三节 消费者的购买行为

一、购买行为的含义

行为是在动机的驱使下所发生的实践活动,它是具体的、现实的、可以观察到的。

从心理学的角度来看,心理学把行为分解成两项行动:即目标导向行动和目标实现行动。前者是寻找能满足需求和欲望的具体物品、具体方式和结果;后者是找到物品和方式之后的满足需求和欲望的实践活动过程。

购买行为完成的过程也就是动机趋向削弱、心理冲动逐渐解除的过程,同时又是需求不断得到满足的过程。随着购买行为的完成,新的需求又会逐步产生、强化,又会形成新的购买动机,新的购买行为又会再次引发。整个消费过程就是如此周而复始,永不休止。

行为实质上是实践主体(即人)在内外环境与条件的影响下,所引起的内在生理和心理变化的外在反映。消费者的购买行为是指个体、家庭或群体消费者,为了满足自身的物质生活需要或文化生活需要,在接受外界刺激而形成的购买动机的驱使之下,用货币交换商品的实践行动。消费者的购买行为不仅是消费者对商品的感性认识、理性认识、购买欲望和购买动机的表现,也是消费者在商品交换过程中个性的直接表现。

二、消费者购买行为的特点

1. 目标性

人的行为的第一要素,就是明确目标。这个目标在行为开始时,就已经在观念上存在着。明确目标的过程,就是目标导向行动。消费者追求商品的使用价值,用以满足某种需求。这种对具体商品的追求,就形成了消费者的购物目标。目标是可以进一步细分的,目标的细分过程,实际上也是购物目标逐步、逐层次、明确化、具体化的过程。

2. 系列性

购物目标的逐步、逐层次、明确化和具体化的过程,就把消费者的购买行为,分解成既互相紧密联系,又相对独立的若干阶段过程。

3. 连续性

消费者的购买行为具有系列性，每一系列的购买行为，往往不能通过一次行动就能达到预期目标，必须连续或重复进行，这就构成购买行为的连续性。这种连续可能是前一次行为的简单重复，但更多的情况是前一次行为的深化。连续性的特点，保证了消费者购买行为功能的持续发挥和取得更大功效。

4. 可控制性

消费者的购买行为具有可控制性，这包括自我控制和间接控制。自我控制是指消费者在购买行为的每一个阶段中，都会自觉或不自觉地调整和修正自己的购买决策，控制自己的购买行为方式和途径，以便能更合理、更快速地实现预期目标。间接控制则是来自外界，外界的环境因素变化当然会引导、修正和改变消费者的购买行为。

营销人员的工作目标之一，就是通过改换消费者购物的外界环境条件，采取灵活有效的促销宣传方式、方法和策略，间接影响和引导消费者，并努力使间接控制通过自我控制，使消费者的购买行为实现规范化。

5. 变异性

购买行为的目标实现行动，可能会由于消费者内在因素的重大变化而改变，比如，在购买过程中，发生了需要把货币收入集中投向另一个方向，或者一项新的更具迫切性的需求要优先得到满足，原定的购买目标就要改变，甚至取消。此外，外界环境因素的重大变化，也会在很大程度上改变消费者的购买行为。

三、消费者购买行为的类型

由于消费者的个性、能力、爱好、兴趣以及年龄、性别、文化素养、职业等条件的不同，使消费者的购买行为呈现出多方面的差异性，具体地分析这些差异，将有利于营销活动的改善和提高。

1. 根据消费者的个性分类

根据消费者的个性，可以把消费者的购买行为分为以下类型：

（1）习惯型购买。日用消费品的购买，已熟悉产品的性能与品牌，购买时目标明确，认准某一固定的牌号，很少花时间与精力去挑选。

（2）理智型购买。购买价格较高，使用时间较长的耐用消费品，往往要花费较多的时间与精力，认真仔细地搜集信息，进行综合比较评价，最后才作出购买决策，慎重地进入购买过程。

（3）价格型购买。这类购买方式的采纳者，往往比较重视价格因素，货比三家，除比较质量上的差异外，更注意比较不同厂家、不同品牌、不同店家，在同类产品上的价格差异。

(4)冲动型购买。感情表现比较外向和充分的消费者,往往受环境因素较大影响而产生一时的购买动机,不加慎重考虑即作出购买决策,采取购买行动。这类人动机形成快,但消失也快。

(5)感情型购买。这类消费者的购买方式,偏重于感情因素。由于产品名称、品牌、商标设计等,使顾客产生感情上的联想与共鸣,往往能强化购买动机的形成。

(6)疑虑型购买。表现为消费者购买时举棋不定,疑虑重重且犹豫不决,挑选商品时小心翼翼,时常中止购买行为。

2. 根据消费者在购买现场的情感反应分类

根据消费者在购买现场的情感反映,可以将消费者购买行为分为以下类型:

(1)沉稳型。此类消费者由于神经过程平静而灵活性低,反应比较缓慢而沉着,一般不为无所谓的动因而分心。因此,在购买活动中往往沉默寡言,情感不外露,举动不明显;购买态度谨慎;不愿与营业员谈些离开产品内容的话题。

(2)温顺型。这种类型消费者由于神经过程比较薄弱,在生理上不能忍受或大或小的神经紧张,这类消费者选购商品,往往尊重营业员的介绍和意见,做出购买决定较快,并对营业员的服务比较放心,很少亲自重复检查商品的质量。这类消费者对购买商品本身并不过多考虑,而更注重营业员的服务态度与服务质量。

(3)健谈型。这种类型消费者神经过程平衡而灵活性高,能很快适应新的环境,但情感易变,兴趣广泛。在购买商品时,能很快与人们接近,愿意与营业员和其他顾客交换意见,并富有幽默感,喜爱开玩笑,有时甚至谈得忘掉选购商品。

(4)反抗型。此类消费者具有高度的情绪敏感性,对外界环境的细小变化都能有所警觉,显得性情怪僻、多愁善感。在选购中,往往不能接受别人的意见和推荐,对营业员的介绍异常警觉,抱有不信任态度。

(5)激动型。这种类型消费者由于具有强烈的兴奋过程和较弱的抑制过程,因而情绪易于激动,暴躁而有力,在言谈和举止、表情中都有狂热的表现。此类消费者选购商品时,表现出有不可遏止的劲头,在言语表情上显得傲气十足,甚至用命令口气提出要求,对商品品质和营业员的服务要求极高,稍不如意就可能发脾气。这类消费者虽然为数不多,但营业员要用更多的注意力和精力,接待好这类顾客。

3. 根据消费者行为分类

美国市场学家约翰·霍华德(John A. Howard)和杰迪逊·西斯(Jagdish

N. Sheth)曾把消费者的购买行为视同解决问题的活动,把消费者的购买行为,分为以下三种类型:

(1)常规反应行为。这是最简单的购买行为,一般指价值低、次数频的商品的购买行为。购买者已熟知商品特性和各种主要品牌,并在各品牌中有明显的偏好,因此购买决策很简单。但由于缺货,或其他品牌商品的优惠条件,或受喜新尝鲜心理的影响,有时也会更换品牌。但一般来说,这类购买行为如同日常的例行活动,不需花费太多的时间和精力。

营销者在此种情况下的对策是,质量和价格尽量保持稳定,以便保住现有消费者;同时宣传自己品牌较其他品牌优越的方面,尽量吸引喜欢其他品牌的消费者。

(2)有限解决问题。消费者熟悉某一类商品,但不熟悉所有的品牌,要想买一个不熟悉的品牌时,购买行为就较为复杂。例如,有人想买自行车,也懂行,但对某一新牌号尚不熟悉,这就需要进一步了解情况,解决有关这个新牌号的问题,然后才能做出决策。对此,营销者应通过各种促销手段,加强信息传递,增强消费者对新品牌的认识和信心。

(3)广泛解决问题。消费者面对一种从来不了解、不熟悉的商品,购买行为最为复杂。例如,第一次购买珠宝首饰的消费者,对宝石品种、首饰款式、制作工艺水平、贵金属类型和成色等一无所知,就需要广泛解决有关该商品的一切问题。营销者必须了解潜在购买者,如何搜集信息和评估商品,多方设法介绍商品和各种属性,使消费者对商品增加了解,便于做出购买决策。

第四节　消费者的购买过程分析

消费者的购买活动,都要通过一定的程序来完成。一般来说,消费者的购买程序(尤其是耐用消费品的购买程序)可分为以下五个阶段。

1. 唤起需要阶段

需要是消费的根源,需要能引发人们的动机,当人们感到他的一个需要必须得到满足时,购买过程就开始了。需要可以被人的内在因素或外部刺激所唤起。因而经营者在市场营销活动中,要十分注意唤起消费者的需要,不仅要唤起消费者的现实需要,而且还要研究与把握消费者的潜在需要,并摸索出其中能引起人们需要的各种诱因,从而通过一系列的经营手段,唤起消费者的需要。对于购买珠宝首饰的消费者来说,可能是受媒体所播发或登载的广告(如电视广告、广播广告、报刊杂志的广告或宣传文章)所影响;或是受到周围的同事、朋友佩戴珠宝首饰的影响；或是受珠宝首饰店橱窗陈列的珠宝首饰的诱惑，从而产生需要拥有某种类型的珠宝首饰的想法。因此，唤起珠宝首饰消费者的需要，是促使珠宝首饰消费者实施购买行为的第一步。

2. 收集信息阶段

当消费者拥有珠宝首饰的心理需要被唤起并产生购买动机之后，就要考虑如何购买的问题，如到什么地方购买？什么时候购买？哪一种品牌的首饰最好？哪一家商店的信誉最好？服务质量最佳？为了解决这些问题，消费者就要开始收集有关的信息资料。信息的来源主要有以下途径：一是营销来源，如各种媒体的广告、推销员、经销商、包装品、商品展销会等；二是个人来源，如家庭、亲友、邻居和同事等，对消费者来说，这种信息的可信度最高，因而也极易引起购买行为；三是公共来源，如各种消费者组织及政府的有关机构等；四是经验来源，即消费者通过参观，实际操作使用的体会所获得的经验与感受。有经验的消费者会很快完成购买过程，而没有直接经验的消费者，则需要营销人员耐心细致的引导和交流。总之，各种来源的信息对消费者都有相当的影响。一般情况下，消费者得到的商品信息，大部分来自营销来源，而影响力最大的则是个人来源的信息。营销来源的信息主要起通知作用，而个人来源的信息主要起评估的作用。在收集信息中，同时还可能收集有关珠宝首饰的款式、品牌、价格及零售店信誉等方面的信息。

3. 比较评价阶段

消费者在广泛收集信息的基础上，根据已掌握的信息资料，对自己所需购置的商品信息进行衡量比较，作出评价与选择，其中主要包括对商品的质量、款式、品牌、价格及售后服务内容等的评价与选择，在此基础上决定购买对象。对于珠宝首饰消费者来说，在购买珠宝首饰时，不仅要考虑珠宝首饰的款式、宝石的类型与质量、价格，而且还会比较商店的服务质量和信誉等。尤其需要指出的是，珠宝首饰消费者对商店的整体印象，会直接影响消费者的购买行为，因此商店的信誉，便成为影响消费者购买过程的至关重要的因素。

4. 决定购买阶段

消费者经过比较评价后，进入决定购买阶段。一般来说，决定购买有以下三种情况：一是决定购买，立即成交；二是延缓购买，如需对商品作进一步的了解等；三是决定停止购买，经过比较评价认为商品的质量、款式、价格等具体内容，尚不符合自己的需要而不购买。经过比较、评价后，消费者产生真正的购买意图，就会去商店实施具体的购买行为。值得提出的是，购买决策的最后确定，除了消费者自己的喜好外，还会受到其他因素的影响，如他人对其购买决定的评价、所选珠宝首饰的满意程度、价格因素以及商店营销人员的态度等。

5. 用后感觉阶段

消费者购买商品之后，在商品的使用过程中，对商品效用的反馈。其中包括两个方面：一是消费者购物后的消费体验，即通过使用购买的商品，消费者根据自己的标准对商品做出相应的评价，而这些评价既可能影响这位消费者的下一次的购买行为，还可能把他的评价传递给其他的消费者，影响他人的购买行为；二是消费者购物后的评价，消费者在使用和消费商品过程中，还可能对商品的名称、商品的质量和经销企业作出评价。消费者的用后感觉，不仅影响他本人的下一次购买行为，也会影响到其他消费者的购买，并会直接影响到企业对这种商品的持续销售。如消费者购买珠宝首饰后，通常会佩戴使用，通过其家庭成员、亲友及同事的评价，对自己的购买决定进行检验、反省，以确定这一购买决定是否明智，从中产生满意或不满意的用后感觉。这种感觉不仅会影响其再次购买的行为，还会影响他人的购买决定，因为消费者会对朋友、同事讲述自己的这种感受。所以，商店应尽可能与消费者保持联系，为消费者提供全面而实在的服务，努力提高营销人员的专业素质、服务水平，做好售后服务工作，力争使消费者对所购珠宝首饰的质量、营销服务工作感到满意，获得良好的用后感觉。"最好的广告便是满意的消费者"的真谛，就是这个道理。

第五节 珠宝首饰消费心理特征分析

珠宝首饰产品作为一种非国计民生之必需品，为什么会在人类社会的历史长河中，成为一种经久不衰的商品，并且成为人们竞相追求的"宠物"呢？要回答这个问题，我们只能从消费心理与民俗吉祥文化层面上来理解和认识。

一、珠宝首饰消费心理

人们选择购买珠宝首饰的原因很多，不同的消费心理决定了消费者不同的购买行为。下面就人们购买珠宝首饰的消费心理简述如下：

1. 美化装饰心理

这是人们最普遍常见的珠宝首饰消费心理，也是珠宝首饰所有价值中，最能让人直接体验到的。俗话说："爱美之心人皆有之。"在爱美心理的驱使下，人们不断从外表着手美化自己，使自己更潇洒大方，更富有朝气和活力，既美化生活又得到精神上的享受。因此，色泽艳丽、造型奇特、款式新颖、美观漂亮、秀气细巧的珠宝首饰,是这类消费者理想的装饰品。

2. 象征寓意心理

珠宝不仅具有美丽的色泽和光彩,同时还具有寓意深刻的内在美。很多人选择珠宝首饰不仅喜欢它外在的美,而且还要表达某种愿望,或一种美好的寄托。自古以来,人们就将珠宝比作物华天宝而加以崇尚。例如,我国人民自古以来就有佩玉的习惯,以示吉祥如意。在西方一些国家,航海的水手常佩戴海蓝宝石,以求一路平安、顺利,因为在海蓝宝石的传说中,它能战胜邪恶,给人带来安宁和幸福。而在阿拉伯国家,人们认为佩戴绿松石能消灾避难。这种观念已深刻地融入了本民族的传统文化中。借珠宝而寓意,可以说是人类自古以来就有的,即使在今天,人们的这种朴素心理依然可寻。

3. 纪念心理

持有这种心理的珠宝首饰消费者,往往对人对物都怀有深厚的感情。他们注重人与人的诚挚之情,进而将这种感情寄托在珠宝首饰上。他们会选择一些符合自己心情、愿望的珠宝,以作为对人对事的纪念。例如,生辰石(诞生石)系列宝石和结婚周年系列纪念宝石等。结婚纪念首饰的流行,可以说是人们这种心理较为典型的反映。据有关资料统计报道,美国每年有1500万新娘,接受男方的订婚钻戒。这也是人们对"钻石恒久远,一颗永流传"的最好注解。

4. 储备心理

珠宝首饰不仅美丽迷人,而且还具有很强的保值性。有的国家将一些名贵的宝石列入国家银行储备,充当起比黄金还要坚固的"硬通货"。正因如此,现实生活中,也有较多的人持有珠宝首饰保值心理,将珠宝首饰消费作为一项特殊的"储蓄"。珠宝首饰小巧、便携、易存,而价值又极高,是用作"储备"的很好手段。在钻石业内,就有"尽情地享用,等着慢慢地升值"之说,当然这里需强调的是,用于储备的珠宝首饰,应为镶嵌高档稀有的珠宝玉石的首饰,并且是质量高的和颗粒大的。例如,优质大颗粒的钻石、红宝石、蓝宝石、祖母绿、猫眼石、翡翠和珍珠等。

对于珠宝首饰的保值特性,有几个例子可加以说明:据说,日本关东大地震之后,许多人家里都受到了不同程度的损失,而手上戴有珍贵珠宝首饰的幸存者,卖掉珠宝首饰后,重新建起了兴旺发达的家园。又如第二次大战时的南越政府官员和财政金融界的巨头,均不储备沉重的金条和无法携带的房产和地产,而是储存便携、易存的优质宝石,后来这些人逃到美国后,均在那里过着悠闲、舒适的生活。而1997年韩国在金融危机时,也曾出现过市民将自己所拥有的珠宝首饰交给国家,以换取外汇的动人场面。

5. 时髦个性心理

讲时髦，赶潮流，追求个性，是现代人，尤其是青年男女的普遍心理。时髦本身也是一种对美的追求，是一种充满热情活跃的表现。珠宝首饰作为一种时代性较强的消费品，富有时代气息，也是一种充满着个性化的消费品。亮丽的颜色，众多的款式，给追求时髦和个性的青年男女，提供了广阔的空间。在这种心理的支配下，许多年轻人在购买珠宝首饰时，并不注重宝石本身的价值，而只追求其款式的新颖和个性的色彩。如许多著名的运动员佩有各种不同类型的首饰。

6. 感情心理

人们崇尚美，追求纯真的感情，往往借物喻情，表达内心的情感。珠宝首饰历来为人类所钟爱，其"借物喻情"的感情心理是一个很重要的方面。出于这种心理的珠宝首饰消费者，在选购珠宝首饰时，并不看重首饰的名贵与华丽，而注重的是一种情调，一种能反映他们内心深处的那种情感。例如，亲情、柔情、爱情、友情……，不管那一种，都反映了人们内心深处的一种向往和追求。人们选择珠宝首饰，为的是将那份情感融进去，表达出自己内心的热爱。

7. 社会礼仪心理

在社会生活中，各种礼仪交往是不可缺少的。为了某种交往的需要，人们除了在言行、服饰等方面有所讲究外，在现代礼仪中，首饰也越来越显出其重要性。佩戴高雅、得体的首饰，从某种意义上讲，也是对对方的尊重和友好，同时也表现了自身的素质和涵养。在一些发达国家，人们就十分注重社会交往礼仪中的首饰佩戴。在一些重要的社交场合，佩戴珠宝首饰是必不可少的，有些企业或社团组织，在发出的邀请函上，还会明确地写上"请佩戴首饰"的字样。可以说，在不同的场合、不同的氛围中，佩戴适当的珠宝首饰，也是现代文明礼貌中的一项新的内容。

8. 身份心理

人的身份与装饰，是有着一定联系的。在中国古代就曾有"古之君子必佩玉"之说，古人不仅爱玉，而且将玉与人的品性相联系，与人的身份素质相对应，有"君子无故，玉不去身"之讲究。在国外，也曾经流行过身份手镯之说。从广泛的意义上讲，人们选择首饰本身就反映了一种个人"身份"，这种"身份"不只是直接的权力、职位的标志形式，而更多的是从一个侧面，代表了一个人的内在状况和拥有状况。生意场上曾流行过一种说法："手指上戴着光彩夺目的钻戒，会使你的买卖谈起来更容易些"，这或许是一种夸张的说法，但仔细品味起来，还是有一定的道理。

9. 艺术心理

珠宝首饰不同于一般的装饰物品,它是一种高级的艺术品,其中凝聚了珠宝首饰设计者的心血。对于那些酷爱艺术的人来说,在选购珠宝首饰时,更注重首饰的艺术价值,强调首饰的艺术美。出于这种心理的消费者,选购珠宝首饰的最重要的标准,是首饰的造型是否独特,款式是否新颖,是否具有内在的审美价值和观赏价值。

10. 实用心理

在人类应用珠宝首饰的历史上,有很长一段时间,珠宝首饰是与人们的现实生活相结合的。例如,发夹、钗、发针等,都有它们实际应用的价值。在现代珠宝首饰中,如装饰性的手表、领带夹、饰针、钮扣等,也都有实用方面的意义,是装饰和实用两方面的结合。

11. 显富摆阔心理

这类珠宝首饰消费者,主要是一些先富起来的人们,他们主要追求的是珠宝首饰的内在质量及价值的高低。佩戴首饰是为了显露自己所拥有的财富、身份和地位。他们在选购时一般不讲究制作是否精致、款式是否新颖。对于黄金首饰只求重量和成色,对于镶嵌首饰,只求宝石是否高档,质量是否优质,价格是否昂贵。

12. 从众消费心理

珠宝首饰是一种高档的耐用消费品,20世纪80年代以来,我国曾几度掀起了"黄金首饰热"和"珠宝首饰热",在这些消费热潮中,不乏有从众消费心理和盲目攀比心理使然。但是,随着珠宝首饰市场的逐渐繁荣,珠宝首饰产品的日益丰富,具有从众消费心理的购买者将会逐渐减少。

以上我们分析了珠宝首饰消费者的各种消费心理,但是值得提出的是,消费者在具体购买一件珠宝首饰时,通常内心并非只是一种心理使然,而可能是多种心理共同作用所引起的,这与消费者所处的环境、经历、文化素质、年龄等有着密切的联系。

二、不同年龄层次珠宝首饰消费者的心理特征

现代珠宝首饰从功能上来说是以装饰性为主,当今国际珠宝首饰市场已出现由保值化转向装饰化发展的趋势,因而在首饰的选择上更加注重珠宝首饰产品与肤色、服装、年龄、气质和职业环境的搭配,突出装饰化、趣味化、个性化和情感化,单纯的保值观念已不再是人们购买珠宝首饰的主要追求。根据调查资料显示,目前国内珠宝首饰的消费群体,从年龄上来划分主要为三部分,即青年消

费者群体(包括刚踏入社会不久的年轻女性、正在筹备嫁娶的新人、白领青年、校园中的青年学生及社会上的年轻一族)、中年消费者群体(包括工薪阶层中收入稳定的中年人、收入较高的中年人)和老年消费者群体。不同年龄段的消费者群体对珠宝首饰的消费心理是不同的,下面就简要分析不同年龄层次消费者群体的珠宝首饰消费心理。

1. 青年消费者

青年消费者的共同特点,是对商品较少有保守思想,对于新的商品有较强的敏感性和强烈的兴趣,追求明显的消费个性和消费时尚,在购买过程中往往带有较强的冲动性和情绪性,容易受环境因素和营销人员的诱导。加之青年消费者在结婚时,一般都要实施一次庞大的消费计划,随着人民生活水平的不断提高,购买结婚纪念首饰已成为都市许多青年的新时尚。因此,青年珠宝首饰消费者在购买珠宝首饰时,往往选择颜色艳丽、款式新颖、设计别致的珠宝首饰,这部分消费者是珠宝首饰促销的主要对象。在这类消费者中,有的经济上尚需依赖外界的资助,但只要条件许可,他们会毫不顾忌地随意选购,且根据各自的经济条件,选购不同档次的珠宝首饰。例如,钻石、红宝石、蓝宝石、祖母绿、尖晶石、石榴石、紫晶等镶嵌首饰。这类消费者在购买过程中的普遍心态,就是尽可能满足自己的需要和爱好,很少考虑其他因素。

2. 中年消费者

中年的珠宝首饰消费者,在购买珠宝首饰时主要以家庭的经济条件为基础。经济条件较好的则主要选购钻石、红宝石、蓝宝石、祖母绿、优质翡翠等高档镶嵌首饰,对首饰的镶嵌工艺和款式有较高的要求。经济条件一般的则主要选购红宝石、蓝宝石、尖晶石、石榴石、紫晶、托帕石、水晶等中、低档镶嵌首饰,这部分消费者由于受到购买力的制约,他们往往只注重拥有,而不求质地。此外,部分中年珠宝首饰消费者出于感情心理而选购珠宝首饰,通过购买名贵的珠宝首饰送给他们的父母,以表达儿女的一片感激之情。有时部分消费者也通过购买珠宝首饰作为个人礼品,馈赠给亲朋好友。

3. 老年消费者

老年消费者购买珠宝首饰,主要出于储备心理、纪念心理、身份心理和社会礼仪心理,其中以前两种心理更甚。他们的消费经验丰富,在购买过程中往往经过深思熟虑,并进行必要的技术咨询,同时会"货比三家"后,再决定购买。他们一般喜欢端庄大方的首饰款式,并且注重所镶宝石的质地,以购买优质翡翠、红宝石、蓝宝石、钻石等高档镶嵌首饰为主,所选的首饰通常造型端庄,以示自己的身份和名望。值得指出的是,部分老年珠宝首饰消费者,在购买过程中时常带有明显的补偿性购买动机,或带有某种怀旧的情绪,以及所购买珠宝首饰留传给下一代的心理。

三、民俗吉祥文化与珠宝首饰消费心理

人类的天赋本性在于追求幸福和美好。为此,人类憧憬着未来,遐思着美好,世世代代延续着。在奋斗与憧憬之中,人类创造了众多的吉祥物,在拼搏与遐思之际,人类赋予了吉祥物浑身的灵性。吉祥物既是美好幸福观念的物化,也是人类文化不可或缺的重要组成部分。而自然界分布稀少的珠宝玉石、金银材料,很自然地被人类用作寓意幸福、美好的宝物,并在其上琢制各种吉祥图、吉祥神和吉祥物,相信它们具有驱恶、避邪的作用,以求生活幸福、平安、美满,获取精神上的愉悦和满足。

（一）玉器、玉佩中常见的吉祥图案造型

吉祥图案所表达的观念,有幸福者、喜庆者、丰足者、平安者、美好者、长寿者、多子者、学而优者、升官者、发财者等,表现手法有的是抽象意念的具体化,有的则是具体事物的抽象化,运用了象征、寓意、谐音、比拟、文字等多种手段。玉器、玉佩中常见的吉祥图案,主要有以下类型。

1. 吉祥如意类

（1）吉祥如意。图案为一童子手持如意骑在象上。"骑象"与"吉祥"谐音。寓意象征生活安定、福禄吉祥。

（2）百事如意。图案由百合花（百合根）、柿子和灵芝构成。柿子的"柿"与"事"同音;灵芝,民间又称如意;百合之"百"恰是数目中的整数之百。此意象征事事如意、万事大吉。

（3）丹凤朝阳。图案由凤凰、太阳等构成。凤凰为传说中的神鸟,雄者为凤,雌者为凰。古人常以凤凰显现喻指天下安宁。此象征人们对光明未来、幸福生活的热爱与向往。

（4）三羊开泰。图案由三只羊构成。古代"羊"与"祥"相通,"吉祥"常写作"吉羊"。同时,古代"羊"又通"阳",民间早就有"三阳开泰"的吉语。正月为泰卦,三阳生于下,预示着冬去春来,万象更新。此寓意象征大吉大利。

（5）龙凤呈祥。图案由龙、凤等构成。龙与凤都是中国古代传说中的神物,二者都是人们心目中吉祥幸福的化身。龙凤呈祥象征高贵、华丽、祥瑞、喜庆、幸运。

（6）平安如意。图案由如意插在花瓶中构成,寓指平平安安、吉祥如意。

（7）和合如意。图案由盒子、荷花与如意构成,寓指新婚幸福、家庭美满。

(8)华封之祝。图案由佛手、桃和石榴构成,由于"佛"与"福"谐音,寓指幸福美满、吉祥如意。

(9)玉堂和平。图案由花瓶中插玉兰花和海棠花构成,由于"瓶"与"平"谐音,寓意平安、幸福。

(10)必定如意。图案由笔、银锭、如意或灵芝构成,由于"锭"与"定"谐音,寓意幸福、吉祥,美满如意。

(11)和合万年。图案由万年青与2个百合构成,寓意万事如意。

(12)万古流芳。图案由葫芦上缠绕着兰花构成,象征友谊、吉祥。

2. 平安喜庆类

(1)喜上眉梢。图案由喜雀和梅花构成。梅花的"梅"与"眉"谐音;喜雀名中有一"喜"字,故以喜雀落在梅花树枝上比喻喜上眉梢。用以形容喜事将到,令人高兴。

(2)岁岁平安。图案由花瓶、爆竹或民间玩具构成,也有以9支麦穗组成。燃放爆竹,意在求得平安。麦穗,比喻丰收,"穗"与"岁"同音,喻指新年、新岁。九支麦穗,比喻"穗多",即"岁岁"。"岁岁平安"寓指年年都平和安宁、生活幸福。

(3)喜从天降。图案中的蜘蛛从网上吊悬着。民间以蜘蛛为兆喜之物,古代有"蜘蛛集,百事喜"的俗语。此寓意为喜事出乎预料地由天而降。

(4)喜在眼前。图案由喜鹊、古钱构成。因为喜鹊中有"喜"字,"钱"与"前"同音,所以,喜在眼前常用来比喻喜事即到,就在眼前。

(5)翘盼福音。图案为一童子仰望期盼飞来的蝙蝠。"蝠"与"福"同音,古人常把蝙蝠视为福音将至的象征,寓意盼望获得好消息。

(6)喜相逢。图案由两只喜鹊构成,寓意双喜相会、喜事临门。

(7)向您报喜。图案由豹和喜鹊构成,由于"豹"与"报"同音,表示向您报喜的意思。

(8)孔雀开屏。图案由开屏的孔雀构成,寓意好运常在。

(9)百灵闹春。图案由百灵鸟、繁花和翠柳构成,寓示人们喜悦的心情。

(10)福自天来。图案由两个童子捕捉飞舞的蝙蝠构成。蝙蝠自天飞舞而降,象征"福从天降";童子捕捉蝙蝠,寓意追求幸福。

(11)鸿雁传书。图案由雁衔彩带构成,寓示分处两地亲人的互致平安祝愿。

(12)四季平安。图案由花瓶和月季花构成,寓示着家庭平安、事业顺利。

(13)杞菊延年。图案主要由菊花构成,意指延年益寿、吉祥如意。

(14)岁寒三友。图案由松、竹、梅三种植物构成,寓指人们高洁的品质。

(15)欢天喜地。图案由獾和喜鹊构成。"獾"与"欢"同音,寓意遇到非常高兴的事情。

3. 家和兴旺类

(1) 满堂宝贵。图案由牡丹、海棠等构成。牡丹在我国历来被称为宝贵的象征。此造型象征宝贵盈门、喜庆吉祥。

(2) 子孙万代。图案由蔓、葫芦、石榴或笋构成。因"蔓"与"万"谐音,"蔓带"即"万代"。"葫芦"与"福禄"谐音。石榴结实(果)众多,喻指子孙万代不断。"笋"与"孙"谐音,象征家族兴旺、子孙旺盛。

(3) 和合二圣。图案由和、合两神构成。民间常将寒山大士和拾得大士统称为"和合二圣",用来比喻夫妻和睦、福禄无穷。

(4) 并蒂连心。图案由并蒂构成莲。古人常以并蒂莲比喻夫妻相得、共谐连理。此象征夫妻恩爱、生死与共、白头偕老。

(5) 麒麟送子。图案为一童子骑在麒麟上,手持莲花怀抱笙。麒麟是民间传说中的神异动物,人们一直视其为吉祥仁兽。此寓意为家业兴旺、子孙万代。

(6) 连年有余。图案由儿童、鱼、莲花等构成。"鱼"与"余"谐音,"莲"与"连"同音。此图表达了人们追求年年生活富裕的良好愿望。

(7) 年年有余。图案有爆竹、鱼(或儿童抱鱼)、民间玩具等构成。爆竹、民间玩具等象征新年将至。"鱼"与"余"同音,意喻生活富裕。此图表达了古人追求年年幸福、生活富裕的良好愿望。

(8) 金玉满堂。图案由数条金鱼构成,寓示家族兴旺、子孙满堂。

(9) 刘海戏金蟾。图案由刘海(民间诸神之一)与蟾蜍构成,寓示财源兴旺,生活美好,日子越过越美满。

(10) 兰桂齐芳。图案主要由兰花构成,寓示子孙发达、富贵满堂。

(11) 竹梅双喜。图案由竹、梅和2只喜鹊构成,寓示新婚幸福、家庭美满。

(12) 安居乐业。图案由鹌鹑、菊花和枫树叶构成,寓示家业兴旺、事事顺遂。

(13) 堂上双白。图案由2只白头翁在梧桐枝上,祝福夫妻长寿,婚姻、家庭幸福美满。

(14) 鸳鸯长安。图案由鸳鸯与长春花构成,寓示爱情、婚姻美满。

(15) 鸳鸯戏荷。图案由鸳鸯与荷花构成,寓示婚姻幸福。

(16) 金玉同贺。图案由金鱼与荷花构成,祝福婚礼。

(17) 天长地久。图案由天竹和南瓜构成,象征着友谊与家庭幸福美满。

(18) 华封三祝。图案由竹、2只小鸟或2种花草构成,由于"竹"与"祝"谐音,表达祝愿、祝福之意。

(19) 同喜同喜。图案由梧桐与喜鹊构成,表达祝福、高兴之意。

(20) 福增贵子。图案由蝙蝠和桂花构成,由于"桂"与"贵"谐音,寓指早得贵子。

(21)九世安居。图案由9只鹌鹑与菊花构成,寓指乔迁之喜、安居乐业。

(22)因荷得偶。图案由莲花、莲蓬和藕构成,由于"藕"与"偶"谐音,用以祝福新婚幸福。

4. 长寿多福类

(1)福寿双全。图案由寿星老人、持桃童子、蝙蝠等构成。图中蝙蝠比喻"福",桃比喻"寿",寓意多福多寿,福寿双全。

(2)寿山福海。图案由岩石、蝙蝠、灵芝等构成。岩石喻指长寿,"蝠"与"福"同音,"寿山福海"象征福寿双全、吉祥无边。

(3)蟠桃献寿。图案为一仙翁在桃树下持桃而立。蟠桃,传说为西王母娘娘所种之仙果,古人认为是献寿之佳品。寓指祝福长寿之意。

(4)白头富贵。图案由牡丹和白头翁构成,寓示夫妇白头到老、生活美满幸福。

(5)鹤灵同乐。图案由鹤与百灵构成,寓示人们享受天伦之乐。

(6)福禄双全。图案由蝙蝠和鹿构成,由于"蝠"与"福","禄"与"鹿"同音,意指福、禄将至。

(7)春光长寿。图案由山茶花和绶鸟构成,寓示长寿、吉祥。

(8)耄耋宝贵。图案由蝴蝶和牡丹构成,寓示长寿、吉祥。

(9)天仙拱寿。图案由绶鸟、天竹和水仙构成,祝福长寿、吉祥之意。

(10)齐眉祝寿。图案由梅、竹和绶鸟构成,祝福长寿、健康。

(11)寿居耄耋。图案由菊、寿石和蝴蝶构成,寓示长寿、吉祥之意。

(12)长春白头。图案由长春花、寿石和白头翁构成,寓示夫妻长寿。

(13)松柏齐寿。图案由松和柏构成,寓示延年益寿、百事大吉。

(14)喜寿无极。图案由桂花和桃花构成,寓指富贵、长寿。

(15)仙祝长生。图案由水仙、寿石和竹子构成,寓示着长寿、好运与吉祥。

(16)芝仙祝寿。图案由水仙、寿石、天竹和灵芝构成,寓意祝寿、吉祥之意。

5. 事业腾达类

(1)指日高升。图案为一天官手指太阳或日出时仙鹤高飞。天官为赐福禄给人间的神仙。"指日高升"指在短时间内即可升官的意思,寓意为地位将升、福禄将至。

(2)一路荣华。图案由芙蓉花与鹭构成。"芙"与"富"谐音,"蓉"与"荣"同音,"花"与"华"在古代通用,所以芙蓉花历来被人们用来象征富贵荣华。此寓意为将交上好运,带来荣华富贵。

(3)马上封侯。图案为一只猴子骑在马上。侯是中国古代的高级爵位,是高官的象征。因"猴"与"侯"谐音,所以人们选择猴来表达希望加官封侯的心愿。马上封侯象征即刻就能升官。

(4)一路连科。图案由鹭、莲花、芦苇等构成。"鹭"与"路"谐音,"莲"与"连"谐音。芦苇生长常是棵棵相连,故取谐音"连科",旧时科举考试连续考中谓之"连科"。此寓意应试成功,仕途通达。

(5)路路顺利。图案由两只鹿构成,由于"鹿"与"路"谐音,寓示事业兴旺。

(6)比翼双飞。图案由2只飞翔的比翼鸟构成,比喻婚姻美满,或比喻兄弟、亲友等事业同进。

(7)代代封侯。图案由猴和布袋构成,表现为猴坐在布袋上。由于"猴"与"侯"同音,"袋"与"代"同音,寓意为代代封侯。

(8)官上加官。雄鸡因不凡的身世和突出的美德而倍受人们重视,是人间辟邪的吉祥之物。雄鸡鸣叫表示"功名"(公鸡鸣叫)。雄鸡鸡冠高耸、火红,表示能得官。因此,以一只有着漂亮鸡冠的雄鸡为赠礼,表示祝贺对方能够获得官职,用来祝贺"官上加官"。

(9)节节高升。图案有带节的竹子构成。寓意为不断进取,如竹子破土而出,茁壮成长,比喻节节高升之意。

(10)连中三元。图案由荔枝、桂圆、核桃,或者是四季豆上面有三个圆形的果实,又称福豆。荔枝、桂圆、核桃的果实皆成圆形。"圆"与"元"同音,当三种圆形并列在一起时,则是喻为"连中三元"的意思。寓意才高八斗、学富五车、连拔头筹。

6.辟邪消灾类

在日常生活中,人们总是希望得到某种神灵的保护,以使自己生活幸福、事业兴旺、身体健康,避开灾祸。因此,玉佩中通常以观音、弥勒佛、善财童子、钟馗、关公、张飞等作为图案,来表达人们的这种愿望。民间常有"男戴观音女戴佛"的说法,将玉或翡翠制成的观音或佛佩戴在身,在祈求神灵保佑人们生活安康。

(1)观音。观音即观世音菩萨,是人们普遍崇拜的佛。观音心性柔和,仪态端庄,世事洞明,永保平安,消灾解难,远离祸害,大慈大悲普渡众生,是救苦救难的化身。观音从印度传入中国时为男身,后被中国人改造为女身。按照佛教观点:佛无所谓男身,还是女身,由男变女,体现出佛无处不在的真谛。佛教认为观世音大慈大悲,以各种化身救苦救难,有求必应。

(2)弥勒佛。弥勒佛也是玉雕中的传统题材,在佛教中被称为未来世佛,有着最慈悲的胸怀、最无边的法力,帮助世人渡过苦难。弥勒佛以大肚、大笑为形象,有"大肚能容天下难容之事,笑天下可笑之人"之说,代表了人们向往宽容、和善、幸福的愿望。

(3)善财童子。善财童子为文殊菩萨曾住过的福城中,一位长者的儿子。出生时,家中自然涌现许多珍奇财宝,因而取名为"善财"。不过善财童子却看破红尘,视财产如粪土,发誓修行,在文殊菩萨的指点下,善财童子历访五十三位名师,而进入佛界。佛经中有"善财童子五十三参"的佳话。最后在普陀珞迦山拜谒观音菩萨,得到观世音的教化而终成菩萨。"善财童子"专以世间财源匮乏的人,作为报施对象,只要诚心向他祈求,财利上必大有进展。据说因为观音菩萨法力无边,善财童子十分灵验,有求必应。

(4)钟馗。钟馗为捉鬼第一大神。据说,钟馗生得丑恶怕人,但才华出众,秉性耿直忠诚。进京应试,被点为状元。唐德宗以貌取人,偏听逸言,将钟馗赶出龙庭,钟馗当场自刎而死,德宗悔恨,追封钟馗为"驱魔大神",遍行天下,以斩妖降魔。

(5)关公。面目严肃,双眼有神,手持青龙偃月刀,威风凛凛。在三国故事中,关羽过五关,斩六将,水淹七军的勇猛之将,也是传统玉雕中的经典题材,其忠勇的形象受到人们的尊崇。佛教将关羽神化,列为伽蓝神之一;道教称关羽为关帝圣君。历代各地均建关帝庙,商人祭祀其为保护神,或称武财神。民众崇敬他的忠义,绘以图像祀之,是中国人心目中大仁大义的吉祥神。

吉祥图案体现了中国人趋吉避凶为上的传统思想,其表达往往选取多种实物为依托,以谐音、附会等手法为联系,将客观事物作为象征,寓意幸福、吉祥。

(二)玉器、玉佩中常见的动物吉祥物造型

1.传统的吉祥动物

(1)象。"象"与吉祥的"祥"字谐音,且身形庞大、气力惊人,但却性情温和、温文尔雅、安详端庄、知恩必报,它与人一样有羞耻感,常负重远行,是兽中之"德高望重"者。例如,小孩骑在象背上寓示"吉祥平安";花瓶、香炉、象寓示"太平吉祥";手持如意童子骑象寓示"吉祥如意"等,用以表达人们祈盼太平盛世和吉祥如意的心愿。

(2)豹。豹是山林中的猛兽。其体态矫健英武,加之斑纹多彩,而为人们所喜爱。在古代,豹尾被作为爵禄和荣誉的象征。豹是有韬略的猛兽,"君子豹变"作为吉祥图案,比喻人一生的事业将会鸿途永展。

(3)狮。狮为百兽之王,与虎同尊。因旧时"狮"字多写作"师",且"狮"与"师"同音,故而居于三公之首的太师和三孤之首的少师,常被民间借喻用来祝福官运亨通、飞黄腾达,出现了图案为大小两只狮子的"太师少师",以及"双狮戏绣"和"狮子滚绣球"等吉祥图案。

(4)凤凰。头象天,目象日,背象月,翼象风,足象地,尾象纬的凤凰,是天地之灵物。在百鸟中雄居首位,为瑞鸟。它蛇头燕颔,龟背鳖腹,鹤顶鸡喙,鸿前鱼尾,青首骈翼,鹭足而鸳鸯腮。传说它首之纹为德,翼之纹为礼,背之纹为火,胸之纹为仁,腹之纹为信。可见,凤凰的身体为"仁义礼德信"这五种美德的象征。

人们认为凤凰生长于东方的君子之国,翱翔于四海之外,只要它在世间出现,天下就会太平无事。凤凰不啄活虫,不折生草,不群居,不乱翔,非竹食不食,非灵泉不饮,非梧桐不栖。当君道清明,其政太平时,凤凰才会飞临世上。

凤凰和龙构成了中国特有的文化传统。在这一传统中,龙用来指男性,凤用来指女性。在古代,龙凤在一起,只能象征皇后和皇室。后来,人们逐渐将龙凤画在一起,寓指新婚夫妇生活和谐美满。

凤凰作为天下神物,天上神鸟,其吉祥意义是非常丰富的。"凤凰来仪"图案,象征着钟情男女的结合;"丹凤朝阳"图案,寓意着贤才遇时而起;"凤凰于飞"图案,寓意夫妻和谐;"龙凤呈祥"图案,寓意姻缘美好;"凤麟呈祥"图案,寓意子女贤达等等。

(5)龟。龟与龙、凤、麟并称为"四灵",其中龟是真实可见的动物,寿命极长。在我国,它总是被赋予一种神秘的色彩,而成为最大的灵物和吉祥物之一。

龟蕴藏着丰富的文化内涵,是长寿的象征。龟还是一种忠厚善良、知情知义、受恩必报的神灵,许多传说中有救龟得报的故事。早在先秦时期,我国就以龟作为避害的吉祥物,现代人同样在什器、文具等器物上画上龟以示吉祥。龟还象征着不朽和坚定。

(6)鹿。鹿在中国的文化中占有相当重要的地位。"鹿"与"禄"同音,所以鹿常用来象征富裕。此外,鹿还作为长寿的象征,用在多种场合来表达祝寿、祈寿的主题。

(7)蜘蛛。蜘蛛又被称为喜母、喜子、亲客等。在古代,人们普遍地以蜘蛛作为吉祥物,认为一群蜘蛛集在一起,就预兆着要发生喜事,蜘蛛沿着一根丝往下滑,则表示"天降好运"。蜘蛛吊垂巢下,其下有枇杷、蒜、樱桃等,称之为"天中集瑞图"。

(8)蚕。"春蚕到死丝方尽,蜡炬成灰泪始干"。春蚕一生忙忙碌碌、结茧吐丝,给人带来财富,被人们看作一种吉祥之物。由于春蚕终生忙碌不停,人们常把蚕比喻勤劳的人。

(9)蝙蝠。由于蝙蝠的"蝠"与"福"同音,蝙蝠成了好运气与幸福的吉祥象征物。凡是表示"福"的主题的祝愿都可以通过带有蝙蝠的图案来表示。5只蝙蝠在一起或一个魔法大师与飞动的5只蝙蝠,寓示"天赐五福";一个童子捉蝙蝠放入大花瓶中,寓示"平安五福"自天来;钟馗以宝剑刺穿蝙蝠,寓示"好运即将来临";红色蝙蝠更是一种特别好的兆头,红色本身是一种避邪的颜色,加上"红"与"鸿"同音,红色蝙蝠寓示着"鸿福无量"。

(10)鹤。鹤为长寿之鸟,具有仙风道骨之气,在中国的文化中占有很重要的地位,它跟仙道和人的品格、精神具有密切的关系。鹤常为仙人所骑之物,古代神话中的老寿星,常以架鹤翔云的形象出现。鹤主要的吉祥意义是"长寿",鹤与松构成的图案,寓示"松鹤长寿""鹤寿松龄";鹤与龟构成的图案,寓示"龟鹤同龄""龟鹤延年";鹤与鹿、梧桐构成的图案,寓示"大合同寿""鹿鹤同春";众仙拱手仰祝寿星架鹤的图案,寓示"群仙献寿"。

2.十二生肖动物

(1)鼠。鼠居十二生肖之首,给人的印象是聪明、灵巧而善于进取。鼠为财神之瑞兽,能令人生活中发家致富。在十二生肖中,鼠的繁殖力最强,也寓意财源滚滚,富贵发财,灵鼠献瑞,瑞鼠运财。

(2)牛。牛在我国民间被认为是一种神物,在许多神话传说中有关牛的故事很多。人们认为牛和水有很密切的关系。在许多地方,人们将石头的或青铜的牛塑像投入水中,以此镇水,防止洪水泛滥,冲毁堤坝。

(3)虎。虎为百兽之王,威风凛凛,特别是额头正中的"王"字纹样,更显示出它的英雄本色。虎威武勇猛、剽悍有力而为人所畏惧,它是勇气和胆魄的象征。

(4)兔。兔机智灵活,玲珑柔顺,在中国文化中同样占有一席之地,传说它是由玉衡星散开而成,能兆吉祥。此外,"蛇盘兔"吉祥图案用于婚配及家业兴旺的意愿表达中。

(5)龙。龙是我国神话传说中的一种神奇动物,几千年来,它从没离开过中国人的文化与生活,无论是达官贵人,还是平民百姓,都尊龙为动物之长乃至万灵之长。中国人自称中华民族为"龙的传人"。

龙是古人对一些爬行动物、哺乳动物以及某些自然天象模糊集合而创造的一种神物。虽然未曾见到过龙,但人们对龙的形象却颇为清楚。龙自首至膊、自膊至腰、自腰至尾,三段长度都相等;龙的角似鹿、头似蛇、项似蛇、腹似蜃、鳞似鱼、爪似鹰、掌似虎、耳似牛。龙是一种神秘的宝物,它出现时见首不见尾,它的出现是天下太平的征兆。龙被视为世上最大的吉祥物。

在中国人的观念中,虽然龙以各种各样的形象出现,但龙仍是一种性情良好、温和仁慈的神物,有很高的德性。古人还把龙分为四种:第一种为"天龙",代表着天的更生力量;第二种为"神龙",起"兴云布雨"的作用;第三种为"地龙",分派着地上的泉水与水源;第四种为"地藏龙",保护着天下的宝物。龙还代表方位,它象征东方,即太阳升起的地方。

由于龙是天上神物,所以只有在国君德政清明时才会出现。后世人们就尊最高统治者为"真龙天子",龙成了皇帝及皇室的象征。望子成龙,是天下父母的最大愿望,一条大龙和一条小龙的吉祥图案,就表达了这一主题。作为吉祥物的龙,有腾飞、振奋、变化等寓意。"巨龙腾飞""龙腾虎跃"等经常成为人们运用的吉祥图案,而传统的"二龙戏珠""夔龙拱壁""龙凤呈祥"成为流行的吉祥图案。

(6)蛇。蛇作为传统生肖动物,有小龙之称。佩戴蛇为造型的玉佩,能顺风得利,有君子之德。寓意福禄玉蛇,金蛇飞舞。

(7)马。马在我国一直是民族生命力的象征,马是历史文化上最奔放活跃的角色。马神采奕奕,尤其是它奋蹄奔驰更是潇洒奔放。龙马精神是中国人所崇尚的一种不灭的精神,神龙与骏马任何时候都受到人们的喜欢。在我国古代的神话传说中,关于千里马、神马、天马的记载很多,其中"天马行空,独往独来"的观念代表了中国人淡泊自为的一种潇洒风度。奔腾的群马,寓意事业发达。一个人与一匹身负贵重物品的马在一起的图案,用来表达祝愿亲朋好友官位与舒适的生活永相随。

(8)羊。羊的性情温顺,体态对称和谐,在古代就有"羊大为美"之说,羊为千岁之精树。而在政治上,钟律合调,则玉羊出现。所以羊能兆瑞祥。

(9)猴。猴聪明机智,灵活多变,深受人们的爱戴。关于猴的吉祥意义,则大多取之于"猴"与"侯"同音。侯是中国古代的爵位之一,历代都有。人们多希望能加官封侯,便选择猴为此象征。如猴子向枫树上挂印示"封侯挂印";猴子骑在马背上示"马上封侯";母猴背负小猴示"辈辈封猴"等。

(10)鸡。因"鸡"与"吉"谐音,寓意金鸡报晓、吉运来临、大吉大利。而翠雕锦鸡,即寓意锦绣前程之意。又因雄鸡具有五德,头顶红冠,是文;脚踩斗距,是武;见敌善斗,是勇;遇到食物召唤同伙,是仁;按时报时,是信。由于雄鸡的五种至高品德,斗鸡的图案被视作"英雄斗志",属鸡的人更是把鸡视为自己的吉祥物,而对鸡怀有一种特殊的感情。雄鸡的鸡冠高耸、火红,它可用来表示高升高中的吉祥意义。雄鸡勇猛善斗,其目能辟邪祛恶,所以常用来作为辟邪的吉祥物。雄鸡还是英雄武勇的象征,用来比喻人骁勇善战。雄鸡立于石上示"石上大吉";雄鸡长鸣形象示"声声报吉";雄鸡和鸡冠花图案示"官上加官";1只雄鸡与5只雏鸡相戏的图案示"五子登科",祈祝仕途顺利。

(11)狗。狗忠厚老实,看家护院,是全世界公认的人类的朋友。它跟人有特殊的感情,能通人性,世界上每个角落都流传有义狗救主人的故事。狗可以御凶,可以驱赶妖魔鬼怪。

(12)猪。猪长着一副圆乎乎、胖敦敦的憨厚相,吃了就睡,饿了就吃,显得老实本分,不拘小节。寓意步步高升,福猪吉祥,祝福平安,金榜题名(因古代写金榜题名要用红朱(猪)笔写,而"蹄"与"题"谐音)。

珍稀的玉石自古以来，就被人们视作国家的象征和人们身份地位的标志，玉璧、玉琮成为古代人们祭祀用的礼器，玉钺成为贵族权力的标志，玉石被古代人们视作吉祥之物，赋予吉祥和信仰，其根本的原因在于玉石本身的自然属性，具有可以被人类吉祥观念和信仰装扮的基础，使佩玉自古就成为一种时尚和风俗。

　　人类在用吉祥观念和信仰装点吉祥物时，总是首先把最美好的吉祥祝福赐予那些自然属性与人类吉祥观念和信仰完全重合的客观事物。因此，玉佩上琢制各种吉祥图案和各种吉祥动物，也就不足为奇了，把具有吉祥、幸福、美好的图案琢制在各种玉佩上，最能满足人们的这种精神生活需要。吉祥的玉佩如五彩缤纷的花朵点缀着人们的生活，以无声的语言向人们祝福纳祥，最大程度地满足人们心理愉悦的需要。

小　结

　　消费者的购买行为是受消费者的心理活动所支配的，是企业制定珠宝首饰营销策略的主要依据。消费者的购买行为是由需要所引发的，人们为了生存和发展，必须从周围环境之中获得生存和发展的条件。需要包括生理需要和心理需要两个方面，人的需要又可以分成五个层次，由低到高分别是生理的需要、安全的需要、社会交往的需要、尊重的需要和自我实现的需要。

　　消费者的购买行为是由购买动机所驱使的，而需要则是产生动机的基础，购买动机是推动消费者进行购买活动的内在动力。消费者的购买动机，通常可以分为10种主要的类型。消费者的购买行为是指个体、家庭或群体消费者，为了满足自身的物质生活需要或文化生活需要，在接受外界刺激而形成的购买动机的驱使之下，用货币交换商品的实践行动。具有目标性、系列性、连续性、可控制性和变异性五个方面的特点。消费者的购买行为依据不同的划分原则，可以分成不同的类型。

　　消费者的购买过程可以分为五个阶段，即唤起需要、收集信息、比较评价、决定购买和用后感觉。珠宝首饰产品作为一种非国计民生之必需品，在人类社会的历史长河中，成为一种经久不衰的商品，有着深刻的心理原因。随着人们生活水平的不断提高，购买珠宝首饰已逐渐成为一种新的时尚，用于展示自己的地位、个性、修养、鉴赏能力和经济实力等。

第六章 珠宝首饰市场细分

消费者的购买行为是复杂多变的,受各种外部环境或内在心理因素的影响,对某一特定种类的商品有着不同的需求和购买行为特征。在珠宝首饰产品的需求方面,可以具体表现为产品的种类、宝石和贵金属的选择、首饰的款式、价格、制作工艺等,消费者之间是存在差异的。各种差异的存在,表明整个市场可以分成不同的类型。企业在组织生产和营销活动过程中,必须要明确生产的产品,是为满足哪类消费者特定需求的。这正是现代营销战略的核心,即市场细分(segmenting)、选择目标市场(targeting)和市场定位(positioning)。本章将介绍市场细分的基本原理,以及市场细分的依据、目标市场的选择与定位。

第一节 市场细分的原理

一、市场细分的概念

市场细分,又称市场分割、市场区隔、市场区划等,是指根据需求的差异性,按照一定标准将整体市场划分为若干个不同需求类型的消费者群的市场分类过程。在这里,每一个消费者群就是一个细分市场,亦称"子市场"或"亚市场";每一个细分市场都是由具有类似需求倾向的消费者构成的群体。因此,分属不同细分市场的消费者,对同一产品的需要与欲望存在着明显的差别,而属同一细分市场的消费者,他们的需要与欲望则极为相似。总之,市场细分是一种存大异求小同的市场分类方法,它不是对产品进行分类,而是对同种产品需求各异的消费者进行分类,是识别具有不同要求或需要的消费者群的活动。

市场细分的客观基础,是同一产品的消费需求的多样性。从需求状况角度考察,各种社会产品的市场可以分为两类:一类产品的市场称为同质市场,另一类产品的市场称为异质市场。凡消费者对某一产品的需要、欲望、购买行为以及对企业营销策略的反应等方面,具有基本相同或极为相似的一致性,这种产品的市场就是同质市场。显然,同质市场无须细分。但是,绝大多数产品的市场都是异质市场,即消费者对某种产品的质料、特性、规格、档次、花色、款式、质量、价格、包装等方面的需要与欲望是不相同的,或者在购买行为、购买习惯等方面存在着差异性。正是这些差异,使市场细分成为可能。所谓市场细分,也就是把一个异质市场划分若干个相对来说是同质的细分市场。

市场细分并不总是意味着把一个整体市场加以分解。实际上,细分化常是一个聚集而不是分解的过程。所谓聚集的过程,就是把对某种产品特点最易作出反应(敏感)的消费者集合成群。聚集的过程可以依据多种变量连续进行,直到鉴别出其规模足以实现企业利润目标的某一个消费者群体。

二、市场细分的作用

珠宝首饰企业在制定战略性的市场营销计划时,企业的基本任务就是要寻找和了解它的市场机会,然后制定与执行一套行之有效的营销方案,而对市场的细分是完成这一任务的关键。因此,市场细分这一概念,在20世纪50年代一经提出,就为许多企业家广泛接受,被誉为具有创造性的新概念,对开拓现代市场营销活动,具有重要的现实意义。实践也证明,科学合理地细分市场,对于企业的经营具有重要作用。

1. 市场细分有利于企业发掘新的市场机会

通过科学合理的市场细分,珠宝首饰企业可以有效地分析和了解各个不同层次消费者群体的需求满足程度,以及目前市场上的竞争状况,并从中寻找和发掘新的市场机会,如消费者群体中哪些消费需求已经满足,哪些满足不够,哪些尚待开发,哪些细分市场竞争激烈,哪些细分市场较少竞争。这些市场信息对珠宝首饰企业的正确决策,将起到极为重要的作用,企业可以结合自身的资源状况,从中形成并确立宜于自身发展的目标市场,从而迅速取得市场优势,提高市场占有率。

2. 市场细分有利于开发新产品

通过不断研究细分市场的情况,珠宝首饰企业就可以及时发现和掌握珠宝首饰消费者需求的变化状况,改进现有产品和开发新的产品,满足消费者不断变化的需求,更好地为目标市场提供所需求的产品,避免产品开发的盲目性。

3. 市场细分有利于制定营销方案

通过科学合理的市场细分,珠宝首饰企业可以针对目标市场的需求和消费者的消费欲望,制订适当的营销组合策略,适时调整产品或服务的方向、价格、促销方式等,可以更有效地在目标市场上扩大品牌和产品的知名度。

4. 市场细分有利于获取最佳效益

通过市场细分可以使珠宝首饰企业的营销预算集中用于选定的目标市场,

集中人力、物力和财力等企业资源，发展企业的特色产品与服务，从而使营销费用的投资更为合理、有效，产生更大的经济效益，同时也可为企业节省营销费用。

5.市场细分有利于提高企业的市场占有率

由于珠宝首饰具有很强的选择性和需求的多样性。因此，针对特定的细分市场提供有针对性的珠宝首饰产品，将更利于目标市场消费者对产品的选择和提高企业的市场占有率。

对于中小企业来说，市场细分可以集中企业有限的营销资源，致力于少数目标市场，以获得在这些市场上最大的市场占有率和经济效益。即使是资源丰富、实力雄厚的大企业，通过市场细分，也可以产品的多样化和不同的营销策略满足各个主要细分市场的不同需要，来增强企业的市场竞争能力。市场细分还可使企业的营销传播手段，更有效和更易于到达目标消费者，提高营销沟通的效果。

第二节 市场细分的依据

珠宝首饰市场细分的主要依据，是客观存在的市场需求的差异性。一般来说，用以细分珠宝首饰市场的变量因素，可以概括为四个部分：即地理细分、人口细分、心理细分和行为细分。

1.地理细分

地理细分就是按不同的地理区域，将珠宝首饰市场划分为不同的细分市场。具体的变量包括国家、地区（沿海地区、沿边地区、民族地区）、城市（一线城市、二线城市、三线城市）、乡村等。其主要理论根据是：处在不同地理位置的珠宝首饰消费者，客观上存在对企业的产品有着不同的需求和偏好，他们对珠宝首饰企业所采取的市场营销战略、广告宣传，以及所提供的服务内容、服务质量、珠宝首饰产品等营销刺激反应各异。此外，消费市场潜力和成本费用，也会因市场位置的不同而有所差异，企业应选择那些本企业能最好地为之服务的、效益较高的地理市场为目标市场。因此，通过地理细分，珠宝首饰企业应当把自己的力量集中在需求偏好相近、消费潜力较大、相对竞争较弱、销售费用较低的市场上，以提高企业的营销效益。

在珠宝首饰行业，通常以长江为界，地理上划分为北方市场和南方市场。北方的黄金首饰需求相对旺盛，忠于本地品牌，信任周大福、周生生等港资品牌。钻石首饰处于成长期，信任港资品牌，对本地品牌了解不多。彩色宝石产品仅限于一线及省会城市，少量经济发达区域也有需求。南方的黄金首饰市场，需求旺盛，可以接受相对高的工费，但要求设计感强，认可港资品牌。钻石市场相对成熟，重量在 0.3ct 以上的钻石需求逐步旺盛。彩色宝石的市场也在逐步成长中，其中华东明显较其他区域市场成熟，信任国际性品牌的彩宝首饰。

2. 人口细分

人口细分就是按年龄、性别、职业、收入、家庭人数、文化程度、婚姻状况、社会阶层、种族宗教等人口统计变量，将珠宝首饰市场划分为不同的消费者群体或若干个子市场。

珠宝首饰市场人口变量细分通常可有以下分类方法：

(1) 根据消费者的社会地位、职业、收入的不同，可把珠宝首饰消费者分为上层消费者、中层消费者和低层消费者。"上者"要求所购珠宝首饰必须嵌有名贵宝石，且质量上乘；"中者"要求所购珠宝首饰嵌有中档宝石，或是名贵宝石但质量一般；"下者"要求所购珠宝首饰嵌有低档宝石或仿真宝石。珠宝首饰企业可按这三种不同类型珠宝首饰消费者的需求特点，提供不同档次的珠宝首饰产品，以满足他们显示身份地位的需要。

(2) 根据珠宝首饰消费者的年龄结构，可将珠宝首饰消费市场分为老年珠宝首饰消费市场、中年珠宝首饰消费市场和青年珠宝首饰消费市场。

(3) 根据性别决定的需求差异，珠宝首饰市场可分为男性珠宝首饰消费市场和女性珠宝首饰消费市场。虽然珠宝首饰这类商品是以女性消费需求为主体，但随着社会经济的不断发展，男士佩戴珠宝首饰的也在逐渐增多，这也是一个尚待开发的市场。

3. 心理细分

心理细分是指按照消费者的生活方式、个性特点等心理变量，来细分珠宝首饰消费者市场。在同一人口统计群体中的人，可能表现出差异极大的心理特性。尤其是在生活多样化、个性化、质比量更受到重视的时代，市场不只是要在性别、年龄、职业等方面加以细分，而更重要的是要通过生活方式、价值观、兴趣爱好、个性、交友关系等来进行心理上的区分。

(1) 生活方式。即根据人们的生活价值观，所形成的生活行为体系或生活模式和生活方法。不同生活方式的消费者对产品有着不同的需求和兴趣爱好，消费者生活方式的改变也就会产生新的需求。这充分说明，生活方式是影响消费者的需求和欲望的一个重要因素。在现代市场营销实践中，有越来越多的企业运用消费者的生活方式来细分消费者市场，并且按照生活方式不同的消费者群体，来制定不同的市场营销组合。对于珠宝首饰行业来说，现在许多企业越来越重视按照人们的生活方式来细分市场。不同的生活方式，会产生不同的需求偏好。虽然不同生活方式的形成源于物质世界(环境和条件等),但直接的原因与人们的活动(如消费者的工作、业余消遣、休假、购物、体育、款待客人等活动)、兴趣(如消费者对家庭、服装的流行式样、食品、娱乐等的兴趣)、人生价值取向(如消费者对社会、政治、经济、产品、文化教育、环境保护等问题的意见)等心理特征密切相关。把具有共同活动、兴趣、价值取向的消费者集合成群,并联系他们的行为方式,就可以划分出不同生活方式的群体,诸如"传统型""新潮型""节俭型""奢靡型""严肃型""活泼型""乐于社交者""爱好家庭生活者"等消费者群。这种细分方法往往能够显示出不同群体,对同种商品在心理需求方面的差异性。

(2)个性。个性是个人带有倾向性的、本质的、比较稳定的心理动力的总和。个性不同的消费者的购买行为,会表现出一定的差异性,如积极的消费者不同于谨慎的消费者;内向型消费者不同于外向型消费者等。企业依据消费者不同的个性,来细分消费者市场,并通过广告宣传,试图赋予其产品与某些消费者的个性相似的"品牌个性",树立"品牌形象"。珠宝首饰企业可以针对不同个性的消费者,在首饰的设计中,突出能够满足他们某种心理需要的特征或特性,并相应制订不同的营销组合方案,往往能取得良好的经营效果。

4. 行为细分

行为细分是指企业按照消费者不同的消费行为来细分市场。消费行为的变量很多,包括消费者的购买时机、预期利益、使用者地位、使用率、忠诚状况、消费者待购阶段和消费者对品牌的态度。

(1)购买时机。即根据消费者购买和使用产品的时机来细分市场。对于珠宝首饰产品来说,许多节日是营销的最佳时机(如我国传统的春节、元宵节、中秋节、五一、十一;西方的圣诞节、母亲节、父亲节、情人节等),珠宝首饰企业深知节假日是促进销售的最好时机,每年都会策划大量的促销活动,以扩大销售。结婚成家是人生过程中的一个"重大事件",随着人们生活水平的不断提高,面向婚庆首饰的系列促销,已成为许多珠宝首饰企业扩大销售的重要促销活动。

(2)预期利益。以预期利益来细分市场,是指产品能给消费者带来的利益,它应该与产品特点相对应,预期利益决定了消费者的价值期望值。即消费者往往因为各有不同的购买动机、追求不同的利益,所以购买不同的产品和品牌。企业可根据自己的条件,权衡利弊,选择其中一个追求某种利益的消费者群为目标市场,设计和生产出适合目标市场需求的产品,并且用适当的广告媒体和广告语,把这种产品的信息传达给追求其利益的消费者群。现代市场营销的实践证明,利益细分是一种行之有效的细分方法。

(3)使用者。根据消费者对产品的使用情况进行市场细分,可以分为非使用者、曾经使用者、潜在使用者、初次使用者和经常使用者等。企业可以根据消费者的使用情况,采取相应的营销方式。资金雄厚、市场占有率高的大公司,一般都对潜在使用者的消费者群体发生兴趣,它们着重吸引潜在使用者,以扩大市场份额;小企业资金薄弱,往往看重吸引经常使用者。

(4)使用率。根据消费者对产品的使用频率进行市场细分,可以分成少量使用者、中度使用者和大量使用者群体。大量使用者的人数通常只占总市场人数的一小部分,但是他们在总消费中所占的比例却很大。市场营销者通常偏好吸引对其产品或服务的大量使用者群体,而不是少量用户。

(5)忠诚度。根据消费者对品牌(或商店)的忠诚度来细分消费者市场。所谓品牌忠诚,是指由于价格、质量等诸多因素的吸引力,使消费者对某一品牌的产品情有独钟,形成偏爱并长期地购买这一品牌产品的行为。提高消费者的品牌忠诚度,对于一个企业的生存和发展、扩大市场占有率极其重要。

品牌忠诚度的高低,可以用消费者重复购买次数、消费者购买挑选时间、消费者对价格的敏感程度等标准来衡量。

下面具体讨论一下消费者对品牌的忠诚度。假设有五种品牌:A、B、C、D、E,按消费者对品牌的忠诚度,将其分为四个类型:

①坚定忠诚者。即始终不渝地购买一种品牌的消费者。购买模式:A,A,A,A,A,A,代表了消费者对品牌 A 的专一忠诚。

②中度忠诚者。即忠诚于两种或三种品牌的消费者。购买模式:A,A,B,B,A,B,代表了消费者对品牌 A 和品牌 B 同样忠诚。

③转移型忠诚者。即从偏爱一种品牌转换到偏爱另一种品牌的消费者。购买模式:A,A,A,B,B,B,反映了消费者对品牌 A 的忠诚转移到品牌 B。

④多变者。即对任何一种品牌都不忠诚的消费者。购买模式:A,C,E,B,D,B,反映了一个没有忠诚度的消费者,他是一个有什么品牌就买什么品牌的购买者,或是一个购买多种品牌的购买者。

每一个市场由不同数量的四种购买者组成。一个品牌忠诚者的市场是一个对品牌的坚定忠诚者在买主中占很高百分比的市场。

市场细分因素及其具体变量,见表 6-1。

表 6-1　市场细分因素及其具体变量

人口统计因素	地理因素	心理因素	行为因素	
(1)性别	(1)国家	(1)生活方式	(1)使用体验	(11)广告反应
(2)年龄	(2)地区	(2)价值观	(2)了解程度	(12)服务敏感程度
(3)家族	(3)大中小城市	(3)职业观	(3)兴趣程度	(13)品牌忠诚度
(4)收入	(4)农村	(4)兴趣爱好	(4)欲望程度	(14)其他
(5)学历	(5)人口规模	(5)活动领域	(5)购买动机	
(6)职业	(6)交通条件	(6)人生观	(6)使用频率	
(7)种族	(7)距离	(7)情感	(7)商标可靠性	
(8)社会阶层	(8)气候	(8)性格	(8)商店信任度	
(9)教育	(9)其他	(9)其他	(9)购买频率	
(10)其他			(10)价格反应	

第三节　珠宝首饰营销的目标市场选择

对于珠宝首饰企业来说，目标市场选择至关重要，它是企业决定经营方向的大事。目标市场的选择是以市场细分为基础的，正确的目标市场选择，是企业市场营销活动取得成功的前提。

一、选择目标市场的依据

1. 目标市场的含义

所谓目标市场，是指企业决定要进入的市场，也就是企业的目标消费者，是企业市场营销活动所要满足的那部分市场需求。在现代市场经济条件下，任何产品的市场都有许多消费者群，他们各有不同的需求，而且他们分散在不同地区。因此，任何企业（即使是大公司）都不可能很好地满足所有的消费者群的不同需求。

目标市场的选择和确定，是企业制定市场营销战略的基本出发点。满足目标市场需求，是实现企业市场营销目标的前提。

2. 选择目标市场的依据

企业在细分的市场中选择一个或几个子市场，作为自己开展市场营销活动的对象，即目标市场。但在选择目标市场时需要考虑以下因素：

(1) 存在尚未满足的需求。这是选择目标市场时首先要考虑的因素。需求是企业生产经营之母，只有企业选择的目标市场存在着尚未得到满足的需求，才有其进入的价值。企业进入该市场既能满足消费者需求，又能使企业自身得以生存和发展。

(2) 有足够的销售量。企业选择的目标市场不仅要有需求，而且还要有足够的销售量，这是选择目标市场时不可忽视的重要标准之一。也就是说，企业选择的目标市场不但存在需求，而且有足够的消费者愿意并能够通过交换来满足这种需求。

(3) 有进入该市场的可能。企业选择的目标市场，应该是没有完全被竞争者控制的市场。一般来说有两种可能性：一是竞争尚不激烈，有进入的可能；二是表面上完全控制，但实际上仍有缝隙可钻。

(4) 企业具备进入目标市场的能力。企业选择目标市场，既要考虑外部条件，即目标市场情况，又要考虑企业自身主观条件，即是否具备足以满足目标市场需求的企业经营资源和市场营销能力等。

二、目标市场的营销策略

目标市场一旦确定，就需要根据目标市场的需求特点，制定相应的市场营销策略。概括起来，目标市场营销策略大致可分为三个类型。

1. 无差异性目标市场营销策略

也称整体市场营销策略，即珠宝首饰企业无视整体市场内部消费者需求的差异性，求同存异，把整体性大市场作为目标市场；运用统一的营销组合，为满足其共同的需求服务。这样的策略突出的优点是规模效应显著，有利于降低生产、存货、运输、研究、促销等成本费用。其缺点是不能完全满足消费者的差异性需求。随着珠宝首饰市场竞争的加剧，珠宝首饰企业单纯采用这种策略的机会越来越少。

2. 差异性目标市场营销策略

也称多重细分市场营销策略，即珠宝首饰企业在市场细分的基础上，选择两个或两个以上的细分市场作为自己的目标市场，针对不同细分市场的需求特点，提供不同的珠宝首饰产品及制定不同的营销组合策略，为满足不同的细分市场的需求服务。采用这种策略的优点为：能更好地满足各类珠宝首饰消费者的不同需求，市场营销活动易于收到较好的效果，也有利于提高珠宝首饰产品的竞争力，扩大珠宝首饰企业的总销售额和企业的知名度，有利于降低企业经营风险等。这种策略也具有明显的缺陷，尤其在市场细分化程度过深，企业所针对的目标细分市场数量过多的情况下,多元化、小批量经营必然增加营销设计、营销管理和广告宣传等方面的成本费用,难以形成规模经济效益,影响经营效率。企业并非在所经营的每一个细分市场上,都具有同等的经营优势和竞争优势,企业将有限的经营力量分散于各个市场,必然影响某些优势的发挥。

3. 集中性目标市场营销策略

也称单一细分市场营销策略,指珠宝首饰企业在市场细分的基础上,只选择其中一个或少量细分市场作为目标市场,集中企业的全部营销力量实行高度的专业化经营,为充分满足其特定的需求服务。这种策略尤其适合中小型珠宝首饰企业,这种策略所谋求的不是在整体市场上分散地占有较小的份额,而是力图在较小的市场范围内取得较高的市场占有率,目标市场营销的思想在这种策略中得到了充分体现。采取这种策略的突出特点在于,企业营销对象集中,能充分发挥企业的优势,使企业在特定市场上具有很强的竞争力。但这种策略过分依赖小部分市场而风险较大,一旦这部分市场情况发生变化,企业就会出现危机;如果所选定的目标市场是一个非常有利可图的较大细分市场,开发后竞争者极易追随而入。

三、选择目标市场营销策略的影响因素

一个企业选择哪种目标市场营销策略,将受到企业资源、产品、市场、竞争等多种因素的影响,所以在选择目标市场营销策略时必须考虑这些重要因素。

1. 企业资源

企业资源包括人力、物力、财力、技术水平、市场营销能力等经营资源。如果资源雄厚,就可以考虑实行差异市场营销;否则,最好实行无差异市场营销或集中市场营销。

2. 产品特性

产品特性包括两个方面的问题:一是产品的同质与异质,如果是同质产品或需求上共性较大的产品,一般宜实行无差异市场营销;反之,对于异质产品,则应实行差异性市场营销或集中性市场营销。二是产品生命周期处于不同阶段,其目标市场营销策略也应有所区别。处在导入期和成长期的新产品,市场营销的重点是启发和巩固消费者的偏好,最好实行无差异市场营销或针对某一特定市场实行集中市场营销;当产品进入成熟期后,市场竞争激烈,消费者需求日益多样化,可改用差异性市场营销策略以开拓新市场,满足新需求,延长产品生命周期。

3.市场特性

市场特性也应考虑两点:一是市场同质与否,如果市场上所有顾客在同一时期偏好相同,购买的数量相同,并且对市场营销刺激的反应相同,则可视为同质市场,宜实行无差异市场营销;反之,如果市场需求的差异较大,则为异质市场,宜采用差异性市场营销或集中性市场营销。二是市场供求趋势,如果一种产品在未来一段时期内供不应求,消费者的选择较弱,企业就可以实行无差异市场营销策略;相反,则实行差异或集中性市场营销策略。

4.竞争状况

竞争状况也可以从两个方面来考虑:一是竞争者的强弱;二是竞争者采用何种目标市场营销策略。一般来说,企业应当根据竞争对手的实力及其市场营销策略,选择更有效的目标市场营销策略。比如,竞争对手力量较弱,企业可采用无差异市场营销策略;竞争对手如果采用无差异市场营销策略,企业就应当采用差异性市场营销策略;如果竞争对手也采用差异性市场营销策略,企业就应进一步细分市场,实行更有效的差异性或集中性市场营销策略。

第四节 珠宝首饰营销的目标市场定位

一、目标市场定位的因素

1.目标市场定位的含义

目标市场定位是指企业根据目标市场上的消费者偏好、竞争状况和自身优势,确定自身产品或服务在目标市场上所处的竞争位置。其实质就是要专门针对目标市场消费者心目中某一特定需求位置,为本企业产品或服务设计鲜明、独特而深受欢迎的营销组合,以形成本企业产品或服务的竞争优势。其宗旨就是,要力图在消费者对同类产品或服务的某一特定选购因素中,形成本企业产品或服务的特定形象地位。

企业通过市场定位,可以确认现在所处的地位,即产品、品牌能在多大程度上对应市场需求,比较评价竞争者与本企业的产品和品牌在市场上的地位。可以预先发现潜在的重要市场位置,了解和掌握应该追加投放新产品的市场位置,以及现有产品重新定位或放弃的方向等,还可以设法在自己的产品、品牌上找出比竞争者更具竞争优势的特性或者创造与众不同的特色,从而使其产品、品牌在市场上占据有利地位,取得目标市场的竞争优势。

珠宝首饰行业的零售需求产业链十分庞杂，任何企业都不可能凭一己之力贯穿整个行业的利润线。通过对企业的资源整合、市场细分，明确了企业的目标市场，从而区隔竞争对手的产品、价格、渠道等常规竞争模式，使目标市场与企业之间形成良好的互动，有利于建立可持续发展的营销模式。

2. 目标市场定位的因素

目标市场定位因素，是指消费者认为能满足自己某种需求和欲望的利益因素。主要包括以下方面：

（1）功能性利益。即产品本来要发挥的基本实用功能或产品属性，如高效性、易使用性、便利性、正确性、可靠性、安全性、耐久性等。

（2）信息性利益。即能对应于所有的信息，提高信息处理能力，满足知识欲，或者能扩大能力，区别于他人，自我表现等。

（3）感觉性利益。即视觉，如好看、样子好、有魅力、轻便等；触觉，如轻、好拿、柔软、暖和等；听觉，如噪音小、听起来舒服等；嗅觉，如无臭、香味等；味觉，如酸、甜、苦、辣等；其他，如无毒副作用、低脂肪等。

（4）心理性利益。即提高内心的实现感和充实感，追求精神上的丰富和满足感；保持良好的心理状态，如自尊心、威望、地位的满足，快感、安心感、轻松感等。

（5）场所性利益。即从空间上看，场所具有的方便性、快适性、接近性等。

（6）时间性利益。即更快的速度、时间选择性大、节约时间、时间通融性、及时性、定时性等。

（7）经济性利益。即降低成本，省力，省能，或提高费用效率比，便宜和降价感等。

（8）社会性利益。即谋求对社会生活的发展和革新的贡献程度以及社会的接受程度，如无公害或减轻公害，提高消费者的福利水平，增大社会利益，增进健康等。

（9）文化利益。即对应价值观的多样化，灵活地适应不同文化上的规范，如风俗习惯、法律等。

二、目标市场定位的方式

市场定位战略实际上是一种竞争战略，即根据产品的特点及消费者对产品的知觉，确定本企业产品与竞争者之间的竞争关系。珠宝首饰企业常用的市场定位方式主要有以下三种：

1. 避强定位

避强定位是指避开强有力的竞争对手的市场定位。其优点是：能避开与强大竞争对手的直接冲突,并在消费者心目中迅速树立起自己的形象,并与竞争对手分享市场。由于这种定位方式风险相对较小,成功率较高,常常为很多企业所采用。

2. 取代定位

取代定位是指与在市场上居支配地位的、最强的竞争对手"对着干"的定位方式。即把对方赶下现有的市场位置,由本企业取而代之。采用这一定位方式,企业必须比竞争对手具有明显的优势,必须提供更优越于对方的产品。这种方式风险较大,但一旦成功就会取得巨大的市场优势。因此,对某些实力较强的企业有较大的吸引力。实行取代定位,一方面要知己知彼,尤其要清醒地估计自己的实力;另一方面还要求市场有较大的容量。

3. 重新定位

重新定位是指企业变动产品特色,改变目标市场消费者对其原有的印象,使目标市场消费者对其产品新形象有一个重新的认识过程。市场重新定位对于企业适应市场环境、调整市场营销战略是必不可少的。企业产品在市场上的定位即使很恰当,但在出现下列情况时也需考虑重新定位:一是竞争者推出的产品市场定位于本企业产品的附近,侵占了本企业品牌的部分市场,使本企业品牌的市场占有率有所下降;二是消费者偏好发生变化,从喜爱本企业某品牌转移到喜爱竞争对手的某品牌。

目标市场定位过程中,珠宝首饰企业要有其注意挖掘自身的竞争优势。竞争优势即企业与竞争对手之间的能力对比,企业与竞争者在各方面通过专业详尽的数据来进行比较,如经营管理能力、技术开发的能力及速度、采购成本的控制、生产效率的效益、市场营销能力、财务控制能力、产品适应市场的能力等,这些指标既包括目前已经显现的优势,也包括未来可进一步提升的企业优势。这些指标形成了一个完整的体系,准确、清晰地为企业选择出相对具有竞争优势的目标市场。

小　结

现代市场营销战略的核心,即市场细分(segmenting)、选择目标市场(targeting)和目标市场定位(positioning),也称STP营销。市场细分是指根据需求的差异性,按照一定标准将整体市场划分为若干个不同需求类型的消费者群的市场分类过程。每一个细分市场都是由具有类似需求倾向的消费者构成的群体。对中小企业来说,市场细分可以集中企业的营销资源于少数目标市场,以获得在这些市场上的最大的营销效益。

　　市场细分具有五个方面的作用。细分消费者市场常用两种方法进行：一种是根据消费者的特征细分市场，这时可以使用不同的地理、人口统计和心理特征作为划分市场的依据，然后再看这些消费者群体是否对产品有不同的反映；第二种方法是根据消费者行为来划分，首先了解消费者对产品的反映，然后进行市场细分，如购买产品时追求的利益、使用产品的时机和品牌的忠诚程度等，在市场细分完成后，再考察每个细分市场是否具有不同的消费者特征。

　　细分市场后，企业应从中选定一个或几个细分市场作为目标市场，企业可以选用以下三种目标市场营销策略：无差异性目标市场营销策略、差异性目标市场营销策略和集中性目标市场营销策略。企业选择目标市场后，需对目标市场进行定位，市场定位对企业来说极为重要，采用的市场定位方式主要有避强定位、取代定位和重新定位三种方式。

第七章 珠宝首饰企业市场营销战略

竞争是经济的基本特征,我国的珠宝首饰产业,自改革开放以来,经过30多年的发展,已从卖方市场进入买方市场,随着市场的成熟和国外珠宝首饰品牌的进入,珠宝首饰行业和市场竞争将更趋激烈。因此,了解珠宝首饰业的竞争特点和方式,选择恰当的市场营销战略,对珠宝首饰企业的发展将会产生重大的影响。从另一方面考虑,企业要做大、做强也需要制定长远的发展战略,以实现企业的目标。本章将从珠宝首饰业竞争特点出发,介绍珠宝首饰企业竞争战略选择和珠宝首饰企业发展战略等内容。

第一节 珠宝首饰业市场竞争的特点

珠宝首饰业是一个特殊的行业。其特殊性主要表现在:①珠宝首饰业一直是国家重点管理和征收税赋较重的一类商品;而金银饰品则在很长时间内都是国家专控的商品,不允许私人经营买卖。②由于中国经济发展水平较低,中国居民的恩格尔系数一直居高不下,众多消费者很难达到大量消费珠宝首饰的生活水平,因此,珠宝首饰作为奢侈消费品的一个代名词。③珠宝首饰企业的规模相对较小,生产经营也比较分散,但珠宝首饰业与普通居民的日常生活却密切相关。④珠宝首饰行业本身就具有十分神秘的色彩,其行业内部的生产、加工、销售等环节保密性较强。此外,珠宝首饰的鉴定辨别和市场估价等方面的专业性很强,一般人是很难掌握和了解的。

但是,我国的珠宝首饰业却是一个朝阳产业,多年来一直保持着快速发展的势头。并且可以预见,随着人们生活水平的不断提高和消费观念的变化,人们对珠宝首饰的消费也会越来越大。珠宝首饰本身的功能也在发生着重大的转变,由单纯的装饰品转变成投资保值品、流行时尚、身份地位的象征等,而这种观念的转变,又会进一步地刺激珠宝首饰的消费。同时,珠宝首饰业又面临着国外珠宝商的竞争,国内珠宝首饰行业应该如何应对这种日趋开放的竞争格局,这些都是珠宝首饰行业需要十分关心的重要课题。

一、我国珠宝首饰业的市场结构

我国珠宝首饰业的市场结构主要表现为:行业集中度相对较低;市场准入度低;高档珠宝首饰市场相对空白,中档珠宝首饰市场竞争激烈;珠宝首饰企业有各自的市场,地区分布不均衡;珠宝首饰产品差异化程度小,缺乏知名度高的品牌。

1. 行业集中度低,且集中度有一直下降的趋势

珠宝首饰产业的基本特征是产业的分散性,行业的集中度低。造成这种行业分散性的原因主要有:易于进入、历史原因、不具备规模经济效应、时尚和流行的影响、市场需求的多样化、库存成本高。根据贝恩对市场结构的分类标准,CR(即行业内前 8 名企业的销售额占整个行业的份额)小于 40,则该行业属于竞争型市场,没有一家企业可以绝对操纵市场。而我国的珠宝首饰产业目前行业集中度远远低于 40,接近于完全竞争型市场。由于行业集中度低,最大 8 家珠宝首饰企业占有的市场份额一直偏低,这表明我国的珠宝首饰企业间的市场竞争是相当激烈的。

2. 行业的进入壁垒逐渐降低,退出壁垒逐渐升高

1999 年我国正式结束对白银的统销控制,白银市场开放。加入 WTO 后,我国从 2001 年开始逐步放开黄金市场,结束十多年来政府对黄金的统购统销管理,把黄金首饰零售由"许可证制"改为"核准制"。政策限制减少,进入壁垒降低。另一方面,1996 年以来,为了规范珠宝首饰市场,国家质量监督检验检疫总局、中国标准化管理委员会颁布了多项国家标准,并在实践中不断完善,如《珠宝玉石鉴定》(GB/T 16553—2010)、《珠宝玉石名称》(GB/T 16552—2010)、《钻石分级》(GB/T 16554—2010)、《翡翠分级》(GB/T 23885—2009) 和《珍珠分级》(GB/T 18781—2008) 等,规定经营珠宝首饰的企业,必须符合国家标准和行业标准,必须具备专业的器材、专业的人才(对从业人员进行培训)等。企业面对激烈的市场竞争,也需要对店面和柜台、橱窗进行再设计,以体现出一种文化艺术氛围。这些费用都很高,导致珠宝首饰企业的沉没成本加大,使得退出壁垒升高。

3. 珠宝首饰产品差异化程度小

从珠宝首饰的产品主体来看,尤其是镶嵌的珠宝首饰产品,其工艺水平、款式设计、价格档次等都相当接近。由于目前我国的首饰设计能力薄弱,首饰的款式设计相对较为单一,首饰设计和企业的管理模式,大多源自于香港,产品的雷同化现象严重,技术上的创新突破较少见。例如,在铂金镶嵌柜中,大部分是"六

爪、皇冠、刀壁镶"。而国内一些有实力的珠宝首饰企业,其品牌知名度还不够强劲,其产品在品种、品质、外观款式和风格上也都非常相似,无法凸显各自品牌的特色和产品的特色。

4. 珠宝首饰业高、中、低档市场层次分明

从高档市场来看,高档(奢侈品)市场属于国外珠宝首饰品牌的天下,国内企业在该领域几乎是空白,这个高利润的领域被世界上知名的跨国公司所占据和瓜分。国内几个大的珠宝首饰企业,一般集中在中高档市场和中档市场,各企业实力相当,所以这两个层次的珠宝市场竞争最激烈。从中档市场来看,中档珠宝首饰市场占了整个珠宝首饰市场的将近一半的比例,消费者成长潜力大,定位中高档产品和定位低档产品的企业都希望能瓜分这一目标市场的份额,因此市场竞争非常激烈。从低档市场来看,处于这一档次的企业数量众多,大都规模较小,且分散于全国各地,企业单个经营,没有几个突出的品牌。

5. 发展的区域不均衡性

国内珠宝首饰排名靠前的几家大公司都有各自的主销售市场,其成长和发展在地区分布上具有明显的不均衡性。国内较有实力的几个品牌,如戴梦得在北京,潮鸿基在广东,金象在福建,老庙、老凤祥在上海等,这些珠宝首饰企业和品牌都是分布在经济发达的沿海省市或具有悠久历史文化的城市。地域分布明显的原因,首先是因为珠宝首饰是一种奢侈品,没有一定的经济水平是消费不起的。而经济发达地区人们的生活水平相对较高,这就为珠宝首饰的发展提供了良好的物质基础。其次,珠宝首饰也是一种时尚品,地处沿海地区的人们易于了解国外的潮流和趋向,这也为珠宝首饰的发展提供了广阔的空间。尤其是广东省的深圳,毗邻香港,有较为完善的融资渠道和灵活的行业管理政策,使得珠宝首饰产业迅速发展,珠宝首饰产值居中国各大城市之首。再次,我国珠宝首饰的历史由来已久,它本身蕴含了某种文化因素,同时这种历史文化也赋予了珠宝首饰更多的文化审美价值。而那些具有悠久历史文化城市的居民,接触珠宝首饰的机会较多,鉴赏能力相对也较高。所以,珠宝首饰业的发展,还有赖于当地人们的文化素质水平。

二、我国珠宝首饰业的市场行为

我国珠宝首饰业能在短短的30多年内得到迅速发展,并取得骄人的业绩的一个主要原因,是我国消费者长期被禁锢的对珠宝首饰消费欲望得到了极大的释放。珠宝首饰处于卖方市场,在这一时期内,珠宝首饰企业根本不需注重产品的设计和品牌的建设,照样可以有很好的销售业绩。但是,随着时间的推移,珠

宝首饰市场逐渐由卖方市场转向买方市场,加之产品的差异化程度小,销售的业绩普遍下滑。此外,由于广告投入的费用较高,许多珠宝首饰企业都不愿投入这笔资金。因此,珠宝首饰企业市场营销传统的"三板斧",就是降价、打折和抽奖。

降价和打折是我国珠宝首饰企业的主要竞争手段。珠宝首饰产品存在着明显的质地差异,难以进行统一的标准化定价。因此,市场上的珠宝首饰产品价格难以规范。而珠宝首饰作为奢侈品,它的价格需求弹性又很大,所以降价的确可以刺激消费,达到促销的目的。然而,珠宝首饰经营占用的资金一般较多,投资的回收期也很长,而多数消费者又相对缺乏珠宝知识。因此,某些只考虑眼前利益的企业或商家,有意把价格定得很高,使得自己的利润空间变得很大;即使降价,这些商家的盈利仍是相当可观,所以商家乐于打出大降价、打折的旗号,以吸引顾客,提高销售额。但是,从长远的角度来看,这种大幅度的降价和乱打折现象,对企业或商家来说是非常不利的。因为珠宝首饰在多数人们心中是一种比较高档的消费品,它能满足人们追求时尚、显示地位和身份的特殊心理需求,盲目降价和打折将会破坏珠宝首饰产品的高贵形象。另一方面,珠宝首饰产品本身蕴含着丰富的文化艺术的价值,大幅度地降价和乱打折,只会贬低这些珠宝首饰的文化艺术价值,打击人们对珠宝首饰消费的欲望,使人们对商家的信誉、形象和品位失去信心。而且,如果多个企业或商家,在同一个地方争夺市场,都采用降价和打折的手段,则会使企业处于恶性的无序竞争之中。有的企业打折竟打到三四折,这不得不让人们对商家的利润空间产生疑问,也大大地损害了珠宝首饰企业的形象。

珠宝首饰市场还存在一部分不规范的市场行为。①一些商家打"虚折"(商品提价后再打折,打折后的商品价格,比原来的并没有实质性降低),以欺骗消费者。②某些地区的商家为了避免打价格战而造成两败俱伤,于是相互间达成默契,形成价格联盟,统一市场上商品的价格,侵害了消费者的权益。③一些商家凭借消费者对珠宝知识的缺乏,以假乱真,以次充好,产品的不合格率很高。这些不规范的市场行为,严重地破坏了正常的市场经济秩序,侵害了消费者的权益,也影响到合法企业的合法经营,阻碍了整个珠宝首饰行业的正常发展。

抽奖也是珠宝首饰企业常用的另一种促销手段。一般的做法是让消费者填写一张有关本企业产品的市场调查表,然后以抽奖的形式对其进行奖励。这样,一方面可以详细了解顾客对本企业现有产品的意见和建议,以改进现有产品的质量和外观;另一方面也可以准确地把握市场流行趋势和顾客偏好的变化,以确定产品创新和市场创新的方向。除了降价、打折和抽奖这传统的"三板斧"外,一些品牌意识强的企业,也集中资源和组织力量通过各种营销手段(广告、公益活动、知识讲座等)来宣传自己的品牌,进行品牌建设,试图以品牌为工具赢得市场。例如,①北京的菜市口百货通过电视台广告打出"买黄金到菜百"的广告词来宣传品牌。菜百的品牌已成为老百姓买首饰的首选。目前,北京的黄金饰品市场已成为菜百的天下,它的黄金珠宝饰品已占全商场销售额的2/3。②广东汕头的潮鸿基通过冠名举办"潮鸿基"杯全国珠宝首饰设计大赛,大大提高了品牌的知名度,增加了销售额。③香港的谢瑞麟珠宝公司,对广东省的目标市场的渗透是通过香港电视台的电视广告进行的;对内陆的年轻人市场的抢占则是利用名人效应,招来香港的四大大王之一的郭富城拍"结婚季节在谢瑞麟"的宣传海报,从而吸引了年轻一族的目光;通过举行"谢瑞麟珠宝杯"首届北京西城区中小学五手棋团体赛等公益活动来宣传自己的品牌等。谢瑞麟正是通过各种宣传手段,将公司统一的店面形象、统一的着装、统一的产品风格传递给消费者,它的品牌也成为国内珠宝首饰消费的首选品牌之一。

三、珠宝首饰业的竞争特点

珠宝首饰业由于其分散性和细分市场的多样化等特点,具有与其他行业不同的竞争模式和特征,主要表现在以下方面:

(1)珠宝首饰行业的竞争来自市场需求的变化和流行时尚的影响。要求企业对市场需求的变化,有快速敏捷的反应能力和对流行趋势的比较准确的把握和预测。

(2)在比较成熟的珠宝首饰市场上,差异化竞争成为珠宝首饰企业竞争的重要策略。通过产品、款式、服务、质量和品牌形象等的差异化,企业可以确立独特的市场形象,建立自己的竞争优势。

(3)珠宝首饰款式设计和工艺技术创新能力是珠宝首饰企业竞争的重要保证。首饰款式是珠宝首饰产品给予消费者的第一视觉效果和感受,是消费者选择购买珠宝首饰的最重要因素之一。因此,珠宝首饰企业应将珠宝首饰的款式设计,作为市场竞争的重要手段,应不断地推出新的首饰款式,以满足消费者的需求。

(4)珠宝首饰行业竞争具有明显的层次性。不同档次、价位、风格、品牌的珠宝首饰,构成了各自的竞争领域。高档品牌的珠宝首饰在目标消费者、产品风格、销售渠道、营销策略等方面,与中档或低档珠宝首饰的营销有着明显的区别。通常经营高档品牌珠宝首饰的企业,在产品设计、经营等方面实力雄厚,注重品牌形象和产品独特的风格,而多数中档或低档珠宝首饰缺乏明显的特色,原创设计能力相对较弱。

(5)由于珠宝首饰的产品设计,虽然可以通过申报专利的方式进行适当的保护,但由于珠宝首饰产品设计更新快、时代感强,而申报专利,往往需要一定的时间,加之珠宝首饰产品易于模仿和仿制。因此,通过申报专利的方式,来保护产品设计的企业并不多见。当一种新的首饰款式或新工艺制作的珠宝首饰产品在市场上畅销时,便会出现大量的模仿产品或相似产品,或吸引大量的进入者。

第二节 珠宝首饰企业竞争战略选择

珠宝首饰企业在了解了珠宝首饰业竞争的特点后,还必须明确自己在同行业竞争中所处的位置,进而结合企业的目标、资源和环境,以及在目标市场上的地位等,制定企业的市场竞争战略。

一、迈克尔·波特的"五力模型"给珠宝首饰业的启示

20世纪80年代,美国哈佛大学商学院的著名教授迈克尔·波特(Michael E. Porter),提出了一个全新的竞争战略理论。他在《竞争战略》一书中系统地提出了五种竞争力:分别是行业中现有对手之间的竞争和紧张状态、来自市场中新生力量的威胁、替代的商品或服务、供应商的还价能力和消费者的还价能力,这就是著名的"五力模型"。这五种力量的不同组合变化最终直接影响企业的利润变化。使用这样一种竞争战略的分析工具,可以快速有效地分析企业所处的竞争环境。

根据对五力模型的分析,可知任何一个行业中的任何一家企业,或多或少都必须面对以上各种力量构成的威胁。终端零售商可以通过自身的优势分析来判断选择合适的供应商,有效地对其供应企业的竞争行为作出必要反应。结合珠宝首饰行业的实际情况,可以得到基于"五力模型"理论分析的珠宝首饰行业情况,见表7-1。

综上所述,珠宝首饰行业对资本有着高度密集的要求,同时也是一个相对封闭、传统的行业。由于黄金珠宝首饰行业的原材料本身就具备一定的保值功能,从潜在的进入者的进入门槛上来说,主要集中在资金、技术、渠道这三个方面,而这三个方面又是有实力的进入者完全可以解决的。因此,珠宝行业的潜在进入者对行业的利润威胁还是相对大的,零售型潜在进入者较生产型潜在进入者更多。由于珠宝首饰本身特有的升值保值的基本金融属性,相对而言,替代品对行业的影响并不大。随着近来金融体系的改革与市场经营环境的改变,经营成本与原材料价格,对珠宝首饰行业的影响还是比较大的。由于珠宝首饰类产品是非国计民生之必需品,行业经营的利润更多受经济发展水平和国民消费能力的影响。珠宝首饰行业虽然起步较晚,发展的时间不长,但受市场经济开放的影响,整个

行业的竞争程度还是相当激烈的。

表 7-1 基于五力模型分析的珠宝首饰行业情况表

竞争力量	状　　况	对行业利润的威胁
行业间竞争	价格竞争：黄金、钻石类产品价格相对透明；彩色宝石、翡翠、珍珠类价格相对模糊 质量竞争：有规范的国家珠宝玉石鉴定及分级标准	中等
潜在进入者	资本密集型，有一定管制，但进入门槛相对较低，经营风险低，退出门槛逐渐升高	高
替代品	替代品种类：流行饰品类产品（以廉价材料为主） 竞争程度：款式更新速度快，具有价格优势，但基本不可完全替代	低
供应商力量	供应商因素：劳动力（熟手）、国际金价、钻石、彩色宝石、翡翠等原材料价格 供应商力量：劳动力影响力有限，原材料价格影响巨大	大
消费者力量	消费者因素：自用、送礼、保值、收藏、其他 消费者力量：珠宝首饰类产品非国计民生之必需品，消费者力量强大	高

二、市场主导者战略

　　企业战略的核心是如何最有效地获取竞争优势，而影响竞争优势的直接因素主要有两个：一是产业的吸引力，即企业所处产业的盈利能力；二是企业本身的竞争力，即企业在产业中的相对竞争地位。无论一个产业的吸引力以及可以提供的盈利机会如何，处于竞争优势地位的企业，总比劣势企业具有更大的盈利可能性。现代市场营销理论根据企业在市场上的竞争地位，把企业分为四种类型：市场主导者、市场挑战者、市场跟随者和市场补缺者。

　　市场主导者是指在相关产品的市场上其占有率最高的企业。一般来说，大多数行业都有一家企业被认为是市场主导者，它在价格变动、新产品开发、分销渠道的宽度和促销力量等方面处于主宰地位，为同业者所公认。它是市场竞争的先导者，也是其他企业挑战、效仿或回避的对象。这种主导者几乎各行各业都有，它们的地位是在市场竞争中逐步形成的，但不是固定不变的。市场主导者所具备的优势包括：消费者对品牌的忠诚度高、分销渠道的建立及高效运行、市场营销经验丰富等。

市场主导者为了维护自己的优势,保住自己的领先地位,通常可采取三种战略:扩大市场需求总量、保护市场占有率和提高市场占有率。

1. 扩大市场总需求

当一种产品的市场总需求扩大时,受益最大的是处于领先地位的企业。一般来说,市场主导者可从三个方面扩大市场需求量:发现新用户、开辟新用途和增加使用量。

(1)发现新用户。每种产品都有吸引新用户、增加用户数量的潜力,因为有些消费者可能对某种产品还不了解,或产品定价不合理,或产品性能还有缺陷等。如珠宝首饰企业可以通过首饰设计,提供更新、更具文化韵味的首饰,来吸引消费者购买首饰,或者不断开拓首饰的功能,吸引男士购买并使用首饰。

(2)开辟新用途。为产品开辟新的用途,可扩大需求量并使产品经久不衰。如采用新的首饰材料和宝石种类、设计新的首饰款式等。

(3)增加使用量。促进用户增加使用量,是扩大需求的一种重要手段。

2. 保护市场占有率

处于市场领先地位的企业,必须时刻防备竞争者的挑战,保卫自己的市场阵地。市场主导者通常采用以下方式保护市场占有率。

(1)阵地防御。阵地防御就是在现有阵地周围建立防线。这是一种静态的防御,是防御的基本形式,但不能作为唯一的形式。对企业来说,单纯采用消极的静态防御,只保卫自己目前的市场和产品,是一种"市场营销近视症"。

(2)侧翼防御。侧翼防御是指市场主导者除保卫自己的阵地外,还应建立某些辅助性的基地作为防御阵地,或必要时作为反攻基地。特别是注意保卫自己较弱的侧翼,防止对手乘虚而入。

(3)以攻为守。以攻为守是一种"先发制人"式的防御,即在竞争者尚未进攻之前,先主动发起攻击。这种战略主张,预防胜于治疗,事半功倍。

(4)反击防御。当市场主导者遭到对手发动降价或促销攻势,或改进产品、占领市场阵地等进攻时,不能只是被动应战,应主动反攻挑战者的主要市场阵地。

(5)运动防御。这种战略的目的是,不仅防御目前的阵地,而且还要扩展到新的市场阵地,作为未来防御和进攻的中心。通过市场扩大化和市场多元化两种方式实施。

(6)收缩防御。在所有市场阵地上全面防御,感到力不从心时,这种情况下,最好的方式是实行战略收缩。所谓收缩防御,就是指放弃某些疲软的市场阵地,把力量集中到主要的市场阵地上去。

3. 提高市场占有率

市场主导者设法提高市场占有率,也是增加收益、保持领先地位的一个重要途径。美国的一项研究表明,市场占有率是与投资收益率有关的最重要的变量之一。市场占有率越高,投资收益率也越大。

总之,市场主导者必须善于扩大市场需求总量,保卫自己的市场阵地和市场份额,防御挑战者的进攻,并在保证收益增加的前提下,提高市场占有率。这样,才能持久地保持市场领先地位。

三、市场挑战者战略

市场挑战者和市场跟随者,是指那些在市场上处于次要地位(第二、第三甚至更低地位)的企业。这些处于次要地位的企业可采取两种战略:一是争取市场领先地位,向竞争者挑战,即市场挑战者;二是安于次要地位,在"共处"的状态下求得尽可能多的收益,即市场跟随者。每个处于市场次要地位的企业,都要根据企业的实力和环境,市场提供的机会与风险,经过认真的分析决定采取竞争战略是"挑战"还是"跟随"。

市场挑战者如果要向市场主导者和其他竞争者挑战,首先必须确定自己的战略目标和挑战对象,然后还要选择适当的进攻战略。

1. 确定战略目标和挑战对象

战略目标同进攻对象密切相关,对不同的对象有不同的目标和策略。一般来说,挑战者有三种对象可以选择。

(1)攻击市场主导者。这种进攻风险很大,然而吸引力也很大。挑战者需仔细调查研究领先企业的弱点和失误,市场上有哪些未被满足的需求,有哪些使顾客不满意的地方。找到主导者的弱点和失误,就可作为自己进攻的目标。

(2)攻击与自己实力相当者。挑战者对那些与自己实力相当的企业,可选择其中经营不善发生亏损者作为进攻对象,设法夺取它们的市场阵地。

(3)进攻小型企业。对一些小型企业中经营不善、财务困难者,可夺取它们的消费者群,甚至兼并或收购这些企业。

2. 选择进攻战略

在确定战略目标和进攻对象之后,挑战者还需要考虑采取什么进攻战略。

(1)正面进攻。指集中攻击对手的强项而不是弱点,如在产品开发、定价、广告等方面较量。正面进攻的胜负,通常取决于谁的实力更强。因此,若无在相应项目上优于对手的资源和能力,则不宜采取此策略。

(2) 侧翼进攻。指选择对手之弱点或"缺口",以己之长,攻彼之短。如进攻偏僻地区市场或某个细分市场,有时这些地区市场几乎没有竞争者的推销力量,或这些细分市场并未被竞争者明确意识到,因此是最容易取得攻击胜利的薄弱之处。

(3) 包围进攻。指看准竞争者的某一市场后,从前后左右几条战线上同时进攻,迫其全面防守。如产品包围战,就是针对竞争者的产品,推出质量、风格、特点各异的数十种同类产品,以此淹没对手的产品,最后夺取市场。

(4) 迂回进攻。是一种间接进攻策略。它不是进攻竞争者现有的市场或地盘,相反,对这些产品和市场采取回避态度,绕过竞争者,或是开发新产品去满足未被任何竞争者满足的市场;或者开展多角化经营,进入与竞争者不相关的行业;或者寻找新的、未被竞争者列入经营区域的地区市场。

(5) 游击式进攻。游击战在军事上是以小胜大、以弱胜强的有效战略,在市场营销上也不例外。其典型做法是向竞争者的不同领域或不同部位发动小规模、时断时续的攻击,骚扰对手,使之不得安宁,疲于应付,最终逐渐被削弱和瓦解。

四、市场跟随者战略

并非所有在行业中处于第二或第三位的企业都可以或愿意充当挑战者。实践证明,成功地采取追随者战略的企业,也能获得高额利润。如一些公司通过模仿或改进革新者推出的新产品,大量推向市场销售,虽未必夺得行业第一,却能获得很好的利润,因为它们不必承担用于创新的高额费用,也用不着冒创新的风险。

市场追随者策略的核心,是寻找一条避免触动竞争者利益的发展道路。但追随并不等于被动挨打,况且,追随者通常又是挑战者攻击的目标。因此,追随者还要学会在不刺激强大竞争对手的同时保护好自己。

1. 紧密跟随

指在各个子市场和市场营销组合方面,尽可能仿效主导者。这种跟随者有时好像是挑战者,但只要它不从根本上侵犯主导者的地位,就不会发生直接冲突,有些甚至被看成是靠拾取主导者残余谋生的寄生者。

2. 距离跟随

指跟随者在主要方面,如目标市场、产品创新、价格水平和分销渠道等方面都追随主导者,但仍与主导者保持若干差异。这种跟随者可通过兼并小企业,而使自己不断发展壮大。

3. 选择跟随

指跟随者在某些方面紧跟主导者，而在另一些方面又各行其是。也就是说，它不是盲目跟随，而是择优跟随，在跟随的同时还发挥自己的独创性，但不进行直接的竞争。这类跟随者之中，有些可能发展成为挑战者。

这里我们需要特别指出的是，采用市场的跟随者战略，并不是名牌商品的伪造者或仿制者。

五、市场补缺者战略

所谓市场补缺者，是指精心服务于市场的某些细小部分，而不与主要的企业竞争，只是通过专业经营，来占据有利的市场位置的企业。市场补缺者成功的关键，一是要选择好补缺之处，即补缺基点；二是要在确定补缺基点的基础上，选择和制定适当的战略。

1. 补缺基点的选择

选择市场补缺基点时，多重补缺基点比单一补缺基点更能减少风险，增加保险系数。因此，企业通常选择两个或两个以上的补缺基点，以确保企业的生存和发展。总之，只要企业善于经营，小企业也有许多机会，可以在获利的条件下，很好地为消费者服务。

2. 专业化市场营销

取得补缺基点的主要战略是专业化市场营销。具体来讲，就是在市场、消费者、产品或渠道等方面实行专业化。

（1）地理区域专业化。指专为国内外某一地区或地点服务。如有些珠宝首饰企业，根据不同区域市场消费者对首饰款式的差异性需求，组织生产力量专门为某一区域市场的消费者服务。

（2）产品或产品线专业化。指只生产一大类产品，如某些珠宝首饰公司，只生产或销售诸如电铸产品、足金产品等某一类产品。

（3）客户订单专业化。指专门按客户订单生产的产品，按客户订单专业化生产，在珠宝首饰企业是比较普遍的一种做法。

（4）最终用户专业化。指专门致力于为某类最终用户服务。

（5）垂直层面专业化。指专门致力于分销渠道中的某些层面，为消费者提供专业化的服务。

（6）客户规模专业化。指专门为某一种规模（大、中、小）的客户服务，如有些小企业专门为那些被大企业忽略的小客户服务。

第三节 珠宝首饰企业形象战略

一、珠宝首饰企业形象概述

1. 珠宝首饰企业形象的含义

珠宝首饰企业形象,是指珠宝首饰企业及其行为在社会公众心目中的评价、感受和地位,是珠宝首饰企业的表现与特征,在公众心目中的综合反映。珠宝首饰企业形象,往往具有综合性、稳定性和可传递性的特点。

2. 珠宝首饰企业形象的构成

珠宝首饰企业形象,是一个综合的、系统的整体,珠宝首饰企业形象是由多方面组成的,一般认为珠宝首饰企业形象包括珠宝首饰企业的市场形象、外观形象、技术形象、未来性形象、经营者形象、公司风气形象、综合形象七个方面。此外,也可以将珠宝首饰企业形象,归纳为珠宝首饰企业内部形象和珠宝首饰企业外部形象,其组成因素见图7-1。

企业形象的树立和传播,需要进行企业形象策划,启动形象工程。

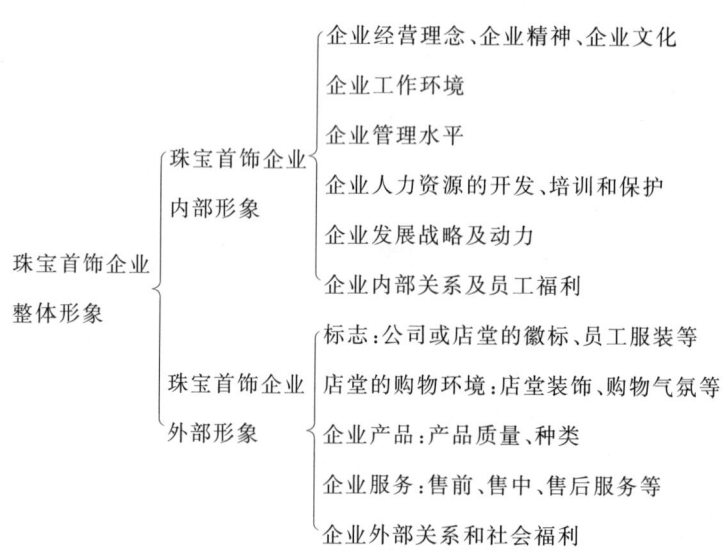

图7-1 珠宝首饰企业形象组成因素

二、珠宝首饰企业形象工程——CIS

CIS 是企业形象识别系统（Corporate Identity System）的英文缩写，它能把企业的经营活动成功地导入到一个新的境界。具有开拓创新精神的珠宝首饰企业应将 CIS，引入到企业的经营与管理中来，利用这一新的竞争手段，为企业的营销管理服务。

1. 企业形象识别系统的定义与构成

企业形象识别系统（CIS），是运用视觉设计，将企业的理念与特质予以视觉化、规格化和系统化，运用整体性营销沟通（Integrated Marketing Communication），特别是运用视觉沟通技术，透过传播媒体来增加社会认同的符号系统。

企业形象识别系统包括三个子系统：即理念识别（Mind Identity，MI）、行为识别（Behavior Identity，BI）和视觉识别（Visual Identity，VI），其内容见图 7-2。

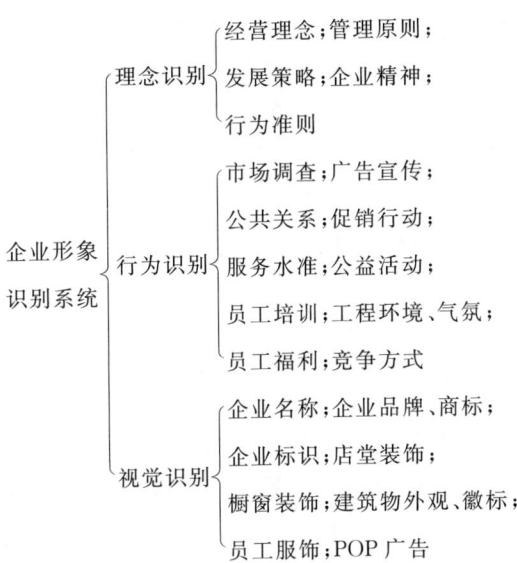

图 7-2 企业形象识别系统的内容

2. 企业形象识别系统与珠宝首饰企业整体形象的确定

实施企业形象识别系统最主要目的，在于塑造和传播清晰、稳定、知名度与美誉度高的企业形象。企业形象是指企业及其行为，在社会公众心目中的评价、感受和地位。珠宝首饰企业在实施企业形象识别系统时，应首先确定自己拟塑造的企业形象，以此为据制定该形象的策略性及战术性沟通计划，该形象既是企业目前地位的缩影,更体现了未来努力的方向。因此,珠宝首饰企业整体形象的确定,对企业形象识别系统的实施及企业整体经营活动有着重要的影响。该形象一方面要体现鲜明的时代感、创造性和行业性;另一方面又要有明显的差异性和自我性。珠宝首饰企业在确定自身形象时,必须考虑两个因素:

(1)珠宝首饰行业特征。每一行业都有自己的行业特征及消费者普遍持有的期望值与消费心态,珠宝首饰企业形象要与本行业特征相吻合。

(2)本企业的特征。即本企业的现有规模、历史状况、本企业的特点、现有市场竞争力、员工素质、目标市场、消费者的行为特征等。

3.珠宝首饰企业形象识别系统的操作过程

企业形象识别系统(CIS),包括企业经营理念(MI)、企业行为规范(BI)、企业形象设计(VI)三个方面,其操作过程通常为:明确企业经营理念(MI),导入企业行为规范(BI),突出企业形象设计(VI)。

(1)明确企业经营理念。指一个企业的经营理念的定位,包括企业经营理念、企业精神、经营信条、企业风格文化、经营哲学与方针策略、经营姿态、行为规范等。鲜明的企业理念,将贯穿于企业经营的始终。如广州园艺珠宝企业有限公司在实施企业形象识别系统战略中,在企业经营理念系统中,"石头记"赋予玉石新的概念,展现浑然脱俗、不同凡物的产品风格,体现温馨浪漫、拥抱自然的风情。石头记秉承《红楼梦》的文化精神,以发扬中华传统文化为己任,向全世界展现最具东方风格的宝玉石饰品。这些不仅使"石头记"产品具有渊源的历史底蕴,又赋予极为浪漫的气息,而且针对现代人类提出了"真石显真情,真石就是美,回归自然,塑造真我"的全新观念。成功的MI不仅塑造了"石头记"这个响亮的品牌,还为企业带来可观的经济效益。

(2)导入企业行为规范。是指企业围绕经营理念识别系统,而给予社会的种种形象及其行为准则,是企业内部人员的活动,以及他们在活动中所表现出来的举止、态度、行为方式等,包括企业的外部行为活动和内部行为活动。前者如市场调查、广告宣传、促销行动、公共关系、公益活动、服务水准等。后者如企业的生产管理、质量管理、员工培训、团队精神等。企业理念首先应当能从企业的产品、营销、管理和员工素质上体现出来,"石头记"从产品做起,"石头记"产品全国统一定价、童叟无欺、品质优良、信誉可靠、文化品位浓厚,已在消费者中树立了良好口碑。这种充满神秘、美梦、欢喜、洋溢不俗、不同、不凡的真石饰品,将中国传统的玉石文化导入前卫流行时尚中。"石头记"品牌由此赢得消费者的认可。

员工的行为培训,是企业经营理念行为化的重要步骤。"石头记"管理层坚持对员工企业理念的教育和培训,让每个员工深知身为"石头记"人要做什么,不做什么,并在实际的行动中体现出来。首先管理层以身作则,以一致言行给员工做出表率,使企业理念不致沦为空洞的文字和说教,并且在不同的公共场合和会议仪式上强调、传播企业理念,使之深入人心,并且对员工进行启发教育、自我教育、感染教育等,使他们感受到企业理念对个人、企业的重要性。这些从"石头记"的服务人员身上可以看出"石头记"实施CIS的效果。

(3)突出企业形象设计。在建立企业形象识别系统过程中,视觉识别的传播与感染力量最为具体,这方面所包含的项目最多,层面最广,效果也最直接,如企业的商标、徽标、代表企业精神的标语以及员工的服饰、形象等。产品没有良好的销售渠道是很难到达消费者的手中的,"石头记"注重规模化的优势对销售的便利。目前"石头记"拥有1000多家全国连锁店,营销网络和信息网络辐射全国各大中城市,并且每个连锁店实行统一形象、统一管理、统一配货、统一价格、统一培训、统一服务,使得消费者在全国的每个角落都可以感受到"石头记"的一致理念,确保品牌的统一性。而且"石头记"提出了珠宝首饰超市化的概念,消费者不仅能观赏"石头记"的产品,而且可以亲身佩带,体验"石头记"产品所带来的"真石就是美"的全新感受,形成了开架自选的亲和经营方式,这是其他产品所没有的。当今市场产品极大丰富,各种各样的企业如雨后春笋不断出现,"酒香不怕巷子深"的时代已经一去不复返了。在这种条件下,良好的企业品牌必须通过广告活动才能深入消费者的心,引起社会的轰动效应。"石头记"以核心理念——"真石就是美"为旗帜,打出以文化引导消费的王牌,为其产品注入丰富的人文情感。

"石头记"在一系列的成长历史中始终保持清醒的头脑,并不盲目扩张,而是在企业形象识别系统的指导下,稳扎稳打,逐步确立"石头记"在消费者心目中的地位。同时,"石头记"还加强了广告促销的力度,改进了产品包装以及专门聘请设计公司,为专卖店的规范化布局进行了整体设计;加强报纸、杂志等平面宣传广告和影视、灯箱等声、光立体宣传广告,多方位展现石头记品牌、石头记产品、石头记企业和石头记人。在中央电视台播出的"石头记"的广告在社会上,掀起了佩带真石饰品的热潮,起到了很好的效果。

小 结

珠宝首饰行业是一个高度竞争性的行业,对珠宝首饰企业来说,需要了解并掌握行业的市场结构、市场行为和竞争的特点,制定和选择适当的竞争战略。以保持企业的竞争力和长久发展。由于珠宝首饰企业在规模、所有制形式、经营方式、企业定位等方面的差异,行业内的企业,并非都是竞争关系,也存在着合作的关系。竞争经常发生在经营同一类别,而产品定位相近的企业之间。珠宝首饰品牌企业会与珠宝首饰加工企业建立合作关系,优势互补,以提高竞争力。

　　珠宝首饰企业可根据自身企业的不同情况,选择不同的市场竞争战略,分别是市场主导者战略、市场挑战者战略、市场跟随者战略和市场补缺者战略。此外,珠宝首饰企业在市场竞争中,还应注意企业的形象战略,以帮助企业在市场竞争中赢得主动。

第八章　珠宝首饰产品与品牌策略

珠宝首饰企业的目标、规模、类型和资源不同,产品和品牌的重要性也不尽相同。以生产加工为主的珠宝首饰企业,只要按照客户订单的要求,保质、保量、按期在规定的时间内交货即可。这类珠宝首饰企业,只需要考虑企业的生产能力,如何提高产品质量,并且如何更好地为客户服务。另一类珠宝首饰企业,拥有一定的自主产品设计能力,并且拥有自己的品牌,没有生产产品的工厂,这类企业通常组织产品的设计和产品的营销,而产品的生产委托给加工型企业完成。介于两者之间的企业,既有一定的产品设计能力和品牌,同时也拥有部分或全部生产能力。对于拥有品牌或欲进入珠宝首饰行业建立自有品牌的企业,均面临着一个重要的决策,即向目标市场提供何种产品,并采用何种品牌策略。本章着重介绍与珠宝首饰有关的产品策略和品牌策略。

第一节　产品的概念与珠宝首饰产品

一、产品的概念

所谓产品就是人们为了生存、发展的需要,运用生产工具,作用于劳动对象的,有目的的生产劳动所创造出来的物质资料,是人类社会存在和发展的物质基础。

从企业的角度来看,产品是企业生产、销售、管理的对象,研究和制定产品规划、产品策略,是企业经营管理活动的重要组成部分。企业的生产与社会的需要的统一,需通过产品来实现;而企业与市场的关系,也必须通过产品这一中介来联结。

从现代市场营销的角度来看,产品不仅仅是指产品实体本身(如品质、特色、款式、品牌和包装等),还包括非物质形态(如外观、色彩、企业形象和产品服务等)。前者,满足消费者的需求与欲望,后者则给消费者带来效益和心理上的满足。因此,市场营销学对于产品的概念,是一个复杂的、广泛的概念。它可以分为三个层次:即核心产品(满足消费者的需求利益,也称为实质产品)、形式产品

（满足不同形式的消费需求）和附加产品（满足消费者更大的、更广泛的需求，使消费者得到更多的利益），即"产品整体概念"，见图 8-1。

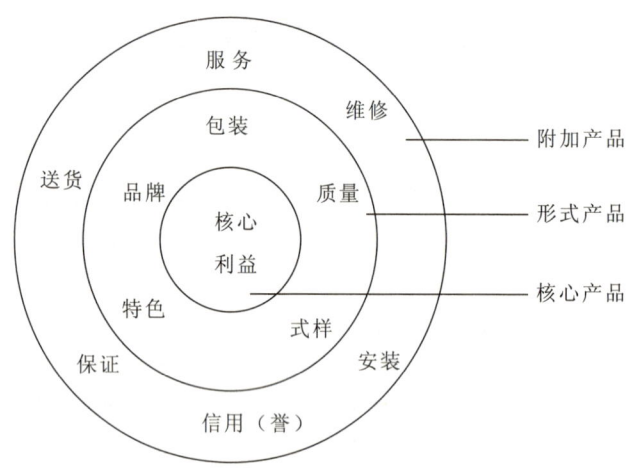

图 8-1　产品的层次

核心产品，是产品整体概念最基本的层次。它回答消费者需要的中心内容是什么。核心产品为消费者提供最基本的效用和利益，消费者购买某种产品不是为获得构成某种产品的各种材料，而是为了满足某种特定的需求。核心产品向人们说明了产品的实质。

形式产品，即产品的形式，较产品实质具有更广泛的内容。它是目标市场消费者对某一需求的特定满足形式。产品形式一般通过不同的侧面反映出来，如：质量水平、产品特色、产品款式、产品包装和产品品牌等。产品形式向人们展示的是核心产品的外部特征，它能满足同类消费者的不同要求。

附加产品，即产品的各种附加利益的总和。通常指各种售后服务，如提供产品使用说明书、安装、维修、技术指导与培训等。许多成功的企业，在一定程度上应归功于他们对产品整体概念的认识。也就是说，企业除了要提供特定的产品外，还必须根据需要提供多种服务，以满足目标市场消费者的需求。在现代日益激烈的市场竞争环境中，附加产品给消费者带来的附加利益，已成为企业竞争的重要手段。

产品整体概念，充分体现了以消费者为中心的现代市场营销理念。这一概念的内涵和外延都是以消费者需求为标准的，由消费者的需求来决定的。没有产品整体概念，就不可能真正贯彻现代市场营销观念。珠宝首饰企业的市场营销活动，只有深刻理解产品的整体概念，才能确实贯彻现代市场营销观念的要求，全面满足消费者的需要，同时也才能真正提高企业的声誉和经济效益。

二、珠宝首饰产品的含义

珠宝首饰市场营销，除了需要研究珠宝首饰市场的需求以外，还必须要研究珠宝首饰产品的特性。其原因就是珠宝首饰市场与珠宝首饰产品两者是互相依存、互相影响的。一方面，珠宝首饰市场的需求，直接影响着珠宝首饰产品生产商的产品策略；另一方面，适销对路的珠宝首饰产品，通过珠宝首饰市场营销，可以大大地激发珠宝首饰消费者的兴趣，从而增加珠宝首饰市场的需求。我们研究珠宝首饰产品策略，其目的就是为了能更好地满足珠宝首饰消费者的消费需求。

从古至今，人们对珠宝首饰产品的需求，经历了一个从"装饰—装饰与保值—装饰与欣赏"的漫长过程。随着人们对自然界认识的提高、社会生产力的发展和科学技术的进步，其珠宝首饰产品所用的材料也日趋丰富，人们审美观念的不断变化，给珠宝首饰产品的生产奠定了物质基础。不管怎样，对于珠宝首饰产品来说，它们必须具有的一个功能，就是美化和装饰功能，使饰用者产生内心的愉悦和满足。

一般来说，一件珠宝首饰产品应包括以下三个组成部分：

（1）产品的核心部分，即装饰、欣赏。例如，珠宝首饰消费者购买珠宝首饰，并不是为了获得珠宝首饰本身，而是要满足爱美的需求，也就是购买一种美的梦想，期望佩戴珠宝首饰能使自己更漂亮，更有魅力。天然优质的珠宝玉石，辅以贵金属材料的衬托，精心制作的珠宝首饰产品，还应具有一定的保值功能。

（2）产品的外形部分，即款式、质量、信誉和品牌等。珠宝首饰产品的款式、质量和信誉，是珠宝首饰企业的生命，其主要原因就是产品的款式、质量和信誉，对消费者的消费行为，往往具有决定性的作用。因此，增加珠宝首饰产品款式，提高珠宝首饰产品的质量，对开拓珠宝首饰市场，引导市场消费，提高企业在市场中的竞争能力，都起着关键的作用。企业只有依靠珠宝首饰产品的款式、质量、信誉和优质的服务，赢得消费者；依靠深厚的文化底蕴和珠宝首饰艺术品的魅力，不断地拓展珠宝首饰消费市场。

（3）产品的辅助部分，即包装、维修、服务、保证等。珠宝首饰产品作为一种个性化的商品，它的包装需求呈现出多元化、个性化的趋势，用具有个性化的产品包装来表达珠宝首饰产品的属性，个性化的包装被看作是流淌在商品文化命脉中不可忽视的元素。而所谓"个性化包装"是指在买方市场、产品卖点细分以及目标受众分化的情况下，出现的具备普通包装的功能和特点，同时又具有独特风格和面貌的产品包装,这已日趋成为珠宝首饰产品的一个重要方面。

珠宝首饰产品是一类不具比拟性的特殊商品。它同时具备自然和社会两方面的属性。就自然属性而言,是一大类天然珍稀材料。当它被人为地赋形、赋意之后,就有了一定的社会属性,并具备了一定的社会功能。珠宝首饰产品的自然属性与社会属性共同构成了这样一类特殊商品的内涵,也确定了其价值。

珠宝首饰产品的社会属性,包括经济属性和文化属性两个方面。珠宝首饰的经济属性表明它既是效益产品,又是有价商品;而珠宝首饰的文化属性,其内涵更为广泛,也是珠宝首饰社会属性的基础和自然属性的延展。

此外,珠宝首饰产品也包含着一定的货币属性,即珠宝首饰产品具有的保值、增值特性。随着社会的进步和发展,珠宝首饰产品的社会功能又有了进一步的拓展。它象征着饰用者的身份、财富、鉴赏力,代表了饰用者的审美倾向和价值观念,体现了饰用者的个性追求。

综上所述,我们可以认为珠宝首饰产品是由人类共同认定,能够代表人类共同精神因素、情感因素、身份财富、价值取向,反映人类心灵变化、意志品质,体现人类创造力、劳动能力的一个特殊的载体,是用艺术和技术方法共同铸就的、兼具自然与社会两大属性的文化商品。具有市场区隔明显、消费人群集中、目标消费群主要为女性等特点。

珠宝首饰产品根据其来源、材料、加工工艺、用途等的不同,又可将其分为以下种类:

(1)天然珠宝原石类。指天然产出未经任何加工的各种宝石和玉石,这是珠宝首饰市场上交易较为广泛的一类珠宝首饰产品。许多出产宝石和玉石的国家以销售原石为主,如缅甸、坦桑尼亚、南非、博茨瓦纳、斯里兰卡、马达加斯加等。

(2)切磨成型宝石类。指各种天然产出的宝石经过宝石切磨师的切磨后,成为各种琢型的宝石,这也是珠宝首饰市场上交易极为活跃的一类珠宝首饰产品。如:目前世界上的钻石切磨中心,主要集中在美国的纽约、以色列的特拉维夫、比利时的安特卫普和印度的孟买,而这些地方也是世界上琢型钻石交易的主要场所,我国的青岛、上海浦东、广州番禺、从化等也有规模较大的钻石加工企业。在世界的许多地方均有有色宝石的切磨加工企业。

(3)珠宝首饰镶嵌制品类。指用来装饰和美化人自身的一切珠宝首饰产品,一般用天然或人工宝石、玉石和贵金属镶嵌而成。其款式多样、体积较小、价格相差极为悬殊。这是珠宝首饰产品中最重要、最常见的一类,也是消费者购买的主要类型,许多国家均有生产和销售。尤其在经济发达国家,其销售额较大。世界上著名的珠宝首饰加工生产基地,包括香港、泰国、意大利、广州番禺、印度等。

(4)珠宝首饰工艺品类。用天然宝石、玉石及贵金属为材料,通过熔模铸造、机械加工、电铸成型、花丝、錾刻等多种工艺技术方法所获得的产品。其造型、做工、规格等均有不同的特色,价格也极为悬殊。其生产以中国为主,主要销往亚洲及世界其他国家和地区。

(5)玉器制品类。指以玉石为原料,通过艺术造型和各种复杂的琢玉工艺制作而成的玉石制品。其产品类型千姿百态,主要有人物、动物、植物、各种器皿、复合器物等。体积大小不一,价格也极为悬殊。这也是我国珠宝首饰产品中较为重要及常见的一类。我国是生产玉器类产品的主要国家,素有"玉石之国"的美称,而其特有的玉石琢制工艺被誉为"东方艺术",其产品销售市场主要在中国、亚洲国家和世界其他国家和地区。

(6)贵金属首饰产品类。指用贵金属(主要为铂金、黄金、K金、钯金、白银等)材料制成的各种首饰产品,主要有戒指、项链、耳环、胸坠等。这类珠宝首饰产品也是珠宝首饰市场的主销产品。

(7)珍珠首饰产品类。指用珍珠为原料制成的各种首饰产品,主要有珍珠项链、珍珠饰品、珍珠工艺品,以及珍珠与贵金属结合制作而成的各类首饰。以珍珠为主要原料制作的珠宝首饰产品,也是珠宝首饰市场的主销产品。

(8)宝玉石首饰产品类。指用宝石或玉石为原料制成的各种首饰产品,主要有宝石手链、宝石项链,以及玉石手链、玉石项链、玉石饰品、玉石挂件、玉手镯等。以宝石或玉石为主要原料制作的珠宝首饰产品,也是珠宝首饰市场的主销产品,尤其在我国更是如此。

三、珠宝首饰产品的特征

珠宝首饰产品作为高档的耐用消费品,既具有与一般消费品相同的特征,又具有它本身所独有的特征,归纳起来,珠宝首饰产品主要具有以下特点。

1. 保值性

珍贵的珠宝首饰产品的价值可以说是永恒的,它们不受经济的变化而产生价值的变化。如1994年10月31日在香港佳士得秋季拍卖会上,一条翡翠珠子项链,以超过估价一倍的3302万港元成交,创造了当时翡翠首饰制品拍卖史上成交价最高的纪录。这条翡翠珠链由27颗晶莹剔透、翠绿无比的翡翠珠子组成,翡翠玉珠来自清末宫廷,颗颗瑰丽非凡,项链本身则辗转流传于西方上流社会,被誉为拍卖史上最贵重的翡翠饰品。项链上的27颗"老坑"翡翠珠子相配绝伦,郁绿柔亮,直径由19.20~15.40mm不等,颗颗硕大,份量无与伦比,洋溢皇者气派,实为世间罕见之珍品;加上卡地亚(Cartier)镶配的红宝石镶钻链扣,充分体现了其逾百年来的拥有者之非凡身份和气度,是世界上独一无二的精品。而且这条翡翠珠链曾为西方传奇名媛及著名收藏家芭芭拉·赫顿(Barbara

Hutton)收藏,她是美国零售业巨子弗兰克·温菲尔德·伍尔沃斯(Frank Winfield Woolworth)的外孙女,是少数以钟爱及收藏翡翠而闻名的西方名流之一。人称"亿万宝贝"的芭芭拉·赫顿,是当时世界上最富有的女士之一,叱咤上流社会,一生绮衣灿烂,钟鼓馔玉,品味高尚优雅,其收藏包括著名珠宝品牌的珍贵订制精品,以及极为显赫的王室贵族珠宝。正因如此,这条翡翠珠链在1988年曾以220万美元(约合1700万港元)拍卖过。2014年4月,香港苏富比拍卖行,再次拍卖了这条无与伦比的翡翠项链,以创纪录的1.9亿港元成交,加上佣金共计2.14亿港元(约合2744万美元)。这条翡翠珠链集质量、设计和历史的综合价值于一身,因而更具有保值性。

珠宝首饰产品具有保值性,还因为珠宝首饰的物理化学性质稳定,其所用资源的不可再生性,在自然条件下,不会随时间的推移、季节的变化,而发生变质、破坏,它所具有的色彩和光辉是永存的。

2. 艺术性

珠宝首饰产品既是耐用消费品,又是具有艺术价值的艺术品,而艺术是无价的。在珠宝首饰设计师或工匠独具匠心的艺术性设计或构思之下,所完成的珠宝首饰产品,就可能成为无价之宝。"卡地亚"是法国四代相传的珠宝世家,由于其杰出的艺术才华和超人的经营手段,缔造了世界上无可比拟的珠宝首饰工艺王国。其设计的黑豹胸针是艺术典范之作,这是一头矫健的镶有钻石的黑豹蹲踞在一颗152.85ct的圆顶平底的名贵蓝宝石之上。此胸针曾被富于传奇色彩的温莎公爵夫妇买走。

现珍藏于中国工艺美术馆的稀世翡翠珍宝,《岱岳奇观》《含香聚瑞》《群芳揽胜》和《四海腾欢》是由原北京玉器厂的近40名琢玉高手,利用四块大型翡翠原料,从1982年开始,花费了整整6年时间,精工雕琢而成。其中《岱岳奇观》玉山子,高78cm,宽83 cm,厚50 cm,重达363.8 kg。琢玉大师按料取材,依材施艺,精心琢成了圆雕——雄伟的东岳泰山。《含香聚瑞》花薰,高71 cm,宽56 cm,厚40 cm,重274 kg。《群芳揽胜》花篮,高64 cm,为当今世界最高大的翡翠花篮。《四海腾欢》插屏,高74 cm,宽146.4 cm,厚1.8 cm。这四件珍宝,其艺术构思和造型,巧夺天工,价值连城,具有很高的艺术性。

在我国7000多年的玉文化历史长河中,有许多制作精美、工艺精良的玉器制品和其他珠宝首饰工艺品,都是世界上少有的"国宝"级艺术珍品,具有极高的艺术价值。

3. 投资性

高档的珠宝首饰产品,不仅是一种装饰品,而且由于它们极为稀少,且价格昂贵,在国际经济大循环中起着硬通货的作用。在经济发达的国家和地区,高档的珠宝首饰产品是继房地产、股票之后的第三大投资对象。如香港佳士得拍卖公司 1996 年秋季拍卖会上一件清代翡翠双环狮钮三足香炉以 700 万港元成交,而在 80 年代末,此件艺术品曾以 150 万港元在拍卖会成交。短短 6 年时间,此件翡翠艺术品增值了近五倍,可见中高档珠宝翠钻饰品、艺术品的保值性、增值性和投资性是非常高的。

此外,珠宝首饰产品还具有体积小、重量轻、易携带的特点,可以用于预防意外事故和突发事件,作为价值极高的动产而随身携带。

4. 文物性

具有源远流长的历史价值,能反映当时的政治、经济、文化特征的珠宝首饰产品,即具有文物性。根据考古发掘表明,在距今 7000 多年前的我国新石器时代遗址中,就已经出现了玉器制品,因此许多出土的古玉器均具有文物性。而许多现代的珠宝首饰工艺品,由于其具有极高的艺术价值,而被作为文物收藏,如上述的"翡翠四宝"等。

5. 需求弹性大,替代性强

由于受多种因素的影响,以及珠宝首饰产品本身的特征,在珠宝首饰消费市场上,珠宝首饰产品的需求弹性的表现是非常大的。随着人民生活水平的不断提高,购买珠宝首饰虽然正在逐渐成为人们的一种需求和时尚。但是,人们对珠宝首饰产品的需求,完全不同于人们对衣、食、住、行等生活必需品的需求。购买珠宝首饰毕竟还是人们生活中较为高档的奢侈品,对于有限的收入来说,要想购买一件珠宝首饰产品,必须放弃对另一种商品的需求。因此,对于珠宝首饰产品的销售,特别需要促销和完善的服务。

第二节 珠宝首饰产品与珠宝首饰设计

一、珠宝首饰设计的含义

珠宝首饰能否适应市场需求,为广大消费者所接受,在很大程度上依赖于珠宝首饰的设计,可以说珠宝首饰的生命在于珠宝首饰款式的变化。因此,珠宝首饰设计对珠宝首饰产品来说,具有十分重要的现实意义。

所谓珠宝首饰设计就是设计者用不同的材料,包括珠宝玉石材料和贵金属材料等,参照佩戴者或珠宝首饰市场的需求,依照一定的设计风格去设计一件既具有艺术性,又适合佩戴者个性,也符合珠宝首饰市场需求的珠宝首饰。

珠宝首饰设计的思维都来自现实的生活环境,自然界的一草一木、飞禽走兽、花鸟鱼虫等都是首饰设计的创作源泉。珠宝首饰的设计一定要表现出首饰的美观、大方、精巧,让首饰上的宝石最大限度地显露出宝石之美。另外,首饰设计要尽量合理,佩戴要舒适,不易挂伤皮肤或挂坏衣物,镶嵌的宝石戒面要牢固不易脱落。一般来说,女性的珠宝首饰首先要设计美观,款式要讲究时尚和流行,制作要精美、小巧。男性的珠宝首饰设计则要表现粗犷大方,能体现男人的阳刚之气,佩戴珠宝首饰要能显露出不同的风度和个性。珠宝首饰的美包含了取自生活中的形式美和经过精心设计的艺术美。

二、珠宝首饰设计与珠宝首饰产品的关系

珠宝首饰的艺术造型中,形式美的构成要素主要是色彩和形体。珠宝首饰设计中多注重形体的设计,往往容易忽视宝石颜色与贵金属托架的搭配,而宝石和金属托架的颜色搭配对珠宝首饰的整体美观影响极大,首饰的不同形体对宝石色彩也有讲究,如透明小粒的红色宝石就配简单而精美的金属托架形体,黑色或深色的大粒宝石应配粗犷的金属托架形体。

五颜六色、晶莹剔透的宝石、玉石,与铂金、黄金、K金、钯金和白银构成了珠宝首饰的基本色彩。而不同的色彩对人的情绪会产生不同的影响,也会使人产生不同的联想。如:

红色象征热情奔放、喜庆吉祥。在珠宝首饰设计时考虑采用红色的宝石有红宝石、红色尖晶石、红色石榴石、红色碧玺等。红色宝石配上K黄金托就显得富丽华贵,配上白色的铂金、K白金托就显得高雅至尊等。

黄色象征着富贵、豪华、大方。珠宝首饰设计中可利用的黄色宝石主要有蜜黄色的金绿宝石、金黄色的蓝宝石、酒黄色的托帕石和浅黄色的水晶等。黄色宝石配K黄金托浑然一体更显富贵、豪华、至高至上。黄色宝石配上铂金、K白金托则更显宝石之晶莹和艳丽,白黄双色交相辉映,尽显黄色宝石的美丽。

绿色象征着青春、生机和活力。绿色宝石主要有珍贵的祖母绿、翡翠、橄榄石、绿碧玺等。绿色宝石配上K黄金托显得晶莹美丽,翠绿的祖母绿、翡翠以K黄金作衬托让人百看不厌。绿色宝石以铂金、K白金为托更能突出宝石的艳绿透明,高雅无比。

蓝色象征秋高气爽、白云蓝天,给人以宁静、慈祥、典雅、大方的感觉。蓝色宝石主要有蓝宝石、海蓝宝石、坦桑石、蓝色碧玺、蓝色尖晶石等。深色的蓝宝石配上铂金、K白金托,蓝宝石颜色变得更柔和,浅色蓝宝石镶上K黄金托会使其更加艳丽。

无色透明的宝石主要有钻石、水晶等。具有金刚光泽、珍贵的钻石配上K黄金托富丽堂皇，在阳光下五彩斑斓，发出耀眼的光芒，配上铂金、K白金托更显华丽高雅。

另外，黑色宝石具有刚毅、威严的感觉，这类宝石有黑玛瑙、黑碧玺等。白色宝石给人以洁白轻盈的感觉，这类宝石有珍珠、月光石等。

珠宝首饰的款式就是美学中的形体，任何形体是由点、线、面和体四个要素组成的。珠宝首饰的设计也是通过点、线、面和体来表现的。

珠宝首饰设计可把宝石戒面视为点，大的戒面为大点，小的戒面为小点。一个点是孤单稳定的，但多个点联起来就变化无穷，不同的排列、组合、大小点的搭配可塑造出许多造型。大粒宝石多单独镶嵌，如金托配以合适的花纹给人以高贵无比的感觉，在大粒宝石周围镶上小粒钻石，将更显豪华富贵，犹如众星捧月一般。小粒宝石多排镶嵌，好似群星灿烂。

线在珠宝首饰设计中很重要，圈、链、环都是线的体现，用线来表达连续、完整的抽象概念。线分直线、折线、曲线三种，首饰的均衡与对称往往是由线来表现的。如"S"型、"C"型线的变化，就大量地应用于首饰设计中。

面是点和线的扩展，分圆面、方面、椭圆面等，圆面又分半圆面，方面又可划分棱形面，佩戴的珠宝首饰是以面的形式展现的。因此，首饰表面宝石排列和金属托花纹分布一定要合理、整洁、美观。椭圆形面给人以柔和、文静之感；圆形面给人以稳固、和睦的印象；方形或长方形面给人粗犷、稳定、大方的感觉。

体就是点、线、面的全面组合，事实上每件珠宝首饰产品都是一个整体，是宝石分布、排列，首饰托圈、环、花纹的全面组合的完美体现。

珠宝首饰设计考虑的是珠宝首饰产品的整体。而一个整体又是由点、线、面构成的，巧妙地运用点、线、面，才能体现出完整的美。珠宝首饰设计中常用到均齐、渐次的排列组合；对称、均衡的空间分布；对比、协调的相互搭配；比例、节奏的有序对应等形式美学规律。

均齐就是宝石的排列间隔、大小、方向都一致，给人以整齐、流畅的感觉。渐次则有排列变化，如由大变小、由薄变厚的渐进趋势，给人以动态的美。

对称就是在一轴线的两端宝石分布从数量上、形状上都完全相同。均衡则是轴线两边造型和宝石数量大致相当。对称和均衡在珠宝首饰设计中大量运用，给人以庄重、稳健的感觉。

对比是形状上圆与方、直与曲、大与小的剧烈变化组合，协调则是大圆与小圆、椭圆与圆、长方与正方的相似变化搭配组合。多粒宝石颜色的配置也有强烈对比和相似的协调，如红与绿、白与黑的颜色对比，红与橙、橙与黄的颜色协调。在珠宝首饰设计中强烈对比的运用给人以醒目、活泼、鲜明的感觉，相似协调的采用,给人以和谐、协调、自然的感觉。

比例是长与宽、宽与窄、粗与细之比,选择合适的比例,设计出来的珠宝首饰就美观大方。所谓的黄金分割比例,即 1∶1.618 之比,按这一长宽比例设计的方形饰品比较合理好看。节奏则是有规律的变化,不同大小的宝石、花饰以及宝石颜色交替排列,如一大一小、一石一花、一红一绿的变化,很有规律,这是在首饰项链、手链设计时常常采用的手法。节奏设计给人以错落有序、起伏不定的动感。有时,多种设计手法运用于一件首饰的设计与制作中,要做到统一协调,力争达到完美和谐。

总之,珠宝首饰设计与珠宝首饰产品间存在着密不可分的联系。即在珠宝首饰设计过程中,必须遵循三个基本原则,即追求首饰款式新颖漂亮的艺术性;能佩戴在身上具有使用价值的实用性;能满足市场需求、迎合消费者心理、适销对路的商品性。尽管上述的三个原则都很重要,缺一不可,但从某种意义上来说,艺术性越高,实用性越强,其商品性也就越好。可以这么说,一件珠宝首饰的艺术性、实用性都是为其商品性服务的,只有根据珠宝首饰消费者的需求去设计,这样的首饰才会有市场,才会有生命力。从珠宝首饰市场营销的角度来说,如果首饰设计不实用,没有商业价值,其艺术性再高也是没用的。

三、珠宝首饰设计在珠宝首饰营销中的作用

一件珠宝首饰推向市场后,能否很快地被消费者所接受,以及购买该款式首饰消费者的人数,直接影响到珠宝首饰生产企业的利润和资金周转的周期。因此,可以说珠宝首饰的设计,对珠宝首饰市场营销起着很大的作用,尤其对于较高层次的消费者来说,对珠宝首饰设计的要求会更高。珠宝首饰设计与珠宝首饰市场的繁荣,也有着极为密切的联系。因此,珠宝首饰设计应以市场需求为导向,与珠宝首饰营销直接联系起来,不断改进珠宝首饰设计,紧贴市场需求,不断地推陈出新,引导消费者消费,培育和完善珠宝首饰消费市场。

1. 新颖的珠宝首饰款式,可以不断地拓展珠宝首饰消费市场

经营珠宝首饰,首先必须研究珠宝首饰消费市场。根据珠宝首饰设计的基本原则,一般来说,市场需要什么款式,珠宝首饰企业就应设计和制作什么样的首饰,最大限度地满足珠宝首饰消费者的需要。在我国由于国民经济的持续不断发展,人民的物质生活水平不断地提高,漫步闹市街头,珠宝首饰店堂林立,珠宝首饰消费市场已从卖方市场转向买方市场。人们已有条件从容地选择自己所喜欢的珠宝首饰,首饰的装饰功能日益受到消费者的重视,而保值功能日趋淡漠。随着人们消费观念的不断变化,客观上就要求珠宝首饰设计师们,设计出更多款式的珠宝首饰,以适应消费者的需求。此外,由于首饰有时尚与传统之分,

民族习惯和审美观念上的差异等。因此,在珠宝首饰营销过程中,就要求根据具体的市场和消费者对象,设计出不同款式的珠宝首饰,以促进消费。

2. 适合不同阶层人士需求的首饰设计,可进一步引导消费

根据市场调查资料显示,珠宝首饰消费者的需求,正逐步向两极分化。一部分收入不高却追求时尚的消费者,倾向于购买低档的、款式新颖的珠宝首饰(包括仿真珠宝首饰);而另一部分收入较高的消费者,则倾向于购买中、高档珠宝首饰,以追求高雅,突出个性。因此,根据不同消费者阶层的需求,有针对性地设计出珠宝首饰的款式,有利于引导消费者的消费。

3. 适合消费者消费心理需求的首饰设计,有利于珠宝首饰的销售

根据珠宝首饰消费者的不同的消费心理特征,有针对性地设计珠宝首饰的款式,并配以不同类型的珠宝玉石,对珠宝首饰的销售将会起到重要的促进作用。

4. 精良的珠宝首饰设计,可以提高首饰的整体质量

自然界中产出的天然宝石,往往或多或少都会带有一定程度的瑕疵。为了充分体现珠宝首饰的整体美感,就要求珠宝首饰设计师在设计首饰时,应量材施艺,在设计过程中应充分展示宝石的美丽,以提高首饰成品的整体质量。此外,还可以根据宝石瑕疵的位置、大小等来设计一些款式,或配一些小颗粒宝石,以提高珠宝首饰整体的美观度。

5. 珠宝首饰款式设计的多样化,有利于销售

根据销售实践表明,任何一种珠宝首饰款式设计,都不可能"一统天下",也不可能满足所有消费者的需求。因此,首饰款式设计的多样化,是首饰设计者必须遵循的基本原则。何种类型的首饰款式将走俏市场,既取决于首饰设计者的专业水平和审美观念,还取决于首饰消费者的审美观念、文化素质和社会潮流。珠宝首饰款式的设计,可以引导消费,并不是指单一的新款式,就能创造出消费者需求的轰动效应,而是指必须借助许许多多的新款式,去主动满足消费者多方面的珠宝首饰消费需求,以促进珠宝首饰消费市场的繁荣。目前,一些珠宝首饰业发达的国家,珠宝首饰的款式经常更新,不断推出新的首饰款式,满足消费者的需求。而在这一方面,我国的珠宝首饰业尚有欠缺,必须加快这方面人才的培养,以满足珠宝首饰业对首饰设计人才的需求,共同努力促进我国珠宝首饰市场的持续繁荣和稳定。此外,同样的首饰款式,可以通过配用不同种类、质量和颜色的宝石,以适应不同消费者的需求。

6. 珠宝首饰设计比赛在珠宝首饰营销中的作用

珠宝首饰设计比赛与珠宝首饰营销有着十分密切的关系,珠宝首饰设计比赛既是引领时尚,倡导消费,又是发掘珠宝首饰设计人材,推动珠宝首饰设计工作的重要举措。举办珠宝首饰设计比赛,引导珠宝首饰消费时尚在国际上已成为一种惯例,如著名的戴比尔斯国际钻饰设计比赛已有 70 余年的历史,在国际珠宝首饰界知名度首屈一指,被称为珠宝首饰设计领域的"奥斯卡"大赛。为了逐步提高中国首饰设计的总体水准,激发创作灵感,使中国的首饰设计制造能贴近现代时尚潮流,并引领大众的审美情趣,戴比尔斯钻石咨询中心在举办国际钻饰比赛的同时,创立了中国钻饰设计比赛,对推动中国的钻饰市场消费,也起到了积极的推进作用。

由中国珠宝玉石首饰行业协会、国土资源部珠宝首饰管理中心主办的中国珠宝首饰设计大奖赛,自 1999 年创办以来,在行业内外引起了极大的关注和反响,它开创了中国内地举办大型珠宝首饰设计比赛之先河,比赛的宗旨就是鼓励原创的首饰设计。首届比赛由广东潮宏基实业股份有限公司冠名,被誉为是由珠宝首饰企业斥资挖掘珠宝首饰设计人才,引领珠宝首饰消费时尚的创举。通过比赛这一手段,引导了珠宝首饰业者以设计寻求发展的方向,鼓励了那些因设计而领先的优秀企业,唤醒了消费者的个性消费意识,同时也促进了一批珠宝首饰设计人才的成长。通过举办珠宝首饰设计比赛,将时尚的首饰设计传递给终端消费者,为中国内地的珠宝首饰市场带来了一股清新的时尚消费之风,在这股风潮的带动下,一大批珠宝首饰企业开始注重首饰产品的系列化开发,从而在市场上率先以款式多样化、工艺综合化、材料全面化,提供给消费者以更大的选择空间,促进珠宝首饰消费市场的进一步繁荣。每两年一届的中国珠宝首饰设计大奖赛,对挖掘我国首饰设计人才,推动中国首饰走向个性化,弘扬中国传统文化底蕴和手工制作工艺,起到了深远的影响和推动作用。2011 年该项赛事与 2007 年创办的中国珠宝首饰制作工艺技能竞赛合并,更名为中国珠宝首饰设计与制作技能大赛,开创了将首饰设计与首饰制作技能相结合的比赛,赛事更加突出原创设计,更加注重制作工艺。倡导将原创设计的软实力与精良工艺的硬实力相结合,不断开拓珠宝首饰行业的新局面,才能让中国珠宝首饰在世界范围内具备核心竞争力。

第三节　珠宝首饰品牌

一、品牌概述

1. 品牌的含义

品牌又称为牌子,是一种名称、术语、标记、符号或图案,或是它们的相互结合,用以识别某个销售者或某群销售者的产品或服务,并使之与竞争对手的产品和服务相区别,是企业赖以生存的基础,是社会主义市场经济中企业竞争能力的综合表现。

品牌与产品的名称是有区别的,产品名称主要体现的是辨别功能,将一产品与另一产品区别开来,产品的个性难以通过名称表现出来。而品牌则是产品个性化的表现,它是产品特性的浓缩,消费者通过产品的品牌,能清楚地知晓此种产品的不同之处,同时品牌也倾注着消费者的情感,它是消费者认同感与产品个性的完美结合,从品牌上可以看出经营者的信誉、知名度、服务水平的优劣。品牌的重要特征之一,就是具有较高的知名度和市场占有率,而是否有众多的消费者才是创知名品牌的首要条件。

2. 品牌的性质

品牌的性质主要包括以下方面:

(1)品牌是企业的一种无形资产。由于品牌的拥有者凭借着品牌能够不断地获取利益,因此品牌是具有价值的。但是这种价值通常是看不见、摸不着的,在企业的资产负债表上难以体现出来,但却实实在在地为企业创造着大量的超额利益。

(2)品牌具有一定的风险性及不确定性。因为市场是不断变化的,消费者的需求也在不断的提高,品牌的潜在价值可能很大,也可能很小,有时由于企业的品牌质量出现意外,有时由于企业的资产状况运作不佳,大量产品售后服务不过关,企业的品牌都可能在市场中迅速地贬值,这给品牌的维护带来了艰巨的任务。企业在市场运作中,面临着"品牌贬值"的风险以及品牌提供的经济效益的不确定性,这种不确定性与风险性是品牌资产评估复杂性的原因之一。

(3)品牌是无形的。品牌不具有独立的实体,不占有空间,它通过一系列物质载体来表现自己。直接的载体主要是美术图形、文字;间接载体主要是市场占有率、知名度、美誉度、产品的质量、产品的价格等。没有物质载体,品牌就无法表现出来。

(4)品牌具有明显的排它专有性。品牌在一般情况下为一个企业所独有,代表了一个企业在市场中的形象,是企业进入市场的一个通行证,在某种程度上,是企业在市场竞争中战胜对手的法宝,因此说品牌具有明显的排它独占性。企业往往通过自身保密和企业保护法来维护品牌,通过在国家有关部门登记注册、申请专利等形式保护自己的品牌权益。由于品牌的长期良好的信誉,取得了消费者的认可,形成了品牌忠诚度,消费者会认牌购买,这无形之中也说明了品牌具有专有性质。

(5)品牌是企业市场竞争的工具。当代跨国经营已从产品输出进入品牌输出的时代,在产品功能、结构等因素趋于一致的情况下,关键是看谁的品牌过硬。品牌长盛不衰的企业,就能在未来竞争中处于有利位置,吸引老主顾,开发潜在消费者,树立品牌的形象,提高市场占有率,增加企业的利润。

此外,品牌是有级别差异的,一般可以区分为区域性品牌、国家级品牌和世界级品牌。在市场上要得到一个知名度、美誉度、忠诚度相统一的,具有一定时间跨度与空间跨度的国家级、世界级的强势品牌,是必须通过企业员工辛勤努力,通过多年甚至几代人的铸造才能得以成功的。

3.品牌的效应

品牌的效应主要包括以下方面:

(1)聚合效应。产品品牌在市场上具有一定的占有率,知名度与美誉度都很高,会促使企业不断壮大,从而进入多个市场。但在进入的市场中有许多固有品牌,企业凭借着强大的品牌优势,依靠企业的规模,兼并收购已有品牌,形成品牌垄断。随着品牌的发展壮大,企业的规模必将随之不断扩大,适时通过资产经营,走集团化发展之路,有效地利用规模效益。

(2)扩散效应。指企业品牌在消费者心目中有着极好的印象,进而消费者对企业产生好感与信任,当企业以原有品牌打出新产品之后,由于消费者对原有品牌及企业整体的好感,从而接受企业的新产品。

(3)磁场效应。指企业品牌拥有很高的知名度与美誉度后,在消费者心目中树立起极高的威望,表现出对品牌的极度忠诚。消费者认为本品牌的产品可靠、质量好,购买这种品牌的产品是一种享受,这种品牌就如同磁石一样强烈地吸引着消费者。消费者重复地购买这种品牌的产品,促进产品的销量,提高这种品牌产品的市场占有率,品牌形象也会得到进一步提高,形成品牌的良性循环。

(4)时尚效应。指在特定的时间内,由于某种品牌产品知名度与美誉度很高,消费者争相购买,认为使用这种品牌产品很新潮、很时髦。不但消费者自己购买,并讲述使用这种品牌产品的优点,同时还劝说其他消费者前来购买,使之形成了一种消费趋势,无形之中形成了一种时尚。

品牌的意义并不局限于上述内涵,几乎所有的管理层及领导者都知道,品牌的发展方向是名牌,而名牌的结果则是:知名度、诱惑力、竞争力和丰厚的利润。由此看来,经营商品的过程,实则是在进行品牌经营。

品牌一旦成为名牌,就能够产生普通品牌所起不到的重要作用。其中有两个效应尤为人们所关注,一是扩散效应,一旦品牌成为名牌,树立起良好的信誉,就会通过消费领域的传导和流通领域的扩展,迅速扩大产品的影响力,赢得越来越多消费者的信赖。二是放大效应,一旦一个品牌叫响,其信誉可以从一个产品放大到一组产品,从一个品牌放大到一系列的品牌,从品牌形象放大到企业形象,由此带来的经济效益也会起到放大作用或乘数作用。

4. 品牌的功能

品牌的功能主要有以下两方面:

(1)对于消费者来说,品牌能直接、概括地反映或描述商品的产地、形状、用途、成分和性质等,便于消费者认知和区别商品。品牌作为对消费者的一种知觉线索,它是产品质量、声望、用途和价值的反映。消费者对用惯的品牌寄于信任,会促使企业保持或维护产品质量乃至促使改进质量。

(2)对于企业和销售商来说,品牌代表了该商品是某一企业生产和经营的,有着与其他品牌不同的质量与功效,便于宣传推广,有助于占据市场。牌誉建立之后有利于稳定商品的市场价格,同时有利于带动同品牌商品进入市场。品牌经注册后受法律保护,他人不得冒用,可以维护企业的正当权益,保护企业的信誉。

二、品牌在珠宝首饰产品中的意义

企业的生存靠产品的质量,企业的发展则依赖于品牌,任何企业在其市场营销活动中,越来越不能忽视品牌的作用,珠宝首饰企业也是如此。随着我国社会主义市场经济的不断发展和完善,我国的珠宝首饰产业,可以说已进入品牌竞争时代,以品牌为核心已成为企业重组和资源重新配置的重要机制。

对于珠宝首饰企业来说,不同企业生产的珠宝首饰产品,明显地具有同质化的倾向,在同质化的产品市场上,一个产品的价值,已经不在于它自身的一些特质,或自身的一些功能,而更在于它的附加价值,而品牌的附加价值是企业获取利润的根本所在。在珠宝首饰市场上,同一品质的珠宝首饰,具有强势品牌地位的名牌首饰,实现的就是品牌的附加价值的利润。消费者在珠宝首饰商店的柜台内,就可以发现同一品质的珠宝首饰,名牌首饰的定价,远远高于一些没有品牌的或品牌知名度低的首饰。

随着我国改革开放的不断深入,经济发展水平的不断提高,我国的珠宝首饰市场正逐渐走向成熟,国内的一些珠宝首饰企业已清醒地认识到珠宝首饰品牌对企业发展的重要性，提出了创建名牌首饰战略和实施品牌营销的经营战略，这些无异都是非常有益的。从企业管理角度来看，品牌资产是一种巨额的无形资产，是一系列的财产，包括品牌认知、品牌忠诚、品牌体现的品质、品牌联想等，这些都与品牌名称及其标志联系在一起的。对珠宝首饰企业来说，品牌资产是一种超越生产、商品等所有有形资产的外在价值。因此，探求珠宝首饰品牌轨迹，加强品牌资产管理与维护，是摆在珠宝首饰企业面前的重要研究课题。

品牌是过剩经济的产物，在短缺经济时代谈不上品牌和品牌竞争。改革开放以来，我国已逐渐告别短缺经济，进入一个新的物质丰富并相对过剩的新时期，珠宝首饰产业30多年来的发展，也充分说明了这一点。从短缺到相对过剩，宣告了短缺时代的结束，品牌时代的来临。品牌竞争取代了产品竞争，品牌竞争就是以品牌形象和价值为核心的竞争，是品牌之间的较量，是一种新的竞争形态和走势。

我国的珠宝首饰产业，经过30多年的快速发展，已逐渐成为消费者消费的新热点，有望发展成为我国国民经济新的增长点。在这种变革过程中，珠宝首饰品牌，尤其是知名品牌，作为一种重要资源、因素和力量，对促进科技进步和产业发展，越来越起到巨大的推动作用，品牌首饰将涵盖整个珠宝首饰产业，使珠宝首饰产品进入品牌竞争时代。

三、珠宝首饰的品牌体验

珠宝首饰消费者，购买或佩戴首饰就是为了满足其独特的心理情感需要。在品牌时代，珠宝首饰产品的基本功能（投资、保值、装饰）的价值，在不断地缩减，而叠加于珠宝首饰产品基本功能之上的情感层面和文化范畴的附加价值，已成为消费者购买珠宝首饰的心理动因。

珠宝首饰产品的品牌价值本质上来源于品牌体验，这种体验根据消费者对珠宝首饰产品的认知与接触的过程，大致可以分为三个阶段。

1. 购买前的品牌体验

消费者在购买前主要通过认识、感知来了解珠宝首饰品牌。这些信息主要通过以下途径来认知：一是各种媒体的广告宣传，如电视、报纸、杂志、广播、互联网、户外广告等；二是消费者周围人的推荐，如亲人、朋友、同事、同学、邻居、社交圈等；三是消费者自身的体验，如去大商场和专卖店实地考察、向销售人员询问、上网查看、咨询相关行业部门和业内权威人士等。通过以上方式，了解到的相关信息，会使消费者对珠宝首饰产品形成一个初步印象，并进一步通过想象形成未来产品的预期品牌体验。这时的品牌体验包括如下内容：品牌是国际的还是国内的，是一线品牌还是二、三线品牌，制造商是上市公司还是合资公司，经销商是大商场还是中小店铺,是否通过 ISO9000 质量体系认证,是否有合法的经营资质和相关鉴定证书?产品的口碑如何?品牌的形象代言人是谁?店面档次如何?设计的风格和流派怎样?等等。消费者根据这种预期的体验,再经过分析、评估和选择,并做出值与不值的价值判断。如果感觉超值,就会产生购买意图,进一步作出购买决策。

2. 购买中的品牌体验

有了购买意图并做出购买决策后,就会促使消费者产生购买行为,这时消费者就会身临其境,开始真正进入品牌体验角色。首先,消费者会进一步对预期选定的产品进行仔细观察并认真询问,了解产品的各项性能、质量和艺术指标。包括:产品的造型是否美观、时尚;颜色是否符合自身肤色,材质是贵金属类(铂、金、钯、银)还是合金类;宝石是天然的还是人造的,天然宝石的克拉重量、切工、色级、净度如何,表面工艺是光滑还是粗糙,制作工艺精良程度如何,包装是高档还是中低档,产品的设计理念和所表达的情感是否适合消费者自身的需求,等等。这些都是消费者在购买过程中,仔细体验品牌的过程。然后,消费者还会进行饰品试戴,试戴后的感觉,消费者通过镜子自我观察的满意度,饰品佩戴及摘取的方便性和灵活性,以及旁人的意见都很重要,都会影响消费者的购买行为。另外,付款方式的灵活性(是否可以刷卡)、促销的活动内容(是否打折、优惠、有无赠品)、销售人员的态度和专业知识,商场店铺的氛围,发票及保质卡(保修卡)等,都是促使消费者购买行为顺利进行的因素之一,也是购买中进行品牌体验的各个环节要素。

3. 购买后的品牌体验

购买后,消费者真正佩戴了首饰,制造商或销售商的全部品牌承诺,将经受消费者最严格的考验。购买前的预期与佩戴后的现实是落差,还是超值,决定了珠宝首饰品牌的生命。这一过程也是珠宝首饰产品的验证过程。如商家是否像预先所承诺的那样,可以在规定的时间内退货或换货,产品的品质是否像当初说的那样,在规定时期内不掉色、不变形、宝石不脱落等。如果出现了质量问题是否可以得到及时的修理或更换,商家或厂家的售后服务是否主动、热情、积极。服务过程是否快捷、便利,是否可以免费清洗,是否可以以旧换新,饰品是否对人体造成皮肤过敏或不适等不良反应,等等,这些都是消费者购买后进行品牌体验的因素。另外,消费者购买后通过一段时间的佩戴会对饰品作出进一步评价,同时也会倾听他人的评价意见,如价钱是否太贵了、款式是否时尚、美观,设计与制作工艺水平,风格是否适合自己佩戴,等等。购后评价虽然是消费者实际购买行为之后的反应,但关系到消费者的重复购买或扩大购买,关系到消费者向周围消费群体的推荐或是抵制,关系到产品的市场命运,关系到品牌的良好形象。企业应予以足够的重视和培育,品牌是消费者对珠宝首饰产品的各种感性印象与理性认识的总和。消费者根据自己的认识、感知、体验、意志、信息、价值观及自己的一套评判规则为珠宝首饰品牌打分,这是珠宝首饰价值的本质。所以说,珠宝首饰品牌是珠宝首饰价值的源泉,珠宝首饰的品牌价值,来源于消费者的品牌体验。珠宝首饰企业应塑造良好的品牌形象,运营合法的品牌规则,挖掘深层的品牌价值,完善健全的品牌体系。

四、品牌竞争将成为珠宝首饰市场营销的主体

当前,国内外珠宝首饰产业的市场竞争,已从价格竞争、产品竞争逐渐走向品牌竞争,名牌商品占领及瓜分市场,已成为市场竞争的明显趋向,一个有影响的品牌可以征服消费者,取得越来越大的市场份额,而非名牌商品在其压力下,往往不是被挤出市场,就是在"滞销—降价—再滞销—再降价"的恶性循环中挣扎。这种现象已在家电业、纺织业、服装业等众多领域和众多产业中充分表现出来,珠宝首饰市场也离不开这一品牌制胜的市场竞争规律。

品牌首饰被推向市场竞争的前台,已成为珠宝首饰市场竞争的一种深层次、高水平、智慧型的竞争,它将成为珠宝首饰企业综合竞争力的核心和赢得市场的关键,对高明的企业家来说,利润不是最终的目标,品牌优势比利润更重要、更有价值。正如美国著名的广告研究专家莱利·莱特所述:"未来的营销是品牌的战争——品牌互争长短的竞争。商界和投资者都将认清品牌才是公司最珍贵的资产,……拥有市场比拥有工厂重要得多,而唯一拥有市场的途径是具备市场优势的品牌。"强势品牌往往可以造就市场领导者,享有较高的利润空间和突破产品生命周期的局限。品牌就是价值!品牌代表着质量,品牌占领着市场,品牌支撑着利润。

从品牌的内涵和价值来看,品牌是一个以消费者为中心的概念。市场经济条件下市场行为的一个显著特征就是消费者往往是根据品牌来区别和选择同类商品和服务的,对于珠宝首饰产品来说更是如此。

从生产方式来看,以知名品牌首饰为纽带,以大型珠宝首饰企业为主导的珠宝首饰产品生产,将成为一种新的发展趋势。当前,我国珠宝首饰产业面临的一个突出问题是产业群的构成相对比较脆弱,普遍存在小、散、差的状况,这或许也是我国珠宝首饰产品质量不高的根本原因所在。随着入世后我国珠宝首饰市场的进一步开放,我国的珠宝首饰企业要发展壮大,除了依靠企业积累和银行贷款扶持的传统方法外,以资产为纽带,通过强强联合、银企合作以及兼并、收购等多种方式吸纳企业组建大型珠宝首饰企业集团,壮大名牌珠宝首饰的生产实力,参与国际市场竞争。

名牌是一种稀有资源，但可以"嫁接""移植"和"繁衍"，也可以"品牌输出"，品牌实力强的企业集团，可以利用自己的品牌和网络销售来实现企业的裂变式扩张，同时使企业起死回生，使资产存量从小型企业流向大型企业，从困难企业流向优质企业，从劣质产品流向名牌产品。资产重组的核心是品牌的延伸和扩展，也是产业结构调整及品牌规模化经营的重要途径。品牌规模化经营与企业集团化发展相结合便可以做强、做大品牌。

对于珠宝首饰企业来说，面对这样的历史机遇，谁能抢先一步，在"品牌兴业"这一全新的经营理念指导下，加速企业的发展，建成实力雄厚并拥有良好品牌商誉的优势珠宝首饰企业，谁就能主导中国的珠宝首饰市场乃至成为中国的"珠宝首饰业的寡头"。

五、如何创立我国的珠宝首饰品牌

国际珠宝首饰市场的竞争已从价格竞争、产品竞争逐渐走向品牌竞争。对于珠宝首饰企业来说，创立自己的首饰品牌已成为业界的共识，尤其是加入WTO后，我国的珠宝首饰产业面临着重大的机遇与挑战，而其中所面临的最大挑战就是来自于国外珠宝首饰品牌的冲击。面对国外珠宝首饰产品品牌的冲击，我国的珠宝首饰业必须采取切实有效的措施加以应对。通过实施有效的品牌战略，创造出自己的首饰品牌与国外品牌在市场上同场竞技。创立我国的珠宝首饰品牌必须注意以下问题。

1. 突出产品个性，创设特色品牌

我国的珠宝首饰之所以不及国外品牌首饰，除了加工工艺、产品质量外，更重要的是首饰设计的款式、风格与国外品牌首饰存在着较大的差距。作为个性化极强的珠宝首饰产品，不变的款式、风格是无法抵挡国外品牌首饰的冲击的。只有新颖的款式设计，充满个性化的首饰风格，才会给消费者带来惊奇的感觉，使消费者本能地产生购买的欲望和冲动。这种"惊奇"的感觉，其实就是一种个性或特色的体现。创设我国珠宝首饰的品牌，必须突出产品的个性，结合民族文化特点，推出别出心裁的设计、创意和风格，以突破常规的方式彰显品牌个性，使品牌更具冲击力。缺乏个性的品牌，是没有销售力量的，不能给品牌带来增值。在产品竞争进入大量雷同的时代，产品的价值已不在于它本身的一些特质或功能，而更在于它的附加价值。

2. 把握市场定位，树立品牌形象

品牌定位是要建立一个与目标市场有关的品牌形象的过程和结果，即品牌打算在消费者心中建立何种形象。成功品牌的特点是以一种始终如一的形式，将品牌的功能与消费者的心理需求连接起来,通过这种方式将品牌的定位明确地传递给消费者。对珠宝首饰品牌的市场定位,首先要考虑的就是消费者群体。在佩戴珠宝首饰的消费者群体中,主要以女性消费者为主,但是不同年龄层次的女性消费者,对珠宝首饰有着不同的要求,不同职业和收入的消费者,对珠宝首饰的需求也会有所不同。企业应根据各种不同的消费者群体的需求,选择一个适合自己发展的策略,从而在消费者心目中,树立起独特的品牌形象。

3. 加强广告宣传,丰富品牌内涵

如何有效地利用各种媒体传播品牌,应当引起珠宝首饰企业的高度重视。虽然品牌重在消费者的感受与评价,但品牌毕竟是品牌的拥有者进行自觉传播的结果。品牌传播的内涵,应该首先是一种操作性的实务,即通过广告、公共关系、新闻报道、人际交往、产品或服务销售等传播手段,以提高品牌在目标受众心目中的认知度、美誉度和信任度。

目前,我国珠宝首饰品牌的传播范围较为狭窄,传播手段也略显单调,很多企业只在行业杂志上刊登广告。而珠宝首饰品牌的传播对象不只是珠宝首饰业界人士,而应该是面对包括更多消费者在内的"目标受众"。企业在选择传播手段上,除了选择那些传统媒体作为传播手段外,还可在新型媒体上多下点功夫。如珠宝首饰企业可以自办网站,建立微博、微信平台,利用现代信息科学技术,充分利用各种信息平台宣传本企业,这不仅可以起着广告的作用,同时也进行着内涵丰富的品牌传播。

4. 提供完善服务,维护品牌声誉

品牌是一个以消费者为中心的概念,没有消费者,就没有品牌。品牌的价值在于它在消费者心目中独特的、良好的、令人瞩目的形象。品牌知名度和美誉度本身就是与消费者相联系的,建立在消费者基础上的概念,市场才是品牌的试金石,品牌在消费者心目中的地位,决定了品牌的价值。而在品牌的背后,则包含了产品的质量和完善的服务。珠宝首饰企业应该牢牢抓住这一点,使消费者与企业建立良好的信任关系,将品牌驻入消费者心中。

六、珠宝首饰品牌的管理与维护

随着市场经济的不断发展,珠宝首饰企业有了品牌,如何管理与维护已成为迫切需要解决的问题。"生于忧患,死于安乐",建立了自己的产品品牌,如果不善于管理,即使是大有希望的品牌,也会逐渐销声匿迹,成为"来也匆匆,去也匆匆"的过客。因此,对于珠宝首饰企业来说,必须加强对品牌的管理。如何实施对品牌的管理可以从以下几个方面着手:

1. 狠抓产品质量

产品质量是品牌管理的基石,产品的质量管理既是"创品牌"的重要措施,又是"保品牌"的关键所在,加强对品牌的管理与维护,可以使企业更具生命力,并获得最大的经济效益。同时,企业在管理质量上的投入与花费,能够从质量所获得的利润上得到抵消,从而使企业在产品质量上获得高收益,并获得良好的信誉。如果产品没有了质量保证,这种产品也就失去了使用价值,质量好代表着安全,消费者使用起来更放心。

随着世界经济一体化和竞争向纵深发展,许多国际知名企业都以质量和标准体系作为有力的竞争手段。企业要创品牌,关键在于达到多种国际标准,如国际标准化组织(ISO)制定的 ISO9000～9004 系列标准,以及环境保护方面的 ISO14000 系列标准,达到并超过这些标准,企业就能生存与发展。

2. 加强技术创新与技术改造

技术是品牌管理的推动力,它是人类在利用科学知识改造自然界和人类社会的实践中逐步产生和积累的各种技巧、能力、工具、手段的总称,是人类智慧的结晶。从企业的角度来说,企业为了在市场竞争中占居优势,除了资本及廉价的劳动力成本以外,技术上占有领导地位或垄断地位也是非常重要的。

加入 WTO 以后,我国的珠宝首饰企业必须投入大量的人力、物力和财力,加强对新技术、新材料和新工艺的开发与研究工作,丰富品牌的内涵,提高与国际著名珠宝首饰企业竞争的能力。进一步加强工艺技术管理,进行工艺技术革新和改造,在保护具有优势的传统工艺技术的基础上,积极研究和开发新的工艺,从而提高珠宝首饰行业整体的工艺技术水平,进一步提高国产珠宝首饰工艺的质量水平。

3. 全面实施"消费者满意"策略

消费者是企业品牌管理的重要因素之一,消费者是企业产品的购买者和使用者,是企业必须关注的群体,企业必须花大力气与消费者建立良好的关系。

良好的企业消费者关系,可以为企业创造和谐的、宽松的公关环境,可以为企业带来直接的经济利益,还可以帮助企业树立正确的经营思想和经营哲学。珠宝首饰营销是一项最具"人情味"的买卖,前来购买珠宝首饰的消费者脸上都是喜气洋洋的,那是充满着快乐和惬意的表情。因此对于珠宝首饰企业来说,必须注意建立良好的消费者关系,培养和建立忠诚的消费者队伍,为企业的品牌注入新的活力和生气。

总之,品牌的维护与管理在于丰富的文化底蕴与创新。品牌形象的传播,要在品牌文化上寻根,这是品牌成功的关键要素之一,品牌制胜的武器是创新,品牌不是保险牌,也不是保险箱,品牌要靠不断的创新来支撑,只有创新、创新、再创新,才能为消费者提供稳定而独特的珠宝首饰精品,才能在激烈的市场竞争中站稳脚跟,推进企业的不断发展和品牌的不断完善。

七、国外珠宝首饰著名品牌简介

1. 卡地亚(Cartier)珠宝

卡地亚是法国著名的珠宝首饰品牌。"卡地亚"珠宝,由路易斯·弗朗西斯·卡地亚(Louis Francis Cartier)于1847年创建于法国巴黎,12年后将店址迁往巴黎最繁华的地区,引起了皇室成员的注意。并与当时著名时装设计师沃什(Woth)结为好友。1874年卡地亚将店铺交给其子阿尔弗雷德(Alfred)经营,1898年阿尔弗雷德和其长子路易斯(Louis)共同经营店铺。1899年,卡地亚走出重要一步,将店铺迁至巴黎高档商务中心。

1902年,为了进一步拓展国际业务,卡地亚作出了一个十分重要的决定,将卡地亚总部设在了纽约第五大街,并在伦敦和纽约开设了卡地亚珠宝分店,经过三代人的共同努力和艰苦创业,卡地亚珠宝已成为世界上最著名的珠宝首饰供应商,取得了不凡的经营业绩,被誉为"皇帝的珠宝商,珠宝商的皇帝"。英国皇室曾向卡地亚订购27顶皇冠作加冕之用。珠宝与腕表结合也是卡地亚的一项杰作,并取得了辉煌的成就。

1997年,卡地亚庆祝成立150周年纪念,隆重推出了限量发售的致庆精品。这批独一无二的精品以"3""150"和"1847"三个数量发行;3系列代表闻名世界的三金指环,此系列每款推出三件;150系列代表卡地亚150周年致庆,此系列只推出150件;1847系列代表卡地亚珠宝店成立之年,此系列各款只推出1847件。卡地亚珍藏系列包括珠宝、腕表、皮具、书写工具等各款精品,于世界各地卡地亚精品店发售。

卡地亚与好莱坞的演艺明星也有着割舍不断的缘份,卡地亚珠宝也是许多明星们争相购买的珠宝首饰,成为明星们推崇的珠宝之星。160年来,卡地亚以其深厚的文化传统,非凡的首饰设计和丰富的艺术创造力,构筑起了无与伦比的珠宝首饰品牌。

2. 蒂芙尼(Tiffany)珠宝

美国纽约的蒂芙尼珠宝公司,成立于1873年,其创始人是查理·利维斯·蒂芙尼(Charles Lewis Tiffany)。它是从经营文具和工艺品起家的,并逐步扩展到陶瓷、钟表、银器和珠宝首饰。经过数年苦心经营,蒂芙尼公司渐渐取得了世界宝石业的领导地位,蒂芙尼利用这一优势,及时增设了有关黄金珠宝及首饰方面的业务,为未来的事业奠定了良好的基础。

时至今日,蒂芙尼已跃居为世界著名的珠宝首饰公司,该公司的成功主要归功于它的坚定信念,蒂芙尼十分注重饰品的设计和制作技巧,在1886年,蒂芙尼就创造出了闻名世界的蒂芙尼镶嵌(Tiffany Setting)工艺,即"六爪镶钻"首饰工艺,时至今日"六爪镶嵌"工艺,仍是钻石首饰镶嵌工艺的经典之作。此外,蒂芙尼对首饰设计颇具匠心,常把一些过时的意念和设计注入现代气息,使饰品成为既十分原始独创而又时髦现代的艺术品。蒂芙尼的哲学是:把协调、均匀和秩序融合成为独一无二的珠宝首饰精品。

在过去的100多年里,蒂芙尼公司曾多次为许多国家的元首订做各式珠宝。如前苏联领导人戈尔巴乔夫到美国进行历史性访问时,蒂芙尼公司为纪念这一盛事,特别制作了一件银制工艺品,象征两国新关系的开始。20世纪初期,已有23个国家的王室成员成为蒂芙尼公司的顾客,其中包括英国的维多利亚女皇、俄国沙皇、埃及总统、波斯国王以及意大利、丹表、比利时和希腊的国王和王室成员。除了王室成员外,美国的总统和名门望族也曾是蒂芙尼公司的常客。

蒂芙尼以其悠久的历史,卓越的珠宝首饰设计和精工制作,创出了蒂芙尼这一世界著名的珠宝首饰品牌。

3. 宝格丽(Bvlgari)珠宝

宝格丽珠宝源自意大利,是继法国卡地亚和美国蒂芙尼之后的世界第三大珠宝首饰品牌。

宝格丽家族的历史可以追溯到19世纪。1881年希腊银匠索蒂里奥·宝格丽(Sotirio Bulgari)来到意大利,并于1884年开设了第一家店铺,此后不久店址迁至Via dei Condotti大街10号,这个地方至今还是公司总部所在地。索蒂里奥的两个儿子乔治(Giorgio)和科斯坦蒂诺(Costantino)把家族生意从银饰扩大到各种珠宝首饰,并把品牌名称改为宝格丽(Bvlgari)。

20世纪早期,在欧美珠宝首饰界,以法式风格最为盛行,首饰的题材和选料都有一定的要求。到了20世纪40年代,来自意大利的宝格丽率先打破了这一传统。它在首饰生产中以色彩作为设计精髓,独创性地用多种不同颜色的宝石进行搭配组合,再运用不同材质的底座,以凸显宝石的耀眼色彩。为了使宝石的色彩更为齐全,宝格丽首先在它的首饰上使用了珊瑚、紫晶、碧玺、黄晶、橄榄石等宝石品种。宝格丽产品色彩之丰富,常常令人叹为观止。

为了使首饰上的彩色宝石产生浑圆柔和的感觉,宝格丽开始研究改良流行于东方的圆凸面切割法,以圆凸面宝石代替多重切割面宝石。这对当时的欧美传统首饰潮流来说,算是一次有冲击性的革新。此外,宝格丽开创了心型宝石切割法和其他许多新奇独特的镶嵌形式,这在当时是惊人之举。事实上,到今天这些已经逐渐发展为首饰生产的标准。

自20世纪40年代以来,宝格丽步入了多元化的发展阶段,推出了精美的腕表作为时尚配饰,并配合珠宝、银器系列作三线发展。第二次世界大战结束后,为了满足当时人们多样化的生活需求,宝格丽再接再厉,将其精品范围扩大到了眼镜、皮件、香水、瓷器等产品。不过即使到了今天,宝格丽还一直保持着作坊式生产,这使得其作品既有精致的手工感,又兼备深厚的艺术工艺气息,具有颇高的收藏价值。

希腊和罗马古典主义的结合,加上意大利精湛的制造艺术,造就了宝格丽产品的独特风格。它的色彩搭配艺术流光溢彩、闪耀夺目,交替演绎着时尚与典雅。多年来,宝格丽产品的拥趸既有王室成员、政客名流、影视明星,也有事业有成的中产阶层。意大利女星索菲亚·罗兰就曾担任过宝格丽的珠宝代言人。宝格丽因此得以确立它的精品形象,而成为众多人梦寐以求的珍品。

自20世纪70年代以来,宝格丽加快了进军国际市场的步伐。这期间纽约、巴黎、日内瓦和蒙特卡罗等世界各大都市的宝格丽精品专卖店纷纷开张。时至今日,宝格丽在全球已经有近160家精品店,是全球十大时尚集团之一。这个意大利品牌经过四代人的努力,俨然已经成为精致生活品味的标志。它是不折不扣的意大利顶级精品,在每年的各类时尚排名中,一直稳居全球知名品牌的前列。

宝格丽专卖店的内部装饰,与他们的首饰一样讲究。置身其中,人们可以感觉到宝格丽追求完美的风格。位于 Via dei Condotti 大街10号的总店几经翻新,但品牌的审美标准始终如一。开设在世界各地的分店,在装潢上也保持了同样的风格。

4. 宝诗龙(Boucheron)珠宝

宝诗龙创立于1858年,作为世界上为数不多的始终保持高级珠宝精湛的制作工艺和传统风格的珠宝首饰品牌,是奢华的象征。其创始人弗雷德里克·宝诗龙(Frederic Boucheron)生于1830年,从小跟随著名大师朱尔斯·蔡泽(Jules Chaize),一生致力于珠宝事业。1858年,28岁的弗雷德里克·宝诗龙开创了自己的公司,并在巴黎高级时尚中心皇家宫殿区大街开设了第一家店铺。

宝诗龙因其完美的切割技术和优质的宝石质量闻名于世。19世纪,宝诗龙从钻石切磨中积累丰富经验,成为第一个把钻石运用在珠宝设计上的珠宝商。宝诗龙不断设计出新的作品,尽显宝石的光辉。宝诗龙的珠宝系列中有白钻、彩钻、红宝石、祖母绿、蓝宝石和各种类型的珍珠。蓝宝石是宝诗龙最衷爱的宝石,蓝色也成为宝诗龙的标志性色彩,代表永恒、梦境般的天空。

宝诗龙致力于为世界美人打造珠宝。凭借其独一无二的大胆设计和无懈可击的精湛工艺,宝诗龙征服了无数好莱坞明星,更深得各国王室和影视明星的垂青。从索非亚·罗兰(Sofia Loren)到伊丽莎白·泰勒(Elizabeth Taylor)，影视明星们深知宝石的迷人魅力。宝诗龙的理念是，珠宝不是用来收藏的，而是由人佩戴的，精美的珠宝首饰只有真实的肌肤才能衬托出它的美丽。

5. 达米尼(Damiani)珠宝

达米尼(Damiani)珠宝源自意大利，是举世公认的意大利传统珠宝的杰出代表。1924年，才华横溢、工艺超群的恩里克·格拉西·达米尼(Enrico Grassi Damiani)首次开始钻石珠宝的设计和制作，其美丽高雅的设计很快奠定了他珠宝大师的地位，使他成为当时许多贵族家庭的指定私人珠宝设计师。

他的儿子达米多·格拉西·达米尼(Damiado Grassi Damiani)，继承了家族事业后，在保持传统的同时强调创新，并展现出一个企业家的高瞻远瞩。他重视创意设计，积极推进技术革新，不断将品牌发扬光大。他创造出独特的半月型镶嵌法，使钻石更加熠熠生辉。同时，他大胆变革传统珠宝的宣传销售策略，使得达米尼成为世界一线的珠宝首饰品牌。热情、才华和不懈的追求，正是达米尼家族三代辉煌的基石，在保持家族传统的同时不断带来更绚烂的明天。

达米尼珠宝历经岁月而光芒永存，永不褪色的是卓越的坚持，经典的设计和高贵的风格。曾史无前例地获得过18项戴比尔斯钻石首饰设计比赛奖(De Beers Diamond International Awards)，这些荣誉是珠宝工作室所能得到的最高奖项，是对达米尼钻石珠宝卓越设计和精湛工艺的最高认同。

6. 梵克雅宝(VanCleef & Arpels)珠宝

梵克雅宝(VanCleef & Arpels)自其诞生之日起便一直是世界各国贵族和名流雅士所特别钟爱的顶级珠宝品牌。传奇般的历史人物和名流巨星无不选择梵克雅宝的珠宝，以展现他们无比尊贵的气质与风采。

梵克雅宝品牌诞生于1906年，是两家珠宝钻石商人联姻的结晶：阿尔弗雷德·梵克(Alfred Van Cleef)是荷兰人，埃斯特尔·雅宝(Estelle Arpels)是法国人，法国是时尚中心，所以它最早坐落于高级珠宝品牌汇萃的巴黎凡顿广场，开设了第一家精品店。从此，梵克雅宝坚持采用上乘宝石和材质，加以精湛的镶嵌技艺、匠心独具的设计理念，成就了其不朽的百年传奇。1939年，梵克雅宝在美国纽约设立办事处，随即进驻纽约第五大道744号，时至今日依然未变。

梵克雅宝能够称雄珠宝首饰界，一靠材质，二靠做工。梵克雅宝品牌的创建者就是挑剔的宝石商人，在品牌创建之初，梵克雅宝即以其所选用宝石的材质、大小或是形状等各方面的至高品质而赢得赞誉。时至今日，梵克雅宝仍坚持选用最为顶级和杰出的宝石进行加工制作，这是构成梵克雅宝完美名誉的一个重要因素。做工方面，公司有30位技艺高超的工匠，可以随时用最高等级的珠宝为顾客量身订制,所以,有人把梵克雅宝比喻成珠宝的"高级成衣"。由梵克雅宝1933年发明的"隐密式镶嵌法"堪称鬼斧神工,这种镶嵌技术没有任何肉眼可见的爪子,镶饰效果简洁悦目,令每件珠宝都玲珑剔透,即使在当今仍然是被众多品牌推崇和仿效的技术。

梵克雅宝曾为许多的王孙贵族、社会名流制作过高级珠宝首饰,每一件都是极其华贵的珍宝:1937年为"不爱江山爱美人"的温莎公爵的婚礼设计过胸饰;1939年为埃及王后纳丝莉(Queen Nazli)、公主法西雅及其他多名王室成员设计过王冠、颈饰、耳环、手镯等。1957年,摩纳哥王子雷尼尔(Prince Rainier)任命梵克雅宝为王室的饰品御用店。1978年,王妃葛莉丝在其女儿卡洛琳公主的婚礼上,也佩戴了一顶由梵克雅宝特制的华丽王冠。而王妃葛莉丝更是拥有大大小小梵克雅宝特制的王冠不下10顶。如今,当红影星章子怡也非常醉心于梵克雅宝,在很多场合都可以看到她佩戴梵克雅宝的曼妙身姿。梵克雅宝赢尽天下女人的欢心,伊丽莎白·泰勒、索菲亚·罗兰、奥戴利·赫本、莎朗·斯通、茱利亚·罗伯茨,包括已经逝去的戴安娜王妃等,都是它的忠实顾客。

八、中国著名的珠宝首饰品牌简介

1. 周大福(Chow Tai Fook)珠宝

周大福金铺,1929年由周至元创立于广州,随后迁往澳门,再辗转迁移至香港,并正式成立珠宝金行。郑裕彤的出现,是"周大福"的转折点,这位周大福金铺的小伙计,凭借着刻苦努力和聪明才智,逐步做到了周大福的金铺掌管,并最终在香港开设分行,在20世纪60年代,周大福由郑裕彤先生接手经营,其后他首创的999.9纯金首饰,成为黄金首饰业的成色典范。90年代初,周大福决定以成本加上合理的利润制定"一口价",现已成为了"货真价实"的另一代名词。周大福历经70余年的风风雨雨,逐步奠定了其在香港珠宝首饰业品牌的龙头地位。周大福在内地的成功,并不仅仅依赖于规模化的战略扩张,多年老字号的品牌、信誉、品质和服务,也给予了"周大福"无尽的力量支持。

周大福经营珠宝首饰已有80多年的历史,素以卓越的工艺技术和创新的首饰设计,驰誉珠宝首饰业界,现为香港及中国最著名珠宝首饰品牌,其销售网络遍布香港、澳门、中国内地60多个城市共逾1000多个销售网点,并积极拓展东南亚市场。每年销售额达10亿美元。

周大福主要经营珠宝首饰零售、批发和制造业务。周大福销售货品种类繁多,款式新颖独特,极具品味,包括999.9纯金首饰、钻石、宝石、玉器、南洋珍珠、日本养珠首饰等;公司更直接向意大利选购最流行的K金首饰;位于香港、澳门的周大福更有代理世界名牌钟表,为顾客带来多元化的选择。

周大福向来以忠诚、服务作为待客之道,赢尽口碑。2007年荣膺《中国500最具价值品牌》排行榜第56位,评估品牌价值为108.93亿元人民币,成为前200位的唯一珠宝首饰品牌。

2. 谢瑞麟(TSL)珠宝

谢瑞麟(TSL)珠宝,由其创办人谢瑞麟先生1960年创建于香港,经过几十年的潜心经营,其业务遍及世界各地。"谢瑞麟珠宝"通过与中国企业的合作,在内地各主要城市开设了近百家"谢瑞麟珠宝"专卖店。向世人展示近乎完美的设计和工艺精湛的谢瑞麟珠宝首饰。

谢瑞麟(TSL)珠宝,主要从事珠宝首饰的设计、零售、出口及制造业务。创建之初于小型工场制造珠宝首饰,1971年正式成立谢瑞麟珠宝有限公司,并在1987年于香港联合交易所有限公司上市。现时集团分别在亚洲区多个大城市设有超过120间分店及销售点,包括北京、上海、广州、香港及吉隆坡等地。集团于2005年4月推出全新形象广告,推广覆及亚洲各主要大城市。除建立本身TSL品牌以外,更于去年陆续在中国大陆开设以爵士乐为主题的副品牌"谢瑞麟(Saxx)",为珠宝店注入新元素,切合新一代中国年轻及赶潮流的顾客需要。

谢瑞麟(TSL)珠宝,一直致力于提供优质产品及服务而备受业界推崇,于2004年5月,再一次荣获由超级品牌公司颁发"香港超级品牌"的美誉,获得超级品牌所必须具备的条件,包括商誉、客户忠诚度及整体市场接受程度。

在珠宝设计方面,集团一直以创新设计而备受业界推崇,历年屡获本地及国际珠宝设计比赛大奖。2004年5月,TSL的首席设计师在戴比尔斯集团成员公司国际钻石商贸公司(DTC)所举办的主题为《钻石:大自然的奇迹》设计比赛中,从300多位来自世界各地参赛者中脱颖而出,成为香港的得奖者之一。

3. 周生生(Chow Sang Sang)珠宝

周生生于1934年在广州开展业务,并于1973年在香港上市,为香港第一家珠宝业股票上市公司。作为集团主要业务,周生生珠宝金行有限公司为全资经营,是大中华地区著名珠宝饰品制造及零售商,故在集团内有着重要的角色。

周生生集团在中国、香港及台湾三地员工超过2 000人。集团主要三线业务分别为珠宝首饰零售及制造、贵金属批发及证券期货经纪。集团旗下周生生珠宝金行有限公司为珠宝制造零售业中众认翘楚,2005年全年之珠宝零售营业额达23.81亿港元(约3.06亿美元)。现时在香港共有35间周生生及7间点睛品分店。在台湾及澳门分别有22间及1间点睛品分店。在中国内地各省市设有72间周生生分店,还会陆续在国内增设分店。

集团凭着"四心"服务承诺,致力维护消费权益,令顾客"安心";承诺优质货品,令顾客"称心";诚献周全服务,令顾客"开心";贯彻求善精神,令顾客"铭心"。周生生在香港的零售管理系统已获得 ISO 9001:2000 国际品质证书,其营销队伍历年来在香港各项公开的顾客服务比赛中屡获殊荣,深受零售业界的赞许。周生生品牌除深受香港消费者欢迎外,亦得到了内地顾客的肯定。

4. 六福(Lukfook)珠宝

六福珠宝是来自香港的优质珠宝品牌。六福集团于 1991 年成立,并于 1997 年 5 月于香港联合交易所上市。六福珠宝恪守品牌原则,以优良质量、精湛设计、卓越服务,配合极具特色的装潢形象,赢得顾客信心及认同。时至今天,六福珠宝全球零售店已广泛遍布全国各省市、香港、澳门、新加坡、美国及加拿大,拥有超逾 1000 间店铺,更一直不断拓展,以配合"香港名牌 国际演绎"的企业发展理念。

为提升珠宝首饰产品的生产效益及严格监控产品质量,六福集团自设大型珠宝首饰加工厂房,为全球六福珠宝零售店提供优质产品,以及稳定货源。厂区通过 ISO 9001 质量管理系统及 ISO 14001 环境管理系统认证,证明厂房产品质量水平达到国际标准,环境保护设施得到专业的肯定。六福珠宝坚持"匠心独运,服务为本,以客为先"的原则,为各地顾客悉心提供优质产品及全方位称心服务。秉承"服务为本、以客为先"的理念,集团一直以来不断优化产品及服务,除设有一套完善的售后服务,除了永久免费清洗、刻字服务,另再提供维修、改款服务等。

5. 中国珠宝首饰品牌

为了顺应中国加入 WTO 后,我国珠宝首饰业的发展需要,我国的珠宝首饰行业必须实施品牌战略,使品牌深入到消费者的心中,服务于珠宝首饰行业的发展,中国珠宝玉石首饰行业协会开展了向全国推荐"中国珠宝首饰业驰名品牌"的活动,第一次将中国珠宝首饰行业的知名品牌组织起来,利用协会在行业和社会上的影响力与号召力,对珠宝首饰行业有一定影响力的品牌进行正式推介。经过筛选,46 家企业的品牌入围最后的评选,在中国珠宝玉石首饰行业协会珠宝首饰驰名品牌推选委员会严格而又公正的评选下,16 家珠宝首饰业品牌荣获了中国珠宝玉石首饰行业协会首批推荐的"中国珠宝首饰业驰名品牌"称号。2002 年上半年又向全国推介了 24 个驰名品牌,中国珠宝玉石首饰行业协会分两批向全国推出了 40 个驰名品牌,有力地推动了行业内企业的发展,初步形成了重视品牌、宣传品牌、学习品牌、培育品牌的良好风气,充分发挥了品牌产品和品牌企业的"龙头"作用,带动了整个行业的进步,为中国的珠宝首饰业向世界进军打下了坚实的基础。截至 2014 年中国珠宝首饰行业驰名品牌已达 145 个,对中国珠宝首饰产业的发展起到了积极的推动作用。

表 8-1 中国珠宝首饰行业驰名品牌(排名不分先后)

序号	名牌名称	企业名称	序号	名牌名称	企业名称
1	I Do	北京恒信玺利珠宝股份有限公司	74	卡美珠宝	太原市卡美珠宝商贸有限公司
2	Panyu Star	广州穗富珠宝有限公司	75	昆百大珠宝	昆明百货大楼(集团)珠宝经营有限公司
3	艾尚	深圳市富理实业有限公司	76	蓝天	山东蓝天首饰有限公司
4	爱迪尔珠宝	深圳市爱迪尔珠宝首饰有限公司	77	老庙	上海老庙黄金有限公司
5	爱恒信	贵州爱恒信珠宝有限公司	78	老万宝银楼	江苏老万宝银楼有限公司
6	爱恋珠宝	香港爱恋珠宝集团有限公司	79	灵云翡翠	深圳市灵云翡翠珠宝有限公司
7	百爵	深圳市百爵实业发展有限公司	80	六桂福	黑龙江六桂福珠宝首饰有限责任公司
8	百泰	深圳市百泰珠宝首饰有限公司	81	六喜珠宝	成都市温江区龙凤珠宝有限公司
9	宝庆	南京宝庆银楼首饰有限责任公司	82	隆进	深圳市粤豪珠宝有限公司
10	宝瑞源	安徽宝瑞源珠宝有限公司	83	梦金园	山东梦金园珠宝首饰有限公司
11	宝兴金庄	龙岩宝兴珠宝名店有限公司	84	梦美迪	福州泰福珠宝首饰有限公司
12	宝怡珠宝	深圳市宝怡珠宝首饰有限公司	85	梦雅恒珠宝	深圳市梦雅恒实业有限公司
13	菜百首饰	北京菜市口百货股份有限公司	86	勐拱翡翠	云南勐拱翡翠有限公司
14	朝阳珠宝	福建南平市朝阳珠宝首饰有限公司	87	铭记	浙江铭记珠宝有限公司
15	城隍珠宝	上海城隍庙第一购物中心有限公司	88	南洋恒信	北京南洋恒信贸易有限公司
16	萃华	沈阳萃华金银珠宝制品实业有限公司	89	欧诗漫	浙江欧诗漫集团珠宝有限公司
17	翠品屋	昭仪新天地(北京)珠宝有限公司	90	欧特尔	广州市富耀珠宝首饰有限公司
18	戴梦得	骏业珠宝有限责任公司	91	齐鲁金店	济南齐鲁金店有限公司

续表 8-1

序号	名牌名称	企业名称	序号	名牌名称	企业名称
19	德诚	福州德诚首饰有限公司	92	七彩云南	北京七彩云南商贸有限公司
20	蒂恩珠宝	北京蒂恩伟业钻饰珠宝有限公司	93	千年翠钻	江苏省千年翠钻珠宝有限公司
21	地质人	南京地质人珠宝有限公司	94	千禧福	深圳市鹤麟珠宝首饰有限公司
22	东方金钰	深圳市东方金钰珠宝实业有限公司	95	千禧之星	深圳市千禧之星珠宝股份有限公司
23	东方晓鸣	北京东方千鹤珠宝有限公司	96	千叶钻石	北京市千叶世纪珠宝首饰有限公司
24	东华美钻	上海东华钻石饰品有限公司	97	清辉珠宝	湖南伊思丽珍珠有限公司
25	东祥金店	辽宁东祥金店珠宝有限公司	98	阮仕珍珠	浙江阮仕珍珠股份有限公司
26	梵思汀	江苏梵思汀珠宝首饰有限公司	99	瑞恩钻饰名店	北京卓瑞兴业珠宝贸易有限公司
27	福人楼	山东福人楼工贸有限公司	100	瑞峰	江阴市瑞峰珠宝有限公司
28	福源天石	北京福源天石珠宝有限公司	101	瑞麒	深圳市瑞麒珠宝首饰有限公司
29	福泽人珠宝	湖南福泽人珠宝首饰有限公司	102	三星地质	安徽三星地质宝石有限公司
30	富士特和田玉	乌鲁木齐市天山区富士特珠宝玉器城	103	赛菲尔	山东蓝天首饰有限公司
31	公元1895	沈阳萃华金银珠宝制品实业有限公司	104	尚韵首饰	太原市得盛福贸易有限公司
32	瑰宝钻饰	北京瑰之宝经贸发展有限公司	105	石头记	广州石头记饰品有限公司
33	国华商场	北京国华商场有限责任公司	106	斯兰亭	深圳市爱诺达饰品有限公司
34	翰林艺雕	翰林艺雕珠宝（国际）有限公司	107	世纪情	长沙市世纪情百货有限公司
35	航民首饰	杭州航民百泰首饰有限公司	108	泰伦	福州泰伦珠宝首饰有限公司
36	豪庭珠宝	广州豪庭珠宝有限公司	109	阒昱九德	北京九德阒玉珠宝有限公司

第八章 珠宝首饰产品与品牌策略

续表 8-1

序号	名牌名称	企业名称	序号	名牌名称	企业名称
37	豪雅珠宝	东方豪雅珠宝有限公司	110	天宝坊	浙江天宝坊黄金珠宝首饰有限公司
38	和合玉器	新疆和合玉器有限公司	111	天地润	浙江天地润珍珠有限公司
39	和玉缘	北京和玉缘和田玉宝玉石有限公司	112	天世源	西安天世源实业发展有限公司
40	亨得利	南昌亨得利有限责任公司	113	天鑫洋金业	成都市天鑫洋金业有限责任公司
41	恒昌珠宝	北京玉恒兴业商贸有限公司	114	同心首饰	佛山市工艺总厂有限公司
42	恒吉祥	新疆恒吉祥和田玉开发有限公司	115	五一亚秀	山西五一亚秀黄金珠宝有限公司
43	恒久钻石	乌鲁木齐恒久钻石有限公司	116	仙路	深圳市仙路珠宝首饰有限公司
44	恒信	北京恒信玺利珠宝股份有限公司	117	祥金	北京恒丰金威珠宝首饰有限公司
45	华昌首饰	福建省莆田市华昌首饰有限公司	118	新金牌首饰	武汉新世界珠宝金号有限公司
46	华友珠宝	浙江华友珠宝有限公司	119	鑫奉珠宝	辽宁鑫奉珠宝首饰有限公司
47	荟萃楼	吉林省荟萃楼珠宝首饰有限公司	120	鑫瑞隆	江阴今瑞隆珠宝有限公司
48	荟华楼	沈阳荟华楼黄金珠宝首饰有限公司	121	鑫玉泰	青岛鑫玉泰珠宝有限公司
49	吉盟首饰	深圳市吉盟首饰有限公司	122	鑫源	潍坊市鑫源金店有限公司
50	嘉乐祥珠宝	深圳市嘉乐祥珠宝饰品有限公司	123	星光珠宝	安徽星光珠宝有限公司
51	嘉瑞珠宝	浙江嘉瑞珠宝连锁有限公司	124	星光达	深圳市星光达珠宝首饰实业有限公司
52	简金品	深圳市隆进实业发展有限公司	125	香港旭日珠宝	无锡市旭日珠宝首饰有限公司
53	皆是缘	常州金店有限公司	126	亚秀	山西五一亚秀黄金珠宝有限公司
54	金百福	深圳市金百福珠宝首饰有限公司	127	亚一金店	上海亚一金店有限公司

续表 8-1

序号	名牌名称	企业名称	序号	名牌名称	企业名称
55	金伯利钻石	上海金伯利钻石有限公司	128	亿福	山东亿福金业珠宝首饰有限公司
56	金大生	深圳市金尔曼珠宝首饰有限公司	129	伊丽罗氏	北京伊丽罗氏珠宝有限责任公司
57	金尔曼	深圳市金尔曼珠宝首饰有限公司	130	伊莲珠宝	无锡市伊莲珠宝有限公司
58	金和缘珠宝	成都金和缘珠宝有限公司	131	依强珠宝	福州依强珠宝首饰有限公司
59	金凰首饰	武汉市金凰珠宝有限公司	132	银星金店	大同银星金店有限公司
60	金辉珠宝	天津开发区金辉珠宝有限公司	133	玉翠山庄	深圳市粤豪珠宝有限公司
61	金嘉利	福建省莆田市金嘉利珠宝有限公司	134	玉生源	南京市建邺区玉生源工艺品销售中心
62	金兰	湖北金兰首饰集团有限公司	135	玉顺行	安徽顺行珠宝有限公司
63	金鹭首饰	厦门市金鹭首饰有限公司	136	悦灵	无锡市悦灵工艺品有限责任公司
64	金美福	郑州金美福珠宝有限公司	137	云地矿珠宝	云南地矿珠宝有限公司
65	金诺	扬州金店有限公司	138	招金	山东招金卢金匠有限公司
66	金鑫珠宝	洛阳上百金鑫珠宝有限公司	139	兆亮珠宝	深圳市姚氏珠宝首饰有限公司
67	金星	河南金星首饰行有限公司	140	真牌珠宝	深圳市真牌珠宝金行有限公司
68	金兄弟	浙江金兄弟珠宝名表有限公司	141	中川珠宝	成都华蜀珠宝首饰有限公司
69	金雅艺首饰	深圳市金雅艺珠宝首饰有限公司	142	周大金	深圳市海漫尼实业发展有限公司
70	金玉翠福	北京金玉翠福珠宝有限公司	143	周大生	深圳市周大生钻石首饰有限公司
71	晶永恒珠宝	深圳市晶永恒珠宝有限公司	144	卓尔珠宝	广州市汇福首饰工艺有限公司
72	晶元珠宝	安徽晶元珠宝有限公司	145	钻之韵	深圳市钻之韵珠宝首饰有限公司
73	卡蒂尼	深圳市卡蒂尼实业有限公司			

资料来源:中国珠宝玉石首饰行业协会

随着中国珠宝首饰产业与世界经济的接轨,树立珠宝首饰品牌,已成为许多珠宝首饰企业的共识,珠宝首饰市场未来的竞争,归根到底就是品牌的竞争。因此,许多珠宝首饰企业把品牌建设放在企业发展的重要地位。中国珠宝玉石首饰行业协会推行品牌战略,拉开了我国珠宝首饰行业树立民族品牌,以行业整体形象迎接入世后,与国外珠宝首饰品牌竞争的序幕,品牌战略除了帮助企业提高综合实力,扩大品牌影响和市场占有率外,也将引起社会各界和政府有关部门的关注,有利于加快有关政策法规的制定和市场的规范化发展。

近年来,珠宝首饰企业的品牌建设取得了重要的进展,由世界品牌实验室和世界经理人周刊联合发布的 2013 年第十届和 2014 年第十一届《中国 500 最具价值品牌》中,分别出现了 13 个和 12 个珠宝首饰企业品牌,这是非常值得欣喜的,见表 8-2。

表 8-2 第十届、第十一届《中国 500 最具价值品牌》中的珠宝首饰品牌

品牌名称	品牌拥有机构	2013 年		2014 年	
		品牌排名	品牌价值(亿元)	品牌排名	品牌价值(亿元)
周大福	周大福珠宝金行有限公司	44	327.85	43	458.36
金自尊	金自尊珠宝(香港)有限公司	156	123.39	144	143.22
周大生	周大生珠宝股份有限公司	159	122.26	147	141.98
老凤祥	上海老凤祥有限公司	166	116.72	164	136.92
潮宏基	广东潮鸿基实业股份有限公司	164	120.86	173	129.36
老庙	上海老庙黄金有限公司	195	94.18	185	116.71
亚一	上海亚一金店有限公司	258	74.26	256	85.37
东方金钰	东方金钰股份有限公司	294	65.72	287	77.37
瑞恩	北京卓瑞兴业珠宝贸易有限公司	308	64.58	311	74.04
钻石世家	广东钻石世家国际珠宝有限公司	385	36.85		
SJONO 世纪缘	山东世纪缘珠宝首饰有限公司	415	30.25	386	45.06
华昌珠宝	华昌珠宝有限公司	407	31.86	406	37.68
蒂爵珠宝	深圳市蒂爵珠宝有限公司	460	24.42		
客莱谛	云南客莱谛珠宝有限公司			475	28.65

资料来源:世界品牌实验室,2013,2014

第四节　珠宝首饰产品与珠宝首饰包装

一、包装的含义与作用

商品的包装，泛指用于盛装、裹束、保护货物的容器或包扎物。它是"为在流通过程中保护产品、方便储运、促进销售，按一定技术方法而采用的容器材料及辅助物等的总体名称。"一般的商品包装可以进一步细分为内包装、外包装和运输包装。

1. 包装的功能

商品的包装具有以下四个方面的功能：

（1）保护和容纳的功能。经过包装后的商品，可以使商品免受重压、振动和冲撞的损害。这也是商品包装的基本功能。

（2）方便的功能。经过包装后的商品，便于运输、储存和销售。

（3）促销的功能。包装可以传达商品信息，现代商品包装设计的一个明显的发展趋势，就是把商品包装的保护功能与表现商品的形象和广告宣传结合为一体，称为 POP 包装（售货点广告包装），可以起到宣传和促销商品的作用。

（4）提高商品档次的功能。精美的包装能增加商品的魅力，起到提高商品档次的作用，这点在珠宝首饰营销中尤其重要，如果一件精美的首饰配以低档的商品包装，将对珠宝首饰营销产生阻碍作用。

2. 商品包装对消费者的心理作用

商品的包装可以对消费者的心理起到以下作用：

（1）吸引注意和诱发兴趣。在商品市场中，醒目的包装易吸引和诱导消费者，具有艺术感、时代感和名贵感的商品包装，能激发消费者的购买兴趣和购买行为。在商品市场上，一些高质量的商品包装，即使提高了商品的售价，消费者也往往出于某种心理动机而乐于购买。

（2）促进对商品的认识。包装上一般都用图案、文字显示所包装商品的种类、规格、型号、式样以及性能、特点、使用方法等内容。消费者能够在接触商品包装的同时获得商品的有关信息，加快消费者认识商品过程的感知、思维、情感、意志等心理活动的速度。在提供商品信息方面，包装可以起到"缄默的售货员"的作用。

（3）有利于形成商品意象。商品的包装同品牌一样，也是一种产品的知觉线索。它通过可视的商品实物或逼真的彩色图案,使消费者产生"眼见为实"的心理效果,比一般广告更容易给消费者产生信任感和留下印象。

(4)产品质量的知觉线索。一般来说,消费者在购买商品时,先看到的是包装而不是商品。所以,包装本身就成了消费者判断商品质量的一种重要的知觉线索。这一线索包括包装上的信息、设计、材料、颜色等要素。在化妆品行业有一句名言:"设计精美的香水瓶是香水最佳的推销员。"这点对珠宝首饰行业来说,也应该是颇有借鉴意义的。

二、包装在珠宝首饰产品中的作用

珠宝首饰是一种高档的耐用消费品,即所谓的贵重商品。人们在购买时,或多或少总带有某种心理动机或寓意。因此,珠宝首饰的包装,在珠宝首饰营销过程中有着极其重要的作用。设想如果一件精美的珠宝首饰,包装在一个极其简陋的包装盒中,这样的珠宝首饰,尽管质量很好,可能也是很难成交的。

对珠宝首饰的包装最基本的要求,就是要能烘托出珠宝首饰商品的高贵、典雅和艺术性。一件精美的首饰,如果没有精美的包装来衬托,就如同一簇缺少绿叶的红花,必然显得单调无味、奢华有余而美感不足。一个较大的饰物盒可"夸张"地包装一件较小的饰物,一个尺寸适度的首饰盒,又可使一件较大的饰物显得纤巧玲珑。精美的首饰包装,对高档贵重的首饰可以起到画龙点睛的作用,对拓展珠宝首饰市场有着很大的帮助,同时精美的首饰包装,又可使消费者在购买价格较为低廉的首饰时,感受到更加物有所值。放置于精美首饰盒内的戒指,首饰盘上的项链,在柔和的灯光照射下,将会产生一种和谐的美感,使消费者产生赏心悦目的感觉,将有利于促进消费者的购买欲望。因此,珠宝首饰的包装可以起到重要的促销作用。

一般来说,包装珠宝首饰所用的材料,应尽量选择使用质软、耐用、牢固的材料,首饰盒和首饰袋的做工一定要精致。首饰盒的形状可以依据首饰的款式及所选用的宝石而改变,如方形、圆形、椭圆形、心形、桃形等。首饰盒的使用应方便、灵活,并且便于携带。

总之,一件珠宝首饰产品,要在市场上销售得出去,必须做到以下几点:

(1)珠宝首饰产品要能满足消费者的欲望,因为各个年龄层次、性别、家庭经济状况不同的消费者,对珠宝首饰产品有着不同的购买欲望。例如,年轻人需要一些新潮、时髦的款式,而且价格又不高的珠宝首饰产品,来满足他们个性化的要求。

(2)珠宝首饰企业要充分了解消费者对珠宝首饰产品的选择能力已不断扩大,市场不再是卖家的天下,消费者具有更多的选择机会,可以经过"货比三家"

以后，再选定自己喜欢的首饰产品。因此，对于珠宝首饰营销企业来说，就要想方设法迎合消费者的需求与爱好，设计、制作和销售适合消费者需要的珠宝首饰产品。

(3) 由于珠宝首饰市场处在不断的变化之中，要想使自己的产品在这样多变的市场中脱颖而出，创造出属于自己风格的产品，便是一个有效的方法。用同样的材料，花费同样的人工，做出与众不同的设计，就能在利润上有所增加，并使其在市场竞争中处于有利的地位。

(4) 对于珠宝首饰产品的制造商来说，应尽可能地利用新技术、新工艺，设计出新款式，以满足消费者的需求。对于珠宝首饰产品零售商来说，应尽可能多地选择一些货品，以便消费者有更多的选择珠宝首饰货品的机会，并以此吸引更多的潜在消费者上门选购。

小　结

珠宝首饰产品是一类不具比拟性的特殊商品。它同时具备自然和社会两方面的属性。就自然属性而言，是一大类天然珍稀材料。当它被人为地赋形、赋意之后，就有了一定的社会属性，并具备了一定的社会功能。珠宝首饰产品的自然属性与社会属性，共同构成了这样一类特殊商品的内涵，也确定了其价值。珠宝首饰的社会属性，包括经济属性和文化属性两个方面。珠宝首饰的经济属性表明它既是效益产品，又是有价商品；而珠宝首饰的文化属性，其内涵更为广泛，也是珠宝首饰社会属性的基础和自然属性的延展。

珠宝首饰产品具有明显的特殊性，与珠宝首饰的设计有着密切的联系，并且在珠宝首饰营销中发挥着重要的作用。首饰的艺术性越高，实用性越强，其商品性也就越好。

在珠宝首饰业，品牌一直是行业和企业最为关注的"热点"。我国目前还没有在国际上真正有影响力的珠宝首饰品牌。品牌的建立和维护需要长期的积累和大量的投资，尤其在广告和促销方面。品牌一旦获得成功，便成为企业重要的无形资产，品牌的扩散效应和放大效应，将为企业的发展带来巨大的作用。一个好的品牌，可以树立起企业良好的信誉，可以通过消费领域的传导和流通范围的扩展，迅速扩大产品的影响力，赢得越来越多消费者的信赖。其信誉可以从一个产品放大到一组产品，从一个品牌放大到一系列的品牌，从品牌形象放大到企业形象，由此带来的经济效益，也会起到放大作用或乘数作用。

第九章　珠宝首饰价格策略

价格作为一种十分复杂的经济现象,它的运作不仅涉及到企业经济活动的各个方面,而且也会影响到一种产品或一个企业生存和发展的过程。因此,在营销活动过程中,价格并不是仅仅意味着定价方法与技巧的简单组合,而是要将企业整体的价格工作作为一个系统,在企业整体的生产经营活动中加以考察。对于企业来说,必须正确处理企业内部不同产品价格之间,本企业产品价格与竞争产品价格之间,产品价格与替代产品价格之间的关系,以及企业营销活动过程中的经营价格策略与其他相关策略(如产品策略、渠道策略、促销策略等)之间的关系。本章着重介绍珠宝首饰的价格特点、珠宝玉石的质量评估、影响珠宝首饰价格的因素以及珠宝首饰产品的定价策略等内容。

第一节　珠宝首饰的价格特点

一、珠宝首饰的品种和档次的划分

珠宝首饰业中常把不同种类的宝石划分为高档、中档、低档三类,这种划分的主要依据是:①宝石本身的美丽、耐久和稀有程度;②商业价值;③国际珠宝市场的供求状况。根据不同国家(民族)的传统心理和消费习俗,通常把钻石、红宝石、蓝宝石、祖母绿、优质猫眼、变石、黑欧泊和特级翡翠,列属高档宝石,它们的价格异常昂贵,每克拉几千至数万美元不等,而且价格有增无减,尤其是特大的珍品和具有历史价值的收藏品,更是价值连城。

此外,将有色宝石中颜色鲜艳、透明度好,具有一定硬度且质量较好的品种,如金绿宝石、尖晶石、坦桑石、白欧泊、紫晶、黄晶、橄榄石、石榴石、绿柱石、海蓝宝石、碧玺、托帕石、锂辉石、红柱石、坦桑石、锆石、方柱石、月光石、青金石、绿松石、珍珠、和田玉(羊脂白玉),以及商业级翡翠等统归中档宝石,它们在珠宝市场上的价格远低于同质量的高档宝石,一般为每克拉几十至数百美元,但极少数稀有优质的中档宝石的每克拉售价可达数千美元,如翠榴石、优质珍珠等。一些具特殊光学效应(星光效应、猫眼效应)的宝石档次,等同其所属宝石的档次品级。

低档宝石一般产量较大,硬度相对较低,如玛瑙、玉髓、水晶、岫玉、孔雀石、萤石等,其售价较低。关于宝石档次的划分,目前,国际上尚无统一的划分标准,表 9-1 列出了宝石档次的基本特点,仅供参考。

表 9-1 宝石档次划分及特征简表

档　次	高　档	中　档	低　档
颜　色	钻石为无色,其他宝石颜色鲜艳	鲜艳	从无色至各种颜色
硬　度	>7.5	5~8	3~6
宝石特性	好	中等	较差
产　量	极少	较多	多
需求量	大	较大	一般
加工难易程度	难	较难	易
价格特点	高:每克拉数千至数万美元	中等:每克拉数十至数百美元	低:每克拉数元至数十美元
举　例	钻石、红宝石、蓝宝石、祖母绿、优质猫眼石、特级翡翠等	碧玺、坦桑石、海蓝宝石、托帕石、尖晶石、珍珠、商业级翡翠等	玛瑙、玉髓、水晶、岫玉、孔雀石、萤石等

二、珠宝首饰的价格特点

各种不同类型的珠宝玉石一般均以质论价,但它毕竟是一种高档耐用且非国计民生必需的纯消费品。因此,世界各国在确定其价格时,常表现出极大的灵活性,很多因素均可影响到它们的价格。例如质量的优劣、重量或块度的大小、首饰的款式、加工制作的工艺技术水平等,这些都是确定珠宝首饰产品价格的主要因素。此外,还受到社会习俗、时代风尚、国际政治、经济、金融形势以及消费者的心理因素的影响等,有时这种影响还是很大的。总之,从 20 世纪 50 年代以来,国际上珠宝玉石的市场价格,总体来说呈上涨的趋势。且各种不同类型宝石的价格相差是极为悬殊的,具体表现为以下特点:

(1)不同品种和档次的宝石,其价格可以相差几倍、几十倍,甚至几千倍至数万倍,或更大。

(2)同一品种和档次的宝石,由于质量品级和重量大小的不同,其价格之差可以是几倍、十几倍、几十倍至几百倍。

(3) 同一品种、同一质量品级的宝石,由于人为或社会因素的影响,其价格也可以有所不同。

(4) 同一品种、同一质量品级的宝石,由于供求状况的不同,其价格也会有所变化。

第二节 珠宝玉石的质量评估与价格

在商品经济社会中,珠宝首饰产品是集装饰和保值于一体的耐用消费品。毫无疑问,珠宝首饰产品的价格高低,是衡量宝石珍贵和保值程度的最直接、最客观的标志,而珠宝首饰产品的价格高低与宝石质量的评估有着密切的联系。

一、钻石的质量评估与价格

钻石的质量评价是以"4C"作为标准的,国际上较有影响的钻石分级标准和机构,如美国宝石学院(GIA)的钻石分级体系、国际金银珠宝首饰联盟(CIBJO)的钻石分级规则、国际钻石委员会(IDC)的钻石分级标准,以及比利时的钻石高阶层议会(HRD)、北欧斯堪的纳维亚钻石委员会(Scan. D. N)的钻石分级标准,以及我国国家质量监督检验检疫总局颁布的钻石分级国家标准(GB/T16554-2010),都是以"4C"标准作为基础的。钻石的"4C"质量评价标准,指的是钻石的颜色(Colour)、净度(Clarity)、切工(Cut)和克拉重量(Carat Weight),在评价钻石过程中,"4C"是彼此相关而又缺一不可的。

1. 颜色(Colour)

钻石的颜色分级,是随着科学技术的不断进步和钻石贸易在全球的不断扩展,而逐步发展起来的,最初的钻石颜色分级名是用出产钻石的矿山名称来命名的。例如,亚格钻、韦塞尔顿钻、开普钻等。这种颜色分级带有很大的主观性和随机性,缺乏统一的标准,不同的钻石商人对钻石的颜色有不同认识和命名方法,这样对钻石贸易和钻石的颜色研究等都是不利的。在这种情况下,美国宝石学院(GIA)在深入研究和大量总结前人经验的基础上,制定出了一套钻石的颜色分级方法,即以英文字母 D 代表最高的颜色等级,向下依次为 E,F,G,……,Z,这一钻石颜色分级方法,已被珠宝业界广泛接受,也是最常使用的钻石颜色分级方法。除此之外,在欧洲的一些国家,以及一些国际钻石贸易机构中,对钻石的颜色也有不同的标定方法。例如,比利时的钻石高阶层议会、国际金银珠宝首饰联盟、国际钻石委员会、北欧的斯堪的纳维亚地区等。上述国家和机构的钻石颜色定名和分级见表9-2。

表9-2 不同国家、地区、机构的钻石颜色等级划分表

美国宝石学院（GIA）	中国 GB/T 16554—2010		国际金银珠宝首饰联盟（CIBJO）	比利时钻石高层议会（HRD）	国际钻石委员会（IDC）	斯堪的纳维亚区（Scan. D. N.）
D	D	100	Exceptional White⁺		Exceptional White⁺	Rarest White
E	E	99	Exceptional White		Exceptional White	
F	F	98	Rare White⁺		Rare White⁺	Rare White
G	G	97	Rare White		Rare White	
H	H	96	White		White	White
I	I	95	Slightly Tinted White		Slightly Tinted White	Slightly Tinted White
J	J	94				
K	K	93	Tinted White		Tinted White	Tinted White
L	L	92				Slightly Yellowish
M	M	91	Tinted Colour 1		Tinted Colour 1	Yellowish
N	N	90				Light Yellow
O	<N	<90	Tinted Colour 2		Tinted Colour 2	
P						
Q			Tinted Colour 3		Tinted Colour 3	Yellowish
R						
S–Z			Tinted Colour 4		Tinted Colour 4	Yellow

美国拉帕波特钻石报价表（Rapaport Diamond Report），是由钻石经纪人 Martin Rapaport 创建于20世纪70年代末，定期由位于美国纽约第47街的珠宝杂志发布。在钻石产业中拉帕波特钻石报价表，提供钻石珠宝商、钻石批发商与钻石加工厂在买卖交易钻石时，有一市场行情的参考价格，让买方或卖方能够更具效能且更有保障。拉帕波特钻石报价表的钻石等级，依据的是美国宝石学

院(GIA)的钻石分级标准,圆钻型钻石报价表每周发布一次,在国际互联网上于周四午夜发出,邮寄于周五发出,花式琢型的钻石报价表每月第一个周五发布。该报价表包括了钻石重量从 0.01~5.99ct,以及 10.00~10.99ct 的特大钻石的报价,钻石的颜色级别从 D—M 色,净度级别从内部无瑕级(IF)至三级重瑕级(I_3)的圆钻型钻石的报价(见表 9-3)。

表 9-3 2014 年 5 月 2 日的拉帕波特钻石报价表   (单位:百美元)

Diamond Report:(0.01~0.03ct) 05/02/14 Rounds								
	IF~VVS	VS	SI_1	SI_2	SI_3	I_1	I_2	I_3
D~F	12.5	10.0	7.3	6.0	5.0	4.6	4.0	3.3
G~H	10.0	8.5	6.5	5.5	4.6	4.3	3.8	3.0
I~J	7.5	6.8	5.8	5.0	4.4	4.2	3.5	2.7
K~L	4.0	4.2	3.9	3.5	3.1	2.6	2.2	1.6
M~N	3.6	3.0	2.4	2.1	1.8	1.5	1.3	1.0
Diamond Report:(0.04~0.07ct) 05/02/14 Rounds								
	IF~VVS	VS	SI_1	SI_2	SI_3	I_1	I_2	I_3
D~F	11.5	9.0	7.2	5.9	5.0	4.5	3.9	3.2
G~H	9.0	8.0	6.4	5.4	4.4	4.2	3.7	3.0
I~J	7.5	6.8	5.8	5.0	4.3	4.0	3.4	2.8
K~L	5.1	4.5	4.1	3.5	3.2	2.7	2.3	1.8
M~N	3.8	3.2	2.6	2.3	2.0	1.7	1.4	1.1
Diamond Report:(0.08~0.14ct) 05/02/14 Rounds								
	IF~VVS	VS	SI_1	SI_2	SI_3	I_1	I_2	I_3
D~F	12.0	10.0	7.8	6.5	5.8	5.1	4.4	3.8
G~H	10.0	8.8	7.0	6.0	5.6	4.6	4.0	3.6
I~J	8.5	7.5	6.4	5.5	5.0	4.5	3.9	3.3
K~L	6.7	6.0	5.2	4.4	3.8	3.3	2.8	2.3
M~N	4.5	4.0	3.5	3.1	2.8	2.3	1.8	1.4
Diamond Report:(0.15~0.17ct) 05/02/14 Rounds								
	IF~VVS	VS	SI_1	SI_2	SI_3	I_1	I_2	I_3
D~F	13.5	12.2	8.7	7.5	6.7	5.5	4.6	3.9
G~H	12.0	10.2	8.0	6.7	5.8	4.9	4.1	3.6
I~J	10.0	8.8	7.0	6.1	5.2	4.5	4.0	3.3
K~L	7.5	7.0	5.4	4.9	4.0	3.5	2.9	2.4
M~N	5.5	4.6	3.9	3.4	3.1	2.4	1.9	1.7

续表 9-3

Diamond Report：(0.18～0.22ct) 05/02/14 Rounds

	IF～VVS	VS	SI_1	SI_2	SI_3	I_1	I_2	I_3
D～F	15.0	13.0	9.3	8.3	7.3	6.0	5.0	4.2
G～H	13.5	11.5	8.9	7.5	6.6	5.5	4.7	3.8
I～J	11.0	9.9	7.7	6.6	5.6	4.9	4.2	3.6
K～L	9.0	7.7	6.4	5.4	4.6	4.1	3.2	2.6
M～N	7.5	6.6	5.4	4.3	3.8	2.9	2.2	1.8

Diamond Report：(0.23～0.29ct) 05/02/14 Rounds

	IF～VVS	VS	SI_1	SI_2	SI_3	I_1	I_2	I_3
D～F	19.0	17.0	12.3	10.4	9.0	7.5	6.0	4.8
G～H	17.0	14.5	10.5	9.6	8.4	7.0	5.3	4.4
I～J	14.0	11.8	9.0	7.8	7.0	5.8	4.6	4.0
K～L	11.8	10.0	7.6	6.8	6.2	4.8	3.8	3.0
M～N	9.5	8.1	6.5	5.8	5.0	3.6	2.9	2.2

Diamond Report：(0.30～0.39ct) 05/02/14 Rounds

	IF	VVS_1	VVS_2	VS_1	VS_2	SI_1	SI_2	SI_3	I_1	I_2	I_3
D	43	35	32	30	29	26	25	20	16	11	7
E	35	31	29	28	27	25	24	19	15	10	6
F	31	29	27	26	25	24	23	18	14	9	6
G	29	28	26	25	24	23	22	17	13	8	5
H	27	26	25	24	23	22	21	16	12	8	5
I	25	24	24	23	22	21	20	15	11	7	5
J	23	22	22	21	20	19	18	13	10	7	4
K	19	18	18	17	16	15	14	10	8	6	4
L	17	16	15	14	13	12	10	9	6	5	3
M	15	14	14	13	12	11	9	8	5	4	3

Diamond Report：(0.40～0.49ct) 05/02/14 Rounds

	IF	VVS_1	VVS_2	VS_1	VS_2	SI_1	SI_2	SI_3	I_1	I_2	I_3
D	49	43	38	36	34	31	28	23	18	12	8
E	43	38	35	34	32	29	27	22	17	11	7
F	38	35	33	32	30	27	25	21	16	11	7
G	35	33	32	31	29	26	24	20	15	10	6
H	32	31	30	29	27	25	23	19	14	9	6
I	28	27	26	25	24	23	22	18	13	8	6
J	26	25	24	23	22	21	20	15	12	8	5
K	22	21	20	19	18	17	16	12	10	7	5
L	20	19	18	17	16	15	14	10	8	6	4
M	18	17	17	16	15	14	12	9	7	5	4

续表 9-3

Diamond Report：(0.50~0.69ct) 05/02/14 Rounds

	IF	VVS$_1$	VVS$_2$	VS$_1$	VS$_2$	SI$_1$	SI$_2$	SI$_3$	I$_1$	I$_2$	I$_3$
D	87	68	59	52	49	40	34	27	22	16	11
E	67	58	53	49	45	38	32	26	21	15	10
F	57	53	50	47	43	35	30	24	20	14	10
G	54	48	45	42	40	33	28	22	19	13	9
H	48	43	40	39	37	31	27	21	18	12	8
I	41	38	35	34	32	28	25	20	16	11	8
J	33	31	29	28	26	25	24	19	15	11	7
K	28	26	24	23	22	21	20	16	13	10	7
L	24	23	22	21	20	19	17	13	11	9	6
M	22	20	19	18	17	16	15	11	9	7	5

Diamond Report：(0.70~0.89ct) 05/05/14 Rounds

	IF	VVS$_1$	VVS$_2$	VS$_1$	VS$_2$	SI$_1$	SI$_2$	SI$_3$	I$_1$	I$_2$	I$_3$
D	103	84	72	65	61	53	45	37	30	20	13
E	82	73	67	61	57	50	43	35	29	19	12
F	72	67	60	57	53	48	41	33	28	18	12
G	66	62	56	52	48	44	38	31	26	17	11
H	61	57	51	47	44	41	35	29	24	16	10
I	50	47	44	42	39	36	30	27	22	15	10
J	39	37	34	32	31	29	27	24	20	14	9
K	33	31	28	26	25	24	22	20	17	13	8
L	28	26	25	24	23	22	20	17	15	11	7
M	26	24	23	22	21	19	18	15	12	9	6

Diamond Report：(0.90~0.99ct) 05/05/14 Rounds

	IF	VVS$_1$	VVS$_2$	VS$_1$	VS$_2$	SI$_1$	SI$_2$	SI$_3$	I$_1$	I$_2$	I$_3$
D	152	118	103	88	77	70	62	48	38	22	15
E	118	103	94	79	73	65	59	45	37	21	14
F	103	94	84	74	69	63	55	43	36	20	14
G	93	84	74	69	64	59	52	41	34	19	13
H	85	74	69	63	60	55	49	38	32	18	13
I	70	62	59	55	52	50	44	34	30	17	12
J	54	51	49	47	46	44	39	31	26	16	11
K	44	42	40	38	37	35	32	26	23	15	10
L	39	37	35	34	32	30	27	23	20	14	9
M	36	34	32	30	29	27	24	21	17	12	8

续表 9-3

Diamond Report: (1.00~1.49ct) 05/02/14 Rounds

	IF	VVS$_1$	VVS$_2$	VS$_1$	VS$_2$	SI$_1$	SI$_2$	SI$_3$	I$_1$	I$_2$	I$_3$
D	275	195	170	133	116	88	75	60	47	27	17
E	190	165	133	115	102	85	71	58	45	26	16
F	160	133	116	107	92	82	69	56	44	25	15
G	130	116	106	91	85	78	66	54	43	24	14
H	106	98	89	81	77	71	63	51	41	23	14
I	88	83	76	72	69	66	59	47	37	22	13
J	75	70	67	64	60	57	54	42	32	20	13
K	63	60	57	55	53	50	46	37	30	18	12
L	54	52	50	48	46	44	40	34	28	17	11
M	47	43	40	38	36	34	31	27	25	16	11

Diamond Report: (1.50~1.99ct) 05/02/14 Rounds

	IF	VVS$_1$	VVS$_2$	VS$_1$	VS$_2$	SI$_1$	SI$_2$	SI$_3$	I$_1$	I$_2$	I$_3$
D	336	243	211	177	155	115	93	72	54	31	18
E	238	206	177	160	142	112	90	70	51	30	17
F	206	177	153	140	127	107	86	67	50	29	16
G	166	150	135	120	115	101	81	65	49	28	16
H	134	125	113	105	100	92	76	61	47	27	16
I	107	102	96	89	85	80	69	56	43	25	15
J	93	86	82	77	72	67	61	49	38	23	15
K	74	70	67	65	62	57	52	43	35	20	14
L	62	60	58	56	54	50	45	38	32	19	13
M	52	49	46	44	42	41	39	33	28	18	13

Diamond Report: (2.00~2.99ct) 05/02/14 Rounds

	IF	VVS$_1$	VVS$_2$	VS$_1$	VS$_2$	SI$_1$	SI$_2$	SI$_3$	I$_1$	I$_2$	I$_3$
D	509	380	340	290	213	160	125	84	65	34	19
E	370	325	285	250	193	155	120	81	63	33	18
F	325	280	250	215	180	145	115	78	61	32	17
G	262	222	200	175	157	135	110	73	59	31	16
H	192	185	175	155	132	120	105	68	56	30	16
I	146	142	134	124	113	105	95	62	52	28	16
J	116	110	106	100	93	90	80	57	48	25	16
K	102	97	93	88	83	80	70	53	43	24	15
L	86	82	78	75	72	65	60	47	38	23	14
M	73	70	68	65	60	55	50	40	31	22	14

续表 9-3

Diamond Report: (3.00~3.99ct) 05/02/14 Rounds

	IF	VVS$_1$	VVS$_2$	VS$_1$	VS$_2$	SI$_1$	SI$_2$	SI$_3$	I$_1$	I$_2$	I$_3$
D	1025	670	580	469	364	235	165	97	78	40	21
E	666	582	490	410	334	215	160	92	73	38	20
F	579	490	412	343	304	195	155	87	68	36	19
G	445	389	340	300	250	180	140	82	66	35	18
H	327	305	276	250	205	155	130	78	64	34	18
I	242	228	217	200	170	135	115	73	60	32	17
J	186	178	176	165	140	120	105	66	54	29	17
K	159	148	144	135	120	105	90	60	48	27	16
L	115	113	111	106	95	80	70	52	42	26	16
M	100	97	94	90	80	70	59	47	34	25	16

Diamond Report: (4.00~4.99ct) 05/02/14 Rounds

	IF	VVS$_1$	VVS$_2$	VS$_1$	VS$_2$	SI$_1$	SI$_2$	SI$_3$	I$_1$	I$_2$	I$_3$
D	1120	760	690	565	440	280	195	105	86	45	23
E	760	690	600	505	420	270	190	100	81	43	22
F	690	595	530	460	380	250	185	95	77	41	21
G	520	465	425	400	325	220	170	90	72	39	20
H	390	370	335	315	270	195	160	85	66	37	20
I	285	270	250	235	205	165	140	80	62	35	19
J	230	220	205	190	170	145	125	70	56	33	18
K	190	180	170	160	145	120	104	65	51	31	17
L	140	130	122	117	105	89	78	59	45	29	16
M	120	110	105	100	90	78	67	54	37	27	16

Diamond Report: (5.00~5.99ct) 05/02/14 Rounds

	IF	VVS$_1$	VVS$_2$	VS$_1$	VS$_2$	SI$_1$	SI$_2$	SI$_3$	I$_1$	I$_2$	I$_3$
D	1520	1043	915	795	610	375	247	115	92	48	25
E	1043	915	819	725	560	345	240	110	87	46	24
F	895	819	730	650	485	320	229	105	82	44	23
G	670	615	550	500	425	280	220	100	78	42	22
H	525	477	438	395	335	245	194	90	73	40	21
I	390	360	345	310	280	215	169	85	68	38	20
J	293	274	258	245	235	185	149	75	63	36	19
K	230	215	200	185	175	149	121	70	58	33	18
L	166	156	146	138	130	113	87	65	48	31	17
M	138	133	128	123	115	102	76	60	40	29	17

续表 9-3

Diamond Report：(10.00～10.99ct) 05/02/14　　Rounds											
	IF	VVS_1	VVS_2	VS_1	VS_2	SI_1	SI_2	SI_3	I_1	I_2	I_3
D	2450	1560	1380	1200	931	590	380	175	107	59	29
E	1560	1380	1235	1075	849	545	370	165	102	57	27
F	1330	1220	1090	950	742	510	360	160	97	55	26
G	1055	975	875	790	650	460	345	155	92	52	25
H	850	780	705	630	529	385	310	136	87	51	24
I	615	585	545	485	427	330	265	121	83	48	23
J	460	440	420	400	359	280	230	112	80	46	22
K	340	325	315	300	267	223	185	102	75	43	21
L	250	240	230	215	194	170	125	90	65	40	20
M	215	205	195	185	170	140	115	80	55	36	19

在报价表上是以克拉重量（Carat）先分类，如报价表中（0.01～0.03ct），这部分只包含有 0.01ct 至 0.03ct 重量的钻石报价。表格的左侧是颜色等级，由上往下钻石的颜色等级依次降低；表格的上方是钻石净度等级，从左到右钻石的净度等级依次降低。唯有钻石切工等级没有出现在拉帕波特钻石报价表上，但报价表是取中等切工等级为基准，极优的钻石切工则价格比参考价要高很多，反之切工极差当然价格比参考价低很多。

需注意的是，不同切工形状的钻石，报价是不同的，拉帕波特钻石报价表都会在报价表上标明适用于何种形状的钻石。关于切工等级的差别或重量的影响，可留意表格间的附注事项。

拉帕波特钻石报价表，是一个在钻石业界具有钻石价格参考与产业市场信息的重要指针。报价表上的价格可以比作"建议性的厂家定价"，是普遍被购销双方认同的一个洽谈价格的依据。实际交易中的成交价，比报价表所标的价格要低。造成拉帕波特钻石报价表上的报价，高于市场流行现货价格的原因有两个：一是与商人和许多消费者之间的诸多竞相加价有关。当商人之间彼此以现金销售时，价格要远远低于商人代销或寄售形式售给零售商的价格，拉帕波特钻石报价表在价格上给商人们留出了足够的余地；二是在某些货品上可能出现因周期短缺，以及容许为特别精良或"理想的"切工标出高价。

拉帕波特钻石报价表上的价格一般高于批发价低于零售价。这个价格是交易中讨价还价时卖方起点要价，而最终成交价随交易量的大小、市场类型、地理位置、品质级别、当时的市场需求情况、付款方式与期限以及其他因素有关。通常，拉帕波特钻石报价比现货商品的价格高出 20%～40%，是以正确比例切工、整体切工良好的钻石报价的。近年来,国际市场的批发价平均折扣大约低于表上的30%,即7折左右。对于切工不好的钻石,其售价比拉帕波特钻石报价表上的价格要低。因此,要根据对市场的调查研究来确定实际折扣。

近期在国内市场上,交易双方的实际成交价大都低于此表很多,最多可达5折,甚至4折,这不是国内市场上的钻石比国际市场便宜,而是国内钻石品质评价中,通常很少考虑切工,从而造成了实际成交价,远低于拉帕波特钻石报价表中价格的虚假现象。

彩色钻石的评价,首先取决于其颜色的成因,即颜色是天然的,还是人工优化过的。对于彩色钻石来说,它的主要魅力在于其独特、稀有的颜色,因此切工、净度等因素不像无色系列钻石那样,严重地影响钻石的质量。所以在评价彩色钻石时,颜色是具有决定意义的。钻石具有何种颜色和这种颜色的稀有程度,在很大程度上将决定这颗钻石的价值。彩色钻石中的黄色、褐色、黄绿色钻石,必须具有较高的颜色饱和度,浅黄、浅褐色钻石则属于色级较低的无色系列钻石,不属于彩色钻石,这些浅色的钻石其价格与彩色钻石相去甚远。在评价彩色钻石时,可以掌握这样一个原则:彩色钻石的颜色越稀有,其价值就越高;颜色越浓,饱和度越高,其价值也就越高。如紫红色的"Hancock"钻石,重0.95ct,其每克拉价格为926 000美元。而一颗20.17ct重的彩色蓝钻,每克拉价格为490 952美元。尽管前者比后者小,色较浅,但因更稀有而使其每克拉价格高出许多。粉红色的彩色钻石就不那么稀有,因此,其每克拉价格也要低许多,一般为75 000美元或略高一些。当然彩色黄钻,因更为常见,其每克拉价格也就更低一些。

在美国,所有彩色钻石必须要有GIA的钻石鉴定证书,注明色源和色彩浓度。

2.净度(Clarity)

净度,是指钻石纯净、透明无瑕的程度,在钻石的"4C"评价中占有重要地位,例如,重量、颜色、切工完全相同的钻石,由于其净度不同,其售价也会出现差别,有时差别还是极其悬殊的。

自然界纯净无瑕的天然钻石十分罕见,绝大多数钻石或多或少都含有瑕疵。珠宝业界公认瑕疵的可见度,以在10倍放大镜下观察为准。当今钻石净度分级,欧美都有大致相同的分级系统,其中以GIA的钻石净度分级系统,在国际珠宝业界影响最大。GIA的钻石净度分级共分为完美无瑕(FL)、内部无瑕(IF)、非常极微瑕(VVS_{1-2})、极微瑕(VS_{1-2})、微瑕(SI_{1-2})、有瑕(I_{1-3}),共六大类十一级。我国的《钻石分级》国家标准(GB/T16554-2010),对钻石净度划分为五大类十一级,不同国家、机构钻石净度等级划分如表9-4。

表 9-4 钻石净度等级划分表

美国宝石学院 (GIA)		中国 GB/T16554-2010		国际金银珠宝首饰联盟(CIBJO)		国际钻石委员会 (IDC)	
完美无瑕 FL		镜下无瑕 LC级	FL	镜下无瑕 LC		镜下无瑕 LC	
内部无瑕 IF			IF				
非常极微瑕	VVS$_1$	极微瑕级	VVS$_1$	极微瑕	VVS$_1$	极微瑕	VVS$_1$
	VVS$_2$		VVS$_2$		VVS$_2$		VVS$_2$
极微瑕	VS$_1$	微瑕级	VS$_1$	微瑕	VS$_1$	微瑕	VS$_1$
	VS$_2$		VS$_2$		VS$_2$		VS$_2$
微瑕	SI$_1$	瑕疵级	SI$_1$	小瑕	SI$_1$	小瑕	SI
	SI$_2$		SI$_2$		SI$_2$		
有瑕	I$_1$	重瑕疵级	P$_1$	有瑕	P$_1$	有瑕	P$_1$
	I$_2$		P$_2$		P$_2$		P$_2$
	I$_3$		P$_3$		P$_3$		P$_3$

由于钻石净度的差异,其价格是有变化的,它会随着市场供求状况而有所变动,但可在商贸活动中作议价时的参考。

3. 切工(Cut)

切工,是指按设计要求对钻石进行切割和琢磨,生产出理想的钻石制品的整个工艺技术过程的总称。在"4C"评价标准中,切工是唯一的一个由人工因素控制和决定的对钻石质量进行评价的标准。切工的好坏对钻石的颜色、净度、重量等都将产生很大的影响。好的切工可使钻石的外形、大小、各部分比例、切磨角度、对称性、颜色、光学效果、重量等方面都能达到理想的要求,同时还能起到掩盖瑕疵的作用(把不易去除的瑕疵,在切磨过程中使它处于不易被人观察到的位置)。

钻石的切磨可有不同的款式,也就是说钻石外表各个刻面的形状、大小和排列组合方式可以不同。但是不管怎样,任何钻石的琢型,都必须遵循这样一个原则,即切磨后的钻石应具有最美的外观、最佳的光学效果和保持该钻石应有的最大重量。对于钻石切磨后的外形美和保持最大重量,一般人都不会感到陌生,而对于最佳光学效果则不太理解,这主要是由钻石本身的物理性质所决定的。钻石无色透明,为各向同性的均质体,具有很高的折射率(2.417)和很强的色散值(0.044)。切工好的钻石,切磨后钻石表面光芒四射,即表现为亮光(白色光线从钻石表面反射出来所见到的强度)、火光(钻石将白色光线分解成光谱内各种颜色的功能)和闪光(钻石移动时,从钻石表面所见到的闪烁光芒)。

当今,世界各国珠宝首饰业界研究和设计的钻石琢型很多,但其中最常见的有圆钻型、椭圆型、心型、祖母绿型、梨型、橄尖型和方型等。其中以圆钻型应用最为普遍,而后几种琢型,则被称为"花式切工"。对于任何一颗钻石原石来说,如果要对它进行切磨时,首先要尽可能地把它切磨成圆钻型,其次才考虑把它切磨成其他的款式。其主要原因是圆钻型钻石,最能体现出钻石所特有的美。

从实际价格上来说,在同等质量条件下,圆钻型切磨的钻石价格最高。相比之下,橄榄型切工价格要低10%,梨型、心型和椭圆型切工价格低20%,祖母绿型切工价格低25%。

4. 重量(Carat Weight)

重量是钻石"4C"评价中最为客观的一个标准,它直接关系到钻石的售价。在钻石贸易中对钻石进行估价和计价时,首先考虑的因素就是它的重量,然后才考虑它的颜色、净度和切工。一般认为钻石重量与其售价之间存在着这样的关系:

$$钻石价格 = (重量)^2 \times 1ct 钻石的市场基本价格$$

此原则是200多年以来钻石定价的基本规则,现仍具有指导意义。

基于重量对钻石售价的无比重要性,人们按重量的不同将钻石分为很多粒级。如著名的戴比尔斯(De Beers)公司把钻石按重量分为2000多个粒级,然后再参考颜色、净度、切工等三个因素,确定每个粒级钻石的售价。由于钻石过于珍贵且售价很高,以致人们认为"克拉"太粗略了,又出现了"分"作为钻石的重量计量单位,1克拉等于100分。在国际市场销售钻石时,要求其重量测定的精度达到1/10分,即1/1000克拉。但是,不论是GIA还是HRD在标明钻石重量时,皆计算到小数点后两位,如1.05ct、0.38ct等。在钻石报价表和日常商贸活动中,不论钻石的重量大小,都是以1克拉单价报价的。对于某颗具体的钻石来说,通常是以钻石重量(克拉数)乘以每克拉单价,计算出钻石的价格。

对于钻石的重量,需要特别注意的是克拉台阶现象。由于大多数人对整数克拉钻石的偏爱,导致钻石价格,在整数克拉处有一阶梯式的增长,称为克拉溢价(Carat Premiums)或克拉台阶,这是市场需求所造成的,也是钻石重量影响价格的基本规律。足1ct或稍重钻石的每克拉价比0.9ct的要高一些,同样,足2ct、3ct的也是如此。简言之,每一整数克拉钻石的每克拉价呈阶梯式增长,至少在10ct以内的钻石均是如此,超过10ct的钻石的溢价现象减弱。市场上常见的1/4、1/3、1/2、3/4等简单分数克拉处,也会出现克拉溢价现象。

克拉溢价现象与钻石质量有关,一般来说,高质量者,克拉台阶很明显,溢价幅度大;相对低质量者,克拉台阶不明显,溢价幅度较小。

因此,由于克拉溢价规律的存在,在钻石加工时必须考虑这一规律。加工技术水平的高低,也反映在是否能尽可能地使钻石重量达到台阶之上,而不是台阶之下。

对于 1~5ct 钻石的重量与价格的评估,一般重量每递增 1ct,相应每克拉钻石单位价格,增加 5%~50% 不等。6~10ct 的钻石,其每克拉单价与 5ct 钻石相差不大,变化亦较平稳。大于 10ct 的钻石,其价格变化几乎无规律可循,很大程度上取决于购买者或收藏者对该钻石的爱求程度。

二、有色宝石的质量评估与价格

国际珠宝首饰市场上有色宝石的价格按高、中、低档次分级,它们的差价也是十分悬殊的。对于同一档次和同一品种的有色宝石论价,又有优质与一般,稀罕色与常见色,自然色与改色,以及净度、切工和重量大小等差价因素。

对于有色宝石来说,最主要的质量评判因素,是以颜色的审美为基础的。评价有色宝石比评价无色透明的钻石要复杂得多,影响的因素更多,但其中最基本、最重要、最关键的是颜色。颜色的美与否(即颜色的好与坏),对宝石价值的影响很大。因此,如何准确地描述有色宝石的颜色,确切地区分颜色之间的微妙差别,是评价有色宝石的基础。评价有色宝石的质量,可以从以下几个方面进行。

1. 颜色

颜色是否美丽,是影响有色宝石价值的最重要的因素,在具体评价有色宝石颜色时,应从正、浓、阳、匀四个方面观察。

(1)正。是指有色宝石颜色的纯度,即色彩的纯度。当混有其他色彩时,色彩就不正了。

(2)浓。是指有色宝石颜色的深浅,也就是颜色的饱和度。

(3)阳。是指有色宝石颜色的明亮程度,也就是颜色的明度。同样浓度的颜色,可以呈现出不同的明亮程度。因此,同样颜色浓度的宝石,有鲜艳和暗淡之分。尤其是颜色中含有褐色调或灰色调时,会影响颜色的明亮程度,变成较暗的颜色。

(4)匀。是指有色宝石颜色分布的均匀程度。如果一颗有色宝石上出现颜色深浅不同,或颜色呈现条带分布、斑状分布,都会影响到该有色宝石的价值。

2. 净度

有色宝石的净度,也是评价其质量的重要因素之一。宝石中的包裹体、杂质(花)、裂隙(纹)等,均会影响到宝石的净度,这些瑕疵的存在,会影响到宝石的颜色和透明度,进而影响到宝石的美观和耐久性。由于有色宝石的种类很多,通常可将有色宝石的净度分为三大类:第一类是净度高的宝石,如海蓝宝石、托帕石、金绿宝石等；第二类是普遍都含有包裹体的宝石，如红宝石、蓝宝石、紫晶等；第三类是几乎都含有包裹体的宝石，如祖母绿、红碧玺等。

评估有色宝石的净度，首先要考虑以下几个因素：一是宝石内含物（或瑕疵）的种类，如宝石中所含的包裹体比外部瑕疵对宝石的影响更大，对宝石的耐久性有影响的内含物，都会使宝石的等级降低；二是内含物的大小，如内含物愈大，则宝石的等级愈低；三是内含物的颜色和明显程度，如内含物的颜色愈深、愈明显，则宝石的等级愈低；四是内含物的数量，数量愈多则等级下降；五是内含物的位置，在宝石中的位置愈明显，则宝石的等级愈低。

总之，在同等质量条件下（其他因素不变的情况下），宝石的净度越高，价值越高；宝石的净度越低，价值也就越低。

3. 切工

有色宝石的切工评价需考虑的因素，包括以下几个方面：

（1）切工的定向。由于部分有色宝石是非均质宝石，具有多色性现象。因此，在切磨时必须考虑切工的定向问题，应使切磨后宝石的台面垂直于光轴方向，只有这样才能使台面得到最纯正和最饱和的颜色，并且使台面不出现多色性现象。否则，如果台面稍微偏离（即不与光轴垂直），都会导致台面颜色不正，或带有其他的杂色等。

（2）切工的类型。有色宝石的切工类型，包括刻面型和弧面型两类。其中刻面型有：椭圆型、圆型、马眼型、祖母绿型、心型、方型、梯型、梨型和混合型等。透明度好的有色宝石，一般都切磨成刻面型，使光线在宝石内折射，显示有色宝石美丽的色彩。一般颗粒小的才切磨成圆型，价值相对较低。透明度差、瑕疵多或含有丝绢状包裹体的有色宝石，一般切磨成弧面型（素面），这种切工可以使宝石的颜色显得更浓一些，可以显示出特殊的光学效应（星光效应、猫眼效应、月光效应等）。

（3）比例及对称性。不论何种切工，首先要看它的轮廓是否符合标准规范要求，对称性要好，如果对称性差，具明显的斜歪感，都会影响到对切工的评价，从而影响宝石的价值。切工的好、坏，对任何琢型的长、宽、厚的比例及角度都是十分重要的，比例必须符合标准和要求。正确的切工，可使光线在宝石内部产生全内反射。如厚度太小，宝石的颜色会变浅，出现"鱼眼"现象；如厚度太大，宝石的颜色会变暗，出现"黑底"现象。这两种情况下，宝石的"火彩"都不好，这样切磨的宝石看上去发"呆"，没有"生气"，宝石的美，由于切工的不完善，而受到了很大的损失。

（4）抛光程度。抛光的优劣，会影响到宝石的光泽，抛光得好，宝石的光泽就强；反之就差，从而影响到宝石成品的质量。因此，抛光程度，也是评价有色宝石切工必须考虑的因素。

4. 重量（粒度）

有色宝石的重量与它的价值有着密切的关系。例如大颗粒的红宝石是非常稀有，在国际珠宝市场上，优质的红宝石比优质的钻石价格还要高。

评价具有星光效应、猫眼效应、月光效应的有色宝石时，除了考虑上述四个因素外，还必须注意星光、猫眼、月光现象的清晰程度，星光的交点是否接近宝石的中心、猫眼的开合是否灵活、月光光带是否带有淡蓝色的晕彩等。

三、翡翠的质量评估与价格

翡翠被誉为"玉石之冠"，对于自古就有崇玉、赏玉的华人，更是具有强烈的历史、文化吸引力。翡翠的价值包括两方面的含义：其一是它的材质价值，即自然属性的价值；其二是它的艺术价值，即文化属性的价值。因此，翡翠的价值高低不仅取决于翡翠本身的质量，而且也取决于接受者内心对它的愉悦程度，即翡翠的价值与人心境的感受程度紧密相关，具体表现在只要喜欢，多少钱都愿买。这就更增加了对翡翠质量和价值评价的复杂性。由此也就不难理解"黄金有价玉无价"这句话的含义了。

翡翠与其他高档宝石不同的是不能仅用重量来衡量它的价值，也就是说，翡翠不能以重量来报价。究其原因是，翡翠是以硬玉矿物为主要成分的块状集合体，而非单晶体，内部变化复杂，不像单晶体宝石那样具有明显的规律性。首先，表现在它的颜色多种多样，并且在一块翡翠上可以出现不同的颜色，在同一颜色的翡翠上，颜色分布又是不均匀的；其次，是由于组成翡翠的矿物颗粒大小不同，即使同一块翡翠上的颗粒大小也可以是不同的，加之结合方式的差异，可以导致翡翠的质地（结构和透明度）有不同的变化。由于颜色和质地的变化很大，在自然界很难找到两块完全相同的翡翠，正因为翡翠具有这些鲜明的特点，因而也导致了对翡翠质量评价的困难。翡翠虽然变化复杂，欧阳秋眉在 1995 年就提出，可以依据"4C＋2T＋1V"，即颜色（Colour）、净度（Clarity）、切工（Cutting）、裂纹（Crack）、结构（Texture）、透明度（Transparency）和体积（Volume）七个方面，对翡翠的质量进行评价。

1. 颜色

颜色是评价翡翠质量和价值的首要因素，在翡翠颜色中，最重要的就是翡翠中的绿色，颜色差一点，价值差很多，这在翡翠贸易中已是人人皆知的事实。因此，准确评价翡翠的颜色，就显得尤为重要。好的绿色要达到的标准就是正、浓、阳、匀。

(1) 正。指的是翡翠绿色的纯正程度。即绿色越接近光谱色,就越纯正。但是在翡翠的绿色中或多或少混合有黄色或蓝色色调,甚至是灰色色调,这样就会降低翡翠绿色的美感,从而影响翡翠的价值。

根据翡翠绿色中混有不同色彩的多少程度,可以将翡翠的颜色分为以下等级(见表9-5)。

表9-5 翡翠绿色质量等级划分表

纯正程度	质量等级	深浅程度	质量等级	明暗程度	质量等级	均匀程度	质量等级
绿色	1	很深色	3	很鲜艳	1	很均匀	1
带细微黄的绿色	2	深色	1	鲜艳	2	较均匀	2
带细微蓝的绿色	3	中等深色	2	中等鲜艳	3	中等均匀	3
带微黄的绿色	4	中等色	4	稍暗	4	欠均匀	4
带微蓝的绿色	5	中等浅色	5	暗	5	不均匀	5
带黄的绿色	6	浅色	6	很暗	6	甚不均匀	6
带蓝的绿色	7	很浅色	7				
		无色/浅色	8				

翡翠的颜色如为纯正的绿色(即肉眼仔细观察看不出有其他颜色的色调),是价值最高的颜色。

(2) 浓。指的是翡翠颜色的饱和度。即颜色的深浅,若以纯浓的绿墨水为例,其饱和度为1(即最深色),然后按一定的比例冲淡,它的饱和度就会随之降低,即颜色逐渐变浅,直到完全无色,饱和度等于零。在评价翡翠颜色的浓度时,归结为以下问题,即翡翠有无颜色?颜色有多少?深浅如何?颜色的深浅比较直观,一般人均可以观察到,根据翡翠颜色深浅的程度,可以将其分为以下等级(见表9-5)。

在国际上评价翡翠颜色的一致看法是,高档翡翠的颜色必须具有一定的浓度,若颜色很浅(如浅色、很浅色),很难作为高档翡翠。当然还要考虑其他因素,并非是颜色越深越好,还要综合考虑正、阳、匀这三个因素。

需要注意的是,翡翠颜色的深浅,除了与其内部的化学成分有关外,还与翡翠的厚薄有关,厚的翡翠颜色显得深一些,而薄的翡翠颜色显得浅一些。

(3) 阳。指的是翡翠颜色的明亮程度。具有相同颜色浓度的翡翠,可以有不同的明度,这样就产生了颜色的明暗之分,有的翡翠颜色很明亮,有的翡翠颜色很暗淡。因此,翡翠颜色的明亮程度,也是评价翡翠颜色的一个重要因素。翡翠颜色的明亮程度,是构成翡翠颜色美感的十分重要的组成部分,通常可以将翡翠的明亮鲜艳程度,分为以下等级(见表9-5)。

翡翠颜色的明亮鲜艳程度,是决定翡翠价值高低的重要因素,翡翠颜色的明亮鲜艳程度差一点,价值就会差很多,颜色越明亮鲜艳,价值也就越高。对翡翠颜色的浓度要求或许会因人而异,而有所差别,但对翡翠的明亮程度的要求却是一致的,就是颜色越明亮、越鲜艳越好。翡翠中含有薄膜状的氧化铁,呈棕色的纤维状包体等,均会使颜色的鲜艳度降低。

(4)匀。指的是翡翠颜色分布的均匀程度。由于翡翠是由许多微小矿物晶体集合而成,与矿物单晶体构成的宝石不同。因此,翡翠颜色的分布很难达到与矿物单晶体宝石一样,完全均匀一致,可以说颜色分布的不均匀,是翡翠颜色分布的一大特点,所以翡翠颜色分布的均匀程度,也是翡翠颜色评价的一个重要的不可缺少的因素,通常可将翡翠颜色分布的均匀度分为以下等级(见表9-5)。

翡翠颜色的均匀度与翡翠中绿色含量的多少成正比,一般来说颜色均匀,即翡翠中绿色的分布占据整个空间,绿色的含量达到95%~100%;较均匀者绿色含量达到80%左右;中等均匀者绿色含量达到60%左右;欠均匀者绿色含量达到40%左右;不均匀者绿色含量只占25%左右;甚不均匀者绿色含量仅占10%~15%。很显然,翡翠颜色的均匀度越高,绿色的含量越大,相应其价值也就越高。但是又不能绝对化,对不同类型的翡翠成品(戒面、手镯、挂件等),其评价略有不同。例如,评价一颗翡翠戒面的颜色,在正、浓、阳三者相等的情况下,颜色的均匀程度决定了这颗翡翠戒面颜色的价值。在评价手镯和挂件的颜色均匀程度,往往还需要考虑颜色的集中程度及分布形式,如一只颜色分布不均匀的手镯,如果颜色分布相对集中,就比颜色分布分散者价值高。同理,对于翡翠挂件也是如此。

总之,一颗翡翠最佳的颜色应是绿色纯正、浓度适宜、明亮鲜艳、分布均匀。

2.透明度

翡翠的透明度,指的是翡翠透过可见光波的能力。当光线照射到翡翠表面时,一部分光线将从表面反射,另一部分光线将进入翡翠内部,由于翡翠是由许多微小矿物晶体集合而成,组成翡翠的微小矿物晶体的颗粒大小、晶体形态和排列方式的差异,可以导致透光能力的不同。若翡翠透光能力越强,透明度也就越好,可使翡翠显得非常晶莹剔透,也就是行话所说的"水头"足或"种"好;若翡翠透光能力差,透明度也就越差,可使翡翠显得十分呆板,也就是行话所说的"水头"干或"种"差。

翡翠的透明度是评价翡翠质量的一个重要因素,透明度高的翡翠,可大大增加其美感。种、水头和色之间有着较为密切的关系,有的翡翠虽然颜色较淡,但由于种、水头好,加工成成品后可呈现出比较满意的绿色,即可使颜色浅的翡翠显得晶莹剔透,可使不够均匀的颜色显得更均匀,也就是行话所说的"绿吃石头";而有的翡翠虽然具有较深的颜色,但由于种、水头差,加工成成品后颜色也不会艳丽,即行话所说的"石头吃绿"。

由于珠宝业内常用聚光手电观察翡翠的透明度,并根据光线能照入的深度,来衡量透明度的高低,通常光线能照入 3mm 的深度称为一分水,照入 6mm 的深度称为二分水,照入 9mm 的深度称为三分水(俗称玻璃种或玻璃地)。因此,通常可将翡翠的透明度分为以下等级(见表 9-6)。

表 9-6　翡翠透明度等级划分表

透明度	水　　头	种	质量等级
透　明	十足,3 分水～2 分水	玻璃种	1
亚透明	足,2 分水～1.5 分水	亚玻璃种	2
半透明	中等,1.5 分水～1 分水	冰　种	3
亚半透明	少,<1 分水	亚冰种	4
不透明	干,无水分	灰　底	5

在评价翡翠透明度时应注意以下问题:①翡翠本身颜色的深浅会影响透明度,颜色越深,透明度越低;②翡翠的厚度也会影响透明度,厚度越薄,透明度也就越好。因此,评价透明度时应考虑翡翠的厚薄;③翡翠中共生矿物的含量多少,也会影响到它的透明度。

在评价优质高档翡翠时,透明度占有极其重要的地位。由于翡翠是多晶质集合体,透明度高的翡翠是非常少见的。在一定的颜色条件下,透明度越高,翡翠的价值也就越高,换句话说,就是翡翠有了一定的颜色之后,透明度对价格的影响比颜色对价格的影响还要大。若一件翡翠成品颜色很好,但透明度较差,它的价值不会太高。在评价中、低档翡翠时,颜色是最重要的,有种无色,不如有色无种,但对于高档翡翠来说,一定要有种有色。此外,对于不同类型的翡翠成品,透明度对质量和价值的影响略有不同,小件成品(如戒面、耳片等)色比透明度重要,而大件成品(如手镯、挂件等)或许种比色更重要。

3. 结构

翡翠的结构,指的是组成翡翠的微小矿物晶体的颗粒大小、晶体形态以及它们的排列组合方式。在翡翠贸易中也称为质地,所谓质地细腻、质地粗糙,指的就是翡翠的结构。

翡翠的结构与透明度及耐久性有着密切的关系,组成翡翠的矿物晶体颗粒越小,质地也就越细腻,透明度也就越好,耐久性也越好;颗粒越大,质地也就越粗糙,透明度也就越差,耐久性也越差;同时质地越细腻,抛光程度也就越好。因此,翡翠的结构对翡翠成品的美感和耐久性有着重要的影响,通常可将翡翠的结构分为以下等级(见表 9-7)。

表 9-7 翡翠结构等级划分表

结构特征	矿物颗粒大小(mm)	肉眼观察特征	质量等级
微 粒	<0.1	极难见矿物颗粒	1
细 粒	0.1~0.4	难见矿物颗粒	2
中 粒	0.5~1.0	可见矿物颗粒	3
稍粗粒	1.1~1.5	易见矿物颗粒	4
粗 粒	1.6~2.0	明显见矿物颗粒	5
很粗粒	>2.0	十分显见矿物颗粒	6

在评价结构对翡翠的质量和价值影响时,首先,必须要考虑结构对透明度和抛光度的影响。其次,要考虑结构对耐久性和稀有性的影响。因为颗粒越小的翡翠,其透明度和抛光度越好,耐久性也越好且非常稀有,所以价值也就越高。

结构非常细的翡翠,即肉眼很难见颗粒,必然颗粒排列非常紧密,晶莹透明,在自然界非常稀少。而大多数翡翠一般呈粗粒结构,也就是肉眼观察可以见到组成翡翠的矿物颗粒。

4. 切工

翡翠的切工包括素面切工和雕花切工,后者除了要评价翡翠本身的质量外,还要考虑包括造型、构思、轮廓、线条、寓意、工艺水平等因素,这里着重讨论素面切工与翡翠质量和价值的关系。

素面切工包括蛋圆形、梨形、橄榄形、马鞍形、心形戒面和手镯、指环等。素面制品由于其体积小,一般所选用的玉石原料是没有裂隙和裂纹,或少有裂隙和裂纹的。而雕花制品相比较而言,其体积较大,所选用的玉石原料往往带有裂隙、裂纹或明显的瑕疵,可利用雕刻的技法将之去除或掩盖。因此,在评价新工翡翠时,在相同色、种、质的条件下,素面制品的价值要高于雕花制品。

翡翠的切工，对翡翠的美感有直接的影响。在评价素面制品时，主要包括以下方面：①成品的轮廓；②成品的对称性；③成品的长、宽比例；④成品的厚度；⑤蛋圆形戒面顶面的弧度。对于翡翠来说，厚度与弧度比轮廓更为重要，对翡翠的美感及光学效果影响更大。

切工好的翡翠，可以最大限度地呈现出翡翠的美感，增加其价值。反之，切工不好的翡翠，会降低翡翠应有的美感，价值也会受到很大的影响。虽然翡翠不以重量来论价，但同样质量的翡翠，一颗厚度适中，而另一颗厚度很薄，很显然，这二颗翡翠的价值是不一样的，如果翡翠的底部被挖空，则价值更低。通常可把翡翠的切工分成以下等级（见表9-8）。

表9-8 翡翠切工等级划分表

切工分级	轮廓	对称性	比例	厚度	质量等级
很好	很标准	很好	很好	双凸	1
好	标准	好	好	适中	2
中等	中等	中等	中等	中等	3
一般	不正	一般	一般	薄	4
差	歪斜	差	不好	挖底	5

5. 净度

翡翠的净度，指的是翡翠内部含有瑕疵多少的程度。由于翡翠是多晶质集合体，因此翡翠的净度与其他宝石的净度略有不同，影响翡翠净度的因素相对更复杂一些，主要包括以下几个方面：①由于本身矿物颗粒大小的不同而引起，如石花；②由与翡翠共生的矿物而引起，如角闪石、长石等；③由次生矿物存在于裂隙中而引起。

翡翠中的瑕疵，根据其形状的不同可以分为以下类型：

（1）点状。点状瑕疵与周围翡翠的颜色有明显的区别，是由于矿物成分的不同所造成的，可以进一步分为黑色（黑花）和白色（白花）两种。其中黑色又可分为死黑和活黑，死黑是由长柱状的角闪石，在翡翠中呈黑点或黑色丝状分布，对翡翠的美观有很大的影响；活黑的实际颜色是由深绿色的钠铬辉石所引起的，其边上可以扩散出绿色晕，活黑对翡翠价值的影响较死黑小。

（2）丝状。丝状瑕疵主要是由纤维状矿物组成。多数为褐色，使翡翠的颜色显得较暗；少数为白色，浮在翡翠表面，可以引起翡翠透明度的降低。

(3)薄膜状。是由翡翠中存在的次生矿物所引起的,呈黑色或黄褐色,使翡翠看上去显得很"脏",从而降低了翡翠的美观性和价值。

评价翡翠的净度对质量和价值的影响,主要考虑瑕疵对翡翠美观以及对耐久性的影响,其次还要考虑瑕疵本身的明显程度(如颜色、形状、大小及分布位置)。对于高档优质翡翠来说,瑕疵的存在是一个很大的缺陷,对翡翠质量和价值会有较大的影响;对于中、低档翡翠来说,其影响程度就小得多,因为翡翠是多晶质集合体,或多或少总会存在有一些不同颜色的矿物。对翡翠的净度,通常可划分为以下等级(见表9-9)。

表9-9 翡翠净度等级划分表

净度分级	观 察 特 征	质量等级
洁净	10倍放大镜下难见	1
微花	10倍放大镜下可见	2
小花	肉眼观察难见	3
中花	肉眼观察可见	4
大花	肉眼观察易见	5
多花	肉眼观察极为明显	6

6.裂纹

在评价翡翠的裂纹时,首先要区分清楚裂纹与纹路这两个概念的含义,纹路是翡翠固有的结构特征,指的是翡翠颗粒之间的结合面以及有矿物充填的愈合裂隙,它与裂纹有着本质的不同。

裂纹的存在对翡翠成品的美观度和耐久性有着很大的影响,有了裂纹,翡翠的价值就会大减,对于高档优质翡翠尤其如此。此外,裂纹对翡翠手镯的影响特别大,因为手镯戴在手上,易与其他物体发生碰撞,若有裂纹,碰撞后容易沿裂纹而破裂。对于耳环、挂件的影响稍小一点,但是无论用作何种用途,有了裂纹,翡翠的价值一定会大打折扣,通常可将翡翠的裂纹分为以下等级(见表9-10)。

7.体积(块度)

翡翠的体积,指的是翡翠的大小,一般情况下,在颜色、透明度、质地、切工、净度、裂纹相同质量的条件下,翡翠体积(块度)越大,价值也就越高。虽然翡翠的质量与价值是不以重量作为衡量标志,但是在同等质量条件下,体积(块度)还是具有一定的影响。例如,用料较多的成品(如串珠、手镯),在同样质量条件下,价值就要高于用料少的成品(如戒面、小挂件等),此外,配对的翡翠成品较单个的价值要高,其道理也在于此。

表 9-10 翡翠裂纹等级划分表

裂纹分级	观察特征	质量等级
无裂纹	无裂无纹	1
微裂纹	无裂纹,边上有愈合的裂隙	2
可见纹	无裂纹,有较多的愈合裂隙	3
难见裂	边上有少许裂纹	4
易见裂	透射光下易见到裂纹	5
明显裂	肉眼观察明显见到裂纹	6

综上所述,由于影响翡翠质量评价的因素很多,不同的因素可组合成不同的质量级别,因此也就有不同的价值。所以要想对翡翠作出较为客观、科学、准确的评价,必须掌握上述分析评价的因素,还要多看、多思,必要时还要有一定的魄力和胆识。

四、珍珠的质量评估与价格

珍珠质量的评价与分级,对珍珠的销售价格有着很大的影响。2002 年,国家质检总局批准颁布了《养殖珍珠分级》(GB/T 18781-2002)国家标准,确定了养殖珍珠质量因素及级别评定规则,珍珠质量因素包括颜色、大小、形状、光泽、光洁度、珠层厚度(有核珍珠)六个方面。2008 年,又对该标准进行了修订,颁布了《珍珠分级》(GB/T18781-2008)新的国家标准,代替了原来的《养殖珍珠分级》标准,并于 2009 年 5 月 1 日起实施。

根据新的《珍珠分级》国家标准,珍珠分级是根据珍珠的类别(海水、淡水),分别从颜色、大小、形状、光泽、光洁度、珠层厚度(有核珍珠)六个方面的质量因素进行评价,其中颜色、光泽、光洁度是根据国家标准样品对比给出级别;再根据珍珠质量因素级别,将用于装饰的珍珠划分为珠宝级珍珠和工艺品级珍珠两大等级;多粒珍珠饰品进行质量因素级别和匹配性级别确定。

1. 颜色

珍珠的颜色对其质量的影响是很大的。珍珠的颜色包括珍珠的体色与珍珠的伴色。珍珠体色指珍珠本体所具有的颜色(即背景色),取决于珍珠本身所含的各种色素和微量金属元素。珍珠伴色指珍珠表面和内部珠层对光的反射、干涉等综合作用,而形成的珍珠特有的色彩,伴色是叠加在其本体颜色之上的。珍珠的本体色可以分为黑色、白色、粉红色、黄色等;珍珠的伴色可以分为玫瑰色、蓝色、绿色等。各种颜色珍珠质量评价如下:

(1)黑色珍珠。珍珠本体色呈黑色,色调越黑越浓,价值越高。其中以表面带有绿色伴色为最佳;表面带有浅红色或微弱绿色伴色者次之;表面没有伴色者最差。一颗同样大小、形状的黑色珍珠,带有绿色伴色者比不带绿色伴色者,其价值可以相差一倍。

(2)粉红色珍珠。珍珠本体色为粉红色,以表面带有蓝色或绿色伴色者为最佳;表面不带伴色者为次。

(3)白色珍珠。珍珠本体色为白色,以表面带有粉红色伴色者为最佳;其次为表面带有微绿色或浅红色伴色的珍珠;第三为表面带有明显绿色及浅红色伴色的珍珠;第四为表面没有伴色的珍珠。

(4)黄色珍珠。珍珠本体色为黄色,以表面带有浅红色伴色者为最佳;表面带有绿色伴色者次之;表面不带伴色者最差。

总之,对于珍珠的颜色评价来说,含有伴色的珍珠较不含伴色的珍珠价值要高;对于不同颜色的珍珠来说,在国际市场上以黑珍珠价格最高,余下依次为粉红色珍珠、白色珍珠和黄色珍珠。

2.珠层厚度

珠层厚度大小将直接影响到珍珠表面的光泽。若珍珠表面光洁,各珠层堆积紧密,珍珠层厚度越大,则珍珠表面的光泽也就越强,珍珠的价值也就越高。珍珠的珠层厚度等级划分,见表9-11。

表9-11 珠层厚度等级划分表

厚度级别		珠层厚度(mm)
中文	英文代号	
特厚	A	≥0.6
厚	B	≥0.5
中	C	≥0.4
薄	D	≥0.3
极薄	E	<0.3

3. 大小

珍珠的大小以其直径来表示，以毫米为计量单位，它是评价珍珠质量的重要因素之一。直径大于 7mm 的珍珠才能称为大珠。俗话讲，七分珠八分宝，指的就是珍珠的大小，大珠是十分珍贵和稀有的。在国际市场上，珍珠的计量单位因档次的高低而相差悬殊。低级珍珠以公斤计；高级珍珠以克计；超高级珍珠（珠径大于 8mm）则以粒计。因此在同等质量条件下，珍珠的大小就成为评价珍珠质量的决定性因素。

4. 形状

珍珠的形状也是评价珍珠质量的因素之一。圆形珍珠是最好的珍珠形态，其中又以正圆形球体为最佳，它的价值也是最高的。其他形状的珍珠都将降低其质量品级。珍珠的形状等级划分，见表 9-12。

表 9-12 珍珠形状等级划分表

形状级别		海水珠质量要求 （直径差百分比/%）	淡水珠质量要求 （直径差百分比/%）
中文	英文代号		
正圆	A_1	≤1.0	≤3.0
圆	A_2	≤5.0	≤8.0
近圆	A_3	≤10.0	≤12.0
椭圆	B	B_1	>10.0 含水滴形、梨形	≤20.0 短椭圆
		B_2		>20.0 长椭圆
扁平	C	C_1	具有对称性，有一面或 两面近似平面状	≤20.0 高形
		C_2		>20.0 低形
异形	D	通常表面不平坦，没有明显对称性	通常表面不平坦，没有明显对称性

5. 光洁度

珍珠表面的光洁度（又称瑕疵），包括有裂纹、刻痕、凹陷、皱纹、沟纹、褪色、缺口等，具有瑕疵的珍珠，表面光洁度肯定就差，质量等级必然就低，反之质量等级就高。在具有瑕疵的珍珠中，瑕疵所在的位置，也是评价其质量的一个重要因素，瑕疵所处的位置越明显，其质量等级越低。珍珠的光洁度等级划分，见表 9-13。

表 9-13　珍珠光洁度划分表

光洁度级别		海水珠质量要求	淡水珠质量要求
中文	英文代号		
无瑕	A	肉眼观察表面光滑细腻,极难观察到表面有瑕疵	肉眼观察表面光滑细腻,极难观察到表面有瑕疵
微瑕	B	表面有非常少的瑕疵,似针点状,肉眼较难观察到	表面有非常少的瑕疵,似针点状,肉眼较难观察到
小瑕	C	有较小的瑕疵,肉眼易观察到	有较小的瑕疵,肉眼易观察到
瑕疵	D	瑕疵明显,占表面积的1/4以下	瑕疵明显,占表面积的1/4以下
重瑕	E	瑕疵很明显,严重的占据表面积的1/4以上	瑕疵很明显,严重的占据表面积的1/4以上

6.光泽

珍珠的美丽,在很大程度上取决于它的光泽。因此,光泽是评价珍珠质量的重要标志,光泽越强,质量也就越高。珍珠的光泽等级划分,见表 9-14。

表 9-14　珍珠光泽等级划分表

光泽级别		海水珠质量要求	淡水珠质量要求
中文	英文代号		
极强	A	反射光很明亮,锐利均匀,映像很清晰	反射光特别明亮,锐利、均匀,表面像镜子,映像很清晰
强	B	反射光明亮,表面能见物体影像	反射光明亮,锐利、均匀,映像清晰
中	C	反射光不明亮,表面能照见物体,但影像较模糊	反射光明亮,表面能见物体影像
弱	D	反射光全部为漫反射光,表面光泽呆滞,几乎无映像	反射光较弱,表面能照见物体,但影像较模糊

7.钻孔

钻孔的精细程度,对珍珠饰品的质量有很大的影响,钻孔对称,两端粗细一致,钻孔大小刚能容纳丝线穿过为最佳品。如果在一颗优质珍珠上,钻了一个粗糙斜歪的钻孔,则珍珠的质量将大打折扣,其价值也将相应地降低许多。

8. 搭配

珍珠的搭配,是指依据珍珠的颜色、大小、形状、瑕疵、光泽进行有机的组合,使它显出珍珠饰品美的最佳效果。一件搭配得当的饰品比搭配差的,在质量和价值方面相差许多。《珍珠分级》国家标准,对珍珠的匹配性级别作了以下的划分(表 9 – 15)。

表 9 – 15 珍珠匹配性等级划分表

匹配性级别		质 量 要 求
中文	英文代号	
很好	A	形状、光泽、光洁度等质量因素应统一一致,颜色、大小应和谐有美感或呈渐进式变化,孔眼居中且直,光洁无毛边
好	B	形状、光泽、光洁度等质量因素稍有出入,颜色、大小较和谐或基本呈渐近式变化,孔眼居中无毛边
一般	C	颜色、大小、形状、光泽、光洁度等质量因素有较明显差别,孔眼稍歪斜并且有毛边

五、玉器的质量评估与价格

玉器是我国民族工艺的瑰宝,它是一种工艺制成品,评估玉器的质量与价格是一项复杂的工作,评估玉器的质量至少包括两个方面的含义,其一是玉石质量的评估;其二是玉器质量的评估。

(一)玉石质量的评价

玉石原料的品种和质量直接关系到玉器的价值,只有正确判断玉石的品种、质量等级及其价值,才能更好地评价一件玉器的价值。综观我国的玉雕业,可以利用的玉石种类很多,但常见的玉器所使用的玉石材料,主要为翡翠、和田玉、绿松石、青金石、独山玉、玛瑙、岫玉、珊瑚等,关于翡翠的质量评价,在前文已介绍过,下面着重讨论其他类型玉石的质量评价。

1. 和田玉

和田玉的质量评价可以从颜色、质地、裂纹、净度、体积(块度)等方面分别进行。

(1)颜色。颜色是评价和田玉质量的重要标志之一。根据和田玉的颜色,可将和田玉分为白玉、青玉、碧玉、黄玉、墨玉、糖玉,以白、青、碧、黄、墨为本色,其中以白色者为最优。

①白玉。指颜色呈白色的和田玉,是和田玉中颜色最好的。其中又可细分为羊脂白、梨花白、雪花白、象牙白、鱼骨白、糙米白、鸡骨白等,又以呈羊脂白色(状如凝脂)者为最佳,俗称"羊脂玉",价值也最高。

②青玉。指颜色呈淡青绿色、带灰绿色的和田玉。在青玉中以颜色越接近白色者越好,而带灰的绿色质量较差。

③碧玉。指颜色呈绿色、鲜绿色、深绿色、墨绿色或暗绿色的和田玉,其中以颜色明亮鲜艳者为最好。

④黄玉。指颜色呈黄色、蜜黄色、栗黄色、黄花黄色等黄色调为主的和田玉。由于黄玉较稀少,质优者价值不低于"羊脂玉"。

⑤墨玉。指颜色呈黑色、墨黑色的和田玉。其中颜色的分布形状与墨玉的质量有着很大的关系,呈面状分布为好,如呈点状分布则差,不能利用者则被视为脏色,应加以剔除。

⑥糖玉。指颜色呈红褐色、红糖红色的和田玉。在和田玉中糖色被视为杂色,在和田玉中居从属地位,可利用作为"俏色"者,则具一定的价值,如不能利用,则没有价值,应予剔除。

(2)质地。质地是评价和田玉质量的最为重要的因素。同时,质地细腻、温润又是玉必须具备的基本条件,也是区分玉与石的主要标志。组成和田玉矿物颗粒的大小、排列方式不同,其质地就会有所差别。颗粒越细小、排列越紧密,则和田玉的质地越细腻、润泽。

(3)裂纹。裂纹的存在,对和田玉的耐久性有着很大的影响,有了裂纹的和田玉其价值将大打折扣,对于优质和田玉更是如此。

(4)净度。指的是和田玉内部含有瑕疵多少的程度,由于和田玉是多晶质集合体,同一块玉石中颗粒的粗细也会有所不同,大小颗粒的不均匀分布,可以造成和田玉质地的不均匀,形成瑕疵,这部分瑕疵主要包括裂纹、石脑、石花、米星点、芦花、盐粒性等。此外,如果颜色分布的不均匀,在玉石上有其他杂色,且又不能加以利用,这部分色也作为瑕疵,将影响玉石的净度。

(5)重量(体积、块度)。指的是和田玉大小。一般情况下,在颜色、质地、裂纹、净度相同的条件下,和田玉的重量(体积、块度)越大,价值也就越高。虽然和田玉并不是完全以重量作为确定其价值的主要因素,但是在同等质量条件下,重量还是具有一定的影响,这点在和田玉的质量分级中很明显。

总之,对和田玉的质量和价值进行评价,首先需从上述五个方面进行观察,确定和田玉的质量和档次,然后再结合加工的设计意图进行综合评价。优质的和田玉应是质地细腻、温润、颜色均匀、明亮,玉石洁净且没有裂纹。有些玉石质量好,温润、洁净无瑕、裂纹少,可依颜色、体积大小和外表形状确定选用。中国和田玉主要划分为以下等级,见表 9-16。

表 9-16　中国主要和田玉等级划分表

玉石种类	等级	评 价 标 准
白玉（仔料）	特级	色白、质地细腻、温润、无裂纹、无瑕疵,块度大于 10kg
	一级	色白、质地细腻、温润、无裂纹、无瑕疵,块度大于 2kg
	二级	色白、质地细腻、温润、无裂纹、无瑕疵,块度大于 0.5kg
	三级	色灰白、质地细腻、温润、无裂纹、无瑕疵,块度大于 3kg
白玉（山料）	一级	色白（微带青）、质地细腻、无裂纹、无瑕疵,块度大于 5kg
	二级	色较白、质地细腻、无裂纹、无瑕疵,块度大于 3kg
	三级	色青白、质地细腻、无裂纹、稍有瑕疵,块度大于 3kg
青玉（仔料）	一级	色青绿、质地细腻、无裂纹、无瑕疵,块度大于 10kg
	二级	色青、质地细腻、无裂纹、无瑕疵,块度大于 5kg
碧玉	特级	碧绿色、质地细腻、无裂纹、无瑕疵,块度大于 50kg
	一级	深绿色、质地细腻、无裂纹、无瑕疵,块度大于 5kg
	二级	绿色、质地细腻、无裂纹、无瑕疵,块度大于 2kg
	三级	浅绿色、质地细腻、无裂纹、稍有瑕疵,块度大于 2kg

2. 绿松石

绿松石的质量评价可以从颜色、质地、裂纹和体积（块度）等方面分别进行。

(1) 颜色。颜色的美丽程度,是评价绿松石质量的重要因素。绿松石的颜色可以分为蓝色、带微绿的蓝色、带绿的蓝色、蓝绿色、绿色五种色彩,其中以蓝色的绿松石质量为最好。如绿松石中存在灰色、褐色、黄色全被视为脏色,这三种色调的存在,将大大地降低绿松石的质量等级。

(2) 质地。质地是评价绿松石质量的又一重要因素。优质的绿松石质地应致密坚韧（硬度大）、没有杂质和其他缺陷。

(3) 裂纹。裂纹的存在也将影响到绿松石的质量等级,没有裂纹最好,微小裂纹次之,裂纹越明显质量越差。

(4)体积(块度)。指的是绿松石块体的大小。一般情况下,同等质量条件下,绿松石的体积(块度)越大,价值也就越高。这点在绿松石的质量分级中很明显,见表9-17。

表 9-17 绿松石质量等级划分表

等 级	质 量 特 征
一级品 (波斯级)	颜色为中等蓝色(天蓝色)且纯正、均匀,质地致密、坚韧、细腻、光洁,光泽强,无铁线、无裂纹及其他任何缺陷,体积(块度)大。但如质地特别优良,即使块度小或较小,也为一级品。满足上述条件,绿松石表面有一种诱人的蜘蛛网状花纹,也仍为一级品
二级品 (美洲级)	颜色为深蓝色、蓝绿色,质地致密坚韧,光泽较强,铁线及其他缺陷很少,体积(块度)中等。即使体积(块度)大,颜色如为深蓝色仍只能列于二级品
三级品 (埃及级)	颜色为浅蓝色,质地较坚硬,光泽暗淡,铁线明显,有白脑、白筋、糠心等缺陷,块度大小不等
四级品 (阿富汗级)	颜色为黄绿色,质地较粗糙,光泽暗淡,铁线很多,有白脑、白筋、糠心等缺陷明显

3. 青金石

青金石的质量评价,可以依据颜色、质地、裂纹和体积(块度)等方面进行。

(1)颜色。青金石的颜色,是由其中青金石矿物含量的多少所决定的,由于青金石矿物呈蓝色,所含青金石矿物含量多,则颜色好,反之则颜色差。因此,青金石玉石一般呈蓝色,其中以蓝色浓、正、均匀为最佳。如果颜色中交织有白石线或白斑,就会降低颜色的浓度、纯正度和均匀度,质量降低。

(2)质地。质地也是评价青金石质量的一个重要因素。质地致密、坚韧、细腻,含青金石矿物多,含其他杂质矿物少(如方解石、辉石、云母等,但可有少量星点状均匀分布的黄铁矿),这样的青金石为上品。如果黄铁矿局部成团分布,则将影响到青金石的质地,进而影响到青金石的质量。对于含有杂质矿物的青金石,杂质矿物分布的均匀程度,也将是评价其质地的一个标准,一般认为杂质矿物分布均匀者,比分布不均匀者质量等级要高,反之则质量等级降低。

(3)裂纹。裂纹的存在将明显地影响到青金石的质量。没有裂纹者最好,具有微小裂纹者次之,裂纹越明显则质量等级越低。

(4)体积(块度)。指的是青金石块体的大小。在同等质量条件下,青金石的块体越大(不论是首饰石,还是原石),其价值也就越高。

4. 独山玉

独山玉(又名南阳玉),是我国特有的玉石品种,因产于我国河南省南阳市北部独山而得名。独山玉是一种黝帘石化斜长岩,组成矿物主要为斜长石、黝帘石,其次为翠绿色铬云母、浅绿色透辉石、黄绿色角闪石、黑云母,还有少量榍石、金红石、绿帘石、阳起石、白色沸石、葡萄石、绿色电气石、褐铁矿、绢云母等。它的化学成分,随其组成矿物成分和含量的不同,而有所变化。

依据独山玉不同的颜色,可以把独山玉分为红、黄、绿、白、青、紫、黑七大类。其中以白色者和绿色者为最佳。独山玉的质量优劣,主要依据于颜色、质地、裂纹和块度大小等因素,优质的独山玉呈微透明状、质地细腻、无裂纹、无杂质,颜色通常呈白色或翠绿色。而颜色杂、色调暗、透明度差、有裂纹和杂质者质量较差。在独山玉原料交易中,通常可将独山玉依据其质量的差异,将其分为特优级、特级、一级、二级、三级、四级和等外品七个等级,详见表9-18。

表9-18 独山玉质量等级划分表

等级	质量特征
特优级	呈翠绿色、天蓝色、红色等,颜色鲜艳、均匀,透明至半透明,质地细腻致密,无白筋、无绵柳、无裂纹,无干白小团块,块重一般大于3kg,块度越大越好
特级	呈深天蓝色、绿色、白色等,颜色鲜艳、均匀,半透明,质地致密,无杂质、无白筋、无干白小团块,基本无裂纹,块度大于3kg
一级	呈白色、乳白色、绿色及绿白色等,颜色纯正、均匀、鲜艳,半透明,质地致密,油脂光泽,无杂质,一般无裂纹,无石筋,块度大于5kg
二级	呈白色、绿色、绿白色、青色及其他颜色,色泽鲜艳,半透明至微透明,质地致密,基本无裂纹,有大量干白和石筋,光泽较好,块度大于5kg
三级	颜色呈干绿白色及其他杂色,微透明或不透明,质地致密,有裂纹、杂质及干白筋存在,在均匀色泽上有其他色斑,块重一般大于2kg
四级	呈干白色、干绿色及干绿白色或其他颜色,质地致密,水头差,色泽一般,不透明,有裂纹、杂质及干白筋存在,块重大于2kg
等外品	颜色较杂,颗粒较粗或粗细不均,有时有部分蚀变辉长岩,质地不均匀,有白筋、杂质及裂纹

5. 岫玉

岫玉的质量评价,主要依据其颜色、质地、裂纹和体积(块度)这四个因素。工艺上要求岫玉颜色鲜艳、均匀、无杂质,具较强的蜡状光泽或油脂光泽,质地呈半透明—微透明状,致密、坚韧、细腻,无裂纹和杂质,块度在3kg以上。根据颜色、质地和块度可将岫玉分为四个质量等级,见表9-19。

表9-19 岫玉质量等级划分表

等 级	质 量 特 征
特 级	颜色为深绿色,具强的蜡状光泽或油脂光泽,质地呈半透明—微透明状,致密、坚韧、细腻,无裂纹、杂斑,块重大于10kg
一 级	颜色为绿色,具较强的蜡状光泽或油脂光泽,质地呈半透明—微透明状,致密、坚韧、细腻,无裂纹和杂斑,块重大于5kg
二 级	颜色为黄绿色,具强的玻璃光泽,质地呈半透明—微透明状,致密、坚韧,无裂纹,有少量杂斑,块重大于3kg
三 级	颜色为浅黄绿色—灰白色,具玻璃光泽,质地呈半透明—微透明状,致密、坚韧,无裂纹,有杂斑、污点等缺陷,块重大于3kg

6. 玛瑙

评价玛瑙的质量,主要依据于颜色、质地、特殊的纹饰(图案)和包裹体、块度等因素。

(1)颜色。玛瑙的颜色种类繁多,有"千种玛瑙万般玉"之称。评价玛瑙的颜色以鲜艳、均匀为最佳。由于在一块玛瑙原料上,经常会包含多种颜色,如果两种以上的颜色搭配和谐,在工艺上可作为"俏色"材料利用者,则价值相对较高。

(2)质地。质地致密、细腻,无裂纹,无杂质,透明度相对较高的玛瑙,其价值高于质地差的玛瑙。

(3)特殊的包裹体。玛瑙中如果含有大型液态包裹体,俗称"水胆玛瑙",是价值相对较高的玛瑙品种。

(4)块度。在同等质量条件下,玛瑙块体的块度越大,相对来说价值也就越高。

7. 珊瑚

评价珊瑚的质量,主要依据其颜色、块度(重量)和致密程度等因素。

(1)颜色。珊瑚的颜色多样,主要有红色、蓝色、金黄色、黑色和白色。其中以红色为最佳,其次为蓝色、金黄色、黑色和白色。红色珊瑚中以红色纯正、浓厚、鲜艳、分布均匀为最好,带有其他色彩则质量下降。白色珊瑚则以纯白色为最好,颜色越白越明亮,质量越好,如白色中带有灰色则质量明显下降。蓝珊瑚为浅蓝、蓝色,是一种绚丽多彩的佳品,极少见,价值昂贵。黑珊瑚颜色灰黑到黑色,比较罕见,价值较高。

(2)块度(重量)。珊瑚的块度(重量)越大越好,块度大而完整的珊瑚是用作玉雕的上等材料,块度小、有断枝者,其质量与价值降低。

(3)致密程度。由于珊瑚的特有结构,珊瑚的质地越致密、坚韧,则质量越高,如珊瑚中有蛀洞、多孔粗糙疏松者,则质量降低。

(二)玉器质量的评估

评价一件玉器作品的质量与价值,需从以下几个方面进行。

1. 玉器所用的玉料与质量

首先,要鉴别玉器的玉料,不同的玉料价格不同。其次,要了解玉料的质量,相同的玉料,不同的质量,其价格也是不同的。低档的玉料,如果玉料上有"色",而且用得"俏"绝,成为"俏色"玉器,则会使玉器作品"身价"倍增。在评价"俏色"玉器方面,可以根据"一巧、二俏、三绝"这三个层次加以分析。例如,已故著名玉雕大师王树森雕刻的"俏色"玉器——玛瑙《五鹅》,表现了五只形态生动的鹅,红冠、白脖、黑眼睛,"俏色"利用之巧妙,利用之绝,几乎达到了完美无缺的程度,成为"俏色"玉器中的珍品。如果"俏色"玉器中,使用玉料的颜色不协调,会适得其反,不仅不能增加玉器作品的美感和价值,反而会使玉器贬值。

2. 玉器作品的门类

玉器作品的门类,有花卉、虫鸟、人物、动物、器皿、山子等,不同门类的玉器作品,其工艺难度不同、质量标准也不一样。一般来说,工艺比较简单的是花鸟、持花仕女、走兽、盆景;比较复杂的是花卉瓶、人物;工艺最复杂的是各种器皿以及带链子的作品。

3. 玉器作品的选题、创意构思与表现手法

玉器的题材多取材于吉祥图案、人物故事、典故以及反映现实生活等,作品所选取的题材与作者的创意构思,是密不可分、相辅相成的,并通过琢制工艺表现出来。绝大部分玉器作品都是通过量料取材、因材施艺而成的。一般要对玉料挖脏去绺,然后进行创意构思,对一些不能给人美感的玉石自然形体要注意破形。

4. 玉器琢制的精细程度

玉器的造型要优美、自然、生动、真实、比例适当。整体构图布局合理,层次

分明,主题突出。琢制精细,大面应平顺,小地利落,叠挖、勾轧、顶撞,达到一定的深度要求。玉器表面光洁明亮、均匀一致,雕琢精致细腻、富有神韵。

5.配座与包装

玉器作品的配座,通常使用木座。因此,木座应与玉器作品匹配,大小比例合适,纹样协调一致,花纹细致整齐,落窝严实平稳,粘结牢固,油漆光亮。包装用的锦匣或木匣应美观大方、不走型、大小合适、表面整洁,并能保护玉器作品的运输与携带。

总之,评价玉器作品应分析各方面的因素,综合应用市场、成本等各种方法,以便对玉器的质量和价值,作出准确的评价。

第三节 影响珠宝首饰价格的因素

一、珠宝首饰产品的价格构成

1.商品的价值构成

所谓价值构成,是指构成商品价值的各个组成部分及其在商品价值中的组合状况。

商品的价值是由凝结在商品中的社会必要劳动时间决定的。这种价值量先在生产领域中形成,又在流通领域中得到追加。

在生产过程中,由掌握一定技能的劳动者,利用一定的生产工具对劳动对象进行加工。首先,在生产过程中,要消耗原材料、辅助材料、燃料和其他物质费用,并会磨损机器、设备、工具、厂房等。这些生产资料是前人劳动的产品,是已经凝结在产品中的人类一般劳动,也称为物化劳动。其包含的价值有的一次全部转移到新产品中去,有的只将磨损部分转移到新产品中去,称为转移价值,通常用字母 C 表示。其次,在生产过程中,劳动者要消耗体力和脑力劳动,这种新投入的活劳动,会凝结在新产品中去,而增加商品的价值量。这部分新增加的价值,在国民收入的分配中可以分解为两个部分:一部分是维持劳动者和其家庭成员必需的生活资料的价值(劳动力再生产费用),这对劳动者来说是必要的劳动,称之为自己的劳动,通常用字母 V 表示;另一部分则是劳动者在劳动过程中创造出超过自己需要的价值——剩余价值,称之为社会的劳动,通常用字母 M 表示。

当商品离开生产领域,进入流通领域后,为了推动商品流通的正常进行,同样要投入一定的生产资料和劳动力,耗费物化劳动和活劳动。对其中投入运输、保管、挑选、整理等的劳动,属于生产过程在流通领域的继续而付出的劳动,同样会形成新的价值,并追加到商品之中。与在生产过程中一样,这种追加价值也可分为转移价值 C,为自己劳动创造的价值 V 和为社会劳动创造的价值 M。

综上所述,商品的价值包括生产领域和流通领域的三个组成部分;一是已消耗的生产资料转移价值 C;二是劳动者为自己劳动所创造的价值 V;三是劳动者为社会劳动创造的价值 M。用公式表示为:W=C+V+M。

2.商品的价格构成

商品的价格构成源自于商品的价值构成,商品的价格构成是价值构成的货币表现形式。商品的价格都是由生产成本、流通费用、利润和税金四个要素构成的,商品价格构成中的每个要素,都是价值构成中对应部分的货币表现。如生产成本是价值构成中,生产资料转移价值和劳动者为自己劳动所创造价值的货币表现。流通费用按性质可分为生产性流通费用和纯粹流通费用。生产性流通费用,是价值构成中流通领域追加的生产资料转移价值和商业劳动者为自己劳动新创造的价值的货币表现;纯粹流通费用是生产领域和流通领域劳动者为社会劳动所创造价值中的一部分的货币表现。利润和税金可以分生产利润和税金,以及商业利润和税金。其中,生产利润和税金是生产领域劳动者为社会劳动新创造价值的货币表现;商业利润和税金的一部分是由生产领域劳动者为社会劳动所创造的价值中让渡过来的,另一部分是商业劳动者为社会劳动所创造价值的货币表现。

总之,商品价格及其四个构成要素:生产成本、流通费用、利润和税金,都是由商品价值及其三个组成部分(即 C、V、M)转化而来的。

3.珠宝首饰产品的价格构成

珠宝首饰产品的价值与一般商品一样,也是由三部分价值构成的:一是生产资料消耗后转移到珠宝首饰产品中去的价值,这部分主要包括贵金属原材料、珠宝玉石原料、宝石切磨和加工制作过程中的辅助材料和动力消耗费用等劳动对象的价值,以及厂房、宝石切磨和加工制作过程中机器设备等劳动手段的磨损部分的价值,称为 C;二是在宝石切磨和加工制作过程中,劳动者应得到的以工资形式支付给劳动者的劳动报酬,称为 V;三是劳动者为社会创造的价值,即企业盈利(包括利润和税金),称为 M。一件珠宝首饰产品的价值就是(C+V+M)之和,而产品的成本为(C+V)。珠宝首饰产品的价格构成见表 9-20。

表 9-20　珠宝首饰产品的价格构成

珠宝首饰产品的价值	已耗费的生产资料的价值转移 C	已耗费的劳动对象的价值转移	贵金属材料、珠宝玉石材料、各种切磨、加工辅助材料、动力消耗等	珠宝首饰产品的成本 C+V	珠宝首饰产品的价值 C+V+M
		已耗费的劳动手段的价值转移	厂房、机器等固定资产的折旧费用等		
	劳动者所创造的价值 V+M	劳动者为自己劳动创造的价值 V	劳动者的工资、福利等		
		劳动者为社会创造的价值 M	盈利（包括利润和税金）		

二、影响珠宝首饰价格的因素

现代市场营销理论，将消费者对产品价值的认知，作为制定价格的重要依据。但影响价格制定的因素很多，主要包括成本因素、需求因素、竞争因素、市场营销组合因素、消费者因素、行业发展状况等。

1. 成本因素

产品的最低价格，取决于该产品的成本费用。从长远看，任何产品的销售价格都必须高于成本费用，只有这样，才能以销售收入来抵偿生产成本和经营费用，否则就无法经营。因此，企业制定价格时必须估算成本。

产品的成本，是由产品的生产过程和流通过程所花费的物质消耗和支付的劳动报酬所形成的，它是构成产品价格与价值的主要组成部分，也是影响产品价格的最基本因素。在实际珠宝首饰市场营销活动中，产品定价的基本因素就是产品的成本，产品的成本包括固定成本和可变成本。固定成本是指在既定生产经营规模范围内，不随产品种类及数量的变化而变动的成本，如设备折旧、照明空调、产品设计、市场调研、管理人员工资等项支出。可变成本是指随产品种类及数量的变化而相应变动的成本，主要包括用于原材料、燃料、运输、存储等方面的支出，以及生产工人工资、部分市场营销费用等。对于生产出的单件产品来说，这些成本是固定不变的。之所以称为可变成本，是因为它们的总成本随着产量的变化而变化。总成本是一定水平下固定成本和可变成本的总和。一般而言，在一定的时期内，单件产品的成本随产量的增加或效率的提高而降低，这是因为固定成本分摊到每一单件上的费用下降了。

平均成本是指总成本与总产量之比,即单位产品的平均成本。使总成本得到补偿的定价,意味着价格至少不能低于平均成本。如果要取得盈利,则价格必须高于平均成本。

珠宝首饰企业定价,必须首先使总成本得到补偿,要求价格不能低于平均成本费用。显然,产品成本是珠宝首饰企业核算盈亏的临界点,产品售价大于产品成本时,珠宝首饰企业就会形成盈利,反之则会发生亏损。

对于珠宝首饰零售企业来说,则主要考虑商业成本。所谓商业成本是零售店经营商品所发生的费用总和,商业成本一般由进货价格和流通费用构成。商业成本是销售价格的最低经济界限和基本经济依据。零售企业要获得盈利,产品价格一定要高于商业成本。零售店在进行商品价格决策时,一般运用盈亏临界点分析,确定商品的价格与成本的关系,常用的几种主要方法是:

(1)寻求保本额。保本额就是保本时的销售额。企业要生存下去最起码的条件是销售时保本,即不赔不赚。所以,零售企业必须掌握这个保本界限。

企业保本额 = 流通费用/(进销差率 - 税率)

假设某种类型 18K 镶嵌饰品的平均进销差率为 10%,平均每月的流通费用为 15 万元,营业税率为 4%,则:

保本额 = 15/(10% - 4%) = 250 万元

即该企业每月销售额达到 250 万元时才能保本,大于 250 万元有利润,小于 250 万元则要发生亏损。

(2)寻求保本期。保本期就是保本周转期,其计算公式为:

保本期 = (毛利额 - 固定费用 - 税金)/每天变动费用

如某珠宝首饰店批量购进一批 K 金饰品,总销售额为 15 万元,毛利为 2 万元,随着时间增加的变动费用每天为 20 元,固定费用为 6000 元,税金为 4000 元,则这批 K 金饰品售完能保本的最长占用时间为:

保本期 = (20000 - 6000 - 4000)/20 = 500 天

也就是说,这批 K 金饰品在 500 天内能售完则可以赢利或保本。

(3)寻求保本价。寻求保本价就是寻找能够保本的销售价格水平,保本销售价格要受保本期的制约。计算公式为:

保本价 = (进价 + 单位商品每天变动费用 × 保本天数)/(1 - 固定流通费用率 - 税率)

如某企业购进某件商品的进价为每件 90 元,每件商品每天的变动流通费率为 0.10 元,保本期为 50 天,固定流通费用率为 3%,税率为 2%。根据以上公式计算,每件保本价为 100 元,如在 50 天内销完则可以保本,如果销售时间少于 50 天则有盈利,超过 50 天则会出现亏损。

2.需求因素

产品的最高价格取决于该产品的市场需求,而市场需求又受价格和收入变动的影响。价格和收入等因素引起需求相应的变动率,称为需求弹性。

需求价格弹性,是指需求对价格变动的反应程度或敏感程度。假设有 A、B 两个产品。图 9-1 表示两个产品的价格由 P_1 降到 P_2 时,其需求量发生的变化。产品 A 在价格下降时需求量没有显著变化,而产品 B 却由 Q_3 到 Q_4 需求量发生了显著变化。需求价格弹性可用公式表示如下(取绝对值):

$$Ep=需求变动百分比/价格变动百分比=(\Delta Q/Q)/(\Delta P/P)$$

(1)Ep<1,表示缺乏弹性,称为非弹性需求。大多数必需品属于这种情况。图 9-1 中的产品 A 就是属于缺乏弹性的产品。

(2)Ep>1,表示富有弹性,称为弹性需求。奢侈品、耐用消费品的需求一般属于这种情况,图 9-1 中的产品 B 就属于富有弹性的产品。

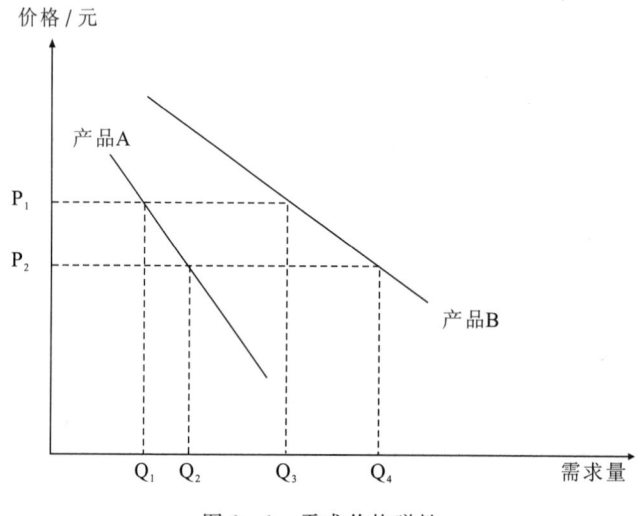

图 9-1 需求价格弹性

在正常情况下,市场需求会按照与价格相反的方向变动。价格提高,市场需求就会减少;价格降低,市场需求就会增加。所以,需求曲线是向下倾斜的,这是供求规律发生作用的表现。但是也有例外情况。如奢侈品,尤其是那些显示消费者身份地位的产品,其需求曲线有时是向上倾斜的。例如香水提价后,其销售量却有可能增加。当然,如果香水的价格提得太高,其需求和销售将会减少。

一般来说,需求价格弹性要受到以下一些因素的影响。

(1)产品与生活关系的密切程度。凡与生活关系密切的必需品,需求弹性小；反之，需求弹性大。

(2) 替代品和竞争产品种类的多少和效果的好坏。凡替代品少并且效果不好、竞争者也少的产品，需求弹性小；反之，需求弹性大。

(3) 在消费者支出中所占比重的大小。凡占支出比重小的、消费者对价格不十分在意的产品，需求弹性小；反之，需求弹性大。

(4) 与产品质量和币值的关系。凡消费者认为价格变动是产品质量变动或币值变动的必然结果时，需求弹性小；反之，需求弹性大。

由于不同产品需求的价格弹性不同，因而企业在定价时必须考虑需求弹性的大小。对需求弹性大的产品，可采用降价的方式来刺激需求，扩大销售；反之，需求弹性小的产品，降价对需求没有太大的刺激作用，但在供不应求时可较大幅度提价。

珠宝首饰市场的大小、市场所处的地理位置、消费者的容量、消费者的购买习惯和购买力等，对珠宝首饰产品价格的制定，也会有一定的影响和制约。当市场繁荣，需求量增加时，则价格会向上波动；当市场萎缩，需求量下降时，则价格会向下波动。根据不同的供求关系，在一定区域内采取上下波动的办法制定产品的价格，才能使产品在不同市场状态下都能实现其价值。

3. 竞争因素

珠宝首饰产品主要是满足人们物质和精神生活需要的特殊商品，与普通消费品相比，它的需求弹性较大，从而导致珠宝首饰市场的竞争，比一般消费品市场的竞争要激烈得多。产品的最高价格取决于该产品的市场需求，最低价格取决于产品的成本费用。在这种最高价格和最低价格的幅度内，企业能把产品价格定多高，则取决于竞争者同种产品的价格水平。企业必须采取适当方式，了解竞争者所提供产品的质量和价格。企业获得这方面的信息后，就可与竞争产品比质、比价，更准确地制定本企业产品价格。如果二者质量大体一致，其价格也应大体一样，否则本企业产品可能卖不出去；如果本企业产品质量较高，则产品价格也可以定得较高；如果本企业产品质量较低，那么，产品价格就应定得低一些。还应看到，竞争者也可能随机应变，针对本企业的产品价格而调整其价格；也可能不调整价格，而调整市场营销组合的其他变量，与企业争夺消费者。当然，对竞争者价格的变动，企业也要及时掌握有关信息，并作出明智的反应。因此，在制定珠宝首饰产品价格时，除了要考虑其本身的价值形成和市场供求关系外，竞争者的价格也是企业制定产品价格时，必须考虑的因素之一。若想提高本企业产品的销售量，只能依靠提高经营管理水平，提高服务质量，去赢得消费者。

4. 市场营销组合因素

产品是制定价格的基础，产品策略直接影响其价格的决定。同时，决定价格时必须对产品策略加以分析和研究。如产品的档次、产品的质量和科技含量、产品的生命周期、产品品牌的知名度和美誉度等。

制定产品价格,同样要受到渠道策略的制约,所以定价时必须考虑:一是渠道的长短与宽窄;二是产品的流通速度和市场营销费用;三是中间商的强弱及要求。不同的流通环节,不同的市场营销对象,不同的中间商要求,应制定不同的价格,采取不同的定价策略。

为促进产品的推广和销售,往往要开展诸如广告、人员推销、营业推广和公共关系等促销活动,而促销所花费用的多少,也与制定产品价格紧密相关。

5. 消费者因素

企业决定价格时,必须考虑目标消费者对价格的反应。价格的数字表示非常明了,然而,消费者对其会有各种各样的理解。另外,消费者对价格的反应,也会因产品的种类而异。即使同样种类的产品,其评价往往也会因品牌的不同,常以一流产品和三流产品,知名品牌和非知名品牌等来加以评价。评价的差异会表现为价格的差异。一般情况下,一流产品和三流产品在价格上约有30%以上的差异。要是企业的产品市场定位为一流产品的话,其定价就可以高于三流产品30%以上。市场营销管理者有必要在制定价格时,充分了解和掌握消费者对自己的产品所知觉的价格和能接受的价格。

6. 行业发展状况

行业特点和发展状况,对企业制定产品价格也会产生一定的影响。珠宝首饰业在20世纪80年代至90年代初期,由于市场需求旺盛,产品经常处于供不应求状态,企业通过制定适当的价格,就可获得较高的利润,基本上不存在价格竞争。此时,受行业利润的吸引和政策的鼓励,很多经营者开始进入珠宝首饰业,导致产品数量快速增长,到90年代中期,卖方市场开始转向买方市场,价格竞争随即出现,行业平均利润水平下降。具体可表现在以下三个方面:

(1)新进入者的威胁。行业如果易于进入,新进入竞争者就可能对产品价格产生重要影响。这对分析大类产品或细分产品的价格,也有同样的效果。新进入者增加了产品的供应,结果导致供需关系的变化,企业或者通过降价,或者通过增加分销和促销成本,来对付这种状况,结果引起利润的下降。

(2)消费者和供应商的影响。当可供选择的品牌和产品增加时,消费者则可能处于主动地位,从而对产品价格产生抑制作用。如现在的消费者对珠宝首饰有更多的选择,尤其是同质性高的产品,价格成为选择的重要因素,企业不得不经常在价格上做出让步。此外,供应商的影响也不容忽视,虽然供应商不会直接影响产品的市场价格,但如果原材料、劳动力或其他生产资料价格上涨,也会增加产品的成本,从而影响到价格底线和利润。

(3)竞争程度。行业内如果竞争激烈,而大多数企业又不愿退出或退出困难,一些企业为了生存,则会以低价格销售产品,导致价格的激烈竞争。

第四节 珠宝首饰产品的定价策略

一、珠宝首饰产品的定价目标

1. 珠宝首饰产品定价的地位

(1)价格是调节市场需求与消费的重要手段。在企业的市场营销活动中,定价工作是一项既重要又困难,而且有一定风险的工作。价格是企业营销组合中的一个重要因素,定价是否合理,对企业市场营销组合,将起到强化或削弱的作用。价格的高低往往直接影响着珠宝首饰产品在市场中的地位和形象,影响着珠宝首饰消费者对产品的接受程度,影响着产品的销路。合理的价格对消费者的心理会产生良好的刺激作用,其本身就具有促销的功能。在珠宝首饰企业的营销产品组合中,尤其具有消费连带与消费替代关系的产品,价格的高低与价格比例的合理性,明显影响着这些产品的市场需求。此外,珠宝首饰产品价格的高低,还制约着销售渠道的选择,只有与企业促销及销售渠道策略协调一致的价格,才能起到加强营销整体效果的作用。

(2)价格是参与市场营销竞争的手段之一。在企业的市场营销活动中,技术、质量、服务等方面,固然是珠宝首饰企业竞争的重要因素,但价格同样是不可或缺的重要竞争手段之一。价格对珠宝首饰产品的销路及整个珠宝首饰企业的利润都有"明显"的影响。一般来说,在同一产品有众多供给者的条件下,价格相对低的产品,市场竞争力就会提高。同时价格也是竞争对手极为关注,并能迅速作出反应的最敏感的因素。而且,制定价格时往往很难准确预测消费者和竞争者的反应,决策失误会使企业陷入困境和带来多方面的损失。因此,珠宝首饰产品的定价既要有高度的科学性,又要有"灵活"的艺术性,才能使珠宝首饰产品价格,成为有效的市场竞争手段。

(3)价格是实现企业营销目标的核心手段。合理地制定产品的价格,有利于降低产品成本,促进企业技术进步,提高产品的质量,从而更好地满足珠宝首饰消费者的消费需求,提高企业的经济效益,最终实现企业的营销目标。

2. 珠宝首饰产品的定价目标

珠宝首饰企业在定价之前,必须首先确定珠宝首饰定价目标。珠宝首饰定价目标,是珠宝首饰企业营销目标的基础,是企业选择定价方法和制定价格策略的依据。由于珠宝首饰企业市场营销目标是多方面的,因此,企业的定价目标也是多方面的。

(1)以维持基本生存为定价目标。这可视为珠宝首饰企业经营的最低目标,采取这一目标,企业订价趋于保本点,这一最低价格可以使珠宝首饰企业处于不亏本不盈利的状态。在珠宝首饰产品供过于求的情况下,许多企业、特别是负债经营的企业,订价时大多采取这种订价目标,削价竞争便是典型的例子。

(2)以稳定市场价格为定价目标。珠宝首饰企业为了能更好地保护自己,避免不必要的市场价格竞争,从而牢固地占有市场,在产品的市场竞争和供求关系比较正常的情况下,在稳定的价格中,取得合理利润而制定的价格。由于珠宝首饰产品的特殊性,珠宝首饰企业之间激烈的价格竞争,从表面上来看可能会给消费者带来一定的利益,但从长远发展的角度来看,激烈的价格竞争会给消费者带来灾难,激烈的价格竞争会导致珠宝首饰市场供求的失衡。

(3)以获取最大利润为定价目标。珠宝首饰企业期望通过制定较高价格,迅速获取最大利润为定价目标,采取这种定价目标的企业,必须保持其产品在市场上处于有利地位。因此,企业必须不断地提高生产技术和服务水平,努力改善经营管理,以求得企业在市场竞争中处于有利的地位,这样做对社会、对企业、对消费者都是有利的。如果企业只顾眼前利益,采取不择手段的方式,片面地追求最高利润,就会使企业的信誉受损,很难实现企业的可持续发展。

(4)以获得企业的满意利润为定价目标。所谓满意利润是指能使珠宝首饰企业投资者和经营者满意的利润水平,它既不是企业要追求的最高利润,也不是企业主观的预期利润目标,而是企业为了避免风险的一种稳健的定价目标。必须说明的是,珠宝首饰企业的满意利润,会随着珠宝首饰市场的变化、供求关系的变化而发生变化。

(5)以取得适当的投资利润率为定价目标。珠宝首饰企业通过定价,使价格有利于企业的投资在预定时间内能够达到一定的投资回报率为定价目标。采用这种定价目标的企业,一般是根据投资额规定的利润率,计算出各单位产品的利润额,把它加在产品的成本上,就成为该产品的销售价格。

(6)以保持和扩大市场占有率为定价目标。这是珠宝首饰企业从占领市场的角度出发,来制定珠宝首饰产品的价格。价格的高低对于产品市场占有率的高低,有着很大的影响。一般来说,在市场占有率既定的条件下,为了维持或提高市场占有率,一般采用低价策略。一个企业生产的珠宝首饰产品,市场占有率的高低,反映了这个企业的经营状况和竞争能力,关系到企业产品在市场上的地位。

二、珠宝首饰产品的定价程序

企业在为产品制定价格时,还应遵循一定的程序。一般定价程序包括这样几个步骤:选择定价目标 → 确定需求或测定需求价格弹性 → 估算成本 → 分析竞争者的产品及其价格 → 选择定价方法 → 确定最后价格。

企业选择不同的定价目标,将直接影响产品的价格水平。不同的价格水平,将产生不同的需求。因此,在定价时企业必须考虑价格与需求之间的变化关系,以及在特定目标下,某一价格水平能否产生实现目标的需求。成本是企业制定价格的底限,产品的价格要能够弥补生产和分销成本,并获得一定的利润,企业定价时,必须仔细认真地估算产品的成本。同时,企业竞争者的产品价格以及竞争者对企业所制定价格的反应,将影响企业的定价策略,竞争者同类产品的价格水平,可作为企业定价的参照。

然后,企业需要选择适当的定价方法,主要的定价方法有三种:即以成本为中心的定价方法、以需求为中心的定价方法和以竞争为中心的定价方法。在企业确定产品最后价格时,还需考虑市场环境的其他因素,如消费者的心理因素等,以确定最终产品的价格。

三、珠宝首饰产品的定价方法

珠宝首饰产品的定价方法,是企业根据确定的定价目标,给生产的珠宝首饰产品制定出一个基本价格幅度。在确定定价方法时,企业必须分析市场需求、产品成本和市场竞争的情况及变化趋势,并研究所制定的定价策略,如何才能适应这些变化。虽然,在确定定价方法时,企业应对上述三个方面因素都进行研究,但在实际操作过程中,许多企业往往侧重于某一因素。因此,定价方法可以分为以成本为中心、以市场需求为中心和以竞争为中心等三种类型。

1. 以成本为中心的定价方法

(1)成本加成定价法。这种定价方法,是采用以成本为中心的定价方法中的最普遍形式,是按成本再加若干百分比来定价。常见的做法有内扣毛利率法、外加毛利率法、倍数法、价格系数法等。以成本加成定价法制定的价格,并不是最合理的。根据市场营销学的观点来看,成本加成定价法只考虑了成本的因素,而没有分析市场需求和消费者的心理,也没有考虑到激烈的市场竞争状况。因此,无论是短期还是长期,这种定价法都无法使企业获得最高利润。成本加成定价法有三个方面的优点:第一,计算成本比估计需求更有把握,企业根据单位成本制定价格,就可简化定价过程,不必根据市场需求的变化,经常调整价格;第二,如果同行业的企业都采用这种定价法,且各家的成本和加成比例相似,定出的价格就相差不大,企业之间的竞争就不会像采用其他定价方法那样激烈;第三,根据成本加成定价法,对买卖双方都较公平,卖主不必因为买者需求迫切而提价,然而,卖方仍能获取一定的投资收益。

(2)目标收益率定价法。这种方法是根据企业的总成本和估计的总销售量,确定一个目标收益率,作为核算定价的标准。计算产品单价的公式为:

单价=(固定成本+单位变动成本×产品数量+目标利润)/产品数量

这种定价方法过于考虑成本因素,而没有考虑市场需求的程度和消费者的心理。因此,在实际操作中,只能把目标收益率定价法,作为制定价格的出发点。

2. 以需求为中心的定价方法

根据消费者对产品提供给他们的价值的看法和市场的需求程度,来制定价格,而不是根据产品的成本来定价。

(1)理解价值定价法。这种定价方法,主要根据消费者对产品的价值观念,而不是根据产品的成本来定价。在珠宝首饰产品中,这种定价方法还是经常使用的。由于在消费者的价值观念中,钻石比蓝宝石的价值要高,因此同样质地、同等大小的钻石比蓝宝石的定价要高;而紫晶的价值比蓝宝石要低,因此同样质地、同等大小的蓝宝石比紫晶的定价要高,等等。

(2)区分需求定价法。这种定价方法也称为价格区别对待策略。它可以有以下形式:第一,区别对待不同消费者,因同一产品对不同的消费者价格不同;第二,区别不同的产品形式,因不同的产品形式,成本不同,但是企业并非按照各种形式产品的成本差异比例规定不同的售价;第三,区分不同的地点,因在不同地点出售相同的产品,制定的价格不同;第四,区分不同的时间,因企业可以在不同的季节,不同的日期,甚至不同的钟点,规定不同的价格。

3. 以竞争为中心的定价方法

采用这种定价方法的企业,主要根据竞争者的价格作为定价的依据。产品的价格随竞争者的价格变化而变化。在这种定价方法的前提下,不同的企业可以采取以下三种不同的方法。

(1)率先定价法。企业在同行业竞争者中率先定价。如果企业所定的价格符合市场需求,使用这种定价方法的企业,即使在竞争剧烈的市场环境中,也可获得较大的收益。

(2)随行就市定价法。企业根据同行业的平均价格,或其直接竞争对手的平均价格来决定自己的价格。使用这种方法的企业,认为市价反映了行业的集体智慧。因此,随行就市定价法能给企业带来理想的经济效益。

(3)追随核心企业定价法。这种方法是假定市场中有个核心企业,或者有个起主导地位的公司,其他企业则跟随这家核心企业制定大致相仿的价格,并随它的价格变化而调整本企业的价格。这里所指的核心企业,是指某一企业在某市场上的销售量,约占同类行业同类产品在这个市场上销售总额的40%左右。

四、珠宝首饰产品的定价策略

所谓定价策略,是指企业进行价格决策的指导思想或行动方针。定价策略为企业实现定价目标提供了方向,是企业确定全面经营策略时,需研究的一个非常重要的问题。因此,珠宝首饰企业在确定定价策略以前,必须首先明确本企业产品在珠宝首饰市场上的位置和企业的总体经营目标,是希望尽可能多地赢得消费者,还是追求最大利润,还是追求高的营业额。每一种价格策略都包含着不同的意义。在市场营销学中常见的定价策略主要有以下几种。

1. 率先定价策略

(1)撇油定价策略。撇油的原意是把牛奶上面那层奶油撇出来。撇油价格指制定较高的价格,以便在短期内收回投资。采取撇油价格策略的优点,可使企业较快获取较高的销售额和利润,以便收回产品的研制成本。当产品刚投入市场时,企业的生产能力往往较低,采用撇油价格策略,可使企业的生产能力随着市场需求的增长而逐渐扩大;产品从高价降到低价较易操作,而从低价升至高价则较困难。因此,撇油价格策略可以使企业在以后的价格竞争中实行降价措施。但是,使用撇油价格策略,较高的定价会刺激很多竞争者进入市场。

(2)渗透定价策略。采用渗透价格策略,企业会更多地从长远利益的角度出发,考虑把产品的价格定得低一些,以便市场渗透,获得较大的市场占有率。采用渗透价格策略的特点是:由于产品价格低于市场价,薄利多销,对于消费者具有一定的吸引力。企业采取压低成本,减少流通环节的办法增加销售。采用渗透价格策略的条件是:潜在市场较大,低价可以扩大市场占在率;价格敏感程度高,低价可以增加销售;企业有潜力降低可变成本;销售渠道畅通,经营环节简单;有供大于求的趋势。

(3)在产品导入阶段实施低价策略。一般来说,降低产品的价格,能吸引更多的消费者。因此,企业常采用在产品导入阶段暂时降价的策略,以便加速消费者接受该产品的过程,以后逐渐提高该产品的价格。例如,一些新开业的珠宝首饰店,在开业初期实施这种定价策略,以便能更多地吸引消费者。

2. 心理定价策略

(1)奇数定价策略。奇数定价策略就是给产品一个带有零头的数结尾的非整数价格,这是一种纯粹的心理定价策略。奇数定价可以给消费者一个价格低的初始印象,以及产生一个企业定价认真准确的信任感,很具有吸引力,普遍受到消费者的青睐。

(2)整数定价策略。与奇数定价策略相反,由于同类型产品,生产和销售者众多,花色、品种各式各样,消费者往往把价格看作产品质地的"指示器"。消费者可以根据自己的经验,或已熟悉的价格,来对比、评价和衡量。

(3)声望定价策略。高级名牌商品,在消费者心目中具有极高的声望。这些商品的购买者,往往不在乎价格的高低,而更在意商品能否显示其身份和地位,商品的品牌能否炫耀其"富有和豪华"。这类产品为了提高其形象,往往采用整数尾数定价,如镶有高档优质宝石的珠宝首饰产品等。

3.折扣策略

(1)数量折扣。指卖主为了鼓励消费者多购买,达到一定数量时,给予某种程度的折扣。一般购买数量越多,折扣越大。数量折扣又可分为,非累进折扣和累进折扣两种。非累进折扣应用于一次性购买,消费者一次性购买数量或金额达到卖主的要求时,才可给予某种折扣优惠。购买数量越多,折扣越大,以鼓励和刺激大量购买。累进折扣主要应用于批发关系,卖主规定在一定期限内,消费者购买达到一定数量时,可给予折扣优惠。通常折扣随购买数量的增多而增大。这种办法有利于建立企业与零售商之间的买卖关系。在珠宝首饰市场上,制造商与批发商,批发商与零售商之间,常采用累进数量折扣。数量折扣通常是指降价销售,但在有些企业中,并不一定降低售价,而是给予达到数量折扣要求的消费者一定数量的免费产品。这种折扣策略,在珠宝首饰市场营销活动过程中是较为常见的。

(2)同业折扣。通常指制造商给予批发商和零售商的折扣。

第五节 关于珠宝首饰产品的提价与降价

一、珠宝首饰产品的提价

即使你有一千条理由、一万个原因,商品的提价总是不会受到消费者欢迎的,珠宝首饰产品也是如此。商品的提价会给消费者带来心理的失衡,从而影响消费者的购买行为。在现实生活中,任何一种商品的提价,在提价的初期都是很难卖得动的,只有等到消费者在心理上逐渐适应以后,市场才能慢慢复苏。因此,对于精明的企业家来说,一般都应尽量避免直接提价。但是,由于产品的生产成本增加(原材料涨价等),如近年来国际珠宝首饰市场上黄金、铂金原料持续涨价,并且原材料价格在高位运行,就使得生产黄金、铂金首饰和黄金、铂金镶嵌饰品的成本增加。在这种情况下,企业不得不采取提价的方式来弥补生产成本上升的损失。然而,价格的提高是有技巧的。这种技巧如果运用得当,可以帮助企业渡过因提价给产品销售带来的不利影响。

一般来说,企业提高产品的价格有两种主要的方式,即明涨和暗涨。所谓明涨就是把产品的价格直截了当地提高。例如,铂金由230元/克直接涨到260元/克。所谓暗涨就是产品的标价不变,以产品各方面的变动,来达到实际提高产品价格的目的。

暗涨的方式可以有很多类型,如更换产品型号种类来达到提价的目的,这种提价方式消费者相对很难察觉;再者以降低产品的质量,来间接地达到涨价的目的。总之,对于珠宝首饰产品来说,不论是生产商,还是零售商,对产品提价必须三思而后行,否则将会给企业的生产和经营,带来困难和难以弥补的损失和影响。

二、珠宝首饰产品的降价

消费者对企业产品的降价基本上持消极观望的态度,尤其是珠宝首饰产品,过度地依赖降价促销,并不是一个万全之策。通常人们把降价促销视同为一把"双刃剑",既可以为企业带来销售额的暂时增加,给企业带来客流和利润,同时也会由于因降价的原因,给企业产品的品牌形象带来冲击,失去老顾客的忠诚,也会给竞争者带来竞争的机会。如竞争者跟随着降价或开展其他的宣传攻势,对企业造成不利的影响。

从经济学角度分析,市场经济在正常运行下,企业资金周转率越快,盈利也就越可观。一般情况下,企业渴望着资金的快速流动,降价促销便是在这种经济背景下的产物。综观目前我国的珠宝首饰产业可以说是价格战此起彼伏,似乎只有价格战才是珠宝首饰企业在市场上竞争的唯一利器,其实从长远来看,此起彼伏的价格战,既影响到生产企业的利益,也损害了经销企业的利益,同时也损害了消费者的利益,也影响到国家的税收收入,是一种不明智的营销策略。

1. 降价促销是一种营销的短期行为

商品降价后虽然在短期内,或许可以增加企业的销售额,但是从长远角度考虑,降价实际上并不会提高销售额,因为频繁的降价促销会,使消费者产生一种错觉,使消费者不愿意再以正常价格购买商品。因此,降价促销只是一种低级的竞争手段,完全是一种营销中的短期行为。因为市场购买力就这么大,大幅度地降价只能造成购买力的提前转移,同时也造成许多企业在保本和亏损的边缘上经营,无力扩大生产规模,无法实施企业的可持续发展。

2.降价是零售企业无奈的选择

商品降价后,在短期内可能会使零售企业的销售额有所上升。但降价结束后,企业又该怎么办呢?对珠宝首饰产品的销售更是如此,消费者甚至会怀疑原来企业的定价是否属实,同时也会给零售企业的信誉带来负面影响,结果就会使消费者再次购物时回避有减价声誉的商店。而零售企业为了保持一定的销售额,便被迫无奈地一次又一次地举起降价的大旗,最终的结果可想而知。由此可见,零售企业应从内部入手,加强企业管理,降低经营成本,尽可能地满足消费者的需求,逐渐在服务、经营方面形成自己的特色,才是珠宝首饰零售企业发展的长远策略。

3."价格战"是珠宝首饰市场无序竞争的根源

要使我国的珠宝首饰市场健康地向前发展,必须制止一切形式的无序竞争,而价格战则是珠宝首饰市场无序竞争的根源。依靠"价格战"进行市场竞争,是一种低层次的竞争,是一种对生产企业、经销企业、消费者和国家四方都不利的竞争手段,是对资源配置极大浪费的竞争,对于珠宝首饰产品更是如此。生产企业、经销企业应该改变自己的经营理念,从单一的价格竞争,转向以技术、质量、成本、品牌、价格与服务的多元化竞争,发展更高层次的特色竞争,实施差异化竞争战略,为珠宝首饰产业整体转型升级创造条件,加强我国珠宝首饰产业的整体竞争能力,参与国际珠宝首饰市场的竞争。

此外,有关政府部门应加强宏观管理与调控,相关的行业组织应加强行业自律,健全和规范企业的生产和经营行为,制止或杜绝不利于整个行业健康发展的降价竞争行为。同时加强产品质量监督、打击走私和经营假冒伪劣商品的力度,以维护珠宝首饰市场秩序和消费者的合法权益。

总之,珠宝首饰产品的降价也应行之有序。

小 结

价格作为一种十分复杂的经济现象,它的运作不仅涉及到企业经济活动的各个方面,而且也会影响到一种产品或一个企业生存和发展的过程。由于制作珠宝首饰产品原料的天然性和稀有性,因此珠宝首饰产品的价格有它本身的特点。对珠宝首饰产品中,常见的钻石、有色宝石、翡翠、珍珠、玉石和玉器等的价值评估作了简要的介绍。

在分析了珠宝首饰产品价格构成的基础上,探讨了影响珠宝首饰产品定价的因素。现代市场营销理论,将消费者对产品价值的认知,作为制定价格的重要依据。但影响价格制定的因素很多,主要包括成本因素、需求因素、竞争因素、市场营销组合因素、消费者因素、行业发展状况等。企业在为产品制定价格时,除了要考虑这些因素的影响外,还要结合企业的定价目标,采用一定的程序和选择合适的定价方法,为产品确定最终的价格。主要的定价方法有三种:即以成本为中心的定价方法、以需求为中心的定价方法和以竞争为中心的定价方法。

价格是企业间竞争的有力手段,也是经常引起市场混乱和使消费者无所适从,对珠宝首饰产品产生疑虑和困惑的原因。珠宝首饰产品的提价与降价,均应循之有序,依靠"价格战"进行市场竞争,是一种低层次的竞争,是一种对生产企业、经销企业、消费者和国家四方都不利的竞争手段,是对资源配置极大浪费的竞争。

第十章 珠宝首饰销售策略

　　珠宝首饰的生产过程只是珠宝首饰市场营销活动的基础和前提,珠宝首饰只有通过市场这一媒介,被珠宝首饰消费者认可和购买,珠宝首饰才能实现其价值和使用价值,珠宝首饰企业才能创造出经济效益和社会效益。随着珠宝首饰市场的不断发展,珠宝首饰的生产者与消费者,客观上由于多种原因存在着时间和空间上的分隔。为了克服这种分隔,珠宝首饰企业必须通过珠宝首饰市场上的一些中间环节,使自己的珠宝首饰产品,顺利地由生产领域进入消费领域,满足消费者的需要。

第一节 销售渠道的作用与基本模式

一、珠宝首饰销售渠道的含义与作用

　　珠宝首饰销售渠道,是指珠宝首饰产品从珠宝首饰生产企业,向珠宝首饰消费者转移过程中,所经过的各个环节连接起来形成的通道或途径。

　　珠宝首饰销售渠道,对整个珠宝首饰产品的流通,起着极大的促进或制约作用。

　　1. 珠宝首饰销售渠道是保证珠宝首饰企业再生产过程顺利进行的前提

　　珠宝首饰企业是珠宝首饰产品生产和经营的基本单位。企业生产的产品,不仅要符合社会的需要,而且必须及时、有效地销售出去,企业才能生存和发展。因此,只有通过珠宝首饰销售渠道,才能实现珠宝首饰产品的销售,满足消费者的需要,达到珠宝首饰企业的经营战略目标。如果由于珠宝首饰销售渠道失灵,流通不畅,即使企业生产出的优质适销的产品,也不能保证顺利到达消费者手中,这必然使珠宝首饰企业再生产过程受阻。

　　2. 合理选择珠宝首饰销售渠道是加速产品流通、促进生产发展、提高经济效益的重要手段

　　珠宝首饰销售渠道是否畅通、销售渠道的数量、环节多少以及容量等问题,对珠宝首饰产品的销售有着直接的影响。合理选择销售渠道、加强渠道的管理

以及适时开拓新的销售渠道，就能加快珠宝首饰产品的流通速度，加速资金周转，使企业能以同量的资金，生产更多的产品，提高企业的经济效益。

3. 珠宝首饰销售渠道策略直接影响其他市场营销策略的实施效果

销售渠道策略与产品、价格、促销等市场营销策略密切相关，建立销售渠道需要较长的时间和资金，需要渠道成员间长期的合作和信任。所以，珠宝首饰销售渠道一经建立，一般不会轻易变更。随着销售渠道的确定，珠宝首饰企业的定价、促销等策略，也就能相对地固定下来。例如，珠宝首饰产品的广告宣传活动，主要由珠宝首饰企业进行，还是由中间商进行，或是双方联合进行；珠宝首饰企业的价格策略与中间商的价格策略如何相互配合、衔接等。

二、珠宝首饰销售渠道的基本模式

珠宝首饰产品的销售渠道有直接、间接、长、短、宽、窄、单、多之分。因此，可以划分出不同的销售渠道模式。

1. 直接销售渠道与间接销售渠道

(1) 直接销售渠道。指珠宝首饰企业在其市场营销活动中，不通过任何一个珠宝首饰中间商，而直接把珠宝首饰产品销售给消费者的销售渠道。即：珠宝首饰企业→消费者。

这种面向消费者的直接销售渠道，又称无渠道销售。随着珠宝首饰市场的竞争日益激烈的情况下，这种直接销售方式，其作用显得越来越明显，尤其对于一些小型珠宝首饰企业来说更是如此。这种销售渠道的优点是可以直接获得消费者的信息，有利于企业提高产品质量，改进产品的款式设计等。

(2) 间接销售渠道。即珠宝首饰企业通过二个或二个以上的珠宝首饰中间商向消费者推销珠宝首饰产品的销售渠道。间接销售渠道是目前主要的珠宝首饰产品销售渠道。渠道越长，珠宝首饰产品市场的扩展可能性就越大，但珠宝首饰企业对产品销售的控制能力和信息反馈能力就会越差。间接销售渠道按中间环节的多少和使用平行渠道的情况主要分为以下三种：

①一级销售渠道。珠宝首饰企业→零售商→消费者。这种销售渠道具有二个环节，具有销售成本低的优点，但仅适宜于代销批量不大、销售区域狭窄或单一的珠宝首饰产品。

②多级销售渠道。珠宝首饰企业→批发商→零售商→消费者。这种销售渠道具有三个环节，是珠宝首饰产业中使用最为广泛的一种销售渠道，这种销售渠道覆盖的区域较广，在营销活动过程中具有明显的优点。这种销售渠道的同种变形是：珠宝首饰企业→珠宝首饰代理商→批发商→零售商→消费者。这种销

售渠道增加了珠宝首饰代理商,在国内外珠宝首饰业中,也是经常应用的销售渠道。但建立珠宝首饰代理商制度有利也有弊,一方面,若珠宝首饰代理商与珠宝首饰企业合作良好的情况下,能够为企业开拓市场,增强其产品在市场上的竞争能力;另一方面,如果珠宝首饰代理商选择不当,则有可能危及珠宝首饰企业的市场占有率。

③多级多层销售渠道。这种销售渠道共有五个层次十二个中间环节(图10-1)。珠宝首饰企业→珠宝首饰代理商→批发商→零售商→消费者为第一个层次;珠宝首饰企业→批发商→零售商→消费者为第二个层次;珠宝首饰企业→批发商→消费者为第三个层次;珠宝首饰企业→零售商→消费者为第四个层次;珠宝首饰企业→消费者为第五个层次。五条销售渠道为同一企业所用,使用这种销售渠道时,企业应不断总结,根据市场的变化,重新分选组合,以提高经济效益为中心。因为销售渠道的选择仅是手段问题,提高经济效益才是核心问题。

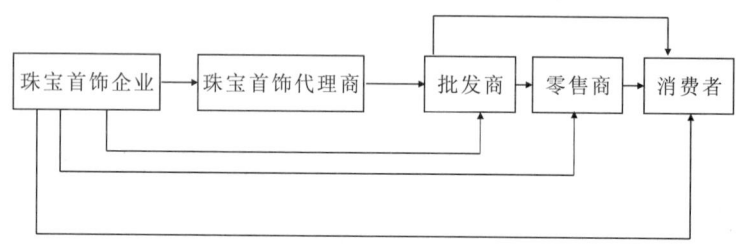

图 10-1 多级多层销售渠道

2.长渠道和短渠道

对于间接渠道来说,根据其介入的中间商层次的多少又可区分为长渠道和短渠道。珠宝首饰产品从生产企业脱手开始直到珠宝首饰消费者购买为止,整个过程的中间环节或中间层次越多,销售渠道就越长;反之,销售渠道就越短。

销售渠道越短,生产者承担的销售任务就愈多,信息传递就越快,销售及时,能较有力地控制销售渠道(如控制价格、提供服务、进行宣传等);渠道越长,批发商、零售商就要完成大部分销售职能,信息传递就愈慢,流通时间较长,珠宝首饰企业对销售渠道的控制就越长。

3.宽渠道和窄渠道

所谓珠宝首饰产品销售渠道的宽度,是指在一个时期内销售网点的多少,网点分配的合理程度和销售数量的多少。

宽渠道是指使用的同类中间商较多、所设销售网点较多、珠宝首饰产品在市场上的销售面较广的珠宝首饰销售渠道。窄渠道则相反。

4. 单渠道和多渠道

根据珠宝首饰企业所采用的渠道类型的多少,珠宝首饰销售渠道又可分为单渠道和多渠道。珠宝首饰企业可以根据企业自身情况,选择渠道类型。如一些珠宝首饰企业采用的渠道类型比较单一,所有产品全部由自己直接销售或全部交给批发商经销,这称之为单渠道。一些珠宝首饰企业则依据不同层次或不同地区消费者的不同情况,而采用不同的销售渠道。如在本地区销售采用直接渠道,在外地销售采用间接渠道。同时采用长渠道和短渠道,这就称之为多渠道。

一般情况下,生产规模较小、经营能力较弱的珠宝首饰企业,可选择单渠道销售珠宝首饰产品;反之,则可采用多渠道,以便扩大产品的销售面。

三、影响珠宝首饰产品销售渠道选择的因素

珠宝首饰企业在选择销售渠道时,会受到各种因素的影响和制约,影响销售渠道选择的因素主要有以下几个方面。

1. 产品因素

产品因素是珠宝首饰企业进行渠道选择时,必须首先考虑的问题。影响珠宝首饰产品销售渠道的产品因素,主要包括珠宝首饰产品的种类、珠宝首饰的质量和款式,对于款式新、质量优的珠宝首饰产品,应尽可能地减少中间环节,迅速地进入市场,直接与消费者接触,了解他们的消费心理,以便制造商及时地掌握市场需求的变化。

2. 市场因素

珠宝首饰产品消费者的潜在数量,是决定该市场范围大小的主要市场因素。市场范围大,制造商为了争取更多的消费者,需要利用更多的批发商,以便扩大自己产品的销售市场。如潜在消费者少,则可采用直接渠道,而不通过中间商。此外,消费者的消费习惯对珠宝首饰产品的销售渠道也会产生一定的影响,如翡翠深受我国人民的喜爱,但西方国家则不很欣赏;又如绿松石深受阿拉伯民族的欢迎,因此在寻找销售渠道时,应充分考虑到消费者的消费习惯。

3. 中间商因素

即中间商的自身条件(如财力、经营管理能力、信誉、服务能力等),是珠宝首饰生产企业选择销售渠道时,需考虑的重要因素之一。

4. 企业自身因素

销售渠道的选择还必须考虑珠宝首饰企业自身的多方面情况,并进行实事

求是的分析判断。主要包括以下三个方面:

(1)企业的产品组合。珠宝首饰企业产品组合的广度和深度对其销售渠道的选择,有很大的影响。由于珠宝首饰产品是一种非常个性化的产品,一般情况下,零售商和消费者对产品需求的品种多、批量小。如果珠宝首饰产品组合的面太窄,产品式样单一,就不能直接适应零售商和消费者的需求,而必须通过批发商进行分销;如果珠宝首饰产品组合面较广、品种多、款式新,就容易适应零售商和消费者的需要,采用的销售渠道就可短一些。

(2)企业的经营能力。珠宝首饰企业的经营实力,既包括企业的资金实力,也包括企业的社会形象和声誉。珠宝首饰企业越大,资金实力越雄厚,销售渠道选择的灵活性就越大;珠宝首饰企业的社会形象和声誉越好,就越有可能随意挑选和利用各种有利的销售渠道。

(3)企业的管理能力。珠宝首饰企业对产品的市场销售活动的管理能力,也会影响到企业销售渠道的选择。如果企业管理销售业务的能力很强,就可自行组织销售系统;如果企业缺乏相应的销售管理方面的经验,就只能依靠中间商来销售自己的产品。

第二节 销售渠道的选择与管理

一、珠宝首饰中间商

利用中间商销售产品,从社会经济意义上讲是一种巨大的节约,也是一种有效的产品销售方式。从制造企业角度看,利用中间商销售网络,远比建设自己的销售网络快捷、简便、节省费用。所谓珠宝首饰中间商,是指任何一个单位或个人,处在珠宝首饰生产者和珠宝首饰消费者之间,并参与了销售或者帮助了这个销售行为,就可称为珠宝首饰中间商。中间商又按在流通过程中所起的不同作用分为批发商和零售商。

1. 珠宝首饰中间商的作用

由于有中间商介入了珠宝首饰产品的销售,可以大大地简化流通过程,降低流通费用,提高流通效率。由于中间商的出现和存在,对珠宝首饰企业的分销活动发挥了重要的作用,其作用可以概括为以下几点:

(1)珠宝首饰中间商的存在与广泛分布,能使企业的产品销售达到其自行销售不可能达到的广度和深度。

(2)珠宝首饰中间商的调剂和组配功能,尽可能使珠宝首饰产品,同目标市场消费者的消费需求取得一致,加速资金的周转。

(3)珠宝首饰中间商在市场销售方面的丰富知识和完备的技术设施,使销售活动能更有效地进行。

(4)珠宝首饰中间商的介入使社会交易总量大大下降,从而起到降低珠宝首饰企业固定成本的作用。

2. 批发商

批发商是指介于生产者和零售商之间,从事产品的买卖交易及其他流通活动的流通机构(企业和个人);是将制造企业生产的商品通过批发环节,销售到广大地区和众多目标市场的中间商。批发商的种类繁多,可以根据不同的分类基准分成各种类型,这里按照通常的所有权关系和经营方式,将其分为以下三大类:

(1)经销商。是指独立从事产品买卖的批发商。经销商在商品流通过程中不但实际持有商品,而且获得商品所有权。在现实经济生活中,这种情况称为买断。生产企业与经销商通过购销合同,建立起商品交换关系。生产商对经销商的进一步转卖行为,不进行干涉也无权干涉。交易后的市场经营风险也由经销商独立承担。

(2)代理商。在商品流通过程中,仅持有商品实体而不取得商品所有权的中间商,称为代理商。它只是代替生产者推销商品或帮助消费者购买商品,并不取得商品所有权。代理商从委托方收取佣金,按委托人对代理人授权的大小,代理方式可分为独家代理、一般代理、总代理三种形式。

(3)经纪商。经纪商是指为买卖双方牵线搭桥,协助双方进行洽谈的代理商。换句话说,经纪商的主要目的就是把买主和卖主结合起来,既不直接与金钱打交道,也不直接拥有商品。不制定价格,几乎不承担风险,他们只对消费者提供特定产品和市场的专门知识。

3. 零售商

零售商是指将产品或服务直接销售给最终消费者、处于分销渠道最末端的中间商(包括企业和个人),是直接把商品销售给众多家庭和个人的商业组织。零售商具有以下一些特点:

(1)零售商的销售和服务对象为直接消费者,主要是个人消费者,也包括集团消费者。

(2)零售商处于产品流通的终端,零售交易结束后,产品脱离流通领域,进入消费领域。

(3)零售商分布面广,销售网点多。

(4)零售商是联系制造商、批发商与消费者的桥梁,它一方面向批发商或制造商购进产品,另一方面再把产品销售给消费者。

(5)零售商一般多为小规模经营,销售数量零星,交易次数频繁。

零售商随时代的变化、经济的发展,需要面对激烈和残酷的市场竞争。为了取得竞争的优势,就必须按市场的要求不断进行自身改革,不断创新。因此,市场上形成了各种各样业态的零售商。零售商可以根据不同的分类标准划分为各种类型。例如:按产品线的深度和宽度可将其划分成专卖店、百货商店、方便商店、超级市场等;按价格竞争方式分成折扣商店、仓储商店、平价商店、量贩店等;按管理方式可以分为独立商店、连锁商店(连锁作为零售业、饮食业中若干同行业店铺以统一组织、统一经营、统一进货等连接起来,共享规模效益的一种经营形态,连锁包括正规连锁(RC)、自由连锁(VC)和合同连锁(FC)三种、特许专卖店、消费合作社等;按是否店铺销售可分为有店铺零售商和无店铺零售商。

二、选择中间商的基础和原则

对于珠宝首饰企业来说,选择中间商首先必须明确建立销售网络的目标,所产产品的种类、数量和质量、市场的需求状况、竞争状况、消费者的结构和消费水平,市场的变化趋势等,然后有针对性地寻找中间商。在选择过程中,应先进行间接了解,摸清对方的情况,在时机成熟时适时提出。需要了解的问题一般包括以下方面:①对方的信誉、经济实力、从业时间和人员组成状况。②市场占有率、销售人员的素质和销售成本。③零售店所处的地理位置(是否位于市中心地带,以及人流和客流状况等)。

在了解了上述情况的基础上,在选择中间商的过程中还必须遵循以下原则:

(1)经济效益原则。毫无疑问,在选择销售渠道时,首先应选择成本最小、利润最大的销售网络。

(2)风险最小原则。一般来说,风险最小是最理想的销售渠道。

此外,在选择中间商的过程中,还需注意选择中间商的范围问题,一般在同一地区或地点,应尽可能只选择一个中间商,不要一哄而起,以为选得越多越好。实际上,中间商过多或过于集中,会造成广告宣传上的大量浪费;也会引发中间商的不满情绪,影响他们销售的积极性;还会增加固定成本。

总之,对于珠宝首饰企业来说,选择中间商是必须认真对待和研究的经营课题,决不能草率行事,否则将会使企业遭受不应有的损失。

第三节　珠宝首饰展销会在珠宝首饰销售中的作用

珠宝首饰展销会作为珠宝首饰销售的重要渠道之一,是伴随着珠宝首饰业的发展而发展起来的。反之,珠宝首饰展销会对于珠宝首饰业的发展,又起到了极大的推动和促进作用。在珠宝首饰业发达的国家如此,在我国也不例外。虽然我国举办珠宝首饰展销会的历史很短,但它的作用是有目共睹的,以展销这种销售手段,来带动整个珠宝首饰业的探、采、科、工、贸的全面发展。

随着我国珠宝首饰业的发展,各地举办的珠宝首饰展销会越来越多,从大城市到许多省会城市和经济较发达的城市,都相继举办各种规模和类型的珠宝首饰展销会。珠宝首饰展销会已成为珠宝首饰营销的一条重要渠道,在珠宝首饰销售中起着极其重要的作用。

综观国际上珠宝首饰展销会,也是珠宝首饰企业销售珠宝首饰产品,展示本企业形象,了解市场行情的重要渠道之一。据不完全统计,每年在世界各地都要举办很多次各种类型、规模的珠宝首饰展销会,其中以下述这些国家和地区,举办的珠宝首饰展销会规模最大、最为著名。

1. 瑞士巴塞尔世界钟表珠宝首饰展

瑞士的巴塞尔世界钟表珠宝首饰展(The World Watch,Clock and Jewelry Show,Basel),是国际珠宝首饰业界中,具最高声誉的珠宝首饰展之一。巴塞尔是位于瑞士北部的边境城市,也是瑞士的工业重镇,它北连法国,东接德国。巴塞尔世界钟表珠宝首饰展,是世界上最大的钟表珠宝展之一,可以追溯到最初举办于1917年的 Schweizer Mustermesse Basel(MUBA)"瑞士巴塞尔样品博览会"。最初以钟表展为主,1972年,向来自德国、法国、英国和意大利的欧洲展商敞开大门。1973年,增加了珠宝首饰类展览,如今已成为以珠宝首饰为主兼有钟表的大型国际展览会,巴塞尔钟表珠宝展已成为珠宝钟表业的盛大集会。展览每年4月定期在瑞士的巴塞尔举行,1986年,开始接受欧洲以外的厂商参展,并邀请来自欧洲以外的专业参观者和买家参观,规模逐年扩大,参展商达数千家之多。1995年,正式启用巴塞尔95——世界钟表珠宝首饰展(Basel 95—The World Watch,Clock and Jewelry Show)名称。2003年,改称为巴塞尔世界钟表珠宝首饰展(Basel world,The Watch and Jewelry Show),强调其作为世界奢侈品产业顶级盛会的地位和重要性。2013年,由巴塞尔建筑师赫尔佐格和德梅隆设计的引人注目的现代化的巴塞尔展览中心启用,该中心的总展览面积达14.1万平方米。展会的总面积达16万平方米,每年有2000多位展商参展,近10万专业的观众买家和近 2500 家国际媒体。8 天的展期中,展会的运作很顺畅,流程管理做得很到位。

巴塞尔珠宝展共设 6 个展馆,珠宝品牌主要集中在 2 号馆、3 号馆和 6 号馆,实力雄厚,参展历史比较长的展商都在这里设立展位,布置得十分奢华。许多钟表和珠宝行业的著名制造商,只参加巴塞尔展,这使得参观者有机会在巴塞尔看到世界上最新的独有的创意和设计,并在这个奢华的环境中,见到各式各样的钟表和珠宝首饰精品。每年 4 月,来自专业零售和专业批发领域的近 10 万专业参观者和买家,从世界各地汇聚到巴塞尔,来发掘钟表和珠宝首饰行业最新的流行趋势和最新的创意设计。在世界顶级的钟表珠宝展上,参观者和买家还能感受到无可比拟的商业氛围。

中国参展商所在的 6 号馆是国际馆,既有珠宝,又有钟表品牌。尽管位置在所有展馆中是较为偏僻的,而且布置也相对简朴,但是由于汇集了来自世界各地的品牌,对于寻求原料、半成品和加工工艺的买家来说,依然有很大的吸引力。国际馆中的展商,大都由国家的贸易组织或行业协会组织参展,每个国家占据一个区域。主要国家有中国、印度、泰国、土耳其、巴西,以及几个欧洲国家。其中规模最大的展团来自中国香港和泰国。香港展团由香港贸发局组织,连续多年参加展会,展位超过 300 个。泰国展团由泰国珠宝首饰商会组织,展位超过 100 个,集中在一起,规模效应十分明显。

作为世界上规模最大的钟表和珠宝首饰展览,巴塞尔展被业界视为全球奢侈品市场的年度风向标。每年的展会吸引了来自世界上 2000 多家钟表和珠宝首饰行业的参展商,他们将展示自己的最新产品以及最新的创意设计。展览总面积超过 16 万平方米,根据钟表品牌、珠宝首饰品牌、相关行业和国家展区分为 6 个展厅。随着中国珠宝首饰业的不断发展,中国大陆地区,就有近 3000 名专业买家光临巴塞尔,足以见证中国珠宝首饰和钟表行业对于巴塞尔展会的关注程度。

2. 美国拉斯维加斯珠宝展

拉斯维加斯珠宝展,是由《珠宝商基石》杂志(Jewelers' Circular - keystone, JCK)从 1992 年开始,每年 6 月在美国著名赌城拉斯维加斯的金沙会议展览中心(Sands Expo and Convention Center)主办的珠宝展,称为 JCK Show,现已成为世界上规模最大、影响最广泛的珠宝首饰业盛会之一。号称是全美规模最大、世界排名第二的珠宝首饰展。美国宝石业商会(American Gems Trade Association,AGTA)一直是该展的合作单位,但从 2000 年起移至威尼斯厅单独办展。这样一来,拉斯维加斯展就变成了 JCK Show 和 AGTA's Gem Fair 两个展。JCK 展虽然一直是针对美国内销市场,对美国境内的买家入场资格要求甚严,更无一般消费者串场。2000年,就有来自全球83个国家的买家来参观和采购。JCK展共分为9个主题馆及展览厅,其中包括一个国际市场区。

JCK珠宝展经过20多年的运作,已经十分完善,有意参展的商家也与日俱增。但是根据主办机构的安排,往年的参展商对来年的展位有优先选择权,只有其放弃自己的展位,新的商家才有机会补进。由于缺乏历史的沿袭,中国的珠宝商一直没有机会参加这项盛会,直到2005年才开始在香港馆中设立少数展位,供来自中国内地的厂商宣传自己的品牌及洽谈生意。JCK珠宝展之所以如此受世人瞩目,是因为它汇集了世界顶级的品牌和设计,来自世界各地尤其是北美本土的买家,通过JCK展的品牌效应,提升参展商品牌价值的机会。2000多家专业和大众媒体的报道,使优质的珠宝首饰产品在国际舞台上亮相。

3. 美国图森珠宝展

美国图森珠宝展(Tucson Gem Show),是每年2月在美国亚利桑那州图森(Tucson)市举行的珠宝展,包括了将近20个各种各样的宝石和珠宝展。其中规模最大的是由美国宝石业商会(AGTA)组织的AGTA Gem Fair。这是世界首屈一指的有色宝石展,提供大量的优质宝石材料,包括一些最新的材料,因而吸引了世界各地的宝石商和参观者。除AGTA的200多家有色宝石供应商外,AGTA Gem Fair还附设有另外三个部分:①由美国首饰和银器厂商会(Manufacturing Jewelers and Silversmiths of America,MJSA)展出的首饰材料、附件和工具设备等;②By Design,展示许多设计师提供的镶宝首饰;③地球的馈赠(Gifts of the Earth),展出各种各样的岩石、矿物和宝石标本。展览期间还安排了几十场报告会和讨论会以及其他活动。

图森珠宝展创办于1955年,当时亚利桑那州图森的一些矿物爱好者和收藏者,在每年2月的第一个星期展示他们各自的个人收藏品,并进行交流。经过50多年的发展,时至今日,已成为世界上规模最大的珠宝、矿物及化石展。每年1月底到2月中旬,有大大小小30多个珠宝、首饰、艺术品和收藏品专业展览会,在图森市内不同区域先后举办,世界各国约5000多家专业参展商出席,全球珠宝商和买家多达20万人前来参观采购。大部分展览场点,设在宾馆和汽车旅馆内,大厅里支起一排排桌子,楼前楼后的空地上搭起大帐篷,每个房间都是一个展位。在展览场地较集中的区域,连加油站和小仓库都临时改为珠宝、矿物和收藏品的展览点。在图森市举办展会期间,该市的机场、海关、宾馆、市政、银行、仓储、餐饮及交通等部门,都要为展会提供专项服务。图森市的展览会已成为该市一大产业和国际知名品牌,也是全球观赏石和珠宝、首饰、工艺品最大的交易平台。在此可见到全球最新的款式、最好的产品,代表着行业的总体发展方向,影响着世界各地珠宝市场的价格。五花八门的展品,使图森市成为超级大博物馆和超级的珠宝大卖场,真是国际最盛大的珠宝文化节日。中国大陆商人自20世纪90年代初首次参展到目前为止,已有近百家参展商出席图森的展览会,中国的产品已成为图森珠宝矿物展的一大主力。

4. 香港国际珠宝首饰钟表展

香港作为世界珠宝首饰业的制造中心之一,每年都举办多次国际性的珠宝首饰展览会,其中以香港珠宝首饰钟表展(Hong Kong Jewelry and Watch Fair)最为有名。该展览于1983年创办,有香港贸易发展局主办,亚洲博闻有限公司承办,每年6月、9月在香港举行。香港贸易发展局以其卓越的组织及市场推广技巧,致力招揽世界各地的珠宝首饰企业参展,确保珠宝展的国际色彩浓厚,以吸引全球主要市场的重要买家出席。

目前,已成为珠宝首饰业在亚洲地区最重要、最专业的贸易平台。以每年9月的规模最大,已成为世界上最大型的珠宝首饰展览会。展览会汇集了世界各地的名贵钟表和珠宝首饰,并安排有关珠宝首饰行业的研讨会。近年来,影响和规模逐渐扩大,9月的展览有来自德国、意大利、日本、瑞士、美国、巴西和中国内地等47个国家和地区超过2500家企业参展,参展商将展出各种贵重成品首饰、钻石及宝石、不同类型的珍珠、包装陈列用品以及首饰制造设备、工具及机械等。有超过1.1万个来自世界各地的买家于会前预先登记,到场买家人数达几万人。2007年,展会首次同时以香港会议展览中心及亚洲国际博览馆为会场,共设有5000多个展位,展出面积总计超过8万平方米。展览期间举行了多个来自国际著名珠宝机构及公司主办的学术研讨会及论坛,并举办珠宝首饰比赛得奖作品展和珍珠拍卖会等。

为了进一步方便买家,香港国际珠宝展还特设了主题展区,主要包括以下方面:①珠宝精粹廊:集中展示超凡出众的顶级珠宝,镶有瑰丽宝石和珍珠的首饰,手工精湛,典雅悦目。这个展区布置高雅,为业者提供一个理想环境,洽谈生意。②品牌设计:精选呈献流行品牌的最新珠宝首饰款式,也是设计师展示崭新时款首饰系列的理想平台。③自然瑰宝:汇聚全球各地的华美钻石、璀璨宝石、耀目珍珠及其他贵重宝石,质量优异,为搜罗珍贵珠宝原料的设计师及生产商提供选择。④钟表馆:展示各色各样优质钟表,为有意物色钟表和珠宝的买家,带来一站式采购便利。手表方面,从镶有珠宝的华丽型号,到新颖时尚的款式,一应俱全。时钟选择林林总总,大小不一,适合传统或时尚家居布置。

5. 日本东京国际珠宝展

日本东京国际珠宝展(International Jewelry Tokyo),由日本首饰协会(Japan Jewelry Association)和Reed展览公司日本公司(Reed Exhibitions

Japan Ltd.)组织的大型国际珠宝展。在东京的 Tokyo Big Sight 大厦举办,展区面积达2.6万平方米,是日本最大的珠宝展,每年1月中下旬在东京举行。展览分4个主要部分:①设计和工艺;②宝石;③银饰品;④首饰相关制品。

由于日本东京国际珠宝展在每年的年初举办,是每年亚洲地区最早的珠宝首饰展会,因此展会已经成为国际珠宝首饰行业,窥视亚洲珠宝首饰市场年度流行趋势的重要场所,更是一些欧美及亚洲国家珠宝商进军日本市场最好的平台。参展商中三分之二来自于日本本土,其余三分之一则来自于意大利、法国、德国、香港、土耳其、以色列、泰国、韩国、印度、澳大利亚等35个国家和地区。参展商的展品,遍布珠宝首饰行业的各个领域,从镶嵌首饰到有色宝石首饰、珍珠首饰、贵金属首饰、流行饰品及配件,到首饰包装、加工工具设备,展览类别齐全。观众主要来自日本本土,另外有部分观众来自于日本周边国家和地区,以及欧美国家,其中来自中国大陆、港台地区以及韩国的买家超过了3000人。

6. 意大利维琴察珠宝首饰钟表展

意大利的维琴察被国际珠宝业内人士,誉为"金城"和"珠宝之城"。意大利维琴察珠宝首饰钟表展(Vicenza Jewelry and Watch Fair),在世界上享有极高的声望,每年举办3次,分别为1月份的维琴察黄金1展(Vincenza Oro 1),6月份的维琴察黄金2展(Vincenza Oro 2)及9月份的黄金珠宝展(Orogemma)。维琴察珠宝首饰钟表展创办于1949年,由意大利著名的 Ente Fiera Di Vicenza 主办,与瑞士的巴塞尔和美国的拉斯维加斯珠宝展,并称为世界三大珠宝展,领导着欧洲乃至全球的黄金珠宝首饰潮流。以展出金、银、铂金饰品及首饰制造设备为特色。除意大利厂商外,有越来越多的国外厂商参展,参展商达数千家之多,为配合这些展览,专门出版了 Vicenzaoro 杂志,集中介绍意大利的珠宝首饰,一年3期,在展前一个月出版。

维琴察珠宝展,展品非常丰富,为业内人士提供了绝无仅有的良好商机。展览会期间还组织一系列报告会、介绍会和座谈会,讨论意大利国内外金银首饰制造业遇到的各种问题,为业内人士更新知识、增长见识创造了有利的条件。维琴察黄金1展和维琴察黄金2展,主要面向批发商、采购商、连锁店和进口公司;而黄金珠宝展则针对零售商,既介绍商品,又同时提供短期交货业务。据该展会统计数据:展出总面积达5.6万平方米,云集了世界各地的参展商1600余家,各届展会接待来自100多个国家和地区的3万多专业人士。同时由于维琴察每年举办3次国际珠宝首饰展,而使其城市名声鹊起,成功地举办珠宝首饰展,给维琴察带来的直接和间接的收入非常可观,同时还带动了当地旅游业等相关产业的发展。

7. 德国 Inhorgenta 钟表珠宝首饰展

德国 Inhorgenta 钟表珠宝首饰展(Inhorgenta Watch and Jewelry Fair),每年定期在慕尼黑展览中心举行,是全球钟表、珠宝行业最大的博览会之一。在德国同类型展览中享有较高的声誉,参展商也达数千家之多。

为了满足参展商和参观观众日益增长的需求,展会在稳定提高国际化程度方面,取得了长足的进步。根据展览类别划分的钟表、首饰、珍珠、宝石及相关技术等专业展馆,将更有力地配合参展商的参展,并取得最佳效果。在经历了多年的发展后,Inhorgenta 钟表珠宝首饰展,已成为珠宝首饰业内信息发布、技术交流最重要的平台之一。博览会集古典传统与现代潮流于一体,展品范围广泛,使参观者在全方位了解国际发展潮流、领略设计大师们卓越创作的同时,也为企业的创新和发展指引新的方向。企业可以通过这个展会平台,成为进入东、西欧市场的通道,同来自世界各地的观众和参展商建立广泛的联系。

8. 曼谷珠宝展

曼谷珠宝展(Bangkok Gems & Jewelry Show),由泰国珠宝首饰商会和泰国商务部共同主办,至今已有近 20 年的历史,现已发展成为亚洲继香港国际珠宝钟表展之后的又一世界知名的珠宝首饰展会。展会每年 3 月和 9 月各举办一次,吸引着来自世界各地的珠宝首饰商人前来参展、参观。从 2006 年 9 月开始,展会面积扩大为 8 万平方米,展馆全部在一个大厅里,展商超过 1500 个,来自 30 多个国家和地区;买家亦超过 3 万,来自于 50 多个国家和地区。

泰国被誉为"珠宝王国",世界 80% 以上的红宝石和蓝宝石由泰国生产加工,并出口到世界各地。泰国也是银饰大国,其银饰产量仅次于意大利,消费量也位列世界前茅。得益于 DTC 在泰国的成功推广,钻石饰品消费势头也在泰国发展迅猛。贵金属饰品在曼谷珠宝展上亦占据了很大的展示面积。泰国政府对珠宝首饰行业颁布了优惠的政策,以促进该产业的快速发展。作为泰国珠宝首饰产业的一个面向国际的窗口,曼谷珠宝会展业同样得到了政府部门的支持,使得主办方能从展品运输到现场通关等方面,为展商提供便利的条件,既保障了展会的顺利进行,又提高了展会的服务水准。而大多数展商对于参展效果以及展会的设施、服务,都给出了很积极的回应和评价,认为参加曼谷珠宝展有生意可做,并能建立长久稳定的客户关系。

9. 韩国国际珠宝钟表展

韩国国际珠宝钟表展(Korea International Jewelry & Watch Fair),创办于 2003 年,由韩国贸易协会等机构主办,每年一届在韩国首都首尔举行,是韩国最大的珠宝钟表展。参展商超过 400 家,主要以珠宝首饰企业为主,来自韩国、香港、日本、泰国、印度、新加坡、中国台湾、德国、意大利、美国和中国大陆等20多个国家和地区。展会只对专业买家开放,参观展会的人员要经过主办方严格的审核,确定为专业买家后方签发邀请函和入场券。

韩国珠宝首饰一向以新颖的设计和精湛的工艺闻名于世,而韩国国际珠宝钟表展更是依托韩国强势的设计优势,吸引着世界各地的参展商和买家光顾。韩国目前拥有首饰制造商2 000多家,批发商900多家,零售商20 000多家,从业人员75 000人。依托韩国旺盛的经济发展势头,消费者对于珠宝首饰的消费需求日益扩大,且增长势头旺盛。

10. 深圳国际珠宝展

深圳国际珠宝展,创办于2000年,由深圳贸易发展局和深圳珠宝首饰行业协会主办,前五届在深圳高交会展览馆举行,自2005年起移至新落成的深圳会展中心举办。展览面积52 500平方米(会展中心1、6、9号馆),参展商超过900家,展位2500个,其中海外参展商超过300家,展位900个。来自25个国家和地区的约900多家国内外参展商盛装参展,吸引全球超过73个国家和地区的逾4万名专业买家莅临参观、洽谈和交易。深圳国际珠宝展已成为国内最具优势、最具影响力的珠宝国际盛会,以一流的展品、一流的装饰、一流的服务,呈现在广大的海内外买家面前。

深圳国际珠宝展根植在中国珠宝首饰之都——深圳,占尽天时、地利、人和的独特优势。开展以来,已经成为引导市场流行趋势、推广企业品牌、弘扬珠宝首饰文化、展示珠宝企业综合实力及珠宝交易的大平台,鼎盛的参展阵营,琳琅满目、品种齐全的参展商品,使得深圳国际珠宝展成为广大珠宝商了解国内外最新市场动态、洞悉市场商机的最佳窗口,同时,也成为中国珠宝首饰流行趋势的晴雨表和发展的风向标。深圳国际珠宝展具有以下特点:

(1)行业集聚效应明显。深圳珠宝首饰行业集聚了约2100多家各类珠宝首饰企业,其中制造加工类约占45%,贸易及零售类约占35%,配套类约占20%,形成了较为完善的珠宝首饰制造加工产业链。深圳珠宝汇集了几十家中国珠宝行业驰名品牌,实施品牌发展战略成果显著。深圳以制造加工款式精美、工艺创新、质量优异的珠宝首饰而享誉全球。约占全国70%以上的市场份额,是名符其实的中国珠宝首饰业制造加工中心和交易中心,其龙头地位不可动摇。世界珠宝看中国,中国珠宝看深圳。

深圳国际珠宝展在这样的一个发展背景下应运而生,是中国珠宝首饰业全面发展的缩影,其主要功能如下:①改变供货模式,拓展销售渠道。深圳国际珠宝展以出色的交易量,直接成为高效实用的珠宝首饰批售交易大平台,其作用是开通并加强了全行业产、销环节的联系,架起了生产商与零售商之间的桥梁。

②培育知名品牌,提升企业形象。深圳是中国珠宝首饰行业"中国名牌"的摇篮,而该展会是成就名牌的助推器,对全行业实施品牌发展战略,起到了巨大的塑造作用、传播作用和维护作用。③推动科技进步,促进设计创新。设计是珠宝首饰的灵魂,先进的技术和工艺是珠宝首饰品质的保证,两者的有机结合,是产业抢占制高点的法宝,而展会的举办,对于促进制造企业把两者有机的结合,起到了催化剂的作用。④增进国内外交流,扩大海外影响。每届来自全球约73个国家的约1万名海外买家和国内的约3万名专业买家相互交流,对提升深圳乃至中国珠宝首饰业的整体形象,起到了良好的促进作用。⑤促进信息交流,加快珠宝文化传播。展会作为开放式的公共交易平台,促进了供求之间的信息交流;促进了企业之间的信息交流;促进了产品与市场潮流信息的交流;促进了行业学术交流;促进了国内外信息交流。同时,也传播了珠宝文化、传承了人文历史和历史文化。⑥达成商品交易,推进经济繁荣。展会有效地解决了珠宝首饰商品零售终端的供货渠道问题,充分地挖掘了大量的潜在零售商,有力地推进了中国珠宝首饰零售业的发展,提供卖方资源,推动消费。

(2)专业特色明显。深圳国际珠宝展的专业特色,主要体现在以下方面:①专业性:逾900家参展商涉及珠宝首饰设计、制造生产、批发、零售及原材料供应、配套服务等多个领域。②特色性:借助于深圳会展业的发展,深圳国际珠宝展参展商展位的高规格装饰性,是展会的又一特色。展位装饰向豪华型和实用型方向发展,突显品牌主题,彰显首饰华贵、美丽、璀璨与永恒,大大提升了深圳国际珠宝展的层次与品位。据初步统计,在展会2500个展位中,特装展位超过1200个,占近半数之多。风格多样化,装饰艺术化,多姿多彩的特色展位和展示设计,是展会绽放的又一束珠宝文化奇葩。③国际性:来自全球25个国家和地区的约300余家海外企业参展,海外珠宝参展商数量逐年增长,国际化程度进一步提高。由分别来自印度、以色列、比利时、意大利、泰国、南非、英国、德国、法国、美国、澳大利亚、新加坡、马来西亚、韩国、土耳其、缅甸、日本、巴基斯坦、马来西亚、波兰、泰国、韩国、阿拉伯联合酋长国、香港、台湾等,展位约900个。

深圳国际珠宝展览会以得天独厚的产业优势为依托,通过多年的努力,已跻身全球十大珠宝展会行列,如今,已开始发挥自身优势,带动并促进当地产业进一步发展。

第四节 珠宝首饰销售策略

根据珠宝首饰产品本身的价值和附加值的不同,珠宝首饰营销可以采用不同的销售策略。

一、围绕珠宝首饰产品的价值

围绕珠宝首饰产品的价值,可以把珠宝首饰的营销策略划分为:直销、体验式营销和差异化营销。

1. 直销

直销就是直接将产品和服务提供给有需求的最终消费者。珠宝首饰行业内经常采用这种营销方式,这种营销方式的范围小、规模小,但是,企业能够直接接触消费者,并对消费者需求了解极为准确的情况下,开展销售活动。直销和直营的区别在于直销不受店铺模式的影响,上门推销就是一种典型的直销。在我国珠宝首饰行业发展初期,小微企业、个体工商户等经常采用这种营销方式,背着皮包直接上门推销各类珠宝首饰产品。目前,这种直销方式仍然在一定范围内存在。

直销作为一种传统的分销方式,有明确的客户群体,没有中间销售环节,缩短了销售渠道,商家与消费者面对面的沟通,销售的成功率可以大大地提高。但是,直销无明确的政策法律保障,只能是小规模、小范围地进行。这种营销方式,需要销售者具有较高的专业水平,需要得到消费者的充分信任,才有可能完成销售。一些高级定制珠宝和名贵珠宝首饰,仍然使用这种传统的营销方式。

2. 体验式营销

企业在整个营销过程中(从市场调查到售后反馈),注入能引导和满足消费者需求的美好体验,增加与消费者接触过程的愉悦感,从而降低消费者对价格的敏感性,达到易化交易的一种营销策略。

体验式营销是在珠宝首饰行业规模不断发展的条件下、消费者需求出现新特点时出现的一种销售方式。与传统的珠宝首饰营销方式相比,珠宝首饰的神秘性、上游渠道的特殊性、行业的专业程度要求高等特点,让消费者望而却步,但买方市场形成后,消费者更加注重接受产品时的感受,消费者渴望主动参与产品设计制造,将消费过程变为一种体验过程,以便更好地满足消费者的需求。

体验式营销以满足消费者体验需求为根本,将"体验"因素纳入珠宝首饰产品的销售环节,为消费者带来新的价值感受。体验式营销能够迅速拉近企业与消费者之间的距离,让消费者近距离接触到产品的选料、设计、制造过程,但是,消费者体验环节越多,易增加企业的销售成本。总之,通过体验式营销,使消费者感受到珠宝首饰产品的贵重性,加工过程的精细性,从而刺激消费者的购买。

3. 差异化营销

差异化营销就是企业凭借自身的技术优势、管理优势和服务优势,设计并生产出在性能上、质量上、价格上、形象上、销售上、服务上等优于市场同类现有产品,在消费者心目中树立起良好的形象,并开展产品销售的策略。它强调企业必须向消费者提供与众不同的产品或服务,为消费者创造独特的价值。

差异化营销策略,是在与竞争对手进行比较后的一种选择,是一个动态的控制过程。在珠宝首饰行业中,是在产业不断发展,珠宝首饰产品同质化现象严重的情况下而产生的。珠宝首饰市场,从卖方市场转入买方市场后,以生产者为中心的营销理念发生了根本性的变革。企业需要凭借自身的技术优势和管理优势,生产出在款式、质量上优于市场现有水平的产品,或是在销售方面通过有特色的促销手段改变现状。真正的差异化营销需要企业了解自己的产品,并且围绕产品特性,分析消费群体、流通渠道、专利技术、推广资源等信息,集中优势资源,避开主流促销方式,以独辟蹊径的方式制造产品概念或者销售渠道,达到出奇制胜的效果。

二、围绕珠宝首饰产品的附加值

围绕珠宝首饰产品的附加值,可以把珠宝首饰的营销策略划分为:服务营销、知识营销、情感营销、品牌营销、文化营销等,这也是由珠宝首饰的特性所决定的。

1. 服务营销

服务营销是一种通过关注消费者,进而提供服务,使消费者有一定的利益和满足感,最终实现销售的营销手段。作为服务营销的重要环节,关注消费者工作质量的高低,将决定后续环节的成功与否,影响服务整体方案的效果。

服务营销不仅是基于产品本身的特殊,而在于其实实在在的服务,对消费者做出一种承诺,使消费者在购物过程中,感受到是一种享受应当的付出。服务营销的优势在于提高销售人员的服务意识与服务能力,这是一种深层次的营销手段,以消费者满意为中心,从产品质量入手,在细节上做文章,树立企业品牌的知名度和美誉度。当然,对于珠宝首饰企业来说,提供各种服务,需要根据企业自身发展的状况而定。如为消费者提供产品的终身免费清洗、维修、保养,挂件类首饰的换绳服务,首饰的改款、变款服务等。

2. 知识营销

知识营销是通过有效的知识传播方法和途径,将企业所拥有的对消费者有价值的知识(包括产品知识、专业研究成果、企业文化等),传递给潜在消费者,并逐渐形成对企业品牌和产品的认知,为将潜在消费者转化为消费者的过程和各种营销行为。

知识营销是企业为扩大市场份额的一种重要的营销方式。这种营销方式使消费者在消费的同时,可以学到新的相关专业知识,企业通过增加营销活动的知识含量,挖掘珠宝首饰产品的文化内涵,与消费者形成共鸣的观念价值。这种营销方式对珠宝首饰的销售尤为重要,由于珠宝首饰产品是一种耐用消费品,不论是在珠宝玉石的鉴别、首饰的加工制作等方面,都具有很强的专业性,使消费者在购买过程中了解并掌握一些新的知识,可谓一举两得。

3. 情感营销

情感营销是把消费者的个人情感的差异和需求作为企业品牌营销战略的核心,通过借助情感包装、情感促销、情感广告、情感口碑、情感设计等策略来实现企业的经营目标。在情感消费时代,消费者购买商品所看重的已不是商品数量的多少、质量的优劣以及价钱的高低,而是为了一种感情上的满足,一种心理上的认同。情感营销从消费者的情感需要出发,唤起和激起消费者的情感需求,诱导消费者心灵上的共鸣,寓情感于营销之中,让有情的营销赢得无情的竞争。

情感营销注重与消费者之间的感情互动,通过"秀爱""晒幸福"等情感促销活动达到宣传和销售目标。如戴比尔斯"钻石恒久远、一颗永流传"的经典广告语,将钻石与婚姻密切联系起来,深刻地影响了中国钻石首饰市场走向。目前,钻石首饰市场70%以上的钻饰消费,均与情感密切相关。再如其他珠宝首饰产品,也均利用各种不同的节日,通过情感因素,送上感恩和吉祥进行促销。

4. 品牌营销

品牌营销是指企业通过利用消费者对产品的需求,通过产品的质量、文化以及独特性的宣传,来创造一个牌子在消费者心中的价值认可,最终形成品牌效益的营销策略和过程。

品牌营销是通过营销使消费者对品牌认知,企业保持竞争优势的关键。最高级的营销不是建立庞大的销售网络,而是通过品牌符号、品牌形象将营销渠道铺到公众内心,把产品输送到消费者心里。当然,品牌也是依靠产品强大的质量保证和独特设计,以及富有吸引力的名称赢得消费者。目前,珠宝首饰市场上,具有品牌优势的珠宝首饰,在质量、材料、款式相近的基础上,价格总是高于其他产品。其主要原因在于品牌的附加值和社会认同度。企业产品要获得品牌优势,不是一蹴而就的,而是需要长期的投入、积累和培育。

5. 文化营销

文化营销是指把商品看作文化的载体,通过市场交换进入消费者的意识,它在一定程度上反映了消费者对物质和精神追求的各种文化要素。企业向消费者推销的不仅仅是单一的产品,产品在满足消费者物质需求的同时还满足消费者精神上的需求,给消费者以文化上的享受,满足他们高品位的消费。物质资源是会枯竭的,唯有文化才能生生不息。

珠宝首饰本身就是一种文化商品,具有丰富而独特的文化内涵。珠宝高贵的价值不仅取决于本身物质属性,更在于它的文化价值。从古至今,珠宝首饰所代表的装饰、宗教、身份以及情感功能不容忽视,物质属性是有限的,文化属性却是无限,脱离社会文化的珠宝营销就会黯然失色,价值感大大降低。材质的珍贵、造型的美感、文化的悠远,即能展示佩戴者的自我形象,更能体现佩戴者的文化品位。

文化营销涵盖了知识、服务、品牌和情感营销方式,其内涵和可挖掘程度远远超过单纯的产品本身价值促销。但需要特别注意的是,文化营销也是一把"双刃剑",文化的定位是否精准、是否适合产品或者企业本身,会影响到最终的销售效果。

第五节　电子商务与珠宝首饰营销

电子商务是基于网络的发展而发展起来的一种新型的营销手段。当企业将它的业务通过企业内部网、外部网以及Internet网与企业的职员、客户、供销商以及合作伙伴直接相连时,其中发生的活动就称之为电子商务。随着现代科学技术的不断发展,电子商务这种全新的营销方式,正在全球兴起,成为企业产品营销的重要手段之一。

一、网络经济与电子商务

网络经济是指经济活动要素(信息流、资金流、物流),通过网络进行有效的交流获取、支付结算、移库交割而形成的一切社会成员间(政府、企业、社团、个人等不同社会阶层),在网络环境下所发生的经济行为。

从产业发展的角度来看,网络经济也是与电子商务紧密相连的网络产业。它既包括网络贸易,又包括其他商务性网络服务。借助网络提供的平台,企业开始依靠网络的互动性,推出网络环境下的新产品、新服务,同时又将网络的交互功能,延伸到企业经济活动的全过程中。包括建立企业与消费者之间关系的 Internet网、衔接企业员工联系的内部网和连接行业内部关系的外部网。网络以其快捷、廉价的通信形式,构筑了一个全新虚拟的社会经济关系。在这种新关系下,社会生产、需求、消费等各环节,在传统经济原有的格局中被重新编排组合。一切必需的中间环节的功能被加强,不必要的环节则被废止。公众的消费观念、消费心态,市场的销售机制、价格尺度,企业的形态与生存环境,甚至连社会成员的个人生活和工作界限,都发生了巨大的改变。

基于Internet网的电子商务包括以下特征:可全天候地提供全球性的营销服务;电脑可存储大量的信息,供消费者查询,可传送的信息数量与精确度,远远超过其他媒体;能顺应市场需求,及时更新产品或调整价格;减少印刷与邮递成本;无店面租金,可节约水电和人工成本;可避免推销员强势推销的干扰;可经由信息提供与互动交谈,与消费者建立长期良好的关系等。

基于互联网络的电子商务,是一种功能强大的营销工具,它同时兼具渠道、促销、交易、互动消费者服务,以及市场信息收集分析与提供的多种功能。此外,电子商务所具备的一对一营销能力,包括企业对企业(B2B)、企业对消费者(B2C)和消费者对消费者(C2C),以及商家、银行对消费者(BBC)的电子商务等,这些营销方式符合分众营销与直效营销的未来趋势。

二、电子商务对传统营销模式的冲击

电子商务作为一种新型的营销方式,它并非是要取代传统的营销,也不可能替代传统的营销,而是迎合信息技术的发展,来创新与重组营销方式,对传统的营销模式起到有效的补充。不可否认的是,电子商务的出现,必将给传统的营销模式产生一定的冲击。

传统的营销模式是以"4P"为核心的,即产品(Product)、价格(Price)、销售渠道(Place)和促进销售(Promotion)。

在电子商务时代,传统的营销组合将包含新的内容。

1. 产品/服务

经由网络所提供的产品与服务,主要在于向消费者提供更多的信息,除了将产品的性能、特点、品质以及消费者服务内容充分加以显示外,更重要的是,能以人性化的手段和方法与消费者导向的方式,针对个别需求作出一对一的营销服务,这是电子商务存在的优势。有关的功能包括:

(1)利用电子布告栏或电子邮件提供在线售后服务或与消费者进行双向沟通。

（2）提供消费者与消费者、消费者与企业在线的共同讨论区，可借此了解消费者需求、市场趋势等，作为企业改进产品开发的参考。

（3）提供在线自动服务系统，可根据客户需求，自动在适当时机在线提供有关产品与服务的信息。

（4）通过网络对消费者进行意见调查，借此了解消费者对产品特性、品质、包装及样式等的意见，协助产品的研发与改进。

（5）在线提供与产品相关的专业知识，以进一步为消费者服务，此举不仅可以增加产品的价值，同时也可提升企业的形象。如提供有关珠宝首饰方面的专业知识，珠宝首饰加工制作步骤等。

（6）可利用消费者在网络上设计产品需求，提供个性化的产品与服务。如珠宝首饰的款式、宝石颜色的选择和搭配等。

2. 价格

网络交易的成本较为低廉，但因交易形式的多样化，价格的弹性也较大，企业应充分了解所有渠道的价格结构后，再设计合理的在线交易价格。由于在线交易能够充分互动沟通，并完全掌握消费者的购买信息，相对容易以更理性的方式拟订价格策略。由于电子商务不需中间商的介入，企业对于产品的最终零售价格（即在线交易价格）能够在全世界范围内有效地统一起来，并且容易根据企业的经营需要，随时改变价格体系。

3. 销售渠道

在线交易的产生，将会对企业现有的销售渠道产生冲击。互联网络直接面对最终消费者，将商品直接展示在消费者面前，回答消费者的顾虑和疑问，并直接接受消费者的订单。这种直接互动与超越时空的电子商务形式，无疑是营销渠道上具有革命性的变化。随着信息技术的不断发展，电脑的逐步普及，在未来的商业与企业活动中，电子商务或许将成为一种最重要的营销工具。

4. 促销

在线促销具有一对一的特性，并且以消费者的需求为导向。在线促销除了可以为企业做广告，同时也是寻找潜在顾客的最佳渠道。但是在线促销基本上是被动的，如何提供有价值的商品信息，吸引消费者的"眼球"上线，对企业来说将是一大挑战。此外，企业必须配备合理完善的网络结构、产品展示以及网上购物环境、支付系统与送货系统等软硬件的配套设施，更好地为消费者提供良好的网上购物环境。

网络销售渠道的背后，同样需要有完善的公司运作体制，良好的管理、设计以及生产能力的配套，是真正实现网络营销的前提。网络经济是信息经济，如何在信息量极其丰富的网络天地，引起消费者的注意力进而实现网上购买行为，除了必要的宣传费用以外，产品的质量、商家的信誉，树立品牌和品牌维护，是企业网络营销成功与否的根本性因素。

三、电子商务与珠宝首饰业营销

随着我国经济的持续高速发展，我国的信息产业取得了令人瞩目的成绩，网络建设也取得了突飞猛进的进步，所有这些为珠宝首饰业的电子商务提供了良好的发展基础。利用网络销售珠宝首饰，这一销售渠道扩大了产品的展示范围，可以降低传统商业模式中的仓储费用，以及租赁柜台的费用。商品可以放大清晰地呈现在消费者面前，价格也可以根据产品种类与服务的不同而有所浮动，从而满足不同消费者的需求。网上丰富的信息资源，可以使同地或异地的消费者，直接比较同类珠宝首饰产品的价格，了解相关产品的信息，使消费者真正体会到网络带给他们的便利与实惠。

1. 我国珠宝首饰行业开展电子商务的主要模式

目前我国珠宝企业开展电子商务的主要模式，大致有以下几类：

(1) 建立综合性的珠宝首饰行业专业网站。建立珠宝首饰行业的专业网站的目的，是为珠宝首饰企业和消费者提供各类珠宝首饰信息，通过提高自身的知名度，来带动自身的网站建设和专业化水平。也可为珠宝消费者提供一个专业的购买平台，消费者在专业性的网站上可以轻松、快捷地查询到各类珠宝首饰企业的产品信息。例如：中国珠宝玉石首饰行业网(http://www.chinajeweler.com)、中华珠宝网(http://www.chinajewelry.net)、中国珠宝首饰网(http://www.cn-bijou.com)、酷极珠宝网(http://www.coolgem.com)、21世纪珠宝网(http://www.21gem.net)等。这些珠宝专业网站除了珠宝介绍和在线直销外还设立了会员区、专家论坛、个人访问、展会报道等栏目，可以让用户从网站上得到众多关于珠宝首饰的信息，并有利于各类珠宝首饰企业和消费者把自己的信息发布在Web网页上的专区。这类珠宝专业网站的特点是涵盖的珠宝首饰方面的信息大，发布的信息内容准确及时，且更新速度快，浏览人数多。无形中加大了网站的知名度，为开设网站的企业带来了巨大的市场。

(2) 建立有经营特色或品牌珠宝的网站。对这类珠宝网站我们又可以分为两类：一类是珠宝企业和个人为了及时获得网上消费者的青睐，在网上进行的小规模的经营一种或几种珠宝，他们在现实中通常店面较小，有的甚至没有实体商店，他们只做网上的电子商务营销。例如：戴维尼珠宝网(www.520.cn)，创立于2005年的戴维尼(中国)有限公司，仅依靠电子商务销售钻石，打造"网上钻石第一家"。与此同时，戴维尼联手银行，在(B2C)网络经济的基础上，创建了企业

(Business)＋银行(Bank)与消费者(Customer)之间的(BBC)模式。在销售过程中,不仅减少了人力与物力的投入,而且为消费者提供的个性化定制服务,更是独具特色。另一类是在现实中已经很有名气的大型珠宝首饰企业,拥有自己的品牌和实体店,开展电子商务主要以品牌推广为主,更好地迎合时代发展的要求。例如:谢瑞麟珠宝(www.tsljewellery.com)、周生生珠宝(www.chowsangsang.com)和周大福珠宝(www.chowtaifook.com)等。这类网站主要是为了在网站上宣传企业,他们并不是完全依靠网络营销来支撑,网络营销只是他们整个交易中的一部分。

(3)借助网上商场进行专门的营销。在易趣(www.eachnet.corn)、淘宝(www.taobao.com)、京东商城(www.jd.com)、天猫(www.tmall.com)、当当(www.dangdang.com)等网站里,可以找到很多珠宝首饰商店。珠宝首饰企业通过这些第三方的电子商务服务平台,可以实现自己的网络营销服务,就像在百货商场购得一个货柜一样。在此类网络店面中,第三方平台提供相应的网络人员管理"店面",并有完善的产品发布、订单详情等多方面的功能模块,方便珠宝首饰企业产品的线上宣传、推广与销售。

对于珠宝首饰专业网站来说,部分内容准确、更新及时、特色鲜明的网站点击率较高,这也是吸引消费者和业内人士点击的关键。许多珠宝专业网站都与相关的珠宝网站相链接。这种链接使分散的网站在某种程度上集合起来,不仅方便了消费者查寻和浏览,也增进了彼此之间的了解和友谊。此外,一些国际上相关行业协会的网站,也可为业界和消费者提供很多的资讯信息,如世界黄金协会(www.gold.org)、国际铂金协会(www.preciousplatinum.com)、世界有色宝石协会(www.gemstone.org)等。

2.我国珠宝首饰行业开展电子商务存在的主要问题

目前,珠宝首饰行业开展电子商务时存在的主要问题有:

(1)珠宝首饰产品的质量与信誉问题。由于珠宝首饰产品的特殊性,珠宝首饰行业在通过电子商务方式处理材料或产品定单时,不能像现实中那样能够看到实物,而珠宝首饰的消费者在网上购物时,总是希望能够看到实物,毕竟购买珠宝首饰是一种高档消费品,在只能看不能试戴的情况下,如何满足消费者的购物需求,虽然有产品的照片,但很难解除消费者的疑惑,以及怕上当受骗的心理。这就要求从事珠宝首饰电子商务的企业,要更加注重产品的质量,更加注重企业的信誉,更加注重产品的品牌建设。同时也要求企业在网络技术上要不断地创新,构建易于与消费者交流的平台,弥补看不到产品实物的缺陷。

(2)网上购物的信息安全问题。珠宝首饰是高档的消费品或奢侈品,网上的交易双方,或多或少都会存在着这样的心理,珠宝首饰企业在使用电子商务销售货品时,不希望自己的产品售出后,收不到相应的货款,而消费者也不希望自己付费后,收不到相应的货品,配送过程中的快捷和安全问题,必须引起企业的高度重视。在购物的同时,消费者还不希望自己的个人信息被第三方得知,这就涉及到网上购物的信息安全问题。因此,网上交易过程中,必须给消费者提供一个安全的信息系统,可以让他们在不受到网络黑客攻击的前提下,在自己舒适的家中有充分的时间,并十分安全地任意购买自己喜欢的珠宝首饰。

(3)珠宝首饰产品的售后服务问题。由于目前珠宝首饰通过电子商务,实现销售的比例还很低,网上交易的售后服务问题,还没有传统销售那么完善,但售后服务的成败关系到企业的成败,企业应该为用户提供 24 小时不间断的网络技术服务,消费者在发现送达的货品与在网上看到的货品有很大差异,或者对实际收到的货品不满意时,可以随时通过网络,向销售方发出信息,这也是网络商店的优势之一;同时网络商店还要为消费者提供退、换货的承诺,在出现问题的时候要以消费者为中心,及时地解决问题。

(4)传统消费习惯和消费心理的影响。影响网络销售珠宝首饰前景的另一个重要因素,是消费者的传统消费习惯和消费心理。虽然,零售店购物较网上购物成本高,且货品的价格相对昂贵,但受传统消费习惯和消费心理的影响,消费者仍然愿意到零售店购买珠宝首饰产品,这样可以最大限度地满足消费者的购物心理。因此,从目前的状况来看,珠宝首饰的零售模式,仍然将在珠宝首饰营销中起着重要的作用。

3.发展我国珠宝首饰业电子商务的对策

我国已经加入了世界贸易组织(WTO),面临着市场将进一步地对外开放,珠宝首饰市场也不例外。如何建设和发展我国的珠宝首饰业电子商务市场,在未来的珠宝首饰市场竞争中,将起到越来越大的作用。在我国发展珠宝首饰业电子商务,不仅要了解市场,更要顺其规律而发展,搞好珠宝网站的建设,吸引消费者,使消费者逐步熟悉和了解网上购物,并愿意到网上购物。为此提出以下对策和建议:

(1)销售的产品个性化。珠宝首饰是一种充满个性化色彩的商品,网上销售的珠宝首饰产品必须有针对性,突出其个性化的特点,吸引消费者购买。随着社会经济的不断发展,消费者表现自我个性的要求会越来越强烈,更加热衷于流行趋势,网上销售的珠宝首饰产品,必须满足消费者的这种心理需求。

(2)销售的产品宣传特色化。珠宝首饰产品是非常具有特色的产品,不同的珠宝首饰具有不同的特点。因此,要吸引消费者上网购买,必须对销售的珠宝首饰进行特色化的宣传,使消费者心悦诚服,借此不断地吸引消费者,关注网上销售的珠宝首饰产品,使针对珠宝首饰产品的宣传深入人心。

（3）销售服务的多样化和规范化。随着买方市场的形成，服务作为销售的导向性因素，已经日显重要。服务包括售前服务、售中服务和售后服务。而珠宝首饰业电子商务的服务，同样包括上述三个方面，网上购物对消费者的服务只能加强，而不能削弱。

（4）销售的产品国际化。发达国家的电子商务发展较快，人们对电子商务已经较为熟悉。随着我国经济的快速发展，生产的商品种类日趋增多，产品质量逐步提高，某些商品已受到国外消费者的青睐。近年来，国外掀起的"中国热""东方热""汉语热"等，许多外国友人渴望对中国的了解，这使得他们极有可能成为国内珠宝首饰业电子商务中的消费者，如一些具有我国民族特色的珠宝首饰产品，对部分国外消费者是非常有吸引力的，为开拓国际市场提供新的手段。

国内珠宝公司利用电子商务这一新的营销手段，开拓国际市场的成功经验表明，企业的进步离不开信息化。电子商务将为珠宝首饰企业的发展，开辟广阔的新市场，作为可以大幅度降低交易成本的新的商业模式，必将具有广阔的商业前景。

小 结

销售渠道是指产品从生产者向使用者或消费者转移时所经过的途径，它不仅是指商品实物形态的转移路线，还包括完成商品运动的交换结构和形式。销售渠道在产品从生产者向消费者转移过程中，执行着许多重要的功能。销售渠道有直接、间接、长、短、宽、窄、单、多之分，因而可以划分出不同的销售渠道模式。影响销售渠道的因素：包括产品因素、市场因素、中间商因素和企业自身因素四个方面。

中间商在珠宝首饰销售渠道中有着重要的作用，珠宝首饰中间商包括经销商、代理商、批发商和零售商。珠宝首饰展销在珠宝首饰销售渠道中发挥着重要的作用，世界著名的珠宝首饰展有：瑞士巴塞尔钟表珠宝首饰展、美国拉斯维加斯珠宝展、美国图森珠宝展、香港国际珠宝展、意大利维琴察珠宝首饰钟表展等。近年来，深圳国际珠宝展在我国的珠宝首饰产业发展中，起着越来越重要的作用。电子商务是基于网络的发展而发展起来的一种新型的营销手段，代表着珠宝首饰营销的未来发展方向。我国的珠宝首饰电子商务时代已经来临，但目前仍存在着四个方面的问题，如产品质量问题、信息安全问题、售后服务问题和消费习惯问题等，而要开展好珠宝首饰的电子商务营销，必须要使产品具有个性和特色。

第十一章　珠宝首饰促销策略

珠宝首饰业是高度竞争性行业,珠宝首饰企业和珠宝首饰设计师,为了促使经销商和消费者购买其产品,必须通过各种努力让经销商和消费者了解他们的产品特色和设计理念。因此,在现代市场营销活动中,每一个企业都担负着信息传播者和促销者的作用。促销策略(简称促销),是指把产品及服务向消费者进行宣传报道、推荐说服,影响和促进消费者的购买行为和消费方式,以达到扩大销售的目的。促销的方法分为人员推销和非人员推销两大类,而非人员推销又可分为广告、营业推广和公共关系等。所谓促销策略,就是上述几种方法的选择、组合和应用。促销的任务,主要是传递产品信息,宣传自己的产品,诱导消费者消费或增加消费,以达到稳定产品在市场上的销售量和扩大销售量。

在珠宝首饰营销活动过程中,促销工作越来越为市场营销人员所重视,利用促销手段可以直接增加珠宝首饰企业产品的销售量,利用促销这一市场营销工具,可以直接提高企业的经营效益。本章将着重介绍人员推销、广告、营业推广和公共关系等促销策略。

第一节　珠宝首饰的人员推销策略

人员推销是最古老、最有效的推销方法。与非人员推销(广告、营业推广、公共关系)相比,人员推销具有四个特点:一是面对面洽谈,生动活泼和随机应变,容易推销成功;二是容易与消费者建立良好的联系,能较真实地了解市场对产品和服务的反应,为企业的长期利益服务;三是把销售过程中的几个环节合二为一,从宣传产品到推销,从选择产品到付款成交,从而方便消费者;四是通过推销过程,可以同时兼做市场调查、市场预测和市场信息反馈等工作。但是,通常人员推销的花费较高。

一、珠宝首饰业中推销员的主要职能

珠宝首饰企业同其他企业一样,都有自己的市场营销部门,自己的推销人员。一般来说,每个企业都有自己相对固定的客户。推销员则要定期或不定期

地去拜访这些客户,了解他们的需求与意向,向他们送发企业的宣传材料或广告,向他们介绍企业的新产品,起到企业与客户联系的纽带作用。

一个企业的推销员可以分为内部推销员和外部推销员两类:内部推销员的主要职责,是在办公室接听电话和接待客户来访;而外部推销员的主要职责,是从事外勤工作,拜访客户(销售代理、中间商等)。总之,推销员的主要职责可以概括为以下几个方面:

1. 洽谈生意,销售产品

销售本企业的产品是企业推销员的主要职责,企业之所以雇用推销员,其主要目的就是为了完成企业的销售任务,实现企业的销售利润。美国著名的企业家艾柯卡说,世界上没有一顿免费的午餐。推销员不完成企业的销售任务,不创造销售利润是不可能得到企业的赏识和认可的。对于珠宝首饰产品推销员来说,必须认识这一点。因此,作为珠宝首饰推销员,平时应加强推销洽谈的训练,掌握推销谈判的相关技巧,创造优异的推销业绩。

2. 拜访顾客,开拓市场

人员推销要求推销员必须积极地拜访顾客,这是完成销售任务和开拓新市场的必要条件。无论是老顾客的拜访,还是新顾客的寻找,都应作为其必须完成的任务来定,拜访率和成功率是考核推销员的重要指标之一。

3. 调查市场,反馈信息

推销员直接与顾客打交道,对顾客需求和市场信息的变化最敏感、最了解。因此,推销员责无旁贷地应当承担市场调查的任务。企业营销管理部门应该对推销员市场调查任务有明确具体的规定,要求推销员及时向企业反馈市场信息,包括商品行情、消费者需求以及竞争对手等的情况,以便企业有针对性地改进产品的质量,设计出更受消费者喜爱的产品。

4. 追踪用户,售后服务

"货物出门,概不负责"的时代已经过去。企业能否赢得顾客与企业营销的售后服务是否完善密切相关。所以推销员还需承担追踪用户的任务,这也是能否留住回头顾客的关键所在。同时,推销员对售后服务的知识和技能也应有所掌握,真正成为顾客的参谋,为顾客排忧解难。因此,售后服务已成为企业推销员需要承担的基本职责之一。

5. 宣传企业,树立形象

推销员经常与人打交道,其举止言行时时刻刻都代表着企业形象,推销员的素质高低,是顾客判断企业形象最直接的标准。所谓形象是指公众对某一个机构总的看法和印象,通常包括知名度和美誉度两个方面的指标。企业形象则包括企业本身和企业产品两个方面的内容,形象的好坏对企业的销售有着至关重要的影响,尤其对于珠宝首饰企业来说更是如此。所以推销员应该时刻牢记自己所承担的宣传企业,树立企业形象的职责。

对于珠宝首饰企业的推销员来说,由于珠宝首饰产品的特殊性,他们推销的不仅仅是一件货品,而且推销的还是一种象征着爱意、快乐和友情,且具有长久内在价值的物品。而对于珠宝首饰产品的购买者来说,购买珠宝首饰产品标志着个人生命中的一个重要时刻,或是个人品味、地位的象征,或是赠送亲朋好友的珍贵礼物。因此,珠宝首饰推销员必须认识珠宝首饰产品的这种特殊性,同时还必须熟知本企业的情况,并且认识到他向客户展示的是企业生产的产品和营销过程中所花的时间,以及生产产品过程中所花费的成本,只有顺利地推销出产品,企业才能获取利润。因此,客观上要求推销员对待推销工作,应具有高度的责任心。

二、珠宝首饰营销中对推销员的要求

在激烈的市场竞争中,企业的经营管理者们越来越意识到企业的销售优势,比企业生产优势更为重要。然而,要取得这种销售优势就得有一支精明强干、具有较高素质、熟知推销方法与技巧的人员推销队伍。

所谓推销员素质,是指推销员胜任销售工作的综合能力,它包括推销员应具备的思想素质、文化素质、知识结构和才能结构等方面。

1. 思想素质要求

(1) 树立"顾客第一"的思想。现代人员推销的目的是以满足顾客需求为第一,所得利润只是满足顾客需求的结果。企业推销人员必须牢固树立"顾客第一""顾客就是上帝""顾客是我们的衣食父母""顾客需求第一"的观念,努力做到替顾客之所想,急顾客之所急。

(2) 树立任劳任怨的思想。推销工作是一种非常辛苦的职业,推销员经常出差在外,会遇到各种复杂多变的环境。在企业内部,如果推销业绩不佳,可能会受到上级的批评和冷遇;在外与顾客打交道,免不了要笑脸相迎,然而所获的回报或许是冷嘲热讽;推销员经常出差,可能会受到家庭成员的埋怨。因此,要做好一名推销员必须树立任劳任怨的思想,培养不畏困难、脚踏实地的工作作风。

(3) 树立依法、按章办事的思想。推销员从事的是一种流通领域的经济工作。推销员应该懂得经济方面的法律法规,了解并执行国家的有关法律、法规。此外,还应掌握有关保险、运输、商检、报关、外汇、金融、诉讼等方面的知识。在具体的推销业务中,坚持按照企业的有关制度和章程办事,不营私舞弊,正确处理国家、顾客、企业和个人之间的利益关系,坚决抵制行贿受贿的不正之风。

2. 文化素质要求

随着现代市场经济的不断发展,推销员在企业中的作用日益突出,由于推销员的工作难度大,复杂程度高,对从事推销工作的人员来说,要求也越来越高。推销员不仅要善于言语表达,而且还要有一定的写作能力。推销员不仅要学会搜集市场信息,撰写市场调查报告,而且还要具有一定的市场行情预测能力,并定期向销售主管或营销经理总结汇报。对于珠宝首饰行业的推销员来说,还要懂得珠宝首饰产品的一些技术要求,宝石的真、假鉴别特征等方面的知识。由此可见,要做一名合格的推销员应具备大专以上的文化程度的要求并不算高(这是国外销售工程师职称的起码要求)。

3. 知识结构要求

除了文化素质的基本要求外,一名合格的推销员还要具备合理的专业知识结构,推销员的知识越广博越好。一般来说,这些知识主要有以下几个方面:

(1)与推销工作相关的专业知识。与推销工作相关的专业知识涉及面很广,并不要求推销员对这些专业知识有很深的造诣,但对其基本常识要有所了解。这些专业知识主要包括:消费心理学、市场营销学、企业管理、经济法、金融学、国际贸易学、公共关系学、经济学、广告学等方面。尤其要懂得市场经济知识以及相关的国际贸易知识,尤其是我国加入 WTO 后的相关知识,掌握市场调研、市场预测、谈判与推销的技巧。

(2)有关本企业的知识。推销员受雇于企业,对本企业的情况应当十分熟悉和了解。这些情况包括企业的历史、企业的发展状况、企业的生产与销售的规模、企业的经营方针、目标、宗旨和发展方向、企业的经济性质、经营性质与特点、企业的生产类型以及在同行业中的地位、企业的营销策略、服务项目、交货方式和付款条件,甚至包括企业的人员构成等内容。

(3)有关本企业产品或服务的知识。一名合格的推销员对企业生产的,尤其是自己负责推销的珠宝首饰产品,如品种、规格、材料成分、宝石特征、宝石内部包裹体的含义、首饰的款式类型、价格,以及相关的维修、清洗服务等内容,都要有所了解和掌握,并能承担一般的使用说明、指导和维修保养工作。缺乏产品知识的推销员,是很难说服顾客购买其产品的。此外,推销员还应对竞争对手的产品具备一定的知识。

(4)有关顾客的知识。推销的首要目的是满足顾客的需求,推销员要经常了解和分析顾客的需求情况及其变化,了解什么样的顾客和有多少顾客需要本企业的产品,需要多少产品,分析顾客中的购买角色,即谁是购买的决策者、影响者、执行者和使用者。此外,还要对顾客的购买动机、购买习惯、购买过程和购买方式等心理状况进行了解,以便采取相应的推销对策和技巧。

(5)有关竞争对手的知识。竞争是市场经济的一大特征,要使企业在竞争中立于不败之地,推销员首当其冲地担负着了解同行业中竞争对手的重任。推销员要利用市场信息和通过对顾客的访问,对竞争对手的产品特点(包括优点和缺点)、竞争对手的市场策略、市场目标以及竞争对手的生产规模、价格、服务、付款方式等方面有所了解。竞争对手的情况掌握得越清楚,在推销中就越能争取主动,知己知彼,百战不殆。

三、珠宝首饰营销中推销员的选择与培训

珠宝首饰企业选择推销员,必须在业务素质、责任心、语言能力、风度、反应能力、社会礼仪等方面,进行全面的考查和审核。要求珠宝首饰推销员,首先必须具备有较为全面的关于珠宝首饰方面的基本知识,并具有较强的责任心和事业心。在语言方面能善于表达企业和自己的思想,讲话具有一定的逻辑性和艺术性,对新鲜事物具有敏锐的洞察能力。此外,推销员还必须具备灵敏的应变能力,能够准确和及时地理解和抓住谈判对手的意图,及时地采取相应的策略。

培训推销员的目的,是使推销员通晓销售方面的各种专业知识和销售技巧。培训的内容包括以下方面:首先,了解本企业所生产和销售的珠宝首饰产品的相关知识,如本企业生产珠宝首饰的工艺类型、特点、首饰款式种类、工艺技术水平、产量和销售量等,了解企业的组织结构及企业的经营理念。其次,要让推销员了解消费者的类型、特征,消费者的需求、动机和购买习惯。第三,要让推销员了解本企业目前的主要竞争对手的状况及其特点,以及竞争者所采取的策略和方针,做到"知己知彼"。第四,使推销员有效地掌握各种推销手段,以及各种推销技巧,了解和掌握各种不同的推销方法,使他们在实际操作过程中,做到有针对性地寻找客户,并能及时解决和应付在推销过程中,所遇到的问题和难题。通过培训使珠宝首饰推销员,具有从事本行业推销工作的知识结构和能力结构。

四、人员推销的过程

人员推销的过程,通常包括以下六个步骤:即寻找顾客、接近顾客、推销洽谈、排除异议、促成交易、售后服务。

1. 寻找顾客

推销程序的第一步是寻找潜在的顾客。可以通过以下方式寻找,向现有顾客询问潜在顾客的姓名;使用其他能提供线索的来源,如供应商、非竞争性的推销人员相关协会负责人;加入潜在客户所在的组织;通过仔细阅读各种资料,如

报纸、指南等寻找顾客;通过电话和邮件寻找线索。对于潜在的顾客,可以通过研究他们的具体情况,如财务能力、业务量、具体的需求、地理位置和连续进行业务的可能性,来衡量和评估他们的资格。

2. 接近顾客

推销人员在访问顾客之前必须做好充分的访问准备工作。正式的人员推销是从约见开始,"不约不见"成为西方发达国家的推销员遵守的信条之一。因为商人都是很忙的人,每天的工作都需提前作好计划安排,列出了时间表。如果"不约而见",拜访对象很可能会拒绝"不速之客",但有时也可以随机而变。访问顾客的开场白是非常重要的,因为它可以给推销过程定下一个洽谈的基调。然而,推销的开场白没有固定的模式,它随着推销产品、对象、场合的不同,而有所变化。

3. 推销洽谈

推销前的准备工作,要求推销员从他所推销的产品中,选择最能满足需要的产品。其次,在充分考虑顾客的需要后,推销员应该知道哪种产品,能使自己的企业获得最大利益。简言之,在明确了顾客的需要和问题后,介绍说明过程的目的,就是要使推销员向顾客证明,他有满足顾客需求和解决顾客问题的办法。洽谈过程中要强调产品给顾客带来的利益,由于顾客的背景各不相同,文化程度和技术专业知识也各有差异,洽谈过程中推销员可以提问,以便更有效地和顾客交流与沟通,提问给推销员提供了必要的信息反馈,洽谈过程中要减少顾客所担心的风险。

4. 排除异议

人员推销过程中异议是免不了的。在推销员介绍说明中或介绍说明之后,顾客会提出各种反驳、怀疑和拒绝等意见。推销人员要采取积极的方法,对此逐一排除,推销员是从顾客说"不"开始的。如果没有购买者反对,就没有推销员存在的价值。新的推销员面对顾客的反对意见,容易产生恐惧,而经验丰富的推销员则欢迎顾客提出各种反对意见,意见的存在,可以反衬出顾客对产品的兴趣。异议还是了解购买者对推销员介绍说明反应的一种依据,它可以引导推销员对推销策略和技巧的选用。推销员处理各种不同的异议,要在不引起顾客过分抵制的情况下,提供更多有效、可信的信息。但要记住,有更多的证据支持的论点不一定总会被人接受,因为人们不想被证明是错误的。因此,顾客反对改变供应商,因为改变就意味他们过去的决定是错误的。推销员应重视这种情感方面的心理因素。

5. 促成交易

推销人员必须懂得如何从顾客那里发现可以达成交易的信号,包括顾客的动作、语言、评论和提出的问题。促成交易的最佳时机,是顾客准备购买的时候。这个时机可以出现在推销洽谈或排除异议阶段的任何时候。在谈判过程中,推销员要留心顾客的购买信号,并随机适宜地予以解答和引导。在推销洽谈过程中,购买意向不可能持续不变,它可能随着洽谈过程而高涨或低落。例如,当推销员谈到顾客需要的关键利益时,其购买意向就会大幅高涨;而当顾客提出某个问题时,其购买意向就有可能随之下落。只是在推销员排除了顾客的异议之后,顾客的购买意向才可能达到高涨。推销员应该试着在购买意向出现高潮时,促成交易。

6. 售后服务

售后服务在人员推销过程中,变得越来越重要。成交后,推销员与顾客之间的关系不应随之结束。交易达成之后,推销人员就应着手履约的各项具体工作,交货时间、购买条件及其他事项。推销人员接到第一张订单后,就应制订一个后续工作访问日程表,以保证顾客能适当地安装好,并提供指导和服务。这种访问还可以发现可能存在的问题,使顾客相信推销人员的关心,并减少可能出现的任何认识上的不一致。推销人员还应该制订一个客户维持计划,与顾客建立长期的关系,以确保客户不会被遗忘或丢失。

五、珠宝首饰企业对推销员的管理

推销是一项实践性很强的工作,没有现成的公式和经验可以照搬照抄,必须在实践中逐渐摸索总结。为此珠宝首饰企业应加强对推销员的管理,以便建立起一支精干、高效、优质的销售队伍。珠宝首饰企业对推销员的管理,必须做到以下几点:

1. 推销员是企业形象的代表,要求推销员必须树立良好的社会公众形象

树立良好的企业形象,是现代企业营销运作过程中的关键。推销员是企业形象的代表,因此,企业要求推销员必须在社会公众中树立良好的形象。在实际操作过程中,要求推销员与不同社会阶层的人士打交道,要推销珠宝首饰必须要先学会推销自己,使更多人通过你(推销员)而认识你所代表的企业,并能适时地利用各种大众传播媒体,在一定地区和领域内,宣传本企业的形象,通过良好的企业形象,为产品拓展市场和销路。

2. 鼓励推销员进行市场调查

鼓励推销员在推销过程中,有意识地了解同行业竞争对手的销售情况,并与

本企业的销售情况进行对比分析、研究,提出相应的对策和措施,为提高本企业的销售量出谋划策。

3. 企业应关心推销员

推销员的工作是企业获取利润的重要组成部分,即使企业生产的产量再大,如果销路不畅,企业是无法盈利的。要使推销员长期乐意地为企业工作,企业应关心推销员,尽可能地为他们创造一个良好的工作环境,以提高他们对工作的积极性。例如提供晋升机会、合理的薪酬、工作的满足感和成就感、较好的生活环境等。时刻留意推销员的优良表现,及时地加以表扬和鼓励。

4. 用适当的方法鼓励推销员

对推销过程中的每一个阶段,制定出一些切合实际的指标,而且定期检查并公布。对于表现优异的,进行适当的物质和精神奖励,表现落伍的加以鼓励、帮助或培训。根据这种定期检查,来衡量推销员的业绩,引入竞争机制,使他们更好地为企业的发展服务。

5. 不断拓宽领域,开拓进取

企业的管理者应营造一种学习的气氛,通过不断的学习和积累,开阔眼界。对于出色的推销员,应及时地予以重用和信任,以避免他们的"跳槽"。因为出色的推销员的"跳槽",会对企业的业务带来极为不利的影响。企业的经营管理者,必须时刻注意这个问题,协调好各方面的关系,想方设法留住优秀的推销人员。

良好的经营管理,适当的选才和培训,可以造就出色的推销员环境。而优秀的推销员,不仅可以为企业赚取利润,也可为珠宝首饰市场带来新的繁荣和发展。

第二节 珠宝首饰广告促销策略

一、广告的含义与功能

广告,就是广而告之,使人周知共晓的意思,泛指广泛地告知公众某事物的宣传活动,与现代信息社会相联系,广告已成为维持、促进现代社会生存与发展的大众信息传播工具和手段,这就是广告广义的含义。随着商品经济的高度发展,商品交换的层次和领域不断地加深和扩大,广告逐渐成为专门传递商品信息和经济信息最有效的工具和手段,这就是广告狭义的含义——即商业广告。

商业广告是指盈利性的经济广告,特指广告主(企业)有计划地以付费方式,通过大众传播媒体,向其潜在消费者传递商品或劳务信息,以促进销售的公开宣传方式。

1. 商业广告的特点

商业广告具有以下特点:

(1)公众性。商业广告是一种高度大众化的信息传播活动,是把商品或劳务信息向非特定的广大消费者作公开宣传,以说服其购买的传播技术。

(2)渗透性。商业广告是一种渗透性极强的促销手段,它已渗透到社会生活的许多领域。

(3)表现性。商业广告集经济、科学、艺术和文化于一身,借助文字、音响以及色彩的艺术化应用,通过一定的媒体,商业广告不仅生动形象地表现产品的特性,而且富有感染力。

(4)非人格性。商业广告是促销的一种手段,但它是一种非人员促销方式。听(观)众没有义务去注意广告,并对广告作出反应。

(5)有偿性。商业广告是一种付酬的宣传活动。

2. 商业广告的功能

作为一种大众传播活动,商业广告对传播的对象、环境必然产生一定的作用和影响。这些基本作用和影响,称之为商业广告的功能。商业广告一般具有以下功能:

(1)沟通信息。这是商业广告最基本的功能,广告信息可以突破时间和空间的限制,及时广泛地渗透到各地区和各消费群体。对于销售者来说,商业广告是一种将产品(服务)信息传递给潜在消费者的有效手段;对于消费者而言,它是购买商品的最佳指南。

(2)诱导消费。良好的商业广告,或以理服人,或以情动人,它可以吸引消费者的注意,建立或改变他们对企业或商品的看法,产生信赖和需要,激发潜在购买欲望,说服劝导消费者购买行为的实现。

(3)创造需求。商业广告可以改变人们的消费观念,引发新的消费需要,创造新的需求。如 De Beers 公司所作的钻石推广广告,对中国的钻石业、珠宝首饰业,起到了巨大的推动作用,"钻石恒久远,一颗永留传"已成为广为传颂的经典名句。不仅道出了钻石的真正价值,而且也从另一个层面,把爱情的价值提升到足够的高度,使人们很容易把钻石与爱情联系起来,的确是一种非常美妙的感觉。De Beers 的一句话,反映了天下所有女性对爱情的渴望。毫无疑问,钻石的闪耀是恒久的。好的广告词对创造需求,有着重要的影响。

(4)创造并传递流行。商业广告的宣传可以造成社会的消费热点,某些产品或观念为社会大众接受,成为流行和时尚。

(5)丰富生活,陶冶情操。商业广告不仅指导消费,而且也影响着人们的消费观念、文化艺术、社会道德等方面。好的广告对扩大消费者知识领域、丰富精神生活、进行美育教育和促进社会公德,都有潜移默化的作用,好的广告词还可给人以无穷的回味。

二、广告媒体的特征

广告媒体是指广告主为达到一定的传播目标,向消费者进行广告宣传时所采用的物质技术手段。这些技术手段成为沟通生产者和消费者的桥梁。但广告媒体又决非一条简单的信息通道,它以其特有的吸引力、广泛的传达力和灵活的适应力,发挥着不可缺少的功能和作用。

广告媒体的种类繁多,几乎一切使广告受众产生反应的手段和方法都包括在内,其中以报纸、杂志、广播、电视和直接函件为主,每一种媒体皆有其独特的特征。

1. 报纸广告

报纸是用作广告的最早的大众传播媒体,而且至今仍是使用最普遍的广告媒体。它几乎适用于所有的商品广告或服务性广告,其特征可概括为:

(1)消息性。报纸以刊登消息为中心,现代报业可利用先进的传播技术和手段,将信息迅速传遍全国乃至全世界。因此,广告信息在报纸上可及时刊登、迅速发行。

(2)广泛性。报纸发行量大,传播面广,渗透力强,在世界各国,凡能看书、识字的人,总会把报纸当作获得信息、知识,了解国内外大事、商品信息、市场行情的最有效渠道。

(3)信赖性。读者对报纸常会产生一种信赖感,尤其一些重要的报纸,在人们心目中享有很高威望,在上面刊登广告极具权威性。

(4)教育性。报纸本身就可属教育范畴。报纸上刊登的各类文章,含有丰富的教育意义。

(5)方便性。报纸价格较低,而且购买、携带、阅读方便,不受时间、空间的限制。

(6)保存性。报纸便于收存,能作资料查考,形成反复宣传的效果。

报纸广告的局限性包括:报纸时效短,内容繁杂,注意力分散;受版面限制,使广告数量、效果均受到影响;印刷技术欠佳,美感不强,往往缺乏对商品款式、色彩等外观品质的生动表现,削弱了广告的刺激性。

2.杂志广告

杂志也较早运用于广告,是仅次于报纸的第二大广告媒体,与报纸同属印刷型媒体。其特征如下:

(1)读者集中,针对性强。无论是专业性杂志,还是一般消遣性杂志,都拥有较集中的读者阶层。

(2)吸引力强,宣传效果好。杂志广告印刷精美、色彩鲜艳,制作讲究,都采用彩色摄影技巧,使商品外在品质得以生动、逼真地表现。杂志广告一般有巩固集中的位置,如封面、封底等,且都独占一页,不夹杂其他内容,故清晰整洁,引人注目。

(3)阅读从容,保存期长。杂志多为月刊或季刊,阅读周期长,可用充裕时间详尽地阅读,也可分篇多次阅读,还可互相传阅,起到累积加的宣传效果。

杂志广告的不足之处包括:制作复杂、成本相对较高,价格昂贵;收稿排版周期长,灵活性和时效性差,信息反馈迟缓,减少了时间价值;篇幅少的杂志,广告数量有限。

3.直接函件广告

直接函件广告是指通过邮寄网络把印刷广告(包括信件、目录、说明书、传单、小册子等),有选择性地直接寄送到用户手中。其特征如下:

(1)针对性。依据消费者不同的消费需要,可划分出若干特定的阶层。以这些特定阶层作邮寄对象,目标明确、效果突出。

(2)亲切感。直接函件往往设计了亲切怡人的文案,具有较强的个性化,使消费者收到函件后,心中产生"只有我一张"的亲切感,从而激发其购买欲望。

(3)无并排性。并排性是指两则以上广告,同时刊登在一个版面上,彼此会影响宣传效果。虽然也会出现几封直接函件,同时送达用户的情形,但是用户只能是一封一封地阅读函件。

直接函件广告的不足之处:较报纸、广播等缺乏广泛性和显露性;回收率较低,会给用户造成个人空间被侵犯感。

4.广播广告

广播用作广告媒体虽然比报纸、杂志晚,却在短短的几十年间遍及全球、风靡世界。其特征如下:

(1)传播迅速。与报纸、杂志及电视广告相比,广播广告不需要复杂的编排制作过程,可以在很短的时间内,把信息传递出去。而且制作简单,便于修改,可灵活适应市场环境。

(2)覆盖率高。广播广告是传播范围、覆盖率最高的媒体。

(3)针对性强。广播在特定的时间播出专题节目,届时都有相对稳定的听众。广播广告可以针对收听专题节目听众的特点,进行有针对性的宣传。

(4)表现力强。作为声音媒体广告,广播广告以声音来传递信息,配以音乐、穿插对话、情节等独特的广播艺术,很有表现力,引发听众的美好联想。

(5)费用低廉。与报纸、杂志及电视广告相比,广播广告制作便捷,费用最低。

广播广告的不足之处是:听众非常分散,效果难以测定;声音转瞬即逝,不可保存,难以记忆;有声无形的形式,限制了一些创新的宣传。

5. 电视广告

电视集听觉形象和视觉形象于一身,汇图像、声音、色彩、动作、文字等于一体,电视广告可将信息,作综合性立体化的高效传播。目前,电视广告是最能打动人心,又最能反映商品特色的大众传播媒体。其特征如下:

(1)传播面广,影响力大。电视有很高的普及性,不识字的人也能看懂理解。电视还具有集体共享性,通过收视者的相互影响,进一步扩大宣传范围和效果。因此,电视广告的覆盖率很高,成为最大众化、最通俗易懂,又最能赢得观众的媒体。

(2)视听结合,诉求力强。电视具备同时播出影像、声音以及色彩、文字的功能,并且可以有情节、有故事,能充分真实且艺术性地反映商品全貌,感染说服力量很强。

(3)表现手段、方式灵活多样。电视作为一种视听结合的电波媒体,可运用多种艺术形式与表现手段。

电视广告的不足之处是:制作复杂、费用昂贵;时间短促,难以保存;适应性不强,尤其对专业性强、目标市场集中的商品来说,传播面太宽,造成浪费。

6. 新媒体广告

新媒体广告是指在 20 世纪后期在信息传播领域出现的、建立在数字技术基础上的、以网络媒体为代表的相对于电视、广播、报纸、杂志等传统大众传播媒体的新型媒体形式。它具有以下特征:

(1)互动性。互动性是新媒体广告最显著的特点,相对于传统媒体只能被动接受而言,新媒体传播的过程中,接受者可以利用现代先进的网络通讯技术,进行各种形式的互动,这使传播方式发生了根本的变化。

(2)大众性。与传统媒体的单一传播途径相比,新媒体的传播形式多样,使得任何网络或手机使用者等,都能通过各自的平台进行交流,这也使得平台中的任何人都可以成为传媒的主体。

(3)即时性。广告主可以通过其网站或投放广告的网站获知使用者的态度和反应,能够根据跟踪的情况判断消费者是否对产品感兴趣。而广告主则可以通过统计点击率来精确地计算消费者对广告的即时反应。这是传统媒体的广告很难做到的。

(4)便捷性。在互联网上可以足不出户浏览海量信息,随时随地沟通、交流。消费者获取商业信息的时间和渠道都有了前所未有的拓展,而且,一旦想联络,即刻便可进入广告主的网站,十分快捷、方便。

新媒体广告的不足之处是:信息量大且十分庞杂,需要筛选;有些广告制作粗糙,缺乏创新;广告的信任度较低。

除上述六种媒体广告外,其他广告媒体还有很多。如路牌广告、霓虹灯广告、橱窗广告、招贴广告、车厢广告、包装广告和POP广告等。随着科学技术的不断发展,媒体的形式也会越来越多。

三、广告的 AIDAS 策略

广告的 AIDAS 策略,是由唤起注意(Attention)、引起兴趣(Interest)、启发欲望(Desire)、导致行动(Action)和买后满足(Satisfaction)这五个英文单词首字母组成的。

1. 唤起注意

这是关系到广告是否成功的基本要求,如果不能引起注意,广告就失败了;如果消费者没有看到刊登在报纸、杂志上的广告,就没有广告的作用;同样消费者没有看到电视广告,则该广告的作用就失去了。广告要唤起人们的注意,就需要重视以下方面的问题:

(1)时间观念问题。如电视广告应在黄金时间播放,或在观众关注的电视节目前后或中间播放,这样就容易引起人们的注意。

(2)位置合适问题。如刊登在杂志封面上的广告比较醒目,在报纸的明显版面易引起消费者的注意。

(3)创意技巧问题。如新奇的图案、美丽的照片、动人的表情,都能引起消费者的注意。

(4)能吸引人的标题。吸引人的标题往往可以起到画龙点睛的作用,引起消费者的注意。

总之,广告要唤起消费者的注意,必须在标新立异、出奇惊人、优美舒适、激情冲动等方面下功夫,突出新、奇、异、情。如"钻石恒久远,一颗永留传"的英文原句为"Diamond is forever",如果按原文直译,可能就很难达到这样好的效果,从这个角度看,翻译也是一种创造,通过翻译充分展示了汉语的动人魔力,达到了更加吸引人的作用。

2. 引起兴趣

引起兴趣是唤起注意的继续,只有注意而没有兴趣,则会看过就忘。引起兴趣,则可加深印象,强化注意。要引起消费者的兴趣,必须使广告适合消费者的需求,符合其心理,才能引起消费者的共鸣。每种产品对不同的消费者,其广告的内容可以有所不同。对于正想购买的消费者,比较容易引起兴趣,广告应提供如何选择产品的方法和本产品的特点。对于不想购买的消费者,比较难于引起兴趣,广告应针对使用这种产品后,有哪些好处,来打动消费者,使消费者转变态度。对于已经购买的消费者,则关心产品的使用和维护,广告应该为消费者解决这方面的问题,告诉消费者如何使用和维护。三种类型的消费者,有三种不同的需要,有时一个广告内容不能兼顾,就要求根据产品的生命周期的不同阶段而有所侧重,萌芽期侧重第二类消费者,成长期侧重第一类消费者,成熟期侧重第三类消费者。有时为了将三者兼顾在一起,就需要广告具有层次,每个层次针对一类消费者。一般以主要标题、图面解释唤起注意,然后有引起兴趣的标题,最后可安排几行小字解答问题,介绍优点,提供保证等。

3. 启发欲望

启发欲望是制作广告的核心。人的欲望是客观存在的,对于珠宝首饰产品来说,一个成功的广告在于能说服消费者,使他感到这件珠宝首饰产品正适合于他(她)的需要。需求来源于欲望,从商品的广告角度来看,可把人的欲望分为最急需的欲望和次要的欲望,为了激发消费者购买,必须把产品的功能与最急需的欲望联系起来,使消费者感到购买的迫切感。

4. 导致行动和买后满足

导致购买行动和买后满足是广告的最终目的。广告应该诱导消费者采取购买行动,并让消费者感到他们的购买行为是符合他们各自的需要的,购买后可以使他们感到满意。此外,消费者对产品的认识和信任是逐步深入的。因此,广告需要反复地宣传,逐步深入地宣传。国外有句名言:"想推销产品而又不做广告,犹如在黑暗中向情人递送秋波。"

四、珠宝首饰业的广告宣传

随着珠宝首饰业的发展,珠宝首饰市场的竞争更趋激烈。因此,如何有效地利用媒体进行广告宣传,进一步拓展珠宝首饰市场,是目前我国珠宝首饰业面临的一项重要任务。

1. 电视广告

电视这种大众传播媒体，在我国城乡已基本普及，国家级电视台、省级电视台和有线电视台都拥有广大的观众。在电视上播出珠宝首饰广告，是效果最好的广告宣传形式。目前，在我国电视上播出的与珠宝首饰有关的广告，主要有两种形式：一是珠宝首饰推广组织做的推广广告；二是珠宝首饰企业（店）为扩大影响，提高知名度所做的促销广告。如 De Beers 钻石推广中心所做的钻石推广广告，在中央电视台和相关省级电视台的黄金时间播出，使人们认识了钻石，了解了钻石的纯洁、典雅和华贵，诱发了人们渴望拥有钻石的欲望。得益于电视广告的宣传和 De Beers 钻石推广中心的不断努力，中国的钻石消费市场近几年来得到了迅速的发展，消费者对钻石的认识有了显著的提高，使钻石消费逐渐成为中国珠宝首饰消费的主要产品。此外，一些珠宝首饰企业，也通过电视广告的宣传，扩大企业的知名度，提高信誉，吸引更多的消费者，增加企业的营销能力。

2. 报刊广告

报刊登载的图片和文字广告，虽不及电视广告直观、生动，但也有广大的读者群。目前，我国的与珠宝首饰相关的报刊广告，主要刊登在珠宝首饰专业报刊上，如《中国宝玉石》《中国宝石》《中国珠宝首饰》《中国黄金珠宝》《宝石与宝石学杂志》等刊物上，以及《中国黄金报》和《购物导报·宝玉石周刊》等。在专业杂志和报纸上刊登广告，主要是企业为扩大在行业内的知名度及拓展市场推出的。珠宝首饰业发达的国家和地区的许多珠宝首饰企业，也都在相关的专业报刊上登载大量的广告，进行企业形象宣传，扩大公司的知名度和产品在市场上的占有率。据国内几家公司的调查资料显示，经常在专业报刊上登载广告受益匪浅。

当然，在专业报刊上刊登广告是非常必要的，但是广告主发布广告信息更多的是为了给消费者看，而消费者接触珠宝首饰专业报刊的机会相对较少。因此，珠宝首饰公司在发布广告信息时，就必须注意这一问题，也就是除了在专业报刊上登载广告外，还必须有目标、有选择地在一些目标市场的主流报刊，具有广泛影响力的消遣娱乐性报刊、时尚性报刊和以女性读者为主要对象的报刊上适当刊登广告，这样或许能更好地起到广告的促销作用。

3. 广播广告

对于珠宝首饰零售企业来说，可以利用广播这种媒体，在播出广告的同时，与广播电台合作，有目的、有计划地举办一些珠宝首饰产品知识讲座，利用广播的直播节目，通过热线电话的形式，在直播间回答听众提出的一些有关产品知识方面的问题，以及珠宝首饰消费者在消费过程中的一些热点问题，既可以起到良好的广告宣传作用，也可以给消费者以知识的启迪和文化的陶冶，以提高珠宝首饰零售企业的社会知名度。

4. 珠宝首饰展销会上的印刷品广告

对珠宝首饰企业来说,珠宝首饰展销会就是一个展示企业形象和产品的"舞台",在展销活动过程中,珠宝首饰企业应根据自身的条件,设计和布置精美的展台,印刷一些精美的广告,在同业人员中散发,加强交流,寻求合作,对扩大企业的知名度和影响力有很大的益处。除此之外,展销本身也是一种对企业形象的广告宣传,随着珠宝首饰展销活动的规范化和市场化,展销对象已不仅仅局限于行业内部,而且面向广大消费者,消费者可以亲自参与展销活动,了解珠宝首饰知识,熟悉珠宝首饰市场、选购珠宝首饰产品,使珠宝首饰展销会既行业化,又大众化。

5. POP 广告

POP 是(Point of Purchase Advertising)的英文缩写,意即"购买场所的广告",购买场所(如商店、商场等)内能促进销售的广告,皆属于 POP 广告范畴,它能代替营业员传达商品信息。POP 广告是珠宝首饰零售企业,宣传自己的有力工具,对吸引消费者注意,引发消费者的购买兴趣,具有极其重要的作用。因此,在珠宝首饰零售店铺内,设计有特色、有吸引力的 POP 广告,对零售企业的营销有着重要的作用。

第三节 珠宝首饰营业推广策略

营业推广也称为销售促进,是指企业运用各种短期诱因,鼓励购买和销售其产品或服务的促销活动。美国市场营销协会(American Marketing Association,AMA)定义委员会认为:营业推广是指"除了人员推销、广告、公共关系以外的、刺激消费者购买和经销商效益的各种市场营销活动,例如,陈列、演出、展览会、示范表演以及其他推销努力"。

一、营业推广的作用

营业推广是一种战术性,而非战略性的营销手段。营业推广的关键因素是提供了短期激励,并期望它成为导致消费者购买行为的直接诱因,适当的营业推广可起到以下方面的作用。

1. 加快新产品或新品牌进入市场的进程

当新产品或新品牌进入市场时,由于消费者对其性能、功效等不甚了解,此时企业利用营业推广的手段,可以大大地缩短新产品或新品牌进入市场的进程。

2. 激励中间商更多地进货和销售热情

在营业推广期间,如公司提供较大数量的折扣或授信额度,可以激励中间商购进更多数量的产品,增加库存量。如果企业给予更多的促销支持,经销商和零售商就会更多地在零售店陈列公司的产品,并积极地销售。

3. 可以鼓励消费者重复购买,并促进消费者对店铺的惠顾和对品牌的忠诚

如果消费者在实际购买过程中得到了实惠,就会促使消费者的重复购买行为,从而促进消费者对店铺的惠顾,产生品牌的忠诚感。适当的营业推广活动,还可以增加消费者的购买数量。如返券促销,消费者购买满一定的金额,返回一定数量的购物券;或购买某一高价位的产品,附赠某一低价位的产品等。

4. 促使消费者改变品牌偏好,赢得消费者更多的支持

营业推广是一种防御性的市场营销策略,成功的营业推广活动可以促使消费者改变原有的品牌偏好,赢得更多消费者的支持,从而进一步扩大市场占有率。

5. 激励推销人员进一步拓展市场

营业推广活动可以激励推销人员进一步拓展市场,如大力推销新产品、开发新市场、开设新店铺,积极寻找潜在的客户和消费者,从而拓展企业的市场营销范围。

二、营业推广的类别

珠宝首饰企业的营业推广,可以分为针对中间商的促销、针对销售人员的促销和针对消费者的促销。针对中间商的营业推广,目的主要是激励渠道成员更多地销售本企业的产品,或作为开拓销售渠道的一种策略包括销售竞赛、特别折扣、珠宝首饰展示(展览)、珠宝首饰模特表演等。为了激励公司内部的销售人员,除了规定销售任务外,也需采用相应的激励措施,如年终奖励、销售提成、销售竞赛等,以进一步激发销售人员的销售热情。针对消费者的营业推广的目的,就是要唤起消费者对产品的购买行为,刺激消费者的即时购买和重复购买,吸引新的消费者,回馈忠诚的消费者,并以此谋求消费者的固定化。采用的手段包括优惠折扣、赠送优惠券、免费赠送样品、抽奖、商品展示、竞赛、现场咨询等。

营业推广也是一把"双刃剑",恰如其分的使用,将会极大地有益于企业的销售,如果过多地使用,则会导致企业品牌形象的受损和贬值。事实证明,试图利用频繁的营业推广活动,通过低价折扣来扩大产品的市场占有率,其作用是有限的。有品牌的珠宝首饰产品,如果频繁地使用打折的手段,将最终使品牌失去原

有的市场价值和地位。从消费者的角度来看,频繁打折促销的品牌,其产品品质可能存在问题,从而迫使消费者转向购买其他品牌的产品。而有些消费者则会一味地等待打折时才购买,而使得正常价格的产品销售不畅,结果形成恶性循环。

第四节 珠宝首饰促销的公共关系策略

一、公共关系的含义

人们往往把广告宣传与公共关系混为一谈,认为广告宣传是公共关系工作的一部分,或认为公共关系就是广告宣传。根据市场营销学理论,广告宣传和公共关系是两个完全独立的、平行的概念,同属于市场营销组合策略中的内容。

公共关系工作的主要目的,在于构成、保持(维护)和改变(改善)企业的公众形象和产品形象。也就是说,在公众中建立(构成)企业和产品的形象。

企业形象是一幅多层次的画面,它在公众中的"印象"具有很强的生命力,不管是积极地还是消极地改变,都很难纠正它,对于珠宝首饰企业更是如此。另外,它的另一个特点是很难客观地衡量,没有一个标准的尺度,没有准确的工具。然而,正是由于企业的形象,影响着市场中消费者的购买决策。产品形象来自于企业的整个生产、营销活动过程,如产品的质量、信誉等。这些特点通过产品在市场中的流通,不仅留在广大的消费者中间,而且也留在同行和相关的企业中。公共关系工作做得好,能更好地完善企业形象和产品形象,促进产品的销售工作,否则作用正好相反,妨碍销售工作的进行。

公共关系是一种间接的促销方式,对企业形象和产品促销有着特殊的作用和影响,具有以下特点:

1. 可信度高

珠宝首饰企业公共关系活动,主要是为了树立珠宝首饰企业的整体形象,以此来改善企业的经营环境。因此,公共关系更注重从企业的实际出发,实事求是地传递企业和产品的信息,使消费者感到公共关系较广告等促销手段具有更高的可信度。

2. 作用面广

公共关系作用于珠宝首饰企业内外的各个方面,与社会活动、市场营销环境影响因素联系密切,其目的是为了树立企业的形象和优化企业的市场营销环境,而不像其他的促销手段,只是针对珠宝首饰产品的目标市场。

3.传播力强

广义的公共关系是指所有能赢得公众兴趣与赞同,了解与合作的活动。虽然公共关系可以利用多种传播媒体,但是公共关系最常使用的传播手段,是以新闻报道形式来传递信息,客观上比广告宣传的传播力更强。

总之,要建立良好的珠宝首饰企业形象和产品形象,其产品一定要有良好的质量和信誉,以及优质的服务,广告宣传必须真实可靠,消费者通过广告认识的企业与最终消费者的实际认识相吻合,只有这样,企业才能在消费者心目中,树立起良好的企业形象和产品形象。

二、珠宝首饰产品的促销与公共关系

珠宝首饰企业在营销活动过程中,成功与否的关键在于对企业和产品的信心。珠宝首饰企业举办的促销活动、珠宝首饰产品的包装、经营策略和营销人员的态度,都会影响到消费者对企业的印象。企业的形象好坏,可以直接影响到消费者对企业所销售产品的信心。形象好的企业,无疑会增加销售的机会。因为珠宝首饰是贵重的甚至是奢侈的消费品,消费者在付款购买前的任何时候,都可能会改变购买的决定和行为。因此,我们可以说,珠宝首饰企业销售珠宝首饰,是一项颇具人情味的事业,只有在消费者认可了企业的形象后,才会产生信任并愿意购买。

许多珠宝首饰消费者,在购买饰品前往往会进行详细的市场调查,即所谓的"货比三家",评估不同的珠宝首饰企业的各项服务,如信誉、款式、质量、价格、服务等方面,然后才真正决定落实到某家企业购买,这一点也正说明了企业的形象在消费者心目中的作用。因此,建立良好的企业形象是十分重要的。而企业要建立良好的形象,公共关系则是一种重要的工具。

珠宝首饰企业必须重视与具有舆论导向地位的媒体、行业协会、政府相关职能部门等建立良好的公共关系,以获得这些机构的支持和帮助。因为媒体与记者的评论,将会直接影响到中间商和消费者对产品的认知。行业协会和相关政府职能部门举办的活动,对行业的发展将会起到极大的推动作用,如中国珠宝玉石首饰行业协会每年在北京、深圳、上海等地举办多次珠宝首饰展览会,已在业界产生了巨大的影响,一些珠宝首饰企业借助展会,扩大了知名度和影响力,对品牌的塑造也起到了重要的作用。

三、营销公关的主要形式

1. 创造和利用新闻

新闻报道与广告宣传是不同的,它是经由第三方所做的报道,可以使消费者较容易地接受珠宝首饰企业所要表达的意念,并且也较容易吸引读者的阅读。这比企业单纯做广告更费精力。因为珠宝首饰企业所提供的背景材料,必须得到新闻从业人员和报刊编辑们的首肯,同时也要求珠宝首饰企业所提供的材料必须具有新闻性,有故事背景,并且适合消费者的兴趣。

所有报刊杂志的新闻从业人员,也都在想方设法采写和编辑能满足读者需求的新信息。如果对于一家珠宝首饰企业来说,能适时地提供给媒体一些有新意的信息,很可能给企业带来有意义的新闻报道。

对于珠宝首饰企业来说,要获得媒体的报道,一般需要考虑以下方面:

(1)与珠宝首饰、服饰、时尚消费等报刊保持密切的联系,了解这些报刊的办刊宗旨和报道的特点与兴趣,试着与他们发展工作上的联系。

(2)试着把需报道的材料,写得具新闻性,而不是广告性。例如一些市场调查的信息,新的首饰流行款式和一些轶闻趣事等,以引起消费者的阅读兴趣。

(3)遇到珠宝首饰企业有特别的活动时,可以给报刊杂志发消息稿,尤其是遇到可以增加企业销售机会的节庆,都可以用来制造新闻。

(4)事前必须周密计划,给编辑、记者足够的时间,阅读企业所寄赠的材料,写出适合报刊所需的文章。所附的照片必须附有说明,珠宝首饰产品在照片中必须清晰可见,分清模特与饰品的关系,应突出饰品,所配的照片必须与文章的主题一致。

(5)经常翻阅与珠宝首饰产业相关的报刊,了解珠宝首饰业的发展趋势,了解自己的竞争对手,做到知己知彼。

(6)与媒体保持良好的关系,如果珠宝首饰企业提供的材料,保持着相当的权威性,并且符合媒体报道的要求,媒体可能会经常性地予以报道,或许可能会成为媒体有关这方面消息的来源。

(7)珠宝首饰企业举办与促销活动有关的联谊会、展示会等,应邀请相关媒体的编辑、记者和摄影师参加,以增进交流。

2. 参与和赞助社会或业内活动

企业通过捐赠慈善事业,赞助艺术和体育活动等,扩大在社会上的影响。捐赠和赞助有时是出于对公益事业的关心,有时是出于企业产品促销的目的。其中,共同的公关因素是在公众中树立企业的良好形象。

3.举办论坛或产品知识讲座

珠宝首饰企业可以单独或与行业协会、咨询机构,联合举办珠宝首饰论坛,就业内的热点问题,请专家和有关人士展开讨论,可有效地扩大企业在业内的影响。珠宝首饰企业还可以根据需要,单独举办一些与促销相关的活动。在这些活动中,可以展示企业的产品,邀请知名的专家和学者,作有关珠宝首饰产品知识方面的讲座或研讨,或者邀请消费者来企业参观、座谈,以扩大企业在社会上的知名度和影响力,以吸引更多的消费者。

在举办各类促销活动时,事先应注意以下方面:

(1)制定详细的工作时间表,做到工作有条不紊。

(2)举办活动的地点,应考虑到交通问题,应尽可能选择交通便利的地段,为邀请的嘉宾提供方便。

(3)灯光要适宜,因为举办珠宝首饰展示会,通常需要足够的灯光照射珠宝饰品。

(4)举办珠宝首饰促销活动,离不开珠宝首饰,在展示过程中,一般应放在最容易看到的地方,但必须注意安全问题。

(5)营造一种轻松、自然的活动气氛是非常必要的,可能的条件下,可以准备一些小礼品,分发给邀请到场的嘉宾,使他们对企业留下深刻的印象。

(6)举办活动过程中,还需注意一些细节问题(如扩音器、幻灯机、投影仪的工作状态等)。如果参加活动的人少,而场地较大时,需对场地做一些分隔,以便营造合适的活动氛围。

总之,利用公共关系这一间接促销手段,通过媒体的报道和举办一些公关活动,可以树立企业良好的形象,提高企业的社会知名度和整体形象,有利于珠宝首饰企业扩大市场营销机会,增加销售额,提高产品在市场上的占有率。

小 结

促销策略是指把产品及服务向消费者进行宣传报道、推荐说服,影响和促进消费者的购买行为和消费方式,以达到扩大销售的目的。在珠宝首饰营销活动过程中,促销工作越来越为市场营销人员所重视,利用促销手段可以直接增加珠宝首饰企业产品的销售量,利用促销这一市场营销工具,可以直接提高企业的经营效益。

促销组合包括人员推销、广告、营业推广和公共关系。相比较而言,人员推销是最古老的一种促销方式,但也是最有效的推销方法。

第十二章　特许经营与珠宝首饰营销

特许经营在组织管理、市场定位、服务方面,均具有一般连锁店不可比拟的优势,按照组织分工原理,总部负责经营战略规划、商品服务开发等,可为加盟店提供整套经营技术。特许经营为其授权的加盟店提供产品和服务的同时,通过向其授权的加盟店收取品牌授权金和定期权利金,从而使自己的经济实力得到迅速扩大,起到快速融资的作用。特许经营总部有了足够的经济实力,就能投入更多的人力、物力和财力,进行产品的开发和研究,大力进行品牌宣传,从而使自己的实力得到进一步的扩充和加强,并有力地带动整个特许经营企业的发展。本章着重介绍特许经营的概念、特许经营与珠宝首饰营销等问题。

第一节　连锁经营与特许经营的概念

一、连锁经营及其分类

连锁经营是指通过一定的联结纽带,遵循一定的规则,将众多分散孤立的经营单位联结在一起,并按照规则的要求进行商业运作。连锁经营是社会化大生产的产物。一方面,社会化大生产要求流通领域,必须实行规模经营,以大流通来适应大生产;另一方面,大众消费时代又要求流通领域,必须实行灵活经营,以方便化的流通来适应个性化的消费。为了解决流通中这种规模与灵活、效率与方便之间的矛盾,连锁经营作为一种新型的现代流通方式便应运而生。连锁经营通过对若干零售企业实行集中采购、分散销售、规范化经营,把现代社会化工业大生产的基本原理,结合商业的特点,运用到流通领域,实现了流通的系统化和规模化,达到了规模效率与灵活方便的统一。连锁经营的基本规范和内在要求,便是在连锁体系内实行统一采购、统一配送、统一标识、统一经营方针、统一服务规范和统一销售价格,其本质特征集中表现为分工专业化、作业标准化、形象一致化等方面。

从国外连锁业的发展实践来看,连锁经营从最初以单一所有权形式(即直营连锁的形式)出现,逐渐演变成直营连锁、特许连锁和自由连锁三种形式并存的局面。因此,一般认为,连锁经营包括三种模式:直营连锁、特许连锁和自由连锁。美国、日本等主要发达国家以及国际连锁店协会等组织都将连锁经营分为这三种模式。我国此前的有关规范性文件中也采用了这种分类方法。从我国的立法规定来看,特许经营也被定义为连锁经营的一种。例如,原国内贸易部1997年印发的《连锁店经营管理规范意见》中明确规定:连锁店包括以下三种形式:直营连锁、自愿连锁、特许连锁(或称加盟连锁);2002年《国务院办公厅转发国务院体改办国家经贸委关于促进连锁经营发展若干意见的通知》中也指出,连锁经营是通过对若干零售企业实行集中采购、分散销售、规范化经营,从而实现规模经济效益的一种现代流通方式,主要有直营连锁、特许连锁、自由连锁等类型。

直营连锁,是指连锁公司的门店均由公司总部全资或控股开设,在总部的直接领导下统一经营。总部对各门店的人、财、物及商流、物流、信息流等方面,实施统一管理。因此,直营连锁本质上是指处于同一流通阶段,经营同类商品和服务,并在同一个总部集权领导下,进行共同经营活动的零售企业集团。直营连锁的主要特点包括:所有权集中统一于总部,所有的直营连锁店归属于同一公司或同一经营资本;由总部集中领导、统一经营;实行统一的核算制度;各直营连锁店经理是雇员,而不是所有者;各直营连锁店实行标准化经营管理等。

自由连锁,是指由分属于不同资本的独立的零售商自愿组成的,实行共同进货、统一配送、共同促销等的契约型联合体。1997年原国内贸易部发布的《连锁店经营管理规范意见》将自由连锁定义为:"自由连锁公司的门店均为独立法人,各自的资产所有权关系不变,在总部指导下共同经营"。一般来说,自由连锁中各连锁公司的店铺均为独立法人,各自的资产所有权关系不变,各成员使用共同的店名,与总部订立有采购、促销、宣传等方面的合同,并按合同开展经营活动,各成员可自由退出。自由连锁的特点主要包括:各加盟店在保留单个资本所有权的基础上实行联合,总部同加盟店之间是协商、服务关系;总部行使加盟店委托的职能,尽最大的努力促进加盟店的繁荣与发展,同时向加盟店返还依靠规模经营所得的利益;总部同加盟店之间实行集中订货和统一送货,统一制定销售战略,统一使用物流及信息设施;各加盟店不仅独立核算、自负盈亏、人事自主,而且在经营品种、经营方式、经营策略上也有很大的自主权。

特许连锁(特许经营),特许连锁中的各个加盟店(被特许人)有共同的总部(特许人),并使用统一的经营模式、统一的企业形象,有的还统一采购、统一配送等,从而具备了"连锁"的特征。

二、特许经营的概念

特许经营,也叫特许加盟连锁经营,它是特许人与被特许人根据合同进行的商业活动。即总部与加盟店以合同的形式,由总部授予加盟店使用其商标、商号等企业特征,以及专利、专有技术、经营技巧等知识产权的权利,在总部的控制下经营。总部负有对加盟店提供经营指导和商品的责任,加盟店要向总部支付一定的费用。特许经营许可的是经营技巧、业务形式,大多数属知识产权范畴,不受时空的限制,发展快速。

特许经营作为营销方式,最早出现在美国,已经有100多年的历史。特许经营的主要优势是操作简便,成本较低,可以快速扩大营销规模,满足消费者对便利化、规范化服务的需要。因此,特许经营这种营销方式在许多国家,特别是发达国家被广泛采用,目前已经发展得比较成熟。特许经营在我国出现的时间并不长,只有十几年的历史,但发展速度很快。

对于特许经营的定义,虽然有多种不完全相同的表述,但其基本内涵和要素则是一致的。

国际统一私法协会(UNIDROIT)2002年颁布的《特许经营信息披露示范法》对特许经营的定义是:特许经营是指由一方(特许人)授权或要求另一方(被特许人)依照特许人指定的系统以自己的名义销售商品或提供服务,并获得直接或间接的财务回报。该系统包括专有技术和支持,基本的业务运作模式,包括特许人对被特许人严格的和持续的营业控制,并应实质上使用特许人指定的商标、服务商标、商号和标志等。

我国2007年5月1日实施的《商业特许经营管理条例》对商业特许经营的定义也作了明确规定:商业特许经营(简称特许经营),是指拥有注册商标、企业标志、专利、专有技术等经营资源的企业(特许人),以合同形式将其拥有的经营资源许可其他经营者(被特许人)使用,被特许人按照合同约定,在统一的经营模式下开展经营,并向特许人支付特许经营费用的经营活动。

从上述关于特许经营的定义可以看出,特许经营包括四个基本要素:

(1)特许人必须拥有注册商标、企业标志、专利、专有技术等经营资源,并通过合同形式许可被特许人使用上述经营资源。特许人如果不具备上述条件,特许经营也就无从谈起。因此,《商业特许经营管理条例》对特许人从事特许经营活动应当具备的条件,作了明确的规定。

(2)特许人和被特许人之间是一种合同关系。特许人和被特许人是相互独立的市场主体,双方通过订立特许经营合同,确定各自的权利和义务。《商业特许经营管理条例》明确规定特许人和被特许人应当采用书面形式订立特许经营合同,并对特许经营合同的内容,以及订立特许经营合同的有关要求,作了明确的规定。

(3)被特许人应当按照特许人的要求,在统一的经营模式下开展经营。特许经营是一种高度系统化、组织化的营销方式,统一的经营模式是其核心要求之一,也是保证服务的规范性、一致性,以及维护品牌形象的需要。这种统一的经营模式体现在各个方面,大到管理、促销、质量控制等,小到店铺的装潢设计,甚至标牌的设置等。

(4)被特许人应当向特许人支付相应的费用。特许人拥有的经营资源一般都经过了较长时间的开发、积累,具有较高的商业价值。被特许人经许可使用这些经营资源,也是为了开展经营活动,因此需要支付相应的费用。支付费用的种类、数额以及支付方式,由双方当事人在合同中约定。

三、特许经营与直营连锁、自由连锁的区别

从特许经营、直营连锁、自由连锁各自的定义和特许可以看出,特许经营与直营连锁和自由连锁有比较明显的区别。

1. 特许经营与直营连锁的区别

(1)产权关系不同。特许经营是独立主体之间的合同关系,各个特许加盟店的资本是相互独立的,与总部之间没有资产纽带。而直营连锁店都属于同一资本所有,各个连锁店由总部所有并直接运营、集中管理。这是特许经营与直营连锁最本质的区别。特许经营总部由于利用他人的资金迅速扩大产品的市场占有率,所需资金较少。相比之下,直营连锁的发展更易受到资金和人员的限制。

(2)法律关系不同。特许经营中特许人(总部)和被特许人(加盟店)之间的关系是合同关系,双方通过订立特许经营合同建立起关系,并通过合同明确各自的权利和义务。而直营连锁中总部与分店之间的关系,则由内部管理制度进行调整。

(3)管理模式不同。特许经营的核心是特许经营权的转让,特许人(总部)是转让方,被特许人(加盟店)是接受方,特许经营体系是通过特许者与被特许者签订特许经营合同形成的。各个加盟店的人事和财务关系相互独立,特许人无权进行干涉。而在直营连锁经营中,总部对各分店拥有所有权,对分店经营中的各项具体事务均有决定权,分店经理作为总部的一名雇员,完全按总部意志行事。

(4)涉及的经营领域不完全相同。直营连锁的范围一般限于商业和服务业,而特许经营的范围则宽广得多,除商业、零售业、服务业、餐饮业、制造业、高科技信息产业等领域外,在制造业也被广泛应用。

2. 特许经营与自由连锁的区别

特许经营与自由连锁的区别主要表现在以下方面：

(1)特许经营是总部和加盟店依照一对一的特许经营合同成立的,而自由连锁是加盟店按自发的意志、自愿共同结成的组织。

(2)特许经营的加盟店与总部之间存在纵向关系,各加盟店没有横向联系。自由连锁的加盟店之间,则存在横向联系。

(3)自由连锁是由加盟店集资组成,所以加盟店可以得到由总部利润中作为战略性投资的、持续性的利润返还。而特许经营中,没有这种总部对加盟店的利润返还机制。

(4)自由连锁成员店的经营自主权比特许经营加盟店多,相互联系更为松散。

(5)特许经营加盟店在合同期内不能自由退出,自由连锁店可以自由退出。

(6)自由连锁总部一般是非营利性机构,不收或仅收取少量的会费。特许经营中则有特许经营费用和保证金等。

(7)特许经营体系,通常依托于特许人开发的某些独特的产品、服务、经营方法、品牌、商誉或者专利之上,而自由连锁则没有这些特点。

第二节　特许经营与珠宝首饰营销

一、加盟珠宝首饰特许经营应考虑的问题

特许经营被誉为"21世纪最成功的商业模式"。总部与加盟者通过特许经营分担风险与利益,分享资金、经验与力量,共同构造各自事业道路,利益、名气共同维护。不可否认,特许经营无疑是双方发展事业最好的选择。就目前我国珠宝首饰市场的特许经营状况来看,珠宝首饰行业的大部分加盟总部,严格说来尚不成熟,人员配置及相关的操作流程、总部与加盟商之间的合作方式未尽规范,行业内外、总部与加盟商之间信息渠道不对称等一系列问题渐渐凸显。有道是"问题是存在的,但生意是不能不做的"。珠宝首饰特许经营,正处在快速发展期。

由于珠宝首饰行业不同于其他行业的特点,以及行业发展中自身存在的问题,加盟珠宝首饰品牌应具备以下条件。

1. 接受特许人的经营与管理理念

作为一个优秀的珠宝首饰品牌加盟总部,它的市场品牌效应、对该行业零售市场的熟悉了解、经营管理零售店的经验、市场零售策划营销经验等,是加盟商

所依赖的生存之本。只有加盟具备了以上条件的总部,加盟商才能在未来的加盟道路上走稳,在经营的同时规避风险、赚取利润。同时,选择了这样的加盟总部,由于其已经形成强大的经营管理体系、独特的品牌、服务和经营特色。因此,对加盟商也必然有诸多限制和要求,许多经营模式可能由不得加盟商自由发挥,又如统一的标价、促销活动、加盟商及店员培训、市场督导管理、经营合同违背的资金处罚等等。当然在加盟商加盟总部之前,此类细节问题应由总部预先向加盟商提出,使之接受以避免日后产生纠纷。

2. 评估自身财务状况,了解资金投入需求

投资一家珠宝首饰店,需准备一笔不小的资金,特许人收取的特许加盟费各不相同,加盟商可依自身财务状况,结合特许条件要求来进行选择。珠宝首饰店又可分为高档珠宝首饰品牌(贵金属镶嵌高档宝石、玉石)及流行首饰品牌(银饰品、水晶饰品、流行饰品等),由于经营产品不同,所需投资也有所不同。开设加盟店的投资,主要包括购买设备、装潢、人员工资等费用、房屋租押金、初期进货费用以及加盟金、保证金等。有些总部会在设备、投资方式、保证金等方面做适度的规划,以减轻加盟商的负担。因此,加盟商需多向各总部相关负责人咨询,了解总部在投入资金方面的需要,以确定自身财务是否合适。

3. 评估特许经营总部品牌知名度

知名度、美誉度高的品牌,或名牌商品,容易在消费者心目中建立良好的形象,获得消费者的信赖,吸引消费者的目光,加盟商应对拟加入的总部品牌进行必要的评估。加盟商在评估总部品牌时,应自行调查该珠宝首饰品牌在目标消费者心目中的知名度、美誉度如何?当地市场的容量有多大,并预测该品牌进驻当地后,是否为当地消费者所接受?寻找能够区分于当地市场的品牌加盟。从总部的产品类型、产品诉求、服务特色、整体形象、企业文化等来分析该品牌的各个方面,是否能为目标市场消费者所认可和接受。有些企业其加工、生产的经验及行业内信誉度的确无可挑剔,但并未进行前期品牌投入,也未在消费者市场建立一定的品牌知名度。往往只进行前期的部分策划,比如形象设计等方面。为了考虑快速回收成本,往往在建立一两家形象店之后就开放特许加盟,本身的品牌知名度就不高,新加入的加盟店就如同开一间全新品牌店。这样在加盟商的经营状况达不到期望值时,也容易产生纠纷。

因此,在选择特许加盟总部时,应先评估该总部品牌的知名度,不能盲目听信一面之辞。有些珠宝首饰企业做加盟,自己心里根本没底,单纯跟风,根本无心真正顾及加盟商的利益。因此,加盟商必须自己把好关,从总部整体素质及信誉度等各方面,对总部进行评估。

4. 对特许经营总部的评估

特许经营的核心，是将特许人的成功经验、经营管理理念进行快速复制。因此，总部就必须有足够的开店、设店及门店运营成功的经验，以便让加盟商分享。加盟商在审查总部相关说明时，必须有总部提供的足够的数据支持，比如总部的加盟流程规范、对合作者的经营要求、与其他加盟商合作的一些数据等。有条件的加盟商可多考察对方，并了解各珠宝首饰企业总部加盟操作情况、负责人相关情况。可向总部要一些合作者的联系方式，与具体合作者取得联系，并从中了解相关信息，包括合作情况、经营方式及利润状况等。特别要注意了解的是总部给予加盟商的支持与相关限制，结合加盟商自身的情况，分析合作前景。总部的功能，在于给各加盟商以强有力的支持。无论在商品、营销、现场操作，都能发挥其强大的力量。因此，总部是否有足够的人力及能力，就成为合作是否成功的重要依据。

加盟商考察总部时，总部负责加盟业务人员的多少、总体素质、负责人等都应列入考察范围；在和负责加盟人员交谈时，多提问题、多了解总部及相关事宜，以便掌握更详细的资料，使考察工作进行得更彻底。一般情况下，一家珠宝首饰总部在负责为加盟商服务、品牌策划方面的人员，应有 10 人左右。若是该品牌有加盟店 100 家，则应有 3 名以上的开店指导人员（此类人员是常年在外负责开店指导、现场督导、店主、店员的培训工作等）；5 名以上的策划人员，一方面负责总体的品牌策划，另一方面根据各加盟店经营需求策划当地营销等活动；另有业务拓展部，专门负责加盟店业务的拓展工作。此外，相关的配套人员还应有市场调研、信息调查、物流配送等。作为总部就是要让加盟商，在经营的同时少操心，定期地对加盟店进行技术、经营、操作等指导，并对整个市场动态信息掌握透彻，以便及时作出市场应对。

5. 总部制度规范是否有详细书面说明

特许经营之所以能成功，在于加盟店的连人、连心、连店、连制度。总部应有一套让整个连锁系统上下都遵循，能依照此制度自行运作的操作办法，以法治代替人治，才是特许经营是否成功的关键。总部加盟方面应具备基本作业标准，加盟商签约之前必须先行了解以下方面：①营业管理系统及执法办法；②加盟店的支持系统，包括人力、财力、物力的支持；③钱财收银的管理办法；④顾客组织及管理办法；⑤订单流程管理系统；⑥持续且分阶段的教育训练。

从加盟商和总部签了意向协议书后，加盟商应该在什么时间做什么样的工作，总部都应该有一个非常详细的解释和说明，而且一切都必须书面化。这样能够帮助加盟商，在进入一个陌生的领域里去开拓事业的时候，解决很多前期运作中的困难。此外，珠宝首饰品牌的可发展性及总部长期经营的稳定性，甚至于该总部的内部管理模式、管理者性格等因素，都是加盟商需考虑的。

二、珠宝首饰企业如何拓展特许经营业务

当前，我国的珠宝首饰行业正处于"群雄逐鹿，诸侯割据"的状态，要快速提升市场份额，在传统的主导经营模式下，特许经营无疑是一道"快餐"。相比其他行业，珠宝首饰行业的特许经营，尚有待不断地规范，但综观成功者有之，失败者也不少。究其原因，重要的还是企业没有真正理解，特许经营的核心点和业务操作的关键。

珠宝首饰行业的特许经营应该怎样做，珠宝首饰特许经营如何拓展业务，这需要企业管理人员，要具有成熟的系统思维技巧和很强的掌控业务关键点的能力。特许经营的实质，就是特许经营总部利用社会资源对市场进行快速覆盖，以达到提升市场占有率，提升销售量的目的。因此，还要充分考虑风险互担（如特许人有品牌受损的影响，加盟商有金钱、时间、机会错失的影响）和利益共享等问题。珠宝首饰企业如何拓展特许经营业务，应考虑以下方面的问题：

1. 统一认识制定切实可行的战略

很多企业原是从零售或批发起家，对特许经营业务缺乏认识，做起实际工作时，投入程度将会大打折扣。因此，企业应进行大力的宣传和教育，统一员工思想，上下一心，统一认识。有些珠宝首饰企业，在策划特许经营业务时，没有明确的战略目标和市场营销计划，或是用战略计划代替市场营销计划，随意地进行特许经营的业务拓展，在没充分考虑自身的情况，就作出特许经营的决定，就不可能取得很好的效果。因此，开展特许经营必须认真做好市场调查，分析珠宝首饰行业特点，根据自身品牌的影响力、待开拓市场的难易程度、市场的饱和度等，确定拓展的难易系数，从而制定出拓展总体目标计划。

2. 建立一支从事特许经营的专业队伍

建立一支从事特许经营，能征善战的专业队伍，是完成战略目标的最根本保证。而有些珠宝首饰企业，对这项工作尚未提到应有的高度，只是临阵点将，或将在直营管理工作中表现出色的员工，直接转为从事特许经营业务拓展的工作，而没考虑其中工作性质的差异性。没有一支专业的队伍，要很好地完成专业性很强的工作任务，其困难是非常大的。因此，在拓展特许经营业务时，必须建立一支专业队伍，确定特许经营业务的管理组织架构，招聘、选拔经验丰富的具有全局观念的管理人员，对特许经营业务进行统一管理，并加强对业务人员的专业培训。

3. 建立特许经营的规章制度

建立特许经营的规章制度,完善特许经营业务拓展的政策是成功的基础。在开展特许经营业务工作前,首先要制定各项规章制度,完善各项特许经营的政策,并在工作中根据实际情况变化作适时的调整。完善的特许经营政策,包括特许经营业务拓展操作规范、特许经营手册、特许经营业务拓展激励方案、特许经营业务管理办法等。

4. 建立适合自身特点的市场推广营销模式

目前,业界常用的特许经营业务市场推广营销模式,主要有展会营销、会议营销、关系营销、陌生拜访营销等,但针对不同的加盟商,采取的形式应有所不同,同时要充分考虑企业品牌的影响力和目标市场的差异性对营销模式的影响,建立起符合自身特点的推广营销模式。

珠宝首饰行业的特许经营业务,由于其行业的特殊性,相比其他行业还有很多需尽快规范的地方,还需要业界集思广益,共同探讨,吸取其他行业的成功经验,以推动珠宝首饰行业特许经营业务的进一步发展。

第三节 中国珠宝首饰营销的特许经营

一、中国珠宝首饰营销特许经营存在的问题

1. 市场不规范,法规尚不健全

特许经营属于商业技术的转让与使用,应有专门的行业性法律法规,规范特许经营合同及行为。由于我国的特许经营开始的时间不长,还没有形成完善的特许经营的法规,总部将特许经营有关的知识产权,包括商誉、版权、商号名称和专门技术授予被特许人时,只能间接接受《合同法》《知识产权法》的监督。由于特许经营的专门法律尚未出台,特许双方发生的一些纠纷,得不到合理解决,加上地方保护主义倾向,使一些特许企业或加盟店在异地处理纠纷时,利益得不到有效保护,进而影响到企业的跨地区扩张和潜在加盟商的投资计划。有些被特许人由于遵守契约的意识淡薄,单方毁约、侵权、泄露商业秘密等情况,在目前的情况下时有发生。使得特许方在拓展特许经营业务时顾虑重重,虽然特许经营双方签订了相关的合同,但一旦被特许人学到了特许方的经营技巧,便在利益的驱使下,脱离特许方的控制,或自立门户完全不受特许方的控制,这是目前中国珠宝首饰特许经营面临的最大障碍。

2. 对特许经营本质的认识存在误差

特许经营的双方是一种基于契约的合作关系，特许人和被特许人按照契约规定，各自享有相应的权利，承担相应的义务。只有通过双方的真诚合作，共同努力，才能共享特许经营所带来的利益。目前，很多特许人对特许的实质缺乏深刻的认识，片面地以为只要做到统一店名、统一服饰、统一店铺陈列、统一广告宣传，就是实现了特许经营。盲目追求网点数目的扩张，而不愿或无力在客户服务、管理模式上，给予被特许人以必要的指导和监督。而一些被特许人，对特许经营缺乏清醒的认识，盲目性强、投机心理重，要么浅尝则止，一遇困难就退缩；要么一有成绩，就脱离特许人，缺乏合作精神。

3. 资金短缺，硬件设施不足

珠宝首饰企业大多数为中小企业，本身资金有限，融资能力不强，从事特许经营的珠宝首饰企业，先期需要投入较大的资金，用于网点建设、配送中心建设、店铺装修、物质设备的采购等。而大多数的珠宝首饰企业自有资金十分有限，大量的资金投入又带来了沉重的债务负担，使得大多数特许经营企业，一起步便背上了沉重的债务负担。而商业自动化程度的高低，是商业现代化的一个重要标志。而综观我国的首饰企业，商业自动化程度普遍较低，这严重地影响了总部对加盟店的业务指导和管理。

4. 特许经营者本身还没有形成强势品牌

作为特许人，必须形成有鲜明特色和特点的商品和服务，以及全套成功的商业运营模式。加盟关系一旦形成，特许人便是被特许人的靠山和后盾，商品的销售、经营管理技术、广告宣传等方面，都要靠总部支撑和帮助，这不仅要求特许人有充裕的资金和人力，更要求总部具备维系整个特许经营系统的组织管理能力。而综观我国珠宝首饰业内大多数特许经营企业，存在着经营地域分散、商圈狭小、服务功能弱、市场定位趋同等问题，普遍缺乏鲜明的经营管理特色和独特的营运模式，品牌影响和广告支持能力相对较弱。

特许经营虽然能促进珠宝首饰行业的发展，但它同世界上其他事物一样，有利也有弊。由于特许经营公司与各加盟店，在经济上是各自独立的，相互之间是一种互利合作关系，总店并不能对其授权的加盟店发号施令，要维护公司的经营特色和整体形象，仅仅靠的是一纸合同和其提供的服务，这在管理上增加了难度，稍有不慎就会使整个公司的形象受损，甚至造成整个经营网络全线崩溃。

二、中国珠宝首饰营销特许经营的对策

1. 加强特许经营的诚信、道德建设

特许人与被特许人之间,是一种战略联盟伙伴关系,战略联盟成功的法则是共同创造新价值,共同获取"净竞争优势利润"。战略联盟的本质是资源互补、互惠互利。特许联盟伙伴关系,超越一般的商业交易关系,给对方以更多的信赖,进而产生更多的共同利益。因而特许联盟伙伴关系比传统的买卖关系,可以在更大范围和更大程度上实现信息共享,如双方共同分享商业计划、机密成本、技术专利等。因此,诚信、道德建设是特许经营成功与否的关键。只有长期精诚合作,严守诚信道德,才能避免将特许合作联盟,当作一次性交易的机会主义行为,从而在长久合作的价值分享基础上,创造新的价值,培育持续发展的能力和企业竞争的优势。

2. 建立健全特许经营的法规制度

特许经营在一个国家或地区的推广,甚至跨国经营都离不开良好的法制环境,建立健全特许经营的相关法规制度,是维护特许经营双方合法权益、有序发展特许经营的有力保障。综观国内外特许经营成功的案例,根本的原因就在于其规范的操作,有一个高质量的特许经营手册和可操作的运营手册,使全世界各地的店铺,都能较好地保持一致的形象与风格。在特许经营比较成熟的欧美等地,特许人在开始特许前,通常要开几家直营店并成功运营,这有两个目的:一方面,这些直营店会作为样板店供加盟者参观;另一方面,把从中积累的经验教训总结出来,这个将运营经验知识化的过程是非常重要的,会形成几本,甚至几十本运营手册,成为加盟者日后运作的规范,这也是特许人的核心机密。

3. 强化总部职能,加强规范化运作

特许经营总部是特许经营的组织核心,总部职能的功用,事关加盟店的正常营运和发展。目前,我国虽然出现了一批有一定影响力的特许品牌。但从总体上看,特许总部规模较小,控制力不强。明确加盟总部管理职能,如经营方针和规划的制定,人事培训、采购配送、保管促销、财务管理、法律事务、房地产管理、店铺选择设计、商品配置陈列等工作的规划、服务和调控等,使各层次、各环节、各部门的营运目标、操作步骤协调统一,保证管理机制运作畅通。规范化运作,是发挥系统整体功能,加强总部控制力,提高规模效益的基本保证。对于特许经营双方来说,总部与加盟店应是互相支持的利益共同体,成熟的珠宝首饰特许经营企业,一定要有"双赢"互利的观点。特许经营总部最易犯的错误是,只重视收取品牌授权金和定期授权金,而忽视了对其加盟店的服务、指导和监督,这或许

就是一些珠宝首饰特许经营失败的根本原因所在。如果特许经营公司授权的加盟店不能获利,这种特许经营关系是不可能长久维持下去的,特许经营网络的发展和扩大也就无从谈起,特许经营总部不能为了吸引加盟者的加盟,而做出无原则的许诺,也不能签订只对自己有利的合同,必须时刻牢记特许经营的"双赢"战略。

4. 对加盟伙伴进行严格的挑选

国际知名的特许经营企业,对加盟者的选择上有苛刻的条件。由于特许经营企业,更看重的是企业形象。因此,对加盟者的要求非常严格。运作成熟规范的特许方,往往花很多的时间和精力来挑选加盟伙伴,以加大日后成功的概率,把尽可能多的风险挡在门外,对欲加盟者进行严格的审核,合格后才允许进入特许经营体系。选择加盟者时,不但要考虑加盟者的资金实力等硬性指标,还要注重加盟者的软性条件,包括加盟意图、行业经验、双方企业文化的相容性,乃至加盟者的个人素质、人品等,这些软性因素"往往决定了特许经营的成败"。其实,这也是特许双方实力的博弈,那些有强大品牌和实力的特许人,往往有较大的选择余地。反观国内珠宝首饰企业的特许经营,就显得有些草率,对加盟者来者不拒,多多益善,这种忽视选择加盟者的特许经营,到头来损害的是特许人的品牌和被特许人的利益,对双方都是不利的。因此,特许人在进行特许经营时,要谨慎选择加盟者,真正实现"双赢"。

5. 建立完善的特许经营体系

特许经营不是一种业态,它是一种商业组织形式,其经营管理必须实现"4S",即标准化(Standardization)、专业化(Specialization)、独特化(Speciality)和简单化(Simplification)。其网络运营体系的构建,就包括网络组织梳理和运营管理标准的研究。从这个意义上讲,特许方从特许之初就应注重特许经营体系的建立,制订详细的特许经营战略规划。特许经营总部,除了要严格按合同,为其授权的加盟店提供货真价实的产品和服务外,还应根据各加盟店的不同情况,在充分进行调查分析的基础上,为其提供特殊的服务和指导。由于各地的经济水平和文化的差异,决定了各地消费者对珠宝首饰的品质、款式、价格需求的差异性,总部应为这些店提供适销对路的产品和服务。总部应在规划的基础上,抽出足够的人力,随时对各加盟店进行监督与指导,要求各加盟店按总部规定的标准严格执行,监督的目的就是要发现存在的问题,并及时加以改善,使各加盟店的风格和服务得以持续提升。如一家加盟店出了问题,往往会危及到整个企业的形象,将会带来灾难性的后果。

特许经营方式能够迅速壮大特许企业的经济实力,且大大降低了珠宝首饰业的入行门槛,有利于珠宝首饰业的整体发展,特许经营方式不失为珠宝首饰企业连锁发展的一个选择。但特许经营方式由于其自身的特点,并非适合于每个珠宝首饰企业,如果特许企业经营的珠宝首饰产品本身没有特色,没有准确的市场定位,没有与其他珠宝首饰企业形成差异化经营的优势,没有强势的品牌效应,还是需仔细斟酌、慎重决策。

小　结

特许经营是特许人与被特许人,根据合同进行的商业活动。即总部与加盟店以合同的形式,由总部授予加盟店使用其商标、商号等企业特征,以及专利、专有技术、经营技巧等知识产权的权利,在总部的控制下经营。总部负有对加盟店提供经营指导和商品的责任,加盟店要向总部支付一定的费用。

特许经营被誉为"21世纪最成功的商业模式"。总部与加盟者通过特许经营分担风险与利益,分享资金、经验与力量,共同构造各自事业道路,利益、名气共同维护。不可否认,特许经营无疑是双方发展事业最好的选择。从被特许人的角度来看,开展珠宝首饰特许经营应思考五个方面的问题。从特许人的角度来看,拓展特许经营业务需要注意四个方面的问题。

中国珠宝首饰行业开展特许经营的时间不是很长,存在着诸如市场不规范、法规不健全等问题,针对存在的问题提出了相应的对策。

第十三章　珠宝首饰店铺营销

珠宝首饰消费者的购买行为,都是发生在珠宝首饰店铺(如金店、银楼、金号、珠宝首饰专卖店、大型百货商场的珠宝首饰专柜)等购物环境中。珠宝首饰消费者对珠宝首饰的选择过程,产生购买行为的决策过程,以及珠宝首饰店铺营业员对消费者的推销和劝导过程,都是发生在购物环境中的。因此,购物环境中存在的各种因素,对消费者的购买行为,都会产生或多或少的影响。有些因素可以对消费者的购买行为起促进的作用,有些因素则会对消费者的购买行为起消极的作用,有些因素则会影响消费者对珠宝首饰产品的认知过程,有些因素则会影响消费者对珠宝首饰产品的情感过程,有些因素会影响消费者对珠宝首饰产品的决策过程和购买后的评价过程。

对于珠宝首饰零售企业的促销工作是否有效,衡量的主要标准,就是看消费者在购物环境中的行为结果,消费者只要产生了购买行为,珠宝首饰产品经过购物环境这一中介,从珠宝首饰产品的生产者,转移到珠宝首饰消费者手中。珠宝首饰产品生产企业必须通过这一过程,来实现企业的利润。

珠宝首饰店铺是珠宝首饰零售的主要场所,是珠宝首饰生产企业实现利润的主要中间环节。因此,在销售珠宝首饰产品的购物环境中,应尽可能地增强能促进购买行为的因素,削弱或消除有碍购买行为的因素。下面我们就着重分析,珠宝首饰产品购物环境中,影响消费者购买心理和购买行为的因素。

第一节　珠宝首饰店铺环境与营销

珠宝首饰店铺环境与营销有着十分密切的关系,珠宝首饰店铺的经营规模有大有小。从经营场地来看,小的店铺营业面积一般几十平方米,中等规模的店铺营业面积一般在几百平方米,较大规模的店铺营业面积达几千平方米。由于珠宝首饰产品不同于一般的商品,因此,无论经营规模大小,其内外环境都需体现出与珠宝首饰相匹配的高贵、典雅的韵味。那种粗俗简陋的装饰,只会使消费者丧失购买的信心。具体的购物环境布局,可以分为外部环境和内部环境两部分。外部环境包括店铺的选址、店铺的门面装饰、店铺的周围环境等因素;内部环境包括店铺的内部装饰、柜台,以及商品的陈列方式、灯光的布置、橱窗的设计、POP 广告的摆放和张贴等因素。

珠宝首饰消费者进入一家珠宝首饰店铺后,便对其内部环境进行观察,由于珠宝首饰产品自身的特点,在营销过程中促销工作特别重要。因此,珠宝首饰店铺的内部装饰,是消费者评判该店铺的第一印象。如果一家经营珠宝首饰的店铺,内部环境经过精心的设计和装饰与另一家同为经营珠宝首饰的店铺,内部环境装饰粗俗简陋相比,前者促使消费者产生购买行为的可能性比后者要大。在对店铺内部环境观察后,消费者往往更注意能吸引他们兴趣的事物,需要购买珠宝首饰的消费者,开始寻找他们所需购买的首饰类型和款式的柜台,找到柜台后,开始选择所需款式的珠宝首饰,并同时与营业员接触,珠宝首饰消费者的购买行为即已开始。

一、店铺外部环境与营销

珠宝首饰店铺的外部环境,也就是珠宝首饰营销过程中的"硬件"部分,其外部环境的好坏,对营销的成败有着举足轻重的作用。

1. 珠宝首饰店铺的地理位置与营销

珠宝首饰店铺所处的地理位置,与营销有着十分密切的关系,最明显的是地理位置的优劣,直接影响着客流量的大小。因此,许多珠宝商纷纷在一些城市的中心地带和繁华路段开设珠宝首饰店铺,这不仅可以增加店铺的客流量,更重要的是,闹市中心和繁华路段的店铺,可以突出珠宝首饰的高贵形象,迎合珠宝首饰在消费者心目中的地位,从而增加店铺的信誉度。如北京的王府井、西单,上海的南京路、四川路,天津的和平路、滨江道,深圳的东门、华强北路,广州的上下九、北京路等,以吸引更多的客流入店参观选购。对于珠宝首饰店铺营销来说,商家必须重视店铺地理位置的选择,店址因根据地形条件,选择能见度高的地点设店,尽量临街而设,有可能的话尽量选择在二面或三面临街的路口,提高能见度。同时周边的交通通信条件的便利程度,对消费者来店购物的流向、频率及客流的密度,都有着十分重要的影响。

2. 珠宝首饰店铺的门面装饰与营销

门面的装饰(也就是招牌)是用以识别商店、招徕生意的牌号,它可以加强消费者对该商店的印象,同时也可起到广告的作用。店铺外部的正面,一定要充满吸引力,正面的橱窗应展示店内最独特、最具代表性的商品。店门一定要宽大,并具有诱人进入的效果,而建筑的趣味性,要诱使消费者能够满怀兴趣地一直走到店铺的末端。对于具有高度概括力和强烈吸引力的招牌,对消费者的视觉刺

激和心理,都会产生重大的影响。好的招牌可以起到以下的作用:

(1)引起消费者的注意与兴趣。一些形式新颖独特的富有艺术性与形象性,并具有文化素养的招牌,能迅速地抓住消费者的视觉,给人以美的享受,诱发其浓厚的兴趣与丰富的想象。例如,采用灯箱、霓虹灯等立体化形式的招牌,可以使用不同的色彩,造成不同的运动形式,闪烁的霓虹灯常让人百看不厌,过目不忘;采用铝合金、有机玻璃等材料制作的造型美观、醒目的大型招牌,也会引起消费者极大的注意和兴趣,促使其走进店铺浏览、参观或购买。

(2)利于记忆易于传播。一些设计独特、易读易记的招牌,可以给消费者留下深刻的印象,在消费者中广为流传,起到商业广告的传播作用。

3. 珠宝首饰店铺的周围环境与营销

珠宝首饰店铺的周围环境,可以影响消费者对该店铺的辨认,也可能影响消费者购物的方便程度。珠宝首饰店铺具有其他类型商店的共性,如果销售珠宝首饰的商店相对集中,它们可以相互影响、相互作用,形成气候,产生一种规模效应(也称为马太效应),对珠宝首饰的营销将会起到一定的促进作用。如有些城市出现的珠宝街、珠宝城、珠宝首饰交易中心等,就是考虑了这方面的规模效应。

二、店铺内部环境与营销

理想的店铺,应该尽可能地为消费者提供方便购物的条件,使消费者在这个环境中,得到最大程度的满意,并且能使消费者购物后,得到满意的购物体会,并能把这种良好的体验,传达给其他的消费者,把店铺良好的企业形象和提供的优质服务,通过口碑传播出去。对于珠宝首饰店铺来说,要达到这样的效果,内部设施的布置、营业员的服务质量、店铺提供的服务等,都必须是高质量的,只有这样才能吸引消费者,并给他们留下良好的购物印象。

珠宝首饰店铺,应是经营者或经营品牌风格的生动体现,是产品或经营理念的表达。珠宝首饰店铺的内部装饰,包括柜台的布置、墙壁、地板、天花板的设计,以及内部照明灯光、声响、气味、温度和湿度的调节与控制等内容。精致入微的品牌与店铺设计,是零售成败的关键之举,对珠宝首饰经营者来说尤其如此。珠宝首饰的购买,是以情感因素的驱动为基础的。因此,对珠宝首饰店铺进行内部设计时,必须时刻牢记这一点。良好的内部装饰,对促进消费者的购买行为和提高经营效率是非常明显的。一方面,它对消费者的感觉器官有较强的刺激力,使他(她)们在观赏和选购珠宝首饰产品的过程中,感到典雅、舒适、和谐,始终保持兴致勃勃的情绪,从而促进购买行为;另一方面,它也能使营业员的精神饱满、情绪高涨、服务热情,从而提高工作效率和服务质量。

1. 柜台布置的基本要求

柜台布置的基本要求主要包括以下方面：①方便消费者的浏览和选购；②便于货品的陈列；③与整体购物环境相协调；④方便消费者的行动；⑤便于营业员拿取货品；⑥能有效地利用营业空间增加展示所销商品的机会。柜台的布置与摆放，还会影响到顾客流动的空间与走向，空间太小则会产生拥挤感；空间太大则会产生空旷或冷落感。

柜台的摆放形式很多，常见的可分为：

(1)基本式。这是一种最常见的柜台摆放形式。这种方式入口设在店铺的中间，柜台沿店铺三面墙壁顺势摆放，中间可按需要再摆放独立的展示柜。适用于格局方正而略长的店铺。

(2)两侧式。柜台沿纵深方向排列于店铺两侧。适用于具有一定门面宽度及纵深空间的店铺。

(3)单面式。柜台顺店面的长方向一字排开。适用于店面宽但纵深不足的店铺。

(4)环绕式。柜台沿墙四周呈环绕式摆放，形成流畅的动感。适用于近方形的店铺。

一般来说，柜台的类型有卧式与立式两种，卧式柜台通常用于陈列一般的珠宝首饰，而立式柜台通常将一些名贵的珠宝首饰单独展示，以引起消费者的特别注意。柜台的布置，应该从便利消费者选购的"营销式"发展为"展销式"，珠宝首饰应该像贵重工艺品一样展出，供人参观、欣赏和购买，不论购买与否，都是一种享受。此外，传统的直线条式的柜台已显得呆板，一些珠宝首饰店铺，已经在追求各种艺术性、观赏性相匹配的柜台，巧妙的艺术装饰可以与珠宝首饰的艺术造型交相辉映，无声地感染着消费者，唤起消费者的注意与兴趣，引发消费者的购买动机。

此外，柜台内衬底色调的选择，也是非常重要的，这不仅因为不同的色调会给人以冷暖、华贵、平静、深远等不同的感觉，更重要的是，它能使所陈列的不同的珠宝首饰增色和减色，使消费者产生不同的颜色联想。例如，陈列钻石应该用黑色的衬底，因为钻石的颜色分级标准，是颜色越白越好，且钻石常镶在白色的铂金或K白金托架上，黑白二色反差大，即使钻石本身色级差一些，对比强烈的视觉效果，也会使其显得更白。又如，陈列红宝石等红色宝石首饰的衬底应该用橙色的衬底，因为橙色与红色相近，它既能使消费者看清红宝石或其他红色宝石的本色，又能产生使红宝石或其他红色宝石增色的效果。

2. 店铺颜色的调配

不同的色彩可以引起人们不同的联想，产生不同的心理感受。一般来说，蓝色是智慧、安静的象征,能给人寒冷、冷淡的感觉;紫色是高贵、威严的象征,能给人以神秘的感觉;红色是热情、喜庆的象征,能给人以焦躁、危险的感觉;绿色是青春、生命的象征,能给人以恬静、新鲜的感觉;白色是纯真、洁净的象征,能给人以神圣、恐怖的感觉;黑色是严肃、悲哀的象征,能给人以文雅、庄重的感觉等。此外,各种颜色的不同混合或在不同光源照射下,产生的色彩效应,也能给人以不同的心理感觉。例如,玫瑰色给人以华贵、高雅的感觉;嫩绿色给人以恬静、柔和、明快的感觉;桔黄色给人以兴奋、庄严的感觉。颜色光波的长短,可以产生不同的色彩,对人的视神经的刺激程度不同,可以直接影响消费者的心理活动,并由此引起消费者的情绪变化。例如,红色刺激较强,会促使人的心理活动趋向活跃,激发情绪高涨;蓝色刺激较弱,会促使人的心理活动趋向平静,控制情绪发展,使人安宁。颜色调配过分艳丽,会使人产生不安全的感觉,情绪烦躁;颜色调配过分素淡,会使人产生疲乏的感觉,情绪低落。

因此,商店内部装饰颜色调配是否得当、宜人,对消费者的购买活动与营业员在销售工作中的情绪调节,具有很大的现实意义。颜色调配得当,可以促进消费者的购买欲望,起到事半功倍的效果,反之则事倍功半、劳命伤财。

3. 珠宝首饰店铺的内部照明

珠宝首饰店铺的内部照明,可分为基本照明和特殊照明两类。

基本照明是为了保证消费者能清楚地观看、辨认珠宝首饰产品,而设置的照明系统,一般布置在店铺的顶部(天花板)上,以白色灯光为主。基本照明除了给消费者提供辨认商品照明之外,基本照明的不同灯光强度,也能影响人们的购物气氛。一般来说,在店铺最里面配置光度最大,前面和侧面光度次之,中部光度最小。基本照明度的这种比例配置,不仅可以增加店铺空间的有效利用,使店铺富有朝气,还可以使消费者的视线,本能地移向明亮的里面,吸引消费者从外到内把店铺走遍,并始终保持较大的选购兴趣。

特殊照明是为了增加珠宝首饰柜台的光度所配置的,对于珠宝首饰店铺来说,特殊照明是非常重要的,通常使用柜台内的LED灯和柜台上方的吊灯等照明设备定向照射。灯光的方向,应该尽量使消费者看到珠宝首饰表面的反射光,因为,无论是不透明宝石的表面反射光,或是具有特殊光学效应(星光效应、猫眼效应、月光效应)宝石的表面反射光,还是透明宝石的全内反射光(如钻石的火彩等),都是由反射光形成的。配置这样的照明系统,不仅有助于消费者观看欣赏、选择比较,还可以显示出珠宝首饰产品的珠光宝气,再加上珠宝首饰本身所特有的光泽,起到交相辉映的作用,给消费者以高贵、稀有的心理感觉。在特殊照明的设计中,应充分考虑珠宝首饰本身的特殊性。因为,大多数宝石都是有颜色的,应避免使用有色灯光照射宝石,以免使宝石本体颜色发生变化,同时也应避免对消费者观察的方向,造成刺眼的效果,从而影响到消费者的欣赏、选择与购买。

此外,在特殊照明系统的布置中,还应注意柜台灯光的颜色,例如,黄金首饰柜台通常不用日光灯而用白炽灯,因为日光灯的白光会减弱黄金首饰的黄色调,而白炽灯的黄光恰好会使其增色。又如,钻石首饰柜台和铂金首饰柜台,通常选用日光灯而不选用白炽灯,因为日光灯的白光会使钻石首饰和铂金首饰显得更白,而白炽灯却会使其显示出黄色色调来。再如,翡翠柜台也常用日光灯照明,因为在日光灯照射下的翡翠饰品,会显得更加水灵。总之,适当色调的光源,更能突出珠宝首饰的特点,使所售饰品与环境更加相得益彰。

综上所述,设计适当的照明系统,对珠宝首饰店铺来说,是展示店容、树立店铺形象、宣传店铺、招徕顾客、方便选购的不可缺少的手段。对于品牌经营者来说,店铺的环境设计,也是对品牌的一种宣传,品牌经营中的审美意识,恰恰反映了品牌所有者对自身的看法,也说明他们希望消费者如何理解看待他们的品牌。因此,珠宝首饰店铺内的设计,并不意味着追求使用时尚的花色与材料,店铺设计应该准确地反映一个品牌的综合特征。

第二节 珠宝首饰店铺的橱窗设计

珠宝首饰店铺的橱窗,是以珠宝首饰产品为主体,通过布置道具和装饰画面的背景衬托,并配合灯光、色彩和文字说明,进行珠宝首饰产品的宣传和介绍的综合性艺术形式。对于珠宝首饰的店铺营销,具有极其重要的意义与作用。

在现代商业营销过程中,橱窗设计既是一种重要的广告形式,也是装饰店面的重要手段。一个构思新颖、主题鲜明、风格独特、手法脱俗、装饰美观、色调和谐的店铺橱窗,能够形象概括地向消费者推荐介绍商品,起到指导消费、促进销售的作用。

橱窗是商品面对消费者,最直接、最先让人看到的地方,橱窗效果的好坏,全凭人走过它的一瞬间,能否吸引消费者停留驻足,这种直观的效果,远比其他媒体更实际、更有效。好的橱窗设计,可以激发消费者的购买兴趣,促进消费者的购买欲望,增强消费者的购买信心。根据 De Beers 公司进行的调查结果显示,百分之八十成功售出的钻戒,都是消费者直接从橱窗中挑选出来的,这足以证明橱窗设计的促销作用。

橱窗的设计必须有新的创意,尤其是珠宝首饰橱窗,因为许多逛珠宝首饰店铺的顾客,有时并没有预算购物。但设计出色的橱窗,往往能使消费者与货品互相接触，令消费者对货品产生好感，直接刺激消费者的购买欲望。

一、橱窗设计的基本方法

随着商品生产和科学技术的发展，商品橱窗反映的内容、表现形式、艺术手法、制作材料、制作工艺等方面，都有了很大的发展。尤其在表现形式和艺术手法上，不断推陈出新，使橱窗设计呈现百花争艳的局面。橱窗设计的方法，可以说是不胜枚举。但是，店铺橱窗是一种天天与消费者见面的街头艺术，要获得成功的整体效果，不管采用什么样的设计方法，都必须注意适合消费者的心理，迎合消费者的各种心理需求，以赢得消费者的喜爱，激发消费者的购买欲望，促进消费者的购买信心。为了充分发挥商店橱窗，对消费者的心理影响功能，在橱窗设计中通常可以采用以下方法：

1. 充分显示商品，突出商品，以适应消费者的选购心理

在店铺的橱窗内，陈列的商品是消费者最关心的视觉对象。大多数消费者观看橱窗的目的，是为了观赏、了解和评价橱窗内陈列的商品，为选购商品收集有关资料，以便易于做出购买决定。因此，在橱窗设计中要充分显示商品，突出商品，尽可能地把商品的优良品质或个性特征，清晰地呈现在消费者面前。

2. 塑造优美的整体橱窗形象，给消费者以艺术享受

在橱窗的设计中，商品是第一位的，但随意的堆砌罗列，是难以吸引消费者的。因此，橱窗设计必须认真研究橱窗整体的形象，运用各方面的艺术构思，多种艺术处理手段，以一定的艺术形式，确切地表达出商品的优良品质，提升商品的外观形象，使消费者能从橱窗中得到美的享受，较好地满足其审美需要。

3. 利用景物的间接渲染，满足消费者的感情需要

橱窗设计要强烈地吸引消费者，帮助消费者对橱窗主体的感受，留下较深的印象。需用以景抒情的艺术手法去体现主题，对陈列内容进行间接的描绘和渲染，使橱窗陈列独具特色，使观赏者从寓意含蓄的艺术构思中，联想到美好愉快的意境，满足感情上的需要。

二、珠宝首饰店铺橱窗设计的构思

珠宝首饰店铺橱窗设计的主要目的，是要把店铺中销售的珠宝首饰产品，醒目地展示在广大消费者面前，以激发消费者的购买欲望，运用视觉艺术的技巧，来达到销售珠宝首饰产品的目的。因此，在构思珠宝首饰店橱窗设计时，应着重考虑以下因素：

1. 陈列品的选择

陈列品的选择,必须与橱窗设计的主题相吻合,同时还必须考虑展示的陈列品的数量及体积的大小。如果是钻石首饰专卖店,则应以钻石为主,突出钻石首饰的特点;如果是翡翠首饰专卖店,则应以翡翠首饰为主。总的原则是根据店铺销售的需要,突出各种不同类型珠宝首饰的特点,以及它们的组合特征。

2. 可供运用的空间

设计珠宝首饰店铺橱窗时,必须充分考虑橱窗空间的大小及位置,在有限的空间内,利用巧妙的构思和精心的设计,辅之以色彩的搭配,装饰物的摆设和灯光的使用,使有限的橱窗空间,尽展珠宝首饰的高贵与典雅,使消费者驻足停留,充分发挥其街头广告的作用。

3. 橱窗设计的创新意识

橱窗设计是否新颖突出,与设计者的构思有着极为密切的关系。而橱窗设计的优劣,与店铺的形象与销售又有着紧密的联系。因此,珠宝首饰店铺的橱窗设计,一直是世界上许多著名珠宝首饰品牌,非常重视的事情。例如,位于美国纽约第五大道最繁华路段著名的蒂芙尼珠宝公司,大门外两侧墙壁的面积,足足各有12个大宽银幕那么大,而它的橱窗却仅仅只有一个手提公文箱那么小,里面只摆放了一件首饰。无疑,墙壁与橱窗颜色的对比、情调、比例及格局,都是经过艺术家精心设计制作的,一种神秘之感油然而生,引起众多的过往行人都要驻足探秘。

三、珠宝首饰店铺橱窗的装饰

要创造出理想的视觉效果,发挥吸引及影响消费者购买欲望的作用,必须对橱窗进行装饰。通常,可以从以下几个方面加以考虑。

1. 构图

橱窗的构图,要均衡和谐、层次分明、排列新奇、疏密有致,形成一个统一的整体。一般应遵循均衡、统一而又不单调的原则。

均衡是指橱窗设计中,各个部分所占的比例适当,使橱窗看起来美观和谐。采用的方法有对称均衡和不对称均衡,不论采用何种设计方法,橱窗的主体构图,即反映的主题,必须集中在所选择设计的轴心上。

统一而又不单调,指的是橱窗设计的主题与陈列品之间和谐的关系。运用主次对比、大小对比、远近对比等艺术手法,使构图能把各种物象有机地相互联系起来,显得稳定而不呆板,和谐而不单调,变化而不紊乱,给消费者鲜明又和谐的视觉印象。做到在橱窗的平面布局上,处理好商品的穿插组合、前后关系;在橱窗的主体布局上,处理好商品的远近排列、空间均衡;在橱窗的整体布局上,力求层次清楚、重点突出,在变化与统一的协调中,保持橱窗构图的整体性,从而使构图疏密对比、虚实相生,取得较好的透视效果,给消费者以深远舒展、轻松活泼的感受。

2. 颜色

前面我们已经讨论过有关颜色对人的心理感觉产生的影响,在珠宝首饰店铺的橱窗设计中,同样也存在着颜色的调配问题,其中最明显的是冷、暖色调的变化。

红色、橙色和黄色等属暖色调,蕴含动感和活力,给人以豪迈、奔放的感觉,会使人产生物体比实际体积要大的感觉。

蓝色、绿色和紫色等属冷色调,能营造出庄严的气氛,给人宁静平和的感觉,会使人产生物体比实际体积要小的感觉,并会影响观众对物体的观感。

除了冷、暖色调外,各种颜色中还包括中性色调,如白色、棕色、棕灰色、灰色和黑色等。白色是由各种颜色混合而成的色彩,在各种颜色中,白色反射光线的能力最强,以给人开阔宽敞及清晰明朗的感觉,能使人感到轻快及无拘无束。黑色能遮盖其他色彩,反射光线的能力最弱,能给人高贵而神秘的感觉,能使人感到庄严、隆重的气氛。其他中性色调的颜色(棕色、棕灰色、灰色),亦能使人感到较庄严及典雅的印象。

3. 灯光

灯光是橱窗中必须具备的,它能突出橱窗内的各项陈设,为橱窗设计增添活力,发挥积极的促销作用。

一般来说,布置橱窗的灯光照明时,必须注意以下几点:

(1)应尽量利用隐闭光源,避免造成刺眼的灯光。

(2)所有灯光应集中照射橱窗内的陈列品,不应分散照射到橱窗外。

(3)灯光强度必须足够,以减少受到外来光线的影响。

此外,对灯光类型的选择也必须高度重视。白炽灯光及聚光灯的光线,能制造出最理想的照明效果。这类灯光制造的阴影,效果较好,且明暗对比较适中,如果阴影太强,会导致放置在焦点外围的陈列品失色。因此,在设计橱窗灯光时,必须注意避免出现这种情况。对于珠宝首饰橱窗的装饰,还必须尽量避免使用有色的灯光。

由于橱窗内设置灯光后,会令橱窗内的温度升高。因此,必须注意适当调节橱窗内空气的流动,避免由于橱窗内外的温度差,造成蒸汽,附着在橱窗玻璃上,使橱窗模糊不清。此外还需注意,在增强橱窗内的灯光前,必须先确定供电系统能否负担额外增加的功率,以避免发生不必要的意外事故。

4. 背景

珠宝首饰店铺的橱窗,一般采用中性色调为主要背景色调,至于具体应该选择何种材料制作背景,则需视橱窗设计的主题而定。用于制作橱窗底板、背板及两侧最普遍的材料,包括以下几种:

(1)木材。天然或合成木板。

(2)油漆。油漆或反光漆。

(3)石材。大理石或花岗石,粗糙的或经切磨抛光的均可。

(4)布料。一般采用较厚的布料,如粗麻布、亚麻布及毛毯等,由于不易磨损,而经常使用,丝绒等则较适合用作营造柔和典雅的气氛。

(5)纸张。由于纸张的价格相对较低,而且容易更换,色彩多样。因此,使用纸张作装饰材料,可以创造出更多的变化。橱窗设计中经常采用经过胶处理的纸张、皱纹纸及墙纸。

(6)地毯。通常适用于覆盖橱窗底台、背板及两侧。

(7)塑胶板。各种颜色、光面的或糙面的均可采用。

(8)油布。一种经过特别处理的防水布料,也经常被用作背景材料。

无论选用何种衬底材料,必须注意的是橱窗设计的首要目的,是突出陈列的商品,应注意陈列品与背景底台、橱窗其他部分的和谐统一,令橱窗设计外观和谐,陈列品突出,引人注目。

5. 装饰品

珠宝首饰店铺橱窗装饰品的主要功能,是增添橱窗的色彩和韵味。可供使用的装饰品种类繁多,采用何种装饰品,应视橱窗设计的主题而定。可供选择的橱窗装饰品有以下几种:

(1)工艺品。包括陶器、瓷器、挂毯、雕塑、皮革制品、草织制品、首饰盒、招贴画、切合设计主题的照片、花瓶等。

(2)衣饰。包括手套、帽子、手帕、手提袋、钱包、香水瓶等。

(3)乐器。包括小提琴、长号、笛子等。

(4)工具。包括直尺、圆规、彩色笔等。

(5)其他。包括精美的矿物晶体、奇石、水果、花卉、盆景、根雕等。

在橱窗内铺设装饰品的主要原则,是装饰品需衬托出设计主题,并能突出所陈列珠宝首饰品的美感,加强设计的视觉效果。装饰品铺设得恰到好处,可以起到"画龙点睛"的作用,否则会有"画蛇添足"之感。

6. 陈列套装

陈列套装指的是一组预制的工具,能烘托陈列品,并能充分展示陈列品的优点和特色。陈列套装可采用各种不同材料加工制作,形状和款式多样。

设计珠宝首饰橱窗时,除可以选购预先制作好的陈列套装外,也可以根据设计的需要,特制配合各种主题或推销目标的陈列套装。

四、珠宝首饰店铺橱窗的标志

独具匠心颇有创意的橱窗设计,如果缺少了具有说服力的宣传讯息,是无法充分发挥橱窗的宣传和促销作用的。因此,橱窗内必须配有宣传和促销的立意鲜明的广告用语,以便更好地吸引消费者,进入店铺观赏及购买珠宝首饰。

为了突出宣传品牌,许多橱窗的正面或最显眼的位置,都会贴上品牌名称及标志,以给消费者留下深刻的印象。橱窗内的广告语必须精练浓缩,具独特创意的橱窗设计和配以精练浓缩的广告语,是刺激消费、拓展销售的良好策略,也是建立店铺良好形象,突出推销主题,配合本地或国际广告宣传等的有效工具。如在许多珠宝首饰店铺的橱窗内,都可看到 De Beers 公司为拓展中国的钻石消费市场,所推出的"钻石恒久远,一颗永留传""拥有钻石,不是梦想";在云南昆明等地的一些珠宝首饰店铺橱窗中,推出的"到云南,买翡翠"的广告语;我国著名的珍珠产地广西合浦,推出的"西珠不如东珠,东珠不如南珠"的广告语等。

此外,在橱窗内还可在相应的陈列品下方,设置一些展示牌,展示牌中可详细地列出宝石名称、产地、重量及价格,让消费者一目了然,起到"桥梁"的作用,消费者可以通过展示牌,了解到陈列品的一些具体资料。展示牌上的宣传语句,必须与橱窗设计主题互相呼应,内容必须有趣,题材新颖、独特,语句简明,更能突出陈列品的独有品质。例如,展示牌的顶部显示店铺名称,下方则注明出售该陈列品的所在部门,中间则可传达推销的有关讯息。如果是以推销钻石首饰为主,则橱窗的设计,应以钻石首饰为主题,可布置陈列结婚钻戒、结婚钻石套戒及浪漫的结婚照片等。

在橱窗内放置结婚照片的主要目的,就是要引发路人驻足观赏橱窗的兴趣,加强橱窗设计的可观赏性,发挥销售点广告应有的效果。展示牌上传达的推销讯息,必须准确无误,字数应尽可能减到最少。字体的字迹清楚、大小适中,应在 3m 内清晰可见,字体的选择也应与橱窗设计的主体相吻合,一般粗线条的字体以男士陈列品的橱窗为主,细线条的字体一般以女士陈列品的橱窗为主。

五、珠宝首饰店铺橱窗设计的主题

珠宝首饰店铺橱窗设计,要能更好地发挥促销作用,必须具有主题。橱窗内的各种装饰也必须突出主题,没有主题的橱窗设计,就好比没有旋律的音乐,缺乏吸引人的内容。珠宝首饰店铺橱窗设计的主题,是推销珠宝首饰产品不可缺少的因素,消费者可通过橱窗陈列表现的主题,来认识珠宝首饰产品的卓越功能,从而起到在消费者心目中留下深刻印象的作用。通过橱窗设计所表现的主题,将珠宝首饰产品与消费者紧密联系起来。

珠宝首饰是一种高档耐用消费品。它们的价值在于能让拥有者感到自豪,佩戴之后能装饰仪容,体现气质,增强美感,同时还兼具投资、保值的作用。但是,珠宝首饰一般价格较高,购买珠宝首饰与消费者的经济收入水平有着密切的联系。根据珠宝首饰产品的特性可知,珠宝首饰消费的可替代性较强,在销售过程中特别需要促销。因此,主题鲜明的橱窗设计,能在消费者心目中营造特定的产品印象,间接地帮助说服消费者做出购买决定。

1. 珠宝首饰橱窗设计的主题选择

适合用作珠宝首饰店铺橱窗设计的题材种类繁多。但重点应该是对商品的诉求及消费者的情感,应紧紧围绕人们的需求,如文化风俗、历史事件、自然景象等,只要能刺激消费者观感、引发消费者联想的事物,均可提供设计构思。

(1)季节变化。一年四季的变化,是珠宝首饰店铺橱窗设计的一个永恒的主题,由于季节的变化,人们的服饰也会发生一定的变化。如在春天来临之际,春回大地,生机盎然,最能象征春天来临的宝石种类,首推绿色系列宝石,绿色最能配合春天的颜色。因此,在橱窗设计中应尽可能展示绿色系列的各种宝石,如祖母绿、翡翠、翠榴石、绿碧玺、橄榄石、绿玉髓等。

(2)时装潮流。感受时装潮流的变化,创造佩戴珠宝首饰时尚,橱窗设计可以强调每位消费者,都可以拥有与服装相匹配的首饰,时装有季节变化和潮流之别。由此类推,珠宝首饰也可以设计出与时装相配的首饰。据有关资料报道,在消费品中珠宝首饰的年销售额在世界范围内仅次于时装,列第二位。因此,珠宝首饰设计配合时装潮流,是较能吸引消费者的一个创意,以增加珠宝首饰的销售量。在具体操作中,可以借用时装的有关图片,再把珠宝首饰与各款时装搭配,评定其效果,借助于时装与首饰的搭配效果来开拓市场。在这个过程中,需特别留意男士时装与首饰的搭配,不能忽略这个方面,根据统计资料显示,男士佩戴首饰的习惯正在逐渐普及。

(3)自然景象。自然景象是珠宝首饰店铺橱窗设计,又一个可以提供创意和构思的源泉,自然界中充满了各种色彩、图案,不同的季节有着不同的自然景观,以及各种动物、矿石等,都可作为珠宝首饰橱窗设计的构思源泉。

(4)文化风俗。不同的文化风俗也可以引出无穷的创意,不同民族的工艺及风俗,往往能引起消费者观赏的兴趣,同时也能设计出独特的珠宝首饰店铺橱窗。

(5)科学内容。如珠宝首饰的化学成分、矿物成分、资源特征、物理化学性质、珠宝首饰的保养知识等,均可作为橱窗设计的主题。在橱窗中还可以设计陈列不同切磨阶段的宝石,告诉消费者宝石切磨的基本过程,引导消费者进入"宝石世界";也可以展示一些宝石的成因和资源分布的文字和图片资料,普及珠宝知识,提高消费者的鉴赏能力,唤起消费者的兴趣。

(6)怀旧或历史事件。怀旧或具历史性的主题与现代事物互相对比衬托,是珠宝首饰店铺开业或周年志庆的理想背景主题。可在橱窗中陈列店铺开业时的照片,再把开业以来所走过的道路,用文字和图表的资料告诉消费者,以提高店铺的知名度,吸引消费者来店铺观赏购物。著名的历史事件和有影响力的公众人物,也可用作珠宝首饰店铺橱窗设计和陈列的主题。

此外,切合橱窗主题内容的话语,也可起到较好地吸引消费者的作用。如以心形琢型设计的钻石首饰,作为主要陈列品的珠宝首饰橱窗,再配以"送给至爱你完美的心"的话语,会有更好的广告宣传效果;也可以中性色调的底台上,突出红色心形图案背景,用作展示心形设计首饰,也是一种很有新意的橱窗设计主题。

2. 珠宝首饰文化与橱窗设计

珠宝首饰文化与珠宝首饰店铺橱窗设计,有着非常密切的联系,如与月份相关的"生辰石"文化、中国传统的玉文化、玉雕图案的吉祥文化、某种宝石的传奇史实等。

"生辰石"系列宝石,是珠宝首饰店铺橱窗设计的一个经久不衰的主题。所谓生辰石是按出生月份编排的一套宝石,现已在世界范围内广泛流行,许多人在出生的日期或出生的月份,佩戴生辰石宝石,以示吉祥和纪念。现在国际上较为流行的生辰石系列宝石,是由1952年8月美国统一规定的生辰石系列。天然宝石生辰石如表13-1。

石榴石是1月份的生辰石,除了红色石榴石外,石榴石还有许多其他的颜色。数千年来,各种颜色的石榴石,被认为是信仰、坚贞和纯朴的象征宝石,并认为它具有治病救人的功效。对于旅行者来说,佩戴石榴石首饰,可以确保旅行平安,免受惊险,并可以保护荣誉,增强健康。

紫晶是2月份的生辰石,古代先民认为紫晶可以促使互相谅解,在经商过程中可以赚钱,保护战士取胜,帮助猎人抵抗传染病以及能抑制邪恶的念头。

海蓝宝石是3月份的生辰石,是能招来海之丰裕、寂静、净化力及包容力,永葆青春和幸福的宝石,能保佑水手一路平安。

表 13-1 天然宝石生辰石表

月份	宝石名称	象征寓意
1	石榴石	友爱、忠实
2	紫晶	诚实、心平气和
3	海蓝宝石、鸡血石	沉着、勇敢
4	钻石	纯洁、永恒
5	祖母绿	忠诚、仁慈、善良
6	珍珠、月光石、变石	健康、宝贵、长寿
7	红宝石	健康、聪明、幸福
8	橄榄石、缠丝玛瑙	夫妻幸福
9	蓝宝石	忠诚、德望
10	欧泊、碧玺	安乐、平安
11	托帕石	友爱、友谊
12	绿松石、锆石	成功

钻石是4月份的生辰石,它是自然界中最坚硬的物质,优良的宝石学特性,被看作是尊贵权势的象征,代表纯洁、永恒和坚忍不拔。

祖母绿是5月份的生辰石,翠绿的颜色代表着春季大自然的美景,象征着忠诚、仁慈和善良。

珍珠、月光石和变石是6月份的生辰石,珍珠一向是健康、长寿、宝贵、圆满的象征;月光石能授予人们预知的能力,且是赋予健康、财富和幸福的宝石;变石则以其稀有性和变色效应而著称。

红宝石是7月份的生辰石,具有火焰般的颜色,被认为是健康、长寿、聪明、智慧、幸福、美满的宝石。

橄榄石和缠丝玛瑙是8月份的生辰石,橄榄石古时被称为"太阳宝石",认为橄榄石具有太阳一样的力量,可以驱除邪恶,降服妖术。

蓝宝石是9月份的生辰石,是忠诚和坚贞的象征。

欧泊和碧玺是10月份的生辰石,是安乐、平安的象征。欧泊具有美丽的变彩效应;碧玺则具有各种不同的颜色,是颜色最多的宝石之一。

托帕石是11月份的生辰石,佩戴它可作为护身符,消除悲哀,增强智慧,给予勇气。

绿松石和锆石是12月份的生辰石,传说绿松石具有神奇的魔力,会给远征的战士带来吉祥和好运,给猎人带来丰富的猎物。而锆石也有很多传说,如佩戴红锆石可以起到催眠的作用,可以使人聪明智慧,驱走瘟疫和邪恶等。

此外,结婚周年纪念宝石、生辰星座宝石等,也可作为珠宝首饰橱窗设计的主题。表13-2、表13-3列出了生辰星座宝石表和较为流行的结婚纪念礼品与结婚纪念宝石表。

表13-2 生辰星座宝石表

生日期限	对应星座	对应宝石
1月20日—2月18日	水瓶星座	石榴石
2月19日—3月20日	双鱼星座	紫晶
3月21日—4月20日	牧羊星座	鸡血石
4月21日—5月20日	金牛星座	蓝宝石
5月21日—6月21日	双子星座	玛瑙
6月22日—7月22日	巨蟹星座	祖母绿
7月23日—8月22日	狮子星座	缠丝玛瑙
8月23日—9月23日	处女星座	红玛瑙
9月24日—10月23日	天秤星座	橄榄石
10月24日—11月22日	天蝎星座	绿柱石
11月23日—12月21日	天箭星座	托帕石
12月22日—1月19日	山羊星座	红宝石

珠宝首饰店铺的橱窗设计,尤如一面镜子,直接反映了店铺的形象和格调。因此,橱窗设计应避免粗俗。总之,不同的事物、季节、自然风貌、色彩、艺术品……都可用作橱窗设计的主题或装饰品,只要善于发现,细心观察,就会源源不断地获得珠宝首饰店铺橱窗设计的题材。

表 13-3　常用结婚周年纪念礼品与宝石

结婚周年	纪念礼品与宝石	结婚周年	纪念礼品与宝石
1	时　钟	15	腕　表
2	瓷　器	16	银质(纯银或镀银)盛器
3	水晶及玻璃器皿	17	家　具
4	电器用品	18	陶　器
5	银　器	19	铜　器
6	木　器	20	白金器
7	文具套装,钢笔及钢笔套装	25	银婚纪念,选择具光学效应的月光石
8	餐桌布套装	30	珍珠婚纪念,珍珠为上品
9	皮　具	35	珊瑚婚纪念,镶有红珊瑚的首饰最适宜
10	钻　石	40	红宝石婚纪念,首选镶有红宝石的首饰
11	银、金首饰	45	蓝宝石婚纪念,首选镶有蓝宝石的首饰
12	珍珠和有色宝石	50	金婚纪念,首选镶有金绿宝石的首饰
13	衣料及皮革制品	55	绿宝石婚纪念,首选镶有绿宝石的首饰
14	黄金首饰	60	钻石婚纪念,首选镶有钻石的首饰

第三节　珠宝首饰店铺购买气氛营造

珠宝首饰店铺购买气氛与珠宝首饰销售有着紧密的联系,如何营造出良好的卖场气氛,是珠宝首饰店铺销售必须研究的问题,可以从以下方面加以考虑。

一、珠宝首饰店铺的 POP 广告设置

设置制作精良的 POP 广告,是珠宝首饰店铺促进消费者,产生购买行为的最佳工具,它能代替营业员传达商品信息。

POP 广告设置在购物现场,有助于唤起消费者潜意识中对商品的记忆;也可向消费者传递许多商品信息,无形中起到了推销员的作用;优美的 POP 广告,还可以美化购物环境。许多现代化的商业企业,都投入较大的人力和物力,设计制作精美的 POP 广告,而许多生产商也把购物环境中的 POP 广告,作为推销产品的一着"妙棋",把大量的广告费投放在 POP 广告方面。如 De Beers 公司,为了开拓中国的钻石消费市场,无偿地为许多珠宝首饰零售企业(店铺)提供制作精良、印刷精美的 POP 广告,在 POP 广告中,介绍钻石的基本知识和保养方法,以及与钻石有关的一些文化内容,以达到良好的宣传和促销作用。

二、珠宝首饰店铺销售过程中的购买气氛营造

1. 店铺销售环境的布置

由于珠宝首饰产品的特殊性,珠宝首饰的使用价值,很大程度上是由人们的主观认识所赋予的。其使用价值的体现,是需要消费者自己去感受和领悟的,再者珠宝首饰使用价值的真实性,也是需要销售者适当地展示,并得到消费者认可的。因此,珠宝首饰店铺销售环境的设置,必须围绕上述目标服务。为满足消费者对珠宝首饰的好奇心,可布置一些未经切磨、修饰的宝石原石与图片;为调节消费者的良好心态,可选择用不同的色彩布置环境,冬春两季选用淡橙红色、浅黄色等,带来明媚、温暖与活跃,夏秋两季选用淡蓝色、蓝灰色,带来一片清凉和一份惬意;为淡化商业气息,强化浪漫气氛,可播放抒情的轻音乐等。但需注意的是,这方面的布置切不可喧宾夺主,这些布置都是为了营造良好的购物气氛服务的。

2. 关于珠宝首饰货品的摆放

珠宝首饰货品在柜台中如何摆放,更能适应消费者的心理需求,同时也更能衬托出珠宝首饰的高贵与精美,这是珠宝首饰店铺销售中必须要考虑的问题。一般来说,对摆放珠宝首饰货品的托盘的色泽,应根据不同的珠宝首饰品种有所选择,以衬托出珠宝首饰的魅力。例如,鲜艳黄色可突出灰蓝色蓝宝石中的蓝色调,橙色可使红宝石的颜色显得更红,淡粉红色可使颜色偏浅的海蓝宝石的蓝色更富有韵味,黑色、蓝色与紫色是钻石摆放的最佳的背景色等。此外,同一珠宝首饰品种的摆放,宜集中而不宜分散,分散摆放似乎可以方便营业员的销售工作,但是实际上却忽视了同类首饰的集中摆放,对消费者产生的震憾力。对于消费者来说,货品的这种集中摆放所产生的震憾力,对消费者购买活动中产生的"第一印象"是非常重要的。对同种类型、同样款式的珠宝首饰的陈列,宜少不宜多,因为同种款式的首饰多了容易给消费者以重复之感,从消费者心理角度分

析,这种感觉对消费者的购买活动,会造成一定的影响,甚至会抑制消费者的购买。

3. 关于珠宝首饰货品的标价与议价

从经济学的角度来说,珠宝首饰产品的标价,应根据成本加适当的利润来标定。但是,在具体的操作过程中,还是有很多讲究的,过高的标价会使大部分消费者望而生畏,过低的标价又会使消费者产生对产品质量的怀疑。因此,对于店铺销售的主要货品,标价要适中,对于部分精品首饰价格可以适当标高一点,而部分质量略次的货品的价格,可以适当标低一点,这两部分的货品数量相对少一些,以突出店铺销售的主要货品,同时又能满足不同消费层次需求的消费者的需要。

在现今的珠宝首饰消费中,消费者通常都会有议价的习惯,而很多店铺也都普遍认可这种销售方式。通过议价这种方式,让利给消费者是可以的,使消费者在购买活动过程中,感觉到了真正的实惠。但是,议价的幅度一定要适中,如果让利的幅度太大,就会使消费者感到压力,就会使消费者联想到货品存在较严重的质量问题,或是经营者先暗中抬高了价格再予以优惠的结果,反而"吓跑"了消费者,同时还会损害珠宝首饰店铺的信誉和形象。

4. 关于珠宝首饰销售服务的方式

现在很多的珠宝首饰店铺,在柜台前都摆放了凳子,便于消费者挑选珠宝首饰,体现"宾至如归"的感觉,这点无可厚非,也充分说明了经营者的良苦用心。但是,这样做会影响其他尚无意购买的消费者浏览货品,如果店铺条件许可,可以在柜台附近,专门摆放供接待消费者的桌椅,让有意购买的消费者挑选使用,这样也有利于营业员对这部分消费者展开进一步的介绍和说服工作,同时也可使消费者体会到"上帝"之感。

有条件的店铺,还可以聘请专门的专业技术人员坐堂咨询,提高店铺的声誉和可信度,创造名牌店铺效应,促进店铺提高经济效益。但是,应注意强调专家与店铺的归属不同,专家并不受雇于店铺,而是独立于店铺之外,只是店铺推出的一种服务方式,专家只对珠宝首饰产品的质量负责,这样才有助于增强消费者的信心。

第四节 珠宝首饰店铺营销人员技能与心理品质要求

一、珠宝首饰店铺营销人员的技能要求

作为一名珠宝首饰营销人员,至少应该受过专门的珠宝首饰知识的培训,并具备基本的珠宝首饰知识;更高一些的要求,还应该具备一定的文学、美学修养;再高一层,还应该拥有一定的社会学、哲学、心理学知识;而最好的珠宝首饰营销人员,必须具有广博的知识,丰富的兴趣爱好以及良好的精神面貌。因为珠宝首饰的价值是美学的价值,是需要消费者体验的价值,因此上述文化修养,对一名珠宝首饰营销人员来说是很必要的。

1. 对进货人的技能要求

珠宝首饰店铺营销,无论其规模大小,都必须有一名或数名进货人。进货人通常掌握着企业的资金、进价、售价、利润等商业机密。对珠宝首饰零售企业来说,进货人是非常重要和关键的。因此,对进货人的技能要求也是非常高的,通常包括以下方面:

(1) 熟悉并掌握经营宝石品种的科学知识。对宝石的真、假、产地、质量、档次、优化品、处理品、仿制品,作假的手段等,必须能快速、准确地予以鉴别。而这种鉴别能力,通常只是借助于简单的鉴别仪器作出的(一般只借助于10倍放大镜和一支聚光笔形小电筒)。

(2) 熟悉并掌握经营宝石品种的价格行情。要求进货人必须熟知经营宝石的产地价、本地价、外地价、批发价、零售价、过去价、现在价、将来价,不同档次品种价、价格浮动幅度、不同进货渠道价等。

(3) 熟悉并掌握进货市场的行规、行话、内部规律、特殊情况以及风土人情。进货人必须熟知进货市场的特点,并在当地发展或建立若干可靠的商业伙伴关系,寻找最佳的市场机会。

(4) 具有较强的语言能力。进货人必须具有较强的语言能力,因为在进货市场上,无论是减价、还价、砍价、抬价、进攻、退守、僵持等场合,都需要利用一些特殊的语言和技巧。对于进货人来说,必须树立生意成了是"双赢",生意成了图长远发展,生意不成人意在的观念。

(5) 具有良好的职业道德。进货人必须严格遵守职业道德,始终保持对本企业的忠诚和自律,诚信待人,进货价要如实向企业报告,这也是由珠宝市场的特点所决定的。

2. 对营业员的技能要求

对于珠宝首饰店铺的营业员来说,不同于一般店铺的营业员。珠宝首饰加工、制作的科技含量较高,知识内容也比较丰富,并具有极强的专业性,同时由于众所周知的原因,我国的消费者,对珠宝首饰知识的了解程度,远比发达国家的消费者要低,全社会的珠宝首饰知识的普及率很低。这些都要求珠宝首饰店铺的营业员,必须具有一定的珠宝首饰专业知识,或者受过系统的珠宝首饰专业知识培训后才能上岗。他们既是珠宝首饰产品的销售者,也是消费者购买珠宝首饰产品的指导者,能为消费者提供全面的有关珠宝首饰产品的消费知识,能正确地解答珠宝首饰产品消费中出现的各种问题,能较正确地评价不同珠宝首饰产品之间的差异,以及同种珠宝首饰产品中的差异,更好地为消费者服务。

当珠宝首饰店铺的营业员具备了上述的技能要求,在销售珠宝首饰产品过程中,不仅推销了珠宝首饰产品,而且还可以从消费者那里得到信赖和友谊。

二、珠宝首饰店铺营业员的营业行为与心理品质的关系

珠宝首饰店铺销售珠宝首饰产品,主要是通过营业员的技术性劳动和服务性劳动,以及与消费者之间的沟通来实现的。营业员的这种劳动,是珠宝首饰销售活动过程中的关键环节,无论店铺的外观多么整齐美观,内部环境多么舒适典雅,要实现珠宝首饰产品所有权的转移,都离不开珠宝首饰店铺营业员的这种特殊劳动。由于营业员处于复杂而活跃的交易环境中,经常与各种各样的消费者接触,加之营业员本身的修养、业务能力、家庭环境和个性特征等因素,时常会影响到营业员劳动时的心理与行为。

营业员的营业行为与消费者的购买行为一样,也是复杂多样的。不同的营业行为反映出营业员的不同性格。而营业员的个性差异,反映在销售活动过程中,就表现为营业行为的不同。而营业员的营业行为,主要受以下因素的影响。

1. 主体生理因素

这种影响因素包括营业员个体的性别、年龄、身体素质等。由于主体生理因素的差异,可以形成营业员各具特色的营业行为。

2. 主体心理因素

这种影响因素包括营业员的智能、兴趣、情感、意志、气质、性格等。主体心理因素的差异,对营业行为的影响尤为明显。如由观察力、注意力、表达力、记忆力、思维能力、想象能力、实践能力等形成的人的智能,是营业员提高工作效率的基本条件。由于智能水平的不同,就会形成营业行为的不同。

3.营业环境因素

这种影响因素包括店铺的装饰、营业的方式和店铺的环境卫生等。由于这些因素的差异,直接或间接地影响营业员营业行为的差异。

4.组织管理因素

这种影响因素包括劳动组织、管理方式、工资待遇、奖罚制度、人事关系等。组织管理因素的差异,对营业行为有着不同程度的影响。

5.社会环境因素

这种影响因素包括社会消费现象、社会经济与文化背景、消费者的购买行为与态度反应、家庭环境、社会交际变化等。这些因素的差别,对营业员的营业行为也会产生很大的影响。

总之,营业员的营业行为差异,是由于其对各种刺激或情境的不同反应,并以不同的动作、言谈、表情加以反映而形成的。在销售过程中,营业员所接受的外界刺激或所处的情境不同,固然能引起营业行为的不同,就是受到相同的外界刺激或处于相同的情境,也会由于主体的心理状态与心理特点不同,而引起不同的营业行为。实践证明,营业员的行为表现,是主体各种心理品质相互作用而导致的综合效应。影响营业行为的因素,不管是来自主体的因素,还是来自客体的因素,它们对营业行为的影响,都是以刺激营业员的心理活动,影响其心理品质而产生效应的。

营业行为与心理品质有着密不可分的相互促进的关系,营业员的实践活动,是引起认识、思维、情感和意志等心理活动的条件,也是形成个性特点的重要基础。实践活动、行为方式的发展变化,必然会引起营业员情感、意志、能力等心理品质的发展变化,而心理品质的发展变化,也会影响营业行为的改变。

三、珠宝首饰店铺营业员的心理品质要求

1.营业员的情感品质

情感是人对客观现实的一种特殊反映形式,是人对现实中的事物和现象,是否符合其需要而产生的态度体验。情感是由一定的客观事物引起的,离开了客观事物,情感是不可能产生的。由于营业员所处的特殊工作环境,所面临的销售活动中的客观事物是复杂多变的。因此,营业员的情感体验也是不同的。例如,购买行为与销售方式或服务质量的矛盾,会引起消费现象或购买行为等事物不断地发生新的变化,各种事物的不同特点以及事物与营业员之间所存在的关系不同,也会引起营业员对这些事物持有不同的态度,产生不同的情感体验。而不同的情感,就会引起不同的营业行为,或使行为积极,或使行为消极。情感丰富

是心理活动高度发展与多方面发展的必要条件,强烈而深刻的积极情感,可以推动营业员进行有益于消费者的各种活动。营业员只有具备健康的情感品质,才能使自己的营业行为,符合消费者的心理需要。

2. 营业员的意志品质

意志是人为了实现预定目的,而自觉努力的一种心理过程。意志的特殊作用在于自觉努力去保证意识目的的实现。意志的能动性和制约性的相互作用,可以推动主体心理的发展和变化。其中,意志的能动性推动主体朝着确定目标前进;意志的制约性,能使主体克服各种障碍,服从前进的目标。如果意志的能动性与制约性不能保持平衡与统一,就会导致意志心理的偏差,影响人们在实践活动中各个阶段的效果。

在销售活动中,营业员由于主观因素或客观因素引起的心理背景变换,其心理冲突是经常发生的。要正确解决各种心理冲突,服从前进的目标,往往有赖于营业员坚强的意志品质,即有赖于意志的能动性和制约性的平衡与统一。

个人所形成的意志特点,称为意志品质。营业员良好的意志品质,主要表现为:

(1) 有决定行动的果断性。果断性是指人的辨别是非及迅速采取决定的能力。果断性的品质,表现在主体对于客观问题不是轻率地进行决定,而是通过科学分析,根据事物的发展适时地做出决定。营业员由于每天与各种不同购买行为的消费者接触,难免产生这样或那样的矛盾。如何明辨是非,当机立断,处理好各种矛盾,在条件许可的情况下,采取适当的行动,满足一些消费者的特殊要求,是营业员提高服务质量的意志品质的保证。

(2) 有执行行动的自制性。自制性是指善于控制与支配自己行动的能力,意志的自制性是以自觉克服内部障碍来体现的。就销售活动来说,良好的自制力对营业员尤为重要。因为消费者的购买活动一般都要经过选择、比较、评价、决策等阶段,这些阶段还会因某些因素的影响,而导致选购商品时出现断断续续、反反复复的情况,而延长选购阶段的时间,在珠宝首饰销售过程中,就可能会经常出现这种情况。因此,要求营业员具有较好的忍耐性,以耐心的态度和行为举止,接待或说服消费者,如果没有这种忍耐性,流露出厌烦的情绪,就可能会影响消费者的购买情绪,甚至中断购买行动。一个优秀的珠宝首饰营业员,必须具有较强的自制力,善于克服各种因素的影响,保持应有的服务态度和服务质量。

3. 营业员的能力品质

一个合格的营业员,必须在销售活动中,不断地掌握有关的知识、技能和技巧,逐步形成接待消费者需要的各种特殊能力,才能有效地提高服务质量与服务艺术。营业员特殊的能力结构,主要包括以下几个方面:第一,观察了解消费者的需求;第二,接触消费者,判断消费者的心理需求;第三,介绍、展示商品,协助消费者挑选;第四,有关的技术性操作。

上述四个方面的内容,决定了营业员的能力结构的复杂性和特殊性,不仅要求营业员具备所售商品的知识能力,还需要具备从事商业服务所需要的观察能力和表达能力等。从商业心理学的角度来说,营业员尤其需要具备观察能力、注意能力和表达能力这三个重要的心理品质。

(1)观察能力。观察能力是指发现事物典型特征的能力。营业员的观察能力,是指通过消费者的外部表现,了解消费者消费心理的能力。具有敏锐而深刻的观察能力,是优秀营业员必须具备的重要心理品质。具有良好观察能力的营业员,在观察事物时,不加入任何主观偏见,尽可能全面、客观地掌握事物的本质。善于观察的营业员,不仅可以从消费者的言行举止、面部表情和视线上,准确地判断消费者的需求,而且还可以了解到消费者的兴趣等特点,采取相应的接待方法,灵活地运用各种营销策略,促进消费者的购买行为。

(2)注意能力。注意是人的心理状态对于客观事物的指向和集中性的表现。营业员的注意能力,是指在营业工作中,把心理活动定向集中到某种对象上的能力。由于营业员所处的特殊劳动环境,要求营业员不仅要有稳定的注意能力,而且还要懂得注意力的灵活运用与分配转移。例如,当消费者流动时,营业员应有目的地分散自己的注意力,把注意的区域尽量扩大,以便掌握消费者的动态,及时注意消费者在环视商品或注视柜台后的各种反映。当消费者临柜时,营业员的注意区域必须迅速地收缩,把注意力集中于临柜的消费者身上,如果有多位消费者临柜,还应根据各个消费者对商品的兴趣程度,有所侧重地分配注意力,把对商品产生浓厚兴趣或有选购目标的消费者,作为注意的中心,把其他消费者保持于注意中心周围。在与消费者双向沟通中,应集中注意消费者的心理变化,掌握其对商品的感知程度和理解程度,最大限度地满足消费者的心理需求。此外,在巩固注意的稳定性与灵活性的基础上,发展注意的观察性也很重要。实践证明,营业员在销售活动中,做出的观察性注意,往往对促销产生良好的效果。例如,营业员通过观察性的注意,掌握了消费者的购买行为,特别是消费者对商品的感知程度,就有可能预测到消费者的需求,为其提供满意的服务;或记住消费者的某些特殊需求,待机帮助解决。营业员表现的这种能力,往往更能体贴消费者的心理需求,给消费者以亲切的感受,促进消费者购买行为的实现。

(3)表达能力。营业员的表达能力,是指与消费者接触过程中运用语言、表情传递有关信息的能力。营业员良好的表达能力,总是与记忆能力、思维能力、想象能力等能力品质联系在一起的。只有各种能力的综合发展,才能有助于表达能力的提高。例如,具有较好的记忆能力,对所售商品涉及的产品知识记得牢,并能熟练地加以利用,适时准确地传递给消费者;具有较好的思维能力,对商品的各个方面理解透彻,准确地把商品信息反映给消费者;具有较好的想象能力,对商品的个性与象征性,以及商标、包装等构成部分的特点与寓意进行想象,使语言表达内容丰富而富于感染力,诱导消费者进行有益的联想。同时,营业员的各种心理品质,也必须以语言或情感的形式表达出来,影响消费者的心理活动,促进购买行为的实现。因此,善于运用语言、语调,并伴随相应的表情和姿态,简明准确地向消费者传递相关的商品信息,是优秀的营业员突出的一种心理品质。在销售活动中,营业员良好的表达能力,对创造和谐的营业气氛,促进消费者的购买行为,具有重要的心理作用:第一,文明礼貌、真挚和善的语义表达,能引起消费者内心的好感,起到吸引消费者的作用;第二,准确简明的语义表达,能增强消费者的信任感,起到说服消费者的作用,如营业员在掌握必要的商品知识基础上,以充满信心的语言和语气加以介绍,可以直接影响到消费者的购买情绪,增强消费者对商品的信任感;第三,富于情感、生动形象的语义表达,能激发消费者的兴趣,起到感染消费者的作用;第四,根据不同的消费者,采用不同的语义表达,能给消费者以亲切感,起到争取消费者的作用。

总之,营业员良好的表达能力,主要表现在介绍商品和解答消费者的疑问时,所用言语表达的表现力、吸引力、感染力和说服力。这些能力在营业员的能力结构中,占据十分重要的位置。

第五节 珠宝首饰店铺营业员与消费者的心理沟通

珠宝首饰店铺是销售珠宝首饰的主要场所,而消费者和营业员是买和卖的主体,为了达到各自的目的,两者的心理沟通是十分必要的,只有双方达成共识,销售活动才能有效地持续下去。

一、消费者购买过程中的心理发展阶段

在讨论营业员和消费者的心理沟通这个问题时,首先必须了解消费者在购买过程中的心理发展阶段。

1. 进入购物环境

消费者进入店铺前或刚进入店铺时,通常都要随意地环视店铺橱窗的广告宣传、柜台中商品的陈列、营业气氛的装饰、购物环境的卫生以及营业员的仪表,初步感受店铺的容貌,形成消费者对店铺购物环境的第一印象。

2. 注意商品

消费者在感受店铺的环境后,一般会根据自己进入店铺的目的去观赏商品,经过有注意的观赏或有目的的寻找后,注意到某个目标商品的存在。

3. 感知商品

注意到某个目标商品后,消费者为了探索与了解其外观质量,往往会继续发展对这种商品的有意注意,独立地、有系统地进行细致的观察。

4. 获得印象

经过初步的观察了解目标商品的有关信息,经过人的感官传入大脑而产生效应,获得对目标商品的主观感受。主观感受往往是情感的主要来源,消费者如果获得对目标商品的良好印象,就会产生喜悦的情绪。

5. 产生联想

由于印象是受直接感知所左右的,在许多情况下,消费者对目标商品,获得的印象往往是不准确的,多数需要在认识深化后加以充实修正。所以,消费者获得目标商品的印象后,还会通过联想这种扩展性思维活动,深入认识目标商品的物理性能和心理性能,如商品的实用价值、欣赏价值、审美价值和社会价值等。

6. 明确动机

联想的发展与结果,帮助消费者从别的事物中得到启发,获得印证,从而激起为满足需要而拥有目标商品的购买动机。由于大多数消费者存在有选择心理。因此,还不会在此阶段就做出购买决定。但是购买动机的产生,促进了消费者思维的发展。

7. 作出购买决策

购买动机产生后,消费者通常运用"比较"这种判断性的思维方式,对可选择的同类商品,从各方面进行细致的鉴别,并根据主体需求、知识经验和购买能力,权衡商品的各种利弊因素,对商品做出评价。通过评价以及有关诱发需求的提示物的影响,消费者确信目标商品,能适合自己的各种需求,从而对商品产生信任,判定购买这件商品是自己明智的选择,并由此作出购买决策。

8. 采取购买行动

对商品的信任感是消费者购买行为的主要激励力量,消费者对目标商品确立信心后,就开始执行购买决定,并进行商品成交的实际行动,最终完成购买任务。

二、珠宝首饰店铺营业员与消费者的心理沟通

根据上述消费者购买过程的心理发展阶段,营业员有必要采取一定的方式方法,与消费者的购物心理沟通。但是,由于消费者的购买心理与购买行为千差万别,在购买珠宝首饰产品时,所经历的过程与阶段,必然会有简单与复杂、顺利与曲折等方面的差异。因此,营业员在销售过程中,必须根据消费者不同的购买心理与购买行为,采取相应的步骤和方法,进而获取最佳的效果。按照消费者在购买活动中心理状态发展变化的一般规律,营业员销售过程中,大致可以采取以下步骤和方法。

1. 接待——适时接近消费者

作为珠宝首饰消费者来说,对珠宝首饰店铺营业员的服务要求,首先需要的就是主动热情。在消费者临柜时,以端正的仪表、喜悦的心情和欢迎的态度,主动接近消费者。这一步做得好不好,与珠宝首饰产品的销售有着举足轻重的关系。实践证明,当消费者一进店门,就立刻靠近消费者询问需要,或用目光不客气地"跟踪"消费者,往往会给一些敏感的消费者以压迫感,造成消费者的心理紧张,从而产生拒绝购买的心理。因此,主动热情的迎接,必须抓住适当的时机,才能获得最好的效果;如果不注意消费者的言行举止,不适时宜地接触消费者,效果就差。要做到这一点,就要求营业员细致地观察消费者的行动,判断其进店的意图,以便采取相应的接触方法。进入珠宝首饰店铺的消费者,大致可以分为以下三种类型:

(1)前来实现既定购买目的的消费者。这类消费者有确定的购买目标,进店后一般目光集中,脚步轻快,直接朝向有所需珠宝首饰产品的柜台,主动提出购买要求,对这类消费者,营业员应抓住消费者临柜的瞬间马上接近,轻声地打招呼,迅速地完成接待的第一步。

(2)前来了解珠宝首饰产品销售行情的消费者。这类消费者无确定的购买目标,进入店铺主要是想了解珠宝首饰产品的销售行情,并希望能碰上有适合自己需要的珠宝首饰,这类消费者进入店铺后一般脚步不快,神情自若,随意环视柜台内的货品;临柜也不急于提出购买要求,只是看看有什么值得购买的商品。对这类消费者,营业员应让其在轻松自由的气氛中任意观赏,在对某种饰品发生兴趣,并表露出中意的神情时,才进行接触。

(3)前来参观浏览或看热闹的消费者。这类消费者通常没有购买珠宝首饰产品的打算,进入店铺后行走缓慢,徘徊观望,无意停步。对这类消费者,如果不临柜,就不必急于接触,但应随时注意其动静,当其突然停步观看货品时,或在店铺内转了一圈后仍继续观看,并驻足观察商品时,或在柜台前缓慢地观察商品

时，营业员就应适时地与其接触。

此外，在接近消费者的时机方面，还应考虑消费者不同的性别、年龄、职业、态度和个性等方面的因素。由于珠宝首饰店铺经营的珠宝首饰产品，属于特殊商品范围，通常价格较高，消费者一般需要较长时间的观察和选择，不宜过早与消费者接触。营业员与消费者的接触，是买卖成交的首要条件。因此，在珠宝首饰店铺销售活动中，适时地促进买卖双方的接触，是很重要的促销手段。

2. 展示——激发消费者的购买兴趣

一般来说，具有购买珠宝首饰意向的消费者，总会有一个大体的购买目标，但这个目标往往又是不具体的，如购买什么类型、什么款式、什么颜色的珠宝首饰产品，都需要通过选择、比较以后才能确定。因此，在营业员与消费者接触后，接待的第二步就是要从消费者的性别、年龄、职业、肤色、脸型等特征上，分析其爱好和习惯，从消费者的视线、言谈和形态等方面，了解具体的购买目标和要求。据此采取适宜的货品展示方法，使消费者最大程度地感受到货品的优良品质，激发其对货品的兴趣。要使货品给消费者留下较深的印象，必须采取迎合消费者心理要求的货品展示方法。

货品的展示，要能满足消费者对货品不同的选择要求，使之能从不同的方向和角度把货品看清楚。由于珠宝首饰产品一般体积较小，在展示时尤其要注意这一点。例如，在展示钻石首饰时，由于钻石的"出火"现象，是钻石美的重要体现，要求营业员用镊子夹住首饰，并转动首饰，使消费者可以清楚地看到这一特征，并附以必要的说明和相关的产品知识介绍。

营业员的产品知识与销售有着密切的关系，因为消费者在购买过程中，通常会提出一些问题，如所买的珠宝首饰中的宝石产自何处？为什么有的宝石会有一些瑕疵？为什么同种宝石的切磨形态不同？宝石的质量评价与价格有何对应关系？一件珠宝首饰产品的质量评价原则是什么？为什么同种类型的宝石、同样款式的首饰其售价不同？等等。如果消费者对所提出的问题，能得到满意的答复，就会增加其购买的信心，以及对商店的信任感，容易成交；反之，如果消费者对所提出的问题，得不到满意的答复，就会打消其购买的信心，进而转向其他店铺。

对于从事珠宝首饰销售的营业员来说，除了必须了解一般的珠宝首饰知识外，还需要对珠宝有更多的了解。只有这样，才能更好地起到宣传和促销作用。因为许多珍贵的天然宝石，如钻石、红宝石、蓝宝石、祖母绿等都是在复杂的地质环境中，经过几百万年、几千万年甚至于几亿年的地质作用过程中，逐步演化而形成的，因而往往会带有或多或少的瑕疵（如天然包裹体、微裂纹等），而这些往往又是消费者最忌讳的。许多消费者一见到宝石中有包裹体、微裂纹等，就会产生宝石是否会很快地裂开,为什么会包含有这些包裹体等疑问,这就需要营业员有足够的宝石知识与消费者进行沟通,告诉消费者不同的宝石经历了不同的形成过程,虽然瑕疵可以影响宝石的质量,但不同质量的宝石,它们的价格是不同的。况且宝石中的天然瑕疵,是宝石天然形成的主要标志,它的存在向人们证明了它的天然品质,也是难得的大自然的"礼物",等等。只要营业员介绍得当,不但可以在消费者心目中留下深刻的印象,同时也可以打消消费者在购买这类珠宝首饰产品时的顾虑。

在展示珠宝首饰货品时,营业员还应特别注意在展示货品时的动作、语调与神态。一方面动作和语调的快慢,必须适应消费者的心理反应的速度和强度,避免因动作、语调过快,而使消费者对货品的印象不深,或因过慢,而导致对货品的印象混乱的情况。人的感知速度和强度方面存在着一定的差异,有的能短时感知,有的感知时间则长些。所以,对营业员来说,展示货品的动作既要快捷,又要稳当,不能过于快速,也不能过于缓慢。过于缓慢,会令人感受到厌烦,甚至引起某些性急的消费者反感;过于快速,会给消费者误认为营业员不耐烦,而留下不良的印象,甚至产生心理上的紧迫感和束缚感,这些都应尽量避免。此外,对于珠宝首饰货品的拿递、摆放要稳当轻巧,不要随手乱扔,这样才能给消费者以郑重其事、尊敬买方的心理感受,并从营业员珍惜爱护货品的动作中,联想到货品的珍贵,以及质量的保证,获得货品更为高贵的印象,从而增强消费者的购买信心。另一方面展示货品、介绍珠宝首饰产品知识时,必须恰如其分、简明扼要、语调和气、速度平稳,不能言过其实,吞吞吐吐、快嘴快语,以避免引起厌烦、疑虑的心理,并且还要注意以诚意的表情与动作语言相配合,否则也难以获得消费者的好感。

3. 介绍、推荐——启迪诱导消费者的购买欲望

一般来说,经过营业员展示货品后,会使消费者对货品的内在质量、首饰的制作工艺等有一个良好的印象,并由此而产生购买欲望。但有时由于消费者购买动机的不同组合,也会引起消费者的心理冲突,并会抑制其购买欲望的进一步发展。因此,要求营业员细致地观察消费者的感知反应,仔细揣摩消费者的心理活动状态,进一步提示货品满足消费者心理需要的功能,做一些诱导工作,激发消费者的美好联想,力求使其各种购买动机达到一致性,有力地影响消费者对货品的倾向性,增进消费者的购买欲望。

在购买过程中,消费者对货品有了一定的感知后,往往会表露出方向不同、程度不一的感情态度,对于珠宝首饰产品的销售来说,尤其如此。因为珠宝首饰属于贵重商品,如果消费者有了购买欲望,在言谈举止中就会有所反映。例如,消费者神情专注地观察某件珠宝首饰,两眼发亮,甚至额头冒汗,说明消费者内

心受到了压力。又如消费者由走动着看,变为仔细地看或慢慢地看,都可说明消费者已产生购买这件珠宝首饰的欲望。因此,要求营业员注意消费者这些方面的感情流露,对引起消费者某种感情的心理因素,做出准确的判断,抓住时机,促进成交。

总之,在珠宝首饰店铺销售过程中,对消费者的启迪和诱导是十分重要的环节。一般来说,营业员可以注意以下几个方面:

(1)充分了解消费者购买珠宝首饰的动机和目的。当消费者进入珠宝首饰店铺后,并非每个人都十分明白自己需要什么样的珠宝首饰产品。因此,营业员的启迪和诱导是非常重要的。如宝石的质量可靠,价格合理,向消费者介绍珠宝首饰产品知识,不失时机地推荐,因势利导,有利于成交和赢得潜在消费者。

(2)适时地让消费者试戴首饰。销售珠宝首饰产品过程中,可以让消费者试戴首饰,具体体验一下佩戴首饰后的风采,以加强对消费者的各种感官的刺激,以满足消费者对首饰,实际使用效果的深入了解。

(3)启发消费者的美好联想。从珠宝首饰的款式、色彩、宝石的类型、价格等方面,适当地揭示某些能迎合消费者心意的有关寓意或象征,以增加珠宝首饰产品的魅力,丰富消费者对珠宝首饰产品的美好联想,满足消费者向往美好事物的心理欲望。

4. 促进——强化首饰的综合印象,促进消费者的购买行为

通常促使消费者购买珠宝首饰产品的原因是多种多样的,有来自内部的动力,也有来自外部的动力。当消费者在购买心理上,产生某些矛盾冲突,下不了购买决心时,营业员有意识地促进购买行为,善于向消费者提供诱发需求的提示,强化珠宝首饰产品的综合吸引力,就可加强消费者倾向于购买首饰的心理力量,促进消费者的购买行为。例如,可以把该类珠宝首饰产品的款式设计的流行程度、珠宝玉石的品质特性、宝石的颜色与肤色、首饰的款式与服装的搭配、首饰与消费者的气质、年龄、发型、脸型、体型等方面的信息,传递给消费者,强化首饰的综合形象。也可把首饰售后服务的有关项目和方法,首饰的信誉保证等方面的内容,反映给消费者。由于选购珠宝首饰时,往往会有伴随选购者,营业员可以创造条件,让有影响力的陪客发表见解,这点对促进购买是很有帮助的,有时对消费者的购买行为甚至是决定性的。

5. 成交——消费者购买行为的实现

消费者选定首饰并决定购买后,营业员首先应表示感谢,对其明智的选择给予恰当的赞许、夸奖,增添达成交易带给双方的喜悦气氛。然后进行结算,结算必须严肃认真、清楚准确,妥善办好成交手续,并把消费者所购的珠宝首饰产品,

放入精美的包装盒或首饰盒中,递给消费者,并表示感谢光顾与欢迎再来的情感言语。

成交是珠宝首饰店铺销售工作的最后环节,而且也是最重要的一环。如果做不好,往往会导致"前功尽弃",破坏购买行为的完成,甚至给消费者留下不良印象,使其产生成见。因此,这一步骤更应以温和的态度和高超的技巧去完成,使消费者自始至终,在融洽和谐的交易活动中,满足购买珠宝首饰的欲望,并影响其购后体验的方向与程度,树立店铺和营业员的良好形象。

柜台接待的实践证明,消费者的购买类型是多种多样的,引起消费者购买情绪的变化因素也是数不胜数的,要固定按照某一种固定的、模式化的方法去接待消费者,是不现实的,也是不可能的。对于营业员来说,要以自己的"不变"去接待消费者的"万变",具体地判断每个消费者的性格和气质,充分考虑各种消费者类型的心理反映的一般规律,并掌握特殊消费者类型的特殊心理状态。例如,对于接待性格开朗、易于与人交往的消费者,营业员重要的是要能适应其"快节奏",以诚相待,以轻快和信任的心情,向他们推荐、介绍一些期望购买的珠宝首饰产品,并适时地插入一些选购珠宝首饰时,遇到的幽默轻松的见闻。对于这样的消费者,只要能较好地领会他们的需求,成交的可能性较大。对于性格比较文静的消费者,营业员应经常保持微笑,要有耐性,适时地介绍一些有关珠宝首饰的产品知识,耐心地等待他们说明心意,尽量避免单刀直入。总之,营业员在珠宝首饰柜台销售活动过程中,营业员与消费者的心理沟通,应避免一切有伤消费者感情的行为和举止,选择适当的接待方法。

三、优秀的珠宝首饰店铺营业员的特点

衣着是人外表的一个重要组成部分,营业员应该衣着整齐、整洁。当营业员衣着整齐规范时,消费者会觉得这样的营业员工作会认真负责,同时会认为这样的营业员容易与人打交道,所以消费者通常会首先与这样的营业员接触,并从心理上希望这样的营业员为自己提供服务。优秀的营业员不应穿着十分新奇、怪异的服装上岗,当然许多珠宝首饰店铺,对营业员的着装均有统一的要求,其道理就在于此。

优秀的珠宝首饰店铺营业员,具有良好的语言表达能力十分重要,珠宝首饰销售能否成功,很大程度上取决于营业员的谈话艺术。营业员的言辞是可以影响消费者的购物选择的,所以营业员在与消费者交谈过程中,要时刻留意消费者的决定性神情,如沉默、犹豫、保留等,找出哪些是消费者感兴趣的,找出共鸣点,以证明是消费者自己做出的决定。营业员还需明白消费者往往受家人或朋友的影响,而有先入为主的想法。因此,必要时要向消费者做详细的解释和说明。

在展示过程中,要争取赢得消费者的信任,可以向消费者提问时,所提问题要清楚、简洁,但要避免一些只能答"是"或"不是"的问题。通过措辞适当的问题,可以大致估量出消费者预计的购买花费,所需购买珠宝首饰的类型和款式,以便决定向消费者推荐、展示何种类型、何种款式的珠宝首饰。外表衣着,有时并不能可靠地指出消费者的类型、内在需求和消费能力。因此,需根据个人的气质及身上的其他配件来做出估量。同时,可向消费者展示最低预算价格至最高预算价格的首饰,首先展示价格最高的首饰,然后逐步向下,直到消费者找到价格最合心意的首饰为止。

销售珠宝首饰产品,就像出售一件珍贵的艺术品一样,营业员应以专家的态度,向消费者提供相关的资料,以协助消费者做出决定,要密切注意消费者的神情,并对此灵活应变,要让消费者觉得所推销的首饰,是独一无二的。因为珠宝首饰的销售,象征着爱意、快乐和友情。因此,在销售过程中,可以强调浪漫情调、荣耀、美感和馈赠的愉快感受,强调珠宝首饰作为感情工具的重要性,以积极的态度对消费者所选购的首饰提供引导。

此外,优秀的珠宝首饰店铺营业员,还应是具有丰富珠宝首饰产品知识的行家,还应懂得一般的消费心理知识、美学知识等相关专业领域知识,再加上自己不断的实践和总结。

第六节 珠宝首饰店铺营销策略

一、重视珠宝首饰文化在营销中的作用

珠宝,不管是生于水中的珍珠、珊瑚,还是生于砂石中的金、银、珠宝玉石,它们都是自然界赐于人类的物质财富,本身无所谓文化。然而,珠宝一旦被人类利用,制作成了珠宝首饰产品,它就成了一种社会产品,并具有强烈的社会属性,社会属性是珠宝文化的关键所在。也就是说珠宝首饰具有了社会属性,也就可以说它带有了文化的色彩。珠宝文化是指在历史长河中,珠宝由于被人类认识使用,而使其内部所蕴含的有关人们的宗教信仰、哲学思维、审美情趣、道德情操、价值观念,以及珠宝与政治、经济、风俗习惯的关系。珠宝首饰成为社会产品,不仅预示着它成为人类审美的对象,而且还包含了作为商品在社会中流通、交换、增值等,而引起的经济学意义。因此,珠宝首饰文化与珠宝首饰营销有着密切的关系。

由于珠宝首饰产品的特殊性,珠宝首饰产品营销活动中,应突出文化特色,

普及珠宝首饰文化,培养成熟的消费者队伍,并以此带动珠宝首饰产品的销售。把珠宝首饰产品当作纯商品去销售,片面地强调利润,追求经济效益,忽略珠宝首饰产品的文化价值,在激烈的商业竞争中,必然会步履艰难、市场阻滞。珠宝首饰消费既是一种消费行为,也是一种审美行为,同时更是一种高雅的文化艺术活动,具有很强的文化属性。珠宝首饰文化源远流长,它贯穿于整个人类文明之中,关于珠宝首饰的记述、传奇,涉及珠宝首饰的重大历史事件,文学作品中对珠宝首饰的优美描述,以及不胜枚举的世界著名珠宝首饰珍品,都是可以成为吸引消费者,并使他们产生兴趣的良好素材。当消费者对珠宝首饰有了充分的认识,产生了良好的印象,并从内心接受了珠宝首饰文化的感染,只要条件许可,购买将会是必然的。从某种意义上讲,珠宝首饰销售的实质是一种文化的推销,只有消费者从内心认可并接受了珠宝首饰后,消费者才会实施购买行为。如果珠宝首饰营销缺少文化的气息和色彩,必然会受到某种程度的限制。

随着我国经济的不断发展,人们的生活水平不断提高,人们的审美层次、消费层次也在发生着不断的变化,表现在对珠宝首饰的选择上,更加强调个性化和装饰性,讲求时尚和流行。所谓时尚反映着一定社会条件下,审美观念的价值取向,是在相当程度上人们所接受的伦理标准或行为方式。而流行则是一种具有鲜明文化特征的社会现象,反映出人们的审美情趣在某个方面的风行与普及。由于每个消费者的具体情况不同,因此要求每个珠宝首饰销售人员,掌握必要的珠宝首饰专业知识和珠宝首饰文化知识,引导消费者去选择最适合他们的珠宝首饰。

珠宝首饰营销,作为一种商业活动自然要遵循商业活动的一般规律。但是,珠宝首饰文化在珠宝首饰营销中有很大的激励作用,可以把珠宝首饰文化看作是珠宝首饰营销的一种重要的策略或技巧。

二、开展形式多样、具有创新特色的销售推广活动

漫步街头,经常可以看到很多珠宝首饰店铺的促销活动,或冠以酬宾,或围绕价格作宣传促销,千篇一律,新意不多,很难引起消费者的注意和兴趣,因此,也很难获得实际的促销效果。如果在作促销宣传时,能精心策划、设计出一个明确的主题,立意新颖具有特色,将会起到事半功倍的效果。如有关钻石的推广既可以是对钻石形象的建立或提升,也可以以女性钻饰、男性钻饰和结婚钻戒作为主题推广,也可以依据首饰类型的不同,如戒指、项链、吊坠、耳钉等来策划推广主题。如 2000 年 4 月—6 月,De Beers 钻石推广咨询中心与国际铂金协会联合北京、上海各主要首饰零售商和批发商共同合作举办了以"夏日引力"为主题的铂金钻石吊坠的推广活动。在广告宣传、店铺布置等方面作了统一的策划。"夏

日引力"推广活动成功地引发了京、沪两地消费者购买铂金钻石吊坠的热潮,每一位女性都以拥有一条铂金钻坠项链而自豪,铂金钻坠项链已被列入消费者的首选消费。由于推广促销活动主题鲜明、立意新颖,取得了不俗的市场反应。

再如2007年3月世界黄金协会推出的"唯有金·纯金精品"推广项目,开创了纯金首饰"按件定价"的计价模式。获得了业界和消费者的普遍认可。"唯有金"的推广,对于引导纯金首饰的潮流,颠覆传统的金饰销售模式,起到了积极的推动作用。上海的老庙黄金作为世界黄金协会指定的零售商之一,采取积极措施,推广"唯有金"项目,取得了良好的市场销售业绩。

三、广告宣传和公关活动是促销的基础

在珠宝首饰营销活动过程中,经常可以看到一些珠宝首饰店铺,在店铺内以悬挂一些横幅的方式作为促销活动,似乎在店铺内挂好了横幅和标语,宣传工作即告完成,这样做其实是远远不够的。从消费心理学角度来看,成功的促销策划,应伴以足够的广告宣传和公关支持,才能引起消费者群体足够的认识,唤起他们的内在需要和兴趣。如上述"夏日引力"推广活动,就在广告宣传方面作了较好的策划和宣传,制作的专业平面广告,分别刊载在京、沪两地的高档时尚消费杂志上,以及当地家庭订阅率较高的新闻媒体上。如北京的"时尚""追求"和"北京晚报",上海的"瑞丽""大都会"和"新民晚报"等。主题鲜明的推广活动,加之强大的广告宣传吸引了消费者的注意和兴趣,唤起了消费者强烈的购买欲望。同时在公关宣传方面,采用了专题报道和新闻报道的形式,更加深了消费者对产品的印象。如在CCTV-6播出的由张曼玉代言的铂金广告"有时候我也会迷茫,悲伤的时候也会微笑,欢乐的时候也会流泪,投入的时候也会不顾一切,喜欢做女人,铂金",每一句台词都闪过一款铂金首饰,其中有张曼玉微笑、流泪及面对大海的画面,让人在观看中感动、思索,从而喜欢。

此外,在店铺内定期开设珠宝首饰专业知识讲座,或邀请珠宝首饰方面的专家、学者坐堂,解答消费者在购买过程中的疑虑,或聘请权威、独立的珠宝首饰产品质量认证机构坐堂服务,这些都是珠宝首饰店铺销售活动过程中,被消费者认可的公关活动方式。由于众所周知的原因,我国的消费者对珠宝首饰专业知识的了解程度相对较低,消费者由于不了解珠宝首饰产品知识,从主观上就会抑制消费者的消费行为。就目前我国珠宝首饰行业内,珠宝首饰店铺的运行机制来看,要使某一企业或店铺在大众传媒上大张旗鼓地开展广告宣传活动,普及珠宝首饰知识,进行消费者教育是不切实际、难以实现的。因此,这就需要每一家店铺,根据自身的条件和实际情况,做好消费者教育和宣传推广工作。在珠宝首饰销售活动中,专业人士的建议,对消费者购买行为的影响是比较大的,消费者对

店铺的专业化程度,以及信誉度特别关注。也就是说,消费者在购买活动过程中,能否得到专业人士的指点,以及商店的专业化程度,是珠宝首饰店铺销售的关键问题,也是消费者教育工作的基本内容。

目前,许多珠宝首饰店铺,在销售活动过程中,普遍使用了POP广告进行宣传,店铺内外使用了不少各类文字、图片资料,但是所起到的销售效果并不是很好,这样的广告宣传过于呆板,缺少信息的有效沟通与交流,影响了信息的传递。而有些店铺聘请专家、学者坐堂咨询,为消费者解答疑难问题,帮助消费者参谋、决策,并定期举办珠宝首饰产品专业知识讲座,向媒体和社会公布讲座的内容和时间,吸引有购买欲望的消费者前来聆听,并可就有关珠宝首饰产品方面的问题,与专家进行面对面的交流,解除消费者心中的疑惑,进一步强化和激发消费者购买的信心,具有良好的促销作用。

四、针对消费者的需求,全面提高服务质量

珠宝首饰促销不仅仅是店铺一厢情愿的事,消费者购买珠宝首饰产品,除了考虑质量和价格因素以外,还会考虑其他方面的因素,其中服务则是最为主要的。因此,想消费者所想,提供消费者所需的各种服务,是成功的珠宝首饰营销活动的核心所在,优质的服务应成为店铺竞争的重要手段。以钻石首饰的销售为例,消费者除了考虑质量及价格外,消费者还非常关心如何保养钻石首饰的问题,为此一些店铺在销售活动过程中,适时地给消费者提供这方面的知识、指导和帮助,同时免费赠送用于保养和清洁钻石首饰的小器具,并承诺提供免费清洗服务等,就会赢得消费者的欢迎,进一步促进消费者的消费需求。在现代市场营销活动过程中,消费者除了看重实体产品外,对附加产品也是非常看重的,而附加产品价值的大小,往往是消费者评价他的购后感觉,以及是否能给销售带来更多"回头客"的关键,珠宝首饰店铺必须引起高度重视。除了上述的免费清洗、维修、赠送清洁和保养钻石首饰的小器具外,还可以建立消费者档案,实施定期回访、资料赠送、二次优惠(优惠幅度随惠顾次数递增)、首饰款式的更新、调换、授予荣誉顾客等,使消费者从心理与实惠上得到真正的满足。

五、利用公众人物,提升珠宝首饰形象

从消费行为中,从众现象产生的心理机制来看,要想促进消费流行的扩展速度,就必须采取强大的促销攻势,以便形成一定的群体压力,利用消费者的从众心理,促使他们接受新的消费观念。在这一过程中,借助公众人物(名人)的权威感召力是非常重要的。因为公众人物的态度和意见,在促成群体压力产生的最初阶段,具有明显的导向作用。因此,在珠宝首饰店铺销售活动过程中,也可以

充分利用公众人物的感召力,即通过某人或某单位机构,在社会上已经树立的形象,来提升珠宝首饰产品的形象。公众人物的影响力是无形的,但它却能够使特定的产品,在公众中产生公众效应和轰动效应。因为特定的公众人物通常是引领时尚的"时尚领袖",不同的社会人群关注着特定的公众人物,并愿意追随名人的选择,这是一般消费者的一种普遍心理。通过名人的示范作用,引发消费者群体的模仿,使潜在的消费者群体,转化为现实的消费者群体。

此外,在选择怎样的名人作为珠宝首饰产品的形象代言人,须综合考虑名人已有的公众形象、产品的特征,以及目标消费者群体的特点,只有在上述几个方面相互协调,才能真正起到提升产品形象的作用。如国际铂金协会选择香港的世界著名影星张曼玉作为其产品形象代言人,推出"我的铂金"铂金项链推广活动,作为多次华人地区乃至全球影展的最佳女主角得主,其身上兼有东方的娴静神韵与西方的明艳光彩,率真而执著的性格,决不流于外在的魅力,都与铂金稀有的价值和优雅品格相得益彰,汇成"我的铂金"富有内涵与灵气的完美结合,取得了良好的效果。

六、创新营销理念,开展珠宝首饰体验营销

随着我国经济的不断发展,在市场营销领域许多新的营销理念不断涌现,其中体验营销这一新的理念,已被广泛地用于市场营销活动中,已成为市场营销和建立企业形象的新战略和新思路。因此,珠宝首饰企业的发展和良好形象的建立,也需要运用新的体验营销理念进行指导。珠宝首饰店铺营销过程中,应不断创新营销理念,开展珠宝首饰的体验营销,不断提升店铺的经营管理水平。

珠宝首饰体验营销,是指通过采用让目标消费者观摩、聆听、尝试、试用等方式,使其亲身体验珠宝首饰企业提供的珠宝首饰(或服务),让消费者实际感知珠宝首饰或服务的品质和性能,促使消费者认知喜好并购买这种珠宝首饰(或服务),最终创造满意的交换,实现双方共赢的一种营销方式。珠宝首饰体验营销的方式方法应个性化,更加关注消费者的体验,更加注重提升消费者对珠宝首饰的感知,把消费过程看作一个整体。

在体验经济中,企业形象与体验营销互相依赖、互相促进,在实现共同目标的进程中缺一不可。一方面体验营销拓宽了企业形象的范围,企业形象的建立应以全面刺激消费者产生良性体验为指导思想;另一方面,企业形象决定了体验营销的方式,运用体验营销的手段,旨在表现企业独特的优势。

珠宝首饰体验营销的关键,是一切以消费者为中心。在珠宝首店铺的营销过程中,必须始终从消费者体验的角度出发,不仅要为消费者提供高品质的产品,而且还要兼顾消费者的视觉和使用时的感受。一般认为,体验营销无非就是

加强终端现场的展示而已,其实并非如此,体验营销一旦实施,它就必须更清楚地掌握消费者的所有消费行为,关注消费者在购物前、中、后的全部体验,让消费者感觉到品牌是那么鲜活和多样化。真正做好体验营销,应当注重对消费者心理需求的研究,注重产品心理属性的开发,注重体验营销的协调性。

体验营销就是让推销成为多余,把"想顾客买"变成"顾客想买",就是让顾客去体验!体验营销是百发百中的营销方法,是最直接、最简单也是最有效的方法。

七、珠宝首饰店铺销售中应遵守职业道德

珠宝首饰是可以寄情喻志、保值传世的贵重商品,是珠宝首饰店铺销售的主要产品。有人曾比喻说,在所有的商业活动中,珠宝首饰销售是人情味最浓的一行。要使消费者慷慨解囊,除了要有良好的服务态度和相关的产品专业知识外,最重要的是珠宝首饰销售过程中,一定要遵守职业道德。在珠宝首饰业中最重要的职业道德,就是要诚信务实,严禁欺诈,以假充真、以次充好的恶劣行径。

诚信务实对任何商家来说都是适用的,无论经营什么产品都应以诚信为本。但诚信务实这一基本原则,对于珠宝首饰店的销售来说尤为重要。其原因是不同种类、不同质量的珠宝首饰产品,其价值相差很大,而且一般的消费者对珠宝首饰产品知识了解甚少,因此特别需要以销售珠宝首饰产品为主的珠宝首饰店铺,建立起自己诚信务实的形象。如果一家珠宝首饰店铺,没有诚信务实的公众形象,那么它要成为一家成功的珠宝首饰店铺,可能性几乎是没有的。

在珠宝首饰业发达的国家和地区,很多的珠宝首饰店铺,通常都有良好的售后服务措施,只要能保证是本店铺售出的珠宝首饰,如发现质量问题,或质价有异,便会毫不犹豫地予以更换和维修。而对比一下目前国内的一些珠宝首饰店的服务,还有着很大的差距。

珠宝首饰店铺营销过程中,要想真正做到诚信务实,除了要求店铺经营者主观上要有这个愿望外,客观上还要求店铺严把进货渠道关,所进的珠宝首饰产品要有质量合格证,在价签中要标明生产企业、宝石名称(天然、合成、仿真、优化等)、宝石的重量、贵金属的种类、成色和重量,同时也要了解提供产品企业的生产过程,对宝石等级的评定标准,以及款式和加工工艺水平等,从产品进店之时,就严格把好产品质量关。

在销售过程中,要严禁任何形式的价格欺诈。既不能随意涨价,也不能低价竞销、随意打折。珠宝首饰产品价格的随意变动,都会影响消费者对珠宝首饰价值的准确评估,损害消费者的信心,最终将严重妨碍珠宝首饰市场的健康发展。任何形式的价格欺诈行为,都是不良职业道德的具体表现,应予以坚决纠正!

总之，对于珠宝首饰店铺销售中的职业道德来说，服务好、产品好、信誉好、质量好、价格合理，是经久不衰的"真理"。

小　结

珠宝首饰消费者的购买行为，都是发生在珠宝首饰店铺等购物环境中。珠宝首饰店铺是珠宝首饰零售的主要场所，是珠宝首饰生产企业实现利润的主要中间环节。珠宝首饰营销活动过程中，店铺环境与营销有着密切的关系，涉及到店铺的地理位置、门面装饰、周围环境、柜台布置、色彩搭配、内部照明等因素。店铺的橱窗设计与营销也有着十分重要的联系，橱窗设计必须能充分地展示商品，给消费者以艺术享受，达到满足消费者情感的要求，这样更有利于店铺的销售。店铺购买气氛的营造，将直接关系到销售业绩的高低，包括POP广告的摆放、销售环境的布置、货品的陈列以及销售的方式等。店铺营销离不开销售人员的工作，具有良好职业态度、专业知识和技能的销售人员，将极大地有利于珠宝首饰产品的销售，注意选择和培养店铺销售人员，对于店铺销售来说是十分重要的。在现代市场条件下，珠宝首饰店铺营销，要充分重视首饰文化在营销中的作用，开展形式多样具有创新特色的销售推广和广告宣传活动，全面提高营销人员的服务质量和服务水平，创新营销理念，提升珠宝首饰形象，遵守职业道德，显得尤为重要。

第十四章　拍卖与珠宝首饰营销

珠宝首饰是人类社会珍贵的物产，它的特殊属性决定了它具有极高的社会价值和经济价值。从投资的角度来看，金融证券、房地产、艺术品以及名贵的珠宝首饰，是最重要的三个投资领域，在上述三个领域中，艺术品及名贵珠宝首饰的投资风险是最小的，其潜在的升值空间则是最大的。正如证券交易所是股票交易的二级市场一样，拍卖作为一种特殊的交易方式，将为名贵的珠宝首饰提供一个广阔的二级市场，使珠宝首饰真正通过市场的作用，实现其保值、增值的功能。本章着重介绍拍卖的基本特征、国际珠宝首饰拍卖的基本情况、拍卖在珠宝首饰营销中的意义与作用，以及中国的珠宝首饰拍卖市场的基本特点等内容。

第一节　拍卖概述

一、拍卖的含义

拍卖是具有明确规则的市场制度，在参与者竞标的基础上，通过拍卖规则来决定资源的配置和价格。从狭义的角度来看，它是有一定适用范围及特殊规则的交易类型。而从广义的角度来看，它反映了市场经济价格形成机制及资源配置的内在过程和本质机理。它设法匹配买者和卖者，以达到市场出清的均衡价格。拍卖作为最古老的价格分析机制之一，是一种起源于西方的公开竞价的买卖方式。在历史上被具体使用的实际时间已无从考证，早在公元前500年，巴比伦就使用了拍卖的交易方式。

拍卖作为一种交易方式，是价格发现方式之一。具有揭示信息、减少代理成本等功能，除此之外，拍卖还能有效地配置社会资源，因为通过拍卖能营造出一种竞争的环境，将资源分配给评价最高的竞标者，是符合效率原则的。

拍卖作为商品的一种特殊交易方式，需要具备三个条件：第一，要有两个以上的购买者；第二，买卖中要含有价格竞争因素；第三，价格竞争要在买主中展开。

拍卖的产生和发展有其客观的基础。随着经济的发展，人们对一些特殊商品的交换有了浓厚的兴趣,需求也由单一型向多元化方向发展。如对名人的字画、文物的收藏、高档的珠宝首饰等形成了一定的市场需求。而与此相反,原先拥有这些物品的人,有时需要转让、出售这些东西,这就为市场提供了货源。而这种市场供求关系通常是不平衡的,特殊商品的市场需求往往高于市场供应。由于这些商品本身的非生产性和价格的不易确定性,缺乏固定的货源,所以一般的商店和市场难以经营,物以稀为贵,在求大于供的条件下,这些特殊商品必定通过一些特殊的买卖途径,流转到需求者手中。于是,便产生了一种公平的竞争交易方式——拍卖。

随着社会的进步、经济的发展,拍卖给自身打下了深深的印记,形成了自身独特的交易风格。拍卖一般具有以下特点:

1. 拍卖是一种现货交易

拍卖交易的商品,大多是品质不能严格标准化,或者是易腐烂、变质而不能久存,或是生产者众多,产地分散的商品。历史上,羊毛、毛皮、茶叶、烟草、香料等,以及古玩、绘画、玉器、珠宝(钻石、翡翠、珍珠等)首饰等,常采用拍卖方式出售。因为拍卖的商品品质不能严格标准化,所以货物在交易前必须由买主验看,拍卖后买主一般不得对货物提出索赔等要求。

2. 拍卖是由专门机构进行的

拍卖业务不是由买卖双方直接洽谈进行的,而是由经营拍卖业务的专门机构——拍卖行(或拍卖公司),按照一定的规则、法律和拍卖规章程序进行的,拍卖行(或拍卖公司)不仅要有专门的拍卖场所,而且还需有熟悉业务和商品的工作人员,以及具有开展拍卖业务所必要的设备和条件。

3. 拍卖是根据拍卖行公告的时间和地点进行的

拍卖是根据拍卖行(或拍卖公司)公告的时间和地点进行的,通常买卖时间短,成交金额数量大。因此,在一些大型的国际拍卖中,拍卖行集中了各个不同来源、各种不同品质的商品,吸引了世界各地的买主和卖主,成为具有国际影响的中心。其拍卖价格,对同类商品的国际市场价格,将会产生一定的影响。

4. 拍卖是一种现场公开竞购交易

拍卖价格不仅仅取决于货物的品质,更主要决定于买主竞争的激烈程度,它是一种现场公开竞买的交易行为。如1991年,在英国拍卖的世界上发行最早的英国黑便士,其成交价达240万美元,而它的实际面值仅为1便士。

二、拍卖的构成因素

拍卖是由特许的拍卖人或被授权从事拍卖业务的个人或企业,以竞争的方式,将财物出售给出价最高的竞买人的一种特殊的交易方式。一般来说,当事人应由三方组成,即委托人(出卖人)、拍卖人、竞买人(应买人)。

委托人是指有财物需要拍卖的人或单位。拍卖中,委托人同普通商品交易活动中卖主一样,享有出卖物品的所得利益,同时履行一定售后担保责任,但有一个最大的约束,即委托人不得同时为竞买人。委托人在拍卖场中,不得收回拍卖前所作出的承诺,不能因出现意外情况而反悔。

拍卖人是接受他人委托,以自己名义公开拍卖他人的动产或不动产,并接受一定报酬的人。拍卖人既可以是个人、合伙联营,也可以是某种法人形式,如有限责任公司等。而拍卖业务的经营,则必须有特许的拍卖企业或拍卖行进行。

竞买人是指根据拍卖规则和拍卖程序,进行竞争出价的人。在一场正规的拍卖中,竞买人应具备以下资格:

(1)竞买人必须有权利能力和相应的行为能力,参加竞买者必须具备相当的经济实力和资本,一次拍卖前,拍卖行往往要对此进行必要的审查。

(2)拍卖中的委托人和拍卖人都不得同时为竞买人,买卖合同是卖者和买者之间就交易标的物所达成的协议。按照法律规定,卖者和买者为同一人时,买卖合同显然是不能成立的。在拍卖中,若拍卖人或委托人与竞买人为同一人时,拍卖也是不能成立的。

三、拍卖的类型

当单个物体被拍卖时,按照拍卖物体的交易规则,可以分为四种拍卖方式,增价拍卖、减价拍卖、第一价格密封拍卖和第二价格密封拍卖(或称维克里拍卖)。不同的交易规则或方式影响竞标者的策略、动机以及交易的效率。

增价拍卖方式,价格持续的增加直到没有一个竞标者出更高价,将以最高叫价获胜并且支付最高价格。由于其公开的性质,竞标者能够观察到其他竞标者的行为,在公共价值模型中,竞标者能够处理信息和动态修改竞标者的预期价格。这是用的最多的一种拍卖方式,特别是专业拍卖行,一般采用这种拍卖方式。世界上最古老、最大的两家拍卖行——苏富比(又名索斯比,Sotherby's)拍卖行和佳士得(又名克里斯蒂,Christie's)拍卖行,都起源于英国伦敦。因此这种拍卖方式常被称为英式拍卖。古董和艺术品通常采用这种拍卖方式,有时一些住房也用这种拍卖方式。我国的土地和艺术品的拍卖也采用这种方式。

减价拍卖方式,实际和增价拍卖运作的方式相反,第一个报高价的人将获胜。在荷兰,人们常用这种方式来拍卖鲜花,因此这种拍卖方式常被称为荷式拍卖。荷兰的鲜花、以色列的鱼,以及加拿大的烟草均采取该种拍卖方式。

第一价格密封拍卖,每个竞标者,在规定的时间内独立递交一个标书,而不能看别人的叫价,拍卖者在规定的时间邀请所有竞标者到场当众开标,标的将卖给出价最高的人。因此,第一价格密封拍卖也被称为高价拍卖,亦称招标拍卖或邮递拍卖。通常用于矿山开采权以及一些艺术品的拍卖中,不动产有时也用这种方式拍卖。这种拍卖方式也经常用于采购物品的招标中。

第二价格密封拍卖,每一个竞标者独立递交一个叫价,然后将该标的授予出价最高的人,但是,获胜者支付的是所有投标价格中的第二高价。这种拍卖方式,1961年由经济学家维克里提出,也称为维克里拍卖。大多数用于邮票的拍卖以及互联网上的拍卖,但是在实际的拍卖过程中使用很少。

在每一种拍卖中,如果几个人的出价相同,并且都是最高价,那么拍卖人会在他们中随机挑选一个为获胜者。比如说,在第一价格密封拍卖中,如果竞标者为二人或二人以上,以先递交的竞标者为赢;如果几个竞标者同时送到,先开标者获胜。

在每一种拍卖机制下,卖方通常会增加两种限制。一种是设置保留价(或底价),另一种是收取参加竞标的费用。在第一价格密封和第二价格密封拍卖机制下,竞标者的出价必须高于或等于保留价,否则不能成交。至于第二价格密封拍卖,如果只有一个竞标者出价,而且高于保留价,那么他获得拍卖品,并付保留价。在递增拍卖和递减拍卖中,保留价有类似的作用。卖方通常在拍卖之前公开保留价,也有的则把保留价密封。

四、拍卖的基本原则

拍卖是一种商业活动,应该保持其严肃性和合法性。因此,必须遵循以下原则。

1. 公开原则

拍卖活动必须是公开进行的民事活动,依照拍卖行为的基本特征,公开原则应包括以下内容:

(1)拍卖活动公开。拍卖人举行拍卖活动,必须在法律规定的时期内,以广告媒体或其他法律、法规允许的方式,提前公开发布拍卖公告。拍卖人接受拍卖委托后,应以适当的方式公布拍卖时间、地点、竞买条件等。限制流通的定向拍卖,还要公开载明竞买人的范围。

(2)拍卖标的公开。除在拍卖公告中,一般应标明拍卖标的基本情况外,拍卖人还应公开展示,组织和允许竞买人查看、查验标的物,拍卖人还应提供标的物的详细文字说明。在拍卖时应以实物、图像等公开展示标的物。同时拍卖人应向所有竞买人,说明拍卖标的是否有瑕疵。

(3)竞买公开。竞买公开包括两层含义:一是指竞买资格公开,即拍卖人应当公布哪些民事主体可以参加竞买,法律规定限制流通、定向拍卖的,必须公开说明竞买人应具备哪些资格;二是指竞买活动公开,拍卖活动一经公布,视为拍卖人发出要约邀请,凡有两人以上符合竞买资格的竞买人,对拍卖标的提出竞买申请后,拍卖人不得无故撤回标的或终止拍卖,更不得以其他形式转让拍卖标的。拍卖人必须公开举办拍卖会,允许所有具备竞买资格的竞买人,以公开竞价的方式,并依照价高者得的原则拍卖成交(不到底价的除外)。因法律、法规的原因及其他原因导致拍卖活动中止或终结的,拍卖人应通过公开的方式予以说明。

2. 公平原则

公平原则是指拍卖法律关系当事人,在拍卖活动中其民事权利义务平等、民事法律地位平等。因此:

(1) 凡具有民事权利能力、行为能力、能证明其对财产的合法产权或处分权的民事主体,均可成为拍卖活动的委托人。委托人与拍卖人是平等的民事主体,依拍卖行为的特征,他们之间通常是一种代理与被代理的民事关系。即使存在拍卖法或拍卖人规章所允许的委托人与拍卖人联合拍卖的情况,其平等民事主体的法律地位依然是不可改变的。拍卖人在对委托人的委托资格进行审查时,应依据法律、法规和事实,予以公平对待。其中委托人是否愿意委托,拍卖人是否接受委托,是单一的委托拍卖,还是某种形式的联合拍卖、双方的权利义务如何,风险及利益的承担和分配、法律责任问题,等等,都要在符合拍卖法规定和双方自愿协商的前提下,以书面委托拍卖合同加以确定。尤其是拍卖人不得利用自己熟悉拍卖业务,掌握市场情况等优势,或委托人处于某种困境等情况下,采用强迫、欺诈等不公平的方法对待委托人,以达到自己的目的。

(2) 凡具备相应的民事行为能力,并符合竞买资格的民事主体,均可平等地参加竞买活动,拍卖人不得以除法律、法规另有规定的其他理由,拒绝竞买人的竞买申请,妨碍其参与公平竞争。

(3) 在竞买中,对同一应价或报价,除法律规定允许某竞买人有优先买受权的以外,其他竞买人均享有最高报价或应价取得拍卖标的的权利。竞买人无上、下级之分,无法人、社团、公民等身份之别,拍卖法对每一竞买人的平等竞买资格,予以平等保护。

3. 公正原则

拍卖是以拍卖人为中介,并通过其中介服务代理委托人,向不特定的竞买人,以公平竞价的方式,出售拍卖标的的一种特殊交易行为。在拍卖活动过程中,拍卖人可向所有符合资格的竞买人,提供平等、公开竞买的机会,为买卖双方服务。由于拍卖人具有中介人的性质,拍卖又是一种即时兑现、不得反悔的成交

方式。因此,法律上要求拍卖法律关系当事人,进行拍卖活动、从事拍卖交易,必须公正。公正的拍卖活动具体表现为以下几个方面:

(1)拍卖人及其工作人员,不得以竞买人身份参加本拍卖机构举办的拍卖,也不得委托他人代为竞买。因拍卖人及其工作人员了解拍卖底价、竞买申请登记情况等商业机密,如参加竞买会损害委托人的利益,影响其他竞买人成交。若有这种情形发生,可视为不公正行为,一旦发现,竞买无效。

(2)拍卖人不得有不公正对待竞买人的行为。竞买人除享有公平竞争的权利外,依据拍卖法的规定,还享有公正竞争的权利。拍卖活动过程中,拍卖人不得有歧视竞买人、故意误导竞买人,使其无法成交或超高价成交的行为,更不允许对竞买人,有欺诈、舞弊、私下交易等侵犯竞买人民事权利的行为。上述情形如有发现,拍卖无效。

(3)拍卖各方当事人之间,串通、操纵竞价的行为是违反公正原则的。拍卖各方当事人之间串通、操纵竞价,是拍卖交易过程中最常见的一种不公正行为。其主要表现有两种:一是拍卖人与个别竞买人事先串通,在拍卖交易时,制造相互竞价的假象,致使报价或应价不断上扬,诱导其他竞买人,以非常之高价竞买成交,达到从中获利的目的(此举俗称"托");二是竞买人之间相互串通,当报价或应价达到或略高于底价时,便不再应价或报价,达到以底价或较低价格成交的目的。上述两种不公正的拍卖现象,或侵犯、损害了其他竞买人的民事权益,或给拍卖人、委托人造成经济损失。因此,一经发现和查实,拍卖活动无效。

(4)委托人应向拍卖人,同时拍卖人也应向竞买人,指明或提示其知道或应当知道的拍卖标的的瑕疵。除法律、法规另有规定外,委托人、拍卖人对拍卖标的,应当承担瑕疵担保责任。委托人如故意隐瞒标的瑕疵,由此造成拍卖人、买受人损失的,或拍卖人隐瞒标的瑕疵,而造成买受人损失的,视为有欺诈的、不公正行为,责任人应负赔偿责任。

(5)委托人不得竞买本身所委托拍卖的标的,也不能委托他人代为竞买。为确保拍卖活动的公正性,拍卖人应认真审查竞买人的竞买资格,不得应允委托人或其他代理人,参加委托人本身委托拍卖标的的竞买。否则,很可能出现委托人或其代理人故意哄抬价格,诱导其他竞买人高价成交,而从中渔利的不公正现象。上述情形一经出现并被确认,其竞买行为应视为无效和违法,造成买受人损失的,行为人应负赔偿责任。

4.诚实信用原则

拍卖法律关系当事人在进行拍卖活动时,应恪守诚实信用原则:

(1)拍卖人与委托人及拍卖人与买受人之间,应自觉履行委托拍卖合同、拍卖成交确认书中所约定的各自义务,以保证拍卖活动的顺利进行。

(2)在整个拍卖活动中,拍卖法律关系各当事人的意思表示及行为,应真实、善意和诚实。委托人不得有意隐瞒标的的瑕疵;拍卖人不得做虚假广告、虚假说明,不得以假充真、以次充好;竞买人不得对自己的应价、报价反悔;买受人成交后不得不付款、少付款。

5. 价高者得原则

竞价买卖,是拍卖交易最突出、最基本的特征。任何一种拍卖标的,无论采用何种拍卖方式,竞买人必须以达到底价(无底价拍卖除外),并为拍卖人所接受的最高报价或应价时,才可成为买受人(法律、法规另有规定的除外,如同一最高应价中债权人有优先买受权,密封递价拍卖时,报价相同者先向拍卖人报价的成为买受人),这就是价高者得的原则。

价高者得是拍卖活动公开、公平、公正原则的集中体现和必然要求,是拍卖人、竞买人、买受人必须共同遵守的拍卖行为准则之一,是拍卖交易的真正魅力所在。失去了这一准则,就不成其为拍卖。价高者得原则所包含的具体要求有:

(1)拍卖人、竞买人一经应价或报价,视为要约或承诺成立,当事人不得反悔,其应价或报价不能撤回。

(2)竞买人有按照不低于拍卖人事先宣布的加价幅度,自由加价的权利,对符合规定的加价,拍卖人应予接受,其他竞买人不得干扰和反对。

(3)出价或应价最高,并达到拍卖底价的竞买人取得拍卖标的(无底价拍卖的任何出价均视为达到拍卖底价)。

(4)违反价高者得原则的拍卖活动,拍卖法律关系当事人可以提出反对,反对成立的,拍卖无效。

第二节 国际珠宝首饰拍卖概况

拍卖行是一种贸易公司,是专门从事物品拍卖的机构。拍卖行历史悠久,随着商品经济的发展,它本身也在发展变化。到20世纪,世界重大的文物艺术品拍卖活动,已被世界上最负盛名的两大拍卖行所垄断,这两家拍卖行就是苏富比拍卖行和佳士得拍卖行。

一、世界著名拍卖行简介

1. 苏富比拍卖行

苏富比拍卖行,由英国人塞缪尔·贝克(Samuel Baker)在1744年创立的,至今已有270年的历史。贝克早年是一位书商,1733年在伦敦开了一家书店,从事古籍图书方面的买卖。当时的英国,尤其是在伦敦,售书之风日甚。许多贵族或有钱人去世后,家境不济,其家人便把死者生前收藏的图书卖掉,补贴家用。在这些变卖的图书中,往往藏有善本图书。贝克看准了这是一个有利可图的行当,毅然改弦更张,走上了拍卖书籍的道路。

1778年,贝克去世后,他的所有财产传给了侄子约翰·苏富比(John Sotheby)和另外一个合伙人乔治·李(George Leigh)。并开始使用苏富比拍卖行这一名称,并一直沿用至今。乔治·李的拍卖技巧更胜一筹,在拍卖过程中,懂得如何在买家相互竞争时,加强冲突气氛。从此,奠定了苏富比拍卖行的拍卖风格。1861年,苏富比家族后继无人,拍卖行几度易主,经营的范围从图书扩大到古币、瓷器、邮票、油画等多种项目,营业额也有较大的增长。

第二次世界大战后,绘画作品的拍卖,逐渐成为苏富比最大的经营项目。1936年,彼得·威尔逊(Peter Wilson)进入了苏富比拍卖行,并很快被提升为总裁,在他的领导下,苏富比拍卖行开始向海外发展。1955年,苏富比拍卖行首先在纽约开设了分部,开始迈向潜力巨大的美国市场。1964年,苏富比买下了位于纽约的美国最大美术品拍卖行——帕克·伯尼特(Parke-Bernet)拍卖行,虽然公司总部仍设在伦敦,但由威尔逊本人亲自兼任纽约分行总裁。此举不但极大地震惊了国际拍卖业界,而且使苏富比的经营实力,获得了进一步的提升。经过几十年的不断开拓,苏富比在纽约的拍卖市场日益壮大,已经和伦敦总部一起,成为苏富比在全球的两大拍卖中心。随着在美国扩展的成功,1967年,苏富比又在巴黎、洛杉矶和休士顿设立了分部,此后两年内,又相继在墨尔本、佛罗伦萨、苏黎世、香港、日本等地设立了分支机构。1974年,苏富比又以锐不可挡之势,兼并了荷兰国内最大的拍卖行——位于阿姆斯特丹的马克范·韦拍卖行,更加有力地巩固了苏富比在国际拍卖业中不可动摇的统治地位。

1983年,美国富商阿尔弗雷德·托普曼(Alfred Taubman)买下了苏富比。20世纪80年代末期至90年代初期,苏富比又一次迎来了国际拍卖业的黄金时代。在拍卖机构方面,苏富比的全球分行和办事处已达78家之多。在拍卖价格方面,苏富比一次次改写着拍卖的纪录,一项项新的纪录以几何级数上升,而被神话般地创造出来,致使公司的营业额陡增。

苏富比的拍卖,主要在伦敦和纽约举行,其他则根据地域划分举行各种拍卖,如宝石拍卖主要在瑞士,艺术装饰品的拍卖在摩纳哥,中国瓷器、翡翠制品的拍卖主要在中国香港等。目前,世界各地共有100多家分公司。此外,苏富比公司还设有不动产部门,专门从事区域性土地的拍卖。

2. 佳士得拍卖行

佳士得拍卖行也有着悠久的历史,它由苏格兰人詹姆斯·佳士得(James Christie)于 1766 年创立,也已有近 250 年的历史。早年从事古籍和珍贵手抄本的买卖,1766 年,主持第一次公开拍卖便获成功。几年之后,佳士得已在拍卖行业崭露头角,开始从事绘画、宝石、家具、书籍等各类艺术品的拍卖。

1803 年,佳士得去世,小佳士得继承父业。面对激烈的市场竞争,小佳士得认为,只有不断开拓经营范围,才能求得生存和发展。于是,他断然决定到当时方兴未艾的房地产拍卖中一展身手,此举大获成功,奠定了佳士得公司在房产拍卖方面的权威地位。此后 100 多年来,英国和世界各地许多著名庄园、府第的拍卖,都是由佳士得完成的。

20 世纪 60 年代末期,佳士得拍卖公司开始蓬勃发展。1968 年,首次将触角伸向国外,在瑞士的日内瓦设立了第一家分支机构。1977 年,开始进入美国市场,此后又在巴黎、罗马、阿姆斯特丹、蒙特利尔、马德里、斯德哥尔摩、纽约、洛杉矶、香港、摩纳哥、芝加哥、布宜诺斯艾利斯和悉尼等世界数十个主要城市,设立了分行和办事处。在伦敦,佳士得每天都举行拍卖。在日内瓦、罗马、阿姆斯特丹、悉尼和蒙特利尔等地,佳士得则每年定期举行几次拍卖。据统计,佳士得每年环球拍卖,一般提交各类物品在 25 万件左右,包括书画、家具、瓷器、珠宝首饰等,通常至少有 10 万件左右能够成交。

佳士得公司的拍卖内容和苏富比公司大体相同,分类也与其相似。另外,它还负有帮助英国国立博物馆收藏国家级艺术品的义务。佳士得公司的拍卖会场遍布世界各地。它在伦敦总部几乎每天都进行拍卖。在摩纳哥一年进行两次拍卖,而在日内瓦则一年举行 12 次拍卖。在美国佳士得主要在纽约、洛杉矶、芝加哥等地进行拍卖。在我国的香港地区,主要拍卖中国的瓷器和翡翠制品。

由于世界两大拍卖行的拍卖日期,是有意错开的。因此,到了拍卖那天,世界各地几乎所有的收藏家、企业家、银行家、投资家、博物馆工作人员都能前去参加。200 多年来,佳士得公司不断发展,生意蒸蒸日上。现在它在世界各地设立了 106 个分支机构,聘用了千余名专家为其服务。

二、国际珠宝首饰拍卖概况

世界上最重要的珠宝首饰拍卖,每年分别在苏富比和佳士得举办 4 次,一般情况下,4 月、10 月在纽约,5 月、11 月在日内瓦,而翡翠首饰的拍卖,则每年春、秋两季在中国的香港进行,两大拍卖行的珠宝首饰拍卖,吸引了世界上众多的投资家、银行家、企业家和收藏家,并且不断地创造着珠宝首饰拍卖的价格纪录。

1. 拍卖槌下的钻石

钻石是珠宝首饰拍卖中最主要的拍卖品,许多世界级名钻,都曾在拍卖会上落槌易主。如麦克莱恩钻石、伯顿·泰勒钻石等都曾有过这种经历。麦克莱恩钻石是一颗产自印度的钻石,重 31.26ct,呈长角阶梯型,颜色和净度俱佳。这颗钻石曾是美国女富翁伊瓦琳·麦克莱恩的财产,她死于 1947 年。1949 年,美国现代著名的珠宝大享哈里·温斯顿(1896—1978)买下了她留下的所有珠宝首饰,后来他将这颗钻石卖给了英国的温莎公爵,公爵又将这颗钻石送给了公爵夫人。钻石被镶嵌在一枚白金首饰上,温莎公爵夫人死后,根据她的遗愿,将其所有的首饰拍卖后,所得的款项全部捐赠给法国的巴斯得医学研究中心。1987 年 4 月 3 日,苏富比拍卖行在瑞士日内瓦举办了温莎公爵夫人珠宝首饰拍卖会(Jewels of the Duchess of Windsor),拍卖商尼古拉斯·艾纳在日内瓦主持了这次举世闻名的拍卖。这次拍卖活动,通过卫星与纽约电视联网,在纽约由约翰·迈瑞森主持竞卖。私人买主和美国商人,将竞买室挤得水泄不通,有的拍卖品被竞卖 10 次、50 次,甚至 100 次。305 件拍卖品的总成交价逾 5000 万美元,而预计总价仅为 1000 万美元,是预计总价的 5 倍,可谓盛况空前。而麦克莱恩钻石则是这次拍卖会中,成交价最高的一件珠宝,这颗钻石的起拍价格为 70 万美元,没有几个回合就竞价到 200 万美元,而最后一名来自日本的竞买者,以 270 万美元的价格,买走了这颗钻石。

伯顿·泰勒钻石,1966 年产自世界著名的钻石产地南非的普列米尔矿山,钻石原石重 240.80ct,哈里·温斯顿买下这颗钻石,并把它切磨成重 69.42ct,呈梨型的饰钻。1967 年,温斯顿将这颗饰钻卖给了美国女富翁哈里特·艾姆斯夫人,两年后她将这颗钻石送到纽约苏富比拍卖行拍卖。拍卖前媒体对此进行了全面的报道,这引起了好莱坞著名影星理查德·伯顿先生的浓厚兴趣,他正在为他的妻子,同为好莱坞影星的伊丽莎白·泰勒,寻觅一颗优质的钻石。对于竞买这颗钻石,还有一个相当诱人的条件,即这颗将要拍卖的钻石尚未命名,买主有权命名这颗钻石,这样可使买主永载"钻石史册"。拍卖在 1969 年 10 月 23 日举行,理查德·伯顿先生并未亲自到场参加竞买。拍卖开始后,价格一路上扬,最后纽约的卡地亚(Cartier)珠宝公司,以 105 万美元的价格购得了这颗钻石,并将钻石命名为"卡地亚"。4 天后,卡地亚公司又将这颗钻石以 110 万美元的价格,卖给了理查德·伯顿先生,但有一个附加条件,即这颗钻石要在纽约和芝加哥的卡地亚专卖店的橱窗内公开展览一段时间,由于名钻、名人的轰动效应,吸引了很多人到卡地亚商店参观这颗钻石,卡地亚作了一次成功的广告宣传,且名利双收。经过这次易手后,这颗钻石也被更名为伯顿·泰勒钻石。

除此之外,两大拍卖行自 20 世纪 80 年代以来,围绕着钻石的拍卖,也曾创下了许多重要的成交价格纪录。

1987年4月28日,纽约佳士得拍卖行,成功地拍卖了一颗0.95ct的紫红色圆形钻石,拍卖成交价为88万美元(即合每克拉92.6135美元),创造了彩色钻石拍卖的每克拉单价的最高纪录。但这一纪录到2007年11月被打破了,2007年11月15日,在日内瓦的佳士得拍卖行,拍卖出了一颗重2.26ct的紫红色钻石,其成交价为266.7567万美元(合每克拉118.034万美元),再次创造了新的彩色钻石拍卖的克拉单价纪录。而1988年4月20日,纽约佳士得拍卖行,拍卖出了一颗优质的三角形D色无瑕钻石,钻石重52.59ct,拍卖成交价为748万美元,合每克拉14.2232万美元,创造了当时无色钻石拍卖每克拉单价的最高纪录,并一直保持了近20年。2007年11月14日,该纪录被打破了,在日内瓦苏富比拍卖行,成功地拍出了一颗重84.37ct,D色的无瑕钻石,拍卖成交价为1620万美元,合每克拉19.2011万美元,创造了新的无色钻石拍卖每克拉单价的新纪录。

1990年11月14日,日内瓦苏富比拍卖行,成功地拍卖了一颗D色、无瑕,重达101.84ct的优质大钻石,拍卖成交价为1595万瑞士法朗(约折合1276万美元)这是一颗长36.37mm的梨形钻石,将给予购买者命名的权利。

钻石拍卖史上无色钻石和彩色钻石每克拉最高拍卖价,见表14-1、表14-2。

表14-1　无色钻石每克拉最高拍卖纪录价格表

序号	颜色等级	净度	琢型	重量(ct)	拍卖成交价(万美元)	每克拉成交价(万美元)	拍卖行和拍卖地点	拍卖日期
1	D	无瑕		84.37	1 620	19.201 1	苏富比,日内瓦	2007.11.14
2	D	无瑕	三角型	52.59	748	14.223 2	佳士得,纽约	1988.4.20
3	D	无瑕	梨型	101.84	1 595万瑞士法朗(约折合1 276万美元)	12.529 4	苏富比,日内瓦	1990.11.14
4	D	无瑕	阶梯型	41.28	880万瑞士法朗(约折合508.670 5万美元)	12.322 4	佳士得,日内瓦	1980.11.19
5	D	无瑕	三角型	32.52	352	10.824 1	苏富比,纽约	1988.10.18
6	D	无瑕	梨型	85.91	913	10.627 4	苏富比,纽约	1988.4.19

表 14-2 彩色钻石每克拉最高拍卖纪录价格表

序号	颜色等级	琢型	重量(ct)	拍卖成交价(万美元)	每克拉成交价(万美元)	拍卖行和拍卖地点	拍卖日期
1	紫红色		2.26	266.756 7	118.034	佳士得，日内瓦	2007.11.15
2	紫红色	圆钻型	0.95	88	92.613 5	佳士得，纽约	1987.4.28
3	蓝色	圆钻型	6.19	484 万瑞士法朗（约折合 392 万美元）	63.327 9	苏富比，纽约	1990.11.15
4	黄绿色	梨型	3.02	170.5	56.457 0	苏富比，纽约	1988.4.19
5	蓝色	梨型	10.62	516.56 万瑞士法郎（约折合 440.4 万美元）	41.468 9	苏富比，日内瓦	2004.11
6	粉紫色	阶梯型	3.14	126.5	40.286 6	佳士得，纽约	1989.4.11
7	蓝色	梨型	7.05	209	29.645 4	佳士得，纽约	1989.4.11

2. 拍卖槌下的翡翠首饰

除了钻石以外，翡翠首饰也是拍卖行经常拍卖的珠宝首饰。由于优质翡翠具有颜色艳丽、质地细腻温润、晶莹剔透，被誉为"玉石之冠"。加之优质翡翠产量极为稀少，又由于中华民族自古以来就有崇玉、赏玉之风。因此，优质翡翠饰品的拍卖，颇受华人的青睐，它融合了历史文化和自然精粹两个方面，成为一种特殊的收藏品。翡翠的价值高低不仅取决于翡翠本身的质量，而且也取决于接受者内心对它的愉悦程度，即只要喜欢，多少钱都愿意购买。香港苏富比和香港佳士得拍卖行，每年春、秋两季都要进行翡翠首饰的拍卖，且成交势头强劲，成交金额逐年屡创新高，如 1996 年秋季香港佳士得拍卖行拍卖翡翠首饰总成交额为 8300 万港元，创造了当时翡翠首饰拍卖成交金额的世界纪录，但是这一纪录仅保持了很短的时间。在 1997 年春季香港佳士得拍卖行，拍卖翡翠首饰总成交额飙升到 1.3 亿港元，刷新了上一纪录。但到 1997 年秋季拍卖会，又创出了翡翠首饰拍卖总成交额 1.625 亿港元的历史最高纪录。

不同的翡翠首饰的拍卖价格纪录也不断被刷新。1997 年 11 月 6 日，香港佳士得拍卖行拍卖了一条由 27 颗温润细腻、颜色翠绿、晶莹剔透的翡翠珠子组成的珠链,以创纪录的 7262 万港元的价格成交,创造了翡翠首饰拍卖史上单件首饰成交价最高的历史纪录,组成该珠链的翡翠珠子大小相近,平均直径为 15.6mm,并配有一颗 10ct 重的钻石扣。这项纪录在 2012 年 11 月 28 日,香港天成国际珠宝及翡翠秋季拍卖会上,拍出了一条由 23 颗圆珠组成的翡翠珠链,珠径为 20.71～17.35mm 不等,每颗翡翠圆珠晶莹剔透、色泽均匀、质地细腻,拍卖成交价达到了 10 600 万港元,创造了新的翡翠珠链拍卖纪录。但是,这项纪录在不到 2 年的时间内,又再次被刷新,2014 年 4 月,一条由 27 颗"老坑"种翡翠组成的珠链,并镶有卡地亚制作的链扣,在香港苏富比拍出了 21 400 万港元的高价。2000 年春季,香港佳士得拍卖行,拍出了一颗翡翠蛋面戒指,拍卖成交价为 1324.5 万港元,创下了翡翠蛋面戒指拍卖成交价的最高纪录。随着近年来翡翠价格的持续攀升,翡翠首饰的拍卖价格纪录不断被刷新,2014 年 4 月,香港苏富比拍卖行拍出了一只颜色满绿、晶莹剔透的翡翠手镯,成交价达到了 4350 万港元。1997 年 4 月 29 日,香港佳士得拍卖行拍卖了一对翡翠双环钻石耳环,成交价为 1322 万港元,创下了翡翠耳环拍卖最高成交价的纪录。2005 年 11 月,香港佳士得拍卖行拍卖出了一颗翡翠马鞍戒指,成交价为 493.6 万港元,创下翡翠马鞍戒指的拍卖最高成交价的纪录;在这次拍卖会上,还拍卖出了一枚翡翠玉佩,成交价为 695.2 万港元,创下了翡翠玉佩拍卖最高成交价的纪录。

香港佳士得和香港苏富比拍卖行,拍出的各种极品翡翠首饰的拍卖成交价格,见表 14-3。

表 14-3 极品翡翠首饰拍卖成交价格纪录表

序号	拍卖成交价(万港元)	拍卖地点	拍卖日期
翡翠珠链			
1	3 302	佳士得,香港	1994.10
	21 400	苏富比,香港	2014.4
2	10 600	天成国际,香港	2012.11
3	7 262	佳士得,香港	1997.11
4	5 666	佳士得,香港	2010.4
5	4 322	苏富比,香港	2010.11
翡翠手镯			
1	4 350	苏富比,香港	2014.4
2	4 044	佳士得,香港	2014.5

续表 14-3

序号	拍卖成交价（万港元）	拍卖地点	拍卖日期
3	1 212	佳士得,香港	1995.5
4	970	佳士得,香港	1995.11
5	959	苏富比,香港	1996.11

翡翠蛋面戒指

序号	拍卖成交价（万港元）	拍卖地点	拍卖日期
1	1 324.5	佳士得,香港	2000.4
2	1 018	佳士得,香港	2009.4
3	812.64	苏富比,香港	2004.11
4	750	佳士得,香港	1997.11
5	688	佳士得,香港	2014.5

翡翠马鞍戒指

序号	拍卖成交价（万港元）	拍卖地点	拍卖日期
1	493.6	佳士得,香港	2005.11
2	387	佳士得,香港	1995.11
3	420(1对)	佳士得,香港	1994.4

翡翠胸针

序号	拍卖成交价（万港元）	拍卖地点	拍卖日期
1	497	佳士得,香港	1995.11
2	354	佳士得,香港	1995.5

翡翠钻石耳环

序号	拍卖成交价（万港元）	拍卖地点	拍卖日期
1	1 322	佳士得,香港	1997.4
2	758	苏富比,香港	2010.10
3	592.75	苏富比,香港	2008.4
4	572	苏富比,香港	2006.10
5	569.6	苏富比,香港	2007.4

翡翠玉佩

序号	拍卖成交价（万港元）	拍卖地点	拍卖日期
1	695.2	佳士得,香港	2005.11

拍卖会上的翡翠首饰拍卖品，通常都是珍贵稀有、高品质的首饰。买家竞投拍卖品主要有三个目的：①丰富自己的收藏品；②作为一种投资；③在拍卖会上能购得合理价钱的拍卖品。其中将购买翡翠首饰作为一项投资是主要的竞标目的。

翡翠在华人社会深受喜爱，因为中国人相信翡翠能带来好运及健康，亦视之为财富的象征。不少港人和东南亚人士将购买翡翠首饰作为一项投资。由于优质的翡翠很稀少，而每件翡翠首饰拍卖品的色泽皆不相同，一件质感厚实而翠绿晶莹的翡翠珍贵稀少，且可遇而不可求。买家也知道如果错失了机会，就可能再也买不到。因此，翡翠首饰便有其较高的投资价值。

大部分买家在挑选翡翠时，首先看中的还是翡翠的颜色、种和质地；其次，是切磨及制作工艺，精心琢磨能使质地纯美的良玉美材更显晶莹剔透；最后，才是看款式设计。

以往翡翠矿产资源的开采全靠人工，近年来已开始使用一些新式及有效的机器。虽然开采出的翡翠以千吨计，但其中能达到顶级的翡翠是十分稀少的。此外，由于翡翠原石的供应并非无限，所以顶级的翡翠首饰越来越珍罕。拍卖行的珠宝专家，会定期前往世界各地为有兴趣委托拍卖的收藏家进行鉴定，务求将最优质的翡翠首饰推出拍卖，以获得最合理的价格。

第三节　拍卖在珠宝首饰营销中的意义与作用

拍卖，作为一种特殊的交易方式，从古至今主要限定于一些特殊性的商品，这些商品的价值，通常不是简单地由原材料加加工制作费用所构成，而主要是由于其珍稀罕见，有一定的历史、文化内涵和艺术价值，才为人们所珍视，乐于高价购买收藏。作为拍卖的文化艺术品，也不同于其他商品，会被消耗掉或丧失使用价值，拍卖中的文化艺术品，一般都是遵循流通—收藏—再流通—再收藏的模式而世代相传。实质上，拍卖活动是对人类历史流传下来的珍贵物品，在不同历史时期进行价值的重估，以使人类文明的遗产，在不同的社会生产力发展水平和财富积累水平上，获得相应的价值地位。而高档、名贵的珠宝首饰是传统的收藏对象，以其特有的观赏性和保值性，成为社会富有阶层收藏的"宠儿"，也是拍卖行拍卖的主要物品之一。

毫无疑问，珠宝首饰的拍卖结果，是最能准确反映珠宝首饰业状况的重要参考指数之一。首先，它明确地指出了交易的准确价格，即买主欲购买的价格。其次，拍卖结果说明了买主愿意付出的最大保值金额。

此外，拍卖与其他市场形式不同，它不仅在拍卖品上提供了更多的选择性，在质量上提供更高的可靠性，更可以使买家直接面对拍卖公司的专家，直接获取各种收藏知识及各类珠宝首饰的国际市场行情、趋势。因此，珠宝首饰拍卖与收藏有着密切的关系。由于拍卖会上拍卖的珠宝首饰，需经过专家筛选、研究、鉴定、评估，并由其写出详细的评估报告。由于这诸多方面的优越性，越来越多的珠宝首饰珍品向拍卖市场汇集，越来越多的收藏家，发现拍卖市场是购得珠宝首饰珍品的最佳市场，而越来越多的珠宝首饰业内人士也已认识到，将他们的极品、珍品公之于拍卖会众多买家面前，通过公正、公平、公开的竞价，将会得到一个最佳的市场价格。

第四节 中国珠宝首饰拍卖市场分析

一、历史回顾

随着改革开放的不断深入，中国经济的持续发展，国民经济综合实力的提高，珠宝首饰拍卖与收藏已悄然在中国大陆兴起。但目前市场上多数销售的珠宝首饰产品，从收藏的角度来说，并不具备很强的收藏价值，收藏者期待着更优质的珠宝首饰出现，期待着真正值得收藏的极品的出现。另一方面，高档的珠宝首饰也需要更好的市场形式，以获得更合理的价格。从这两个方面，都呼唤着珠宝首饰拍卖市场的出现。为了顺应这一历史潮流，20世纪90年代初期，在北京、上海、广州、西安等地相继出现了从事艺术品拍卖的公司。如1992年9月20日的西安文物拍卖会，成功地拍卖出了一只翡翠鼻烟壶，拍卖成交价为7万美元。同年，10月11日—14日的北京国际拍卖会上，拍卖的商品有瓷器、珠宝玉器、鼻烟壶等，其中一条翡翠项链以20万美元的价格拍卖成交，为该拍卖会所有拍卖品中成交价最高的。自此开始，中国的珠宝拍卖市场开始形成。虽然通过拍卖来购买贵重商品的形式，尚未被大众普遍熟悉和了解，但通过拍卖高质量的精品珠宝首饰，一方面有品质方面的信誉保证，另一方面因其价格向全社会公开，其"身价"为公众所认可，因此，更具有保值性。

1994年11月，由中国嘉德国际拍卖有限公司主办的"中国嘉德'94秋季拍卖会"，有近百件玉器及鼻烟壶拍卖品，其中最高拍卖价为一清代早期白玉雕佛造像，玉质细腻，刀法精湛，玉佛丰满安详，底为莲花座，成交价为57.2万元。一对清朝乾隆白玉碗，晶莹润泽，光洁夺目，以41.8万元成交。一对清朝乾隆碧玉香薰以25.3万元成交。一块清朝乾隆诗文人物牌，长5.3cm，玉质、工法俱佳，标价6～8万元,经过几番激烈的竞价,成交价达11万元。一个清朝乾隆白玉雕莲蓬形佩,小巧精致,光润剔透,评估价为0.6～0.8万元,而最终以1.76万元拍卖成交。

在中国的珠宝首饰拍卖史上,值得提出的是1995年5月10日,中国嘉德国际拍卖有限公司举办了中国大陆首次珠宝首饰专场拍卖,51件钻石、翡翠、宝石首饰,在拍卖师的拍卖槌下成交,成交率达6成。其中一对清代高透满绿翡翠手镯以49.5万元成交,该次拍卖会共有9件拍卖品,拍卖成交额超过10万元。其中一串珍珠翡翠项链以40.7万元成交,项链由直径9mm的海水养殖珍珠共187颗组成,颗颗晶莹圆润,上衔两颗椭圆形翡翠,翠色浓正,周围配镶近9ct重的钻石。一枚女戒,由18K白金分别镶有一颗重2.02ct的金黄色钻石和一颗重2.05ct的无色钻石,成交价为34.2万元;另一枚女戒,由18K白金镶1颗重达5.06ct的大钻石,两侧配镶9颗小钻,共重1.22ct,以39.6万元成交。一块翡翠雕花诗文牌,体积为4.6cm×3.4cm×1.9cm,正面雕有寿星、仙鹤、寿桃,背面隐琢兰花,上雕阳文诗句:"人生不满公今满,世上难逢公正逢。"款识:梅。整块翡翠水头极佳,绿色极好,雕工精湛,寓意吉祥。评估价为14～16万元,而最终拍卖成交价为22万元。此举开创了中国现代意义上的珠宝首饰拍卖。

此后,全国又相继有十余家拍卖公司进行了珠宝首饰的专场拍卖。由此可见,珠宝首饰拍卖在中国大陆前景广阔。

二、中国珠宝首饰拍卖市场特点

综观中国大陆的珠宝首饰拍卖市场,主要有以下特点:

1. 玉器拍卖是中国珠宝首饰拍卖的主要拍品

"玉不琢,不成器",琢制玉器在我国已经有7 000多年的历史,是中华文明的重要组成部分。中国古代以珠玉为宝,尤其对玉倾注了无限的感情,用玉比德于人,如东汉许慎在《说文解字》中将玉的品质归为五德:"玉,石之美者,有五德:润泽以温,仁之方也;鳃理自外,可以知中,义之方也;其声舒扬,专以远闻,智之方也;不折不挠,勇之方也;锐廉而不忮,洁之方也。"可以说自古以来,不论是贫、富、贵、贱哪一阶层的中国人,皆把玉视为文化的象征,视为最贵重的珍宝,今人也仍持有同样的"玉石情结",表现在中国珠宝首饰拍卖市场上,玉器(不论是古玉,还是现代玉器)仍是主要的拍卖品,且成交势头强劲,屡创拍卖成交价格纪录。

2. 无底价拍卖的推出,是珠宝首饰拍卖向着多元化方向发展的一个重要标志

珠宝首饰拍卖与收藏,是一对相依相随的兄弟,但拍卖与社会经济的发展也

是互相关联的,随着拍卖市场竞争的日益激烈,珠宝首饰拍卖品种也在不断地拓展,表现在珠宝首饰拍卖市场上,既有高档珍品,又有中档拍品,甚至较低价位的拍品,这种多档次、多品种的珠宝首饰拍卖,是珠宝首饰拍卖向着多元化方向发展的一个重要标志,可以最大程度地满足不同层次收藏者的需求。而无底价珠宝首饰拍卖的推出,恰恰满足了人数多、范围广、一般收入阶层收藏的需要。因此,一经推出便取得了成功。

3. 国内买家,渐趋成熟

近年来,随着我国经济的不断发展,出现在珠宝首饰拍卖会上的国内买家逐渐增多,从这一侧面也反映了我国经济发展的水平。由于国内经济的持续快速发展,使得低风险、高保值的珠宝首饰收藏,成为很多富裕阶层人士热衷的投资收藏品。许多竞买者在竞买过程中,不但了解珠宝首饰的市场价值,而且具有相当高的珠宝首饰鉴赏评估能力,说明了国内买家正在逐渐成熟。

4. 珍品、极品仍是买家竞买的主要对象

不论是珠、玉、翠、钻,在拍卖市场上最受买家青睐的是珍品和极品,这也是由珠宝首饰的本质特性所决定的。大家都知道,低档廉价的珠宝,由于其产量相对较大,稀有性程度较低,因此,升值的空间较小。而珍品、极品珠宝首饰,由于其产量小,稀有性程度高,升值潜力相对较大。

珠宝首饰拍卖市场的出现,为珠宝首饰收藏开辟了新的渠道,使它实现了社会价值和经济价值。由于珠宝首饰拍卖在我国是一个刚刚兴起的新兴市场,我国的珠宝首饰拍卖尚处于起步阶段,但具有极大的发展潜力。随着我国经济的不断发展,随着艺术品、珠宝首饰拍卖市场的逐步规范和整体走向成熟,有理由相信中国珠宝首饰拍卖市场的潜力是巨大的。珠宝首饰拍卖,必将成为中国珠宝首饰业不可缺少的一个重要环节,珠宝首饰拍卖也将成为中国珠宝首饰市场的一个重要组成部分,具有良好的发展前景。

三、中外珠宝首饰拍卖企业比较

1. 人才方面的比较

国外珠宝首饰拍卖企业一般都有高水平的拍卖师,具有珠宝鉴定和评估方面的专家,以及文物艺术品鉴定和评估方面的专家,而且员工都接受过正规专业培训,整体素质高。而我国虽然有经过专业培训的国家注册拍卖师,也有珠宝鉴定和评估方面的专家,但人数相对较少,高素质人才短缺,从业人员素质参差不齐。

2. 管理方面的比较

国外著名的珠宝首饰拍卖企业,大多采取连锁式经营,在许多国际化的大都市设立有分支机构,且规模较大,不仅交易量大,而且整体形象良好。而我国拍卖企业却很分散,很多还属于小型企业,还没形成集团型的发展规模。

3. 科技方面的比较

随着现代科技的日新月异,国外拍卖企业的电子商务、网上拍卖业务十分普及,而我国在这两个领域的发展比较缓慢,尚有待进一步加强。

4. 企业制度方面的比较

国外的珠宝首饰拍卖企业,在成熟的市场环境下,设立了整套激励领导层和员工的企业制度,领导层风险与报酬相对应,员工效率与收益相吻合。而我国的珠宝首饰拍卖企业,目前尚缺乏完善的激励约束机制。

小 结

拍卖作为商品的一种特殊交易方式,需要具备三个条件:第一,要有两个以上的购买者;第二,买卖中要含有价格竞争因素;第三,价格竞争要在买主中展开。拍卖是由特许的拍卖人或被授权从事拍卖业务的个人或企业以竞争的方法,将财物出售给出价最高的竞买人的一种特殊的交易方式。一般来说,当事人应由三方组成,即委托人(出卖人)、拍卖人、竞买人(应买人)。拍卖可以分为四种拍卖方式,分别是增价拍卖、减价拍卖、第一价格密封拍卖和第二价格密封拍卖(或称维克里拍卖),其中最常用的拍卖方式是增价拍卖。

世界重大的文物艺术品拍卖活动,已被世界上最负盛名的两大拍卖行所垄断,分别是苏富比拍卖行和佳士得拍卖行。两大拍卖行的珠宝首饰拍卖,吸引了世界上众多的投资家、银行家、企业家和收藏家,并且不断地创造着珠宝首饰拍卖的价格纪录。珠宝首饰的拍卖结果,是最能准确反映珠宝首饰产业发展状况的重要参考指数之一。首先,它明确地指出了交易的准确价格,即买主欲购买的价格;其次,拍卖结果说明了买主愿意付出的最大保值金额。

我国珠宝首饰拍卖市场的出现,为珠宝首饰的投资与收藏开辟了新的渠道。由于珠宝首饰拍卖市场,在我国是一个刚刚兴起的新兴市场,因此我国的珠宝首饰拍卖,尚处于起步阶段,但具有极大的发展潜力。

参 考 文 献

岑长庆.珠宝首饰美学营销研究[J].商业经济,2013,(10):66-68.
樊晋.珠宝首饰的品牌体验[J].中国宝玉石,2004,(3):4.
高耀宗.广州珠宝产业定位与升级思考[J].中国外资,2006,(11):44-46.
郝金琳.体验营销在珠宝营销中的实践[J].机械管理开发,2010,25(4):135-13.
何乐.细数中国"宝都"[J].中国市场,2006,(12):25-28.
何松.中国珠宝产业品牌战略[J].湖北地矿,2004,18(2):75-79.
何雪梅,徐晓红.珠宝体验营销[J].宝石和宝石学杂志,2005,7(3):37-40.
贺建华.珠宝首饰商业摄影在首饰品牌推广中的重要作用[J].中国宝石,2003,(2):218-219.
黄瑞刚,张旭昆.拍卖理论综述[J].经济学动态,2005,(3):110-114.
蒋亮智,喻学惠.我国珠宝行业发展现状与展望[J].资源与产业,2013,15(4):87-91.
李端.WTO对我国珠宝业的影响及对策研究[J].特区经济,2007,(2):224-225.
李娜,张德亮.中国拍卖业的发展思路[J].管理研究,2005,(11):14-15.
梁志勇.拍卖理论:基于博弈论和SIPV模型的思考[J].江西社会科学,2005,(4):198-201.
刘杰,薛金玲,李晓林,等.中国珠宝行业的SWOT分析及未来发展趋势研究[J].中国市场,2011,(48):9-10.
刘杰克,金梓.中国饰品市场分析及竞争策略[J].市场研究,2006,(5):5-7.
吕庆华.我国特许经营发展的"瓶颈"及其突破[J].经济问题探索,2004,(5):106-108.
罗攀,丘志力.珠宝首饰市场信息不对称分析及对策研究[J].宝石和宝石学杂志,2004,6(1):4-8.
钱正.新经济时代传统店铺营销模式初探[J].市场研究,2006,(12):39-41.
丘志力,谷娴子,刘小羽.中国饰物(品)市场营销拓展探索[J].宝石和宝石学杂志,

2006,8(4):25-30.

丘志力,李立平,陈炳辉,等.珠宝首饰系统评估导论[M].武汉:中国地质大学出版社,2003.

丘志力,梁伟章,龚盛玮,等.中国珠宝销售的可持续发展[J].宝石和宝石学杂志,2002,4(2):39-43.

邵汉青.深圳黄金珠宝产业链分析[J].中国宝玉石,2004,(4):25-28.

沈冬军.对珠宝特许经营热的冷思考[J].中国宝玉石,2003,(3):25-27.

史洪岳.直面2013的中国珠宝业[J].中国宝玉石,2013,(4):71-75.

孙凤民.中国珠宝产业的发展现状与前景[J].中国珠宝年鉴,北京:地质出版社,2005:285-288.

孙凤民.珠宝首饰荣景可期[J].粤港澳价格,2004,(8):39-41.

孙仲鸣,高汉成,张荣红,等.珠宝广告艺术初论[J].宝石和宝石学杂志,2005,7(1):43-45.

唐庆民,赵海平.珠宝首饰柜台的作用[J].中国宝玉石,2005,(3):87-89.

王昶,申柯娅.浅谈珠宝首饰店堂环境与营销[J].中国宝玉石,2004,(2):32-33.

王昶,申柯娅.浅谈珠宝首饰店堂营销策略[J].珠宝科技,2002,(1):42-44.

王昶,申柯娅.浅谈珠宝首饰形象战略[J].中国宝玉石,2002,(4):28-29.

王昶,申柯娅.中国少数民族首饰文化特征[J].宝石和宝石学杂志,2004,6(1):29-31.

王昶,申柯娅.中国珠宝首饰企业创品牌的思考[J].宝石和宝石学杂志,2002,4(4):40-43.

王昶,申柯娅.珠宝首饰的质量与价值评估[M].武汉:中国地质大学出版社,2011.

王昶,申柯娅.珠宝首饰进入品牌营销时代[J].中国宝玉石,2002,(2):34-36.

王昶,申柯娅.珠宝首饰营销学[M](第二版).武汉:中国地质大学出版社,2008.

王昶,申柯娅.珠宝首饰营销[M].武汉:中国地质大学出版社,2002.

王昶,袁军平.首饰制作工艺技术的新进展[J].宝石和宝石学杂志,2007,9(3):26-31.

王晓莉.银饰品行业特许经营困境解析[J].企业技术开发,2006,25(8):116-118.

王宣喻,赵瑜玲.我国珠宝首饰业的竞争态势研究[J].上海经济研究,2003,(7):37-45.

肖明超.中国珠宝消费的地理DNA[J].商业文化,2007,(6):7.

肖启云.中国珠宝首饰产业现状分析[J].WTO与资源产业,2002,(5):489-49.

杨选辉.珠宝行业如何利用电子商务平台[J].企业经济,2005,(1):166-167.

于波,陈炳辉,丘志力,等.广东南海平洲翡翠业的产业集群研究[J].宝石和宝石学杂志,2005,7(1):38-42.

袁浩然.特许经营中加盟方应注意的几个风险问题[J].合肥工业大学学报(社会科学版),2006,20(5):18-21.

张伟.珠宝首饰导购营业员培训教程[M].北京:中国经济出版社,2005.

赵春菊.中国珠宝首饰行业发展策略探讨——基于波特五力模型分析视角[J].现代商业,2014,(1):150-151.

赵平.服装营销学[M].北京:中国纺织出版社,2005.

赵新勇.产业集群的形成机理和作用机制研究[J].商业研究,2006,(5):135-137.

周玲玲.市场定位优化模式[J].中国宝玉石,2013,(6):68-73.

周玲玲.珠宝零售品牌4P升级策略简述[J].中国宝玉石,2014,(1):68-73.

周玲玲.珠宝品牌公司营销策略的实施保障[J].中国宝玉石,2014,(2):80-82.

周玲玲.珠宝商家竞争优势战略选择之基础分析[J].中国宝玉石,2013,(5):86-91.

朱哲,祖恩东.探析我国珠宝首饰的电子商务营销[J].中国商贸,2013,(27):93-94.